Walter Laqueur
Putinismus

Walter Laqueur

Putinismus

Wohin treibt Russland?

Aus dem Englischen von
Klaus-Dieter Schmidt

Mit einem Vorwort von Karl Schlögel

Propyläen

Die Originalausgabe erscheint 2015 unter dem
Titel *Putinism. Russia and its Future in the West*
bei Thomas Dunne Books, New York

Wir verpflichten uns zu Nachhaltigkeit
- Klimaneutrales Produkt
- Papiere aus nachhaltiger
  Waldwirtschaft und anderen
  kontrollierten Quellen
- ullstein.de/nachhaltigkeit

MIX
Papier aus verantwor-
tungsvollen Quellen
FSC
www.fsc.org   FSC® C014496

Propyläen ist ein Verlag der Ullstein Buchverlage GmbH
www.propylaeen-verlag.de

ISBN 978-3-549-10057-8

© 2015 Walter Laqueur
© der deutschsprachigen Ausgabe
Ullstein Buchverlage GmbH, Berlin 2015
© Erweiterte Neuauflage 2022
Lektorat: Malte Ritter
Alle Rechte vorbehalten
Gesetzt aus der Janson
Satz: LVD GmbH, Berlin
Druck und Bindearbeiten: GGP Media GmbH, Pößneck
Printed in Germany

Im Gedenken an zwei meiner Lehrer:

George Lichtheim (1912–1973),
ein unglückliches Genie, das zu Lebzeiten nie die
ihm gebührende Anerkennung fand, und
Hans »Tom« Meidner (1914–2001)

Inhalt

Vorwort zur Neuauflage im Frühjahr 2022

von *Karl Schlögel*

Schon ein Jahr nach der russischen Besetzung der Krim hatte Walter Laqueur 2015 seine Studie zum Putinismus veröffentlicht. Das Interesse am Krieg gegen die Ukraine, der im Osten des Donbass weiterging, verschwand zwar nicht ganz aus dem Horizont des Westens, aber rückte doch in den Schatten des Krieges in Syrien und der durch ihn ausgelösten Flüchtlingswellen. Fast unbemerkt blieb die Verwüstung der besetzten Gebiete des Donbass, die Tausende von Toten und die Flucht von Millionen Menschen.

Aber dann geschah es. Am 24. Februar 2022 überschritten aus vier Richtungen russische Truppen, die über Monate hinweg und unter den Augen der Weltöffentlichkeit aufmarschiert waren, die ukrainische Grenze, um das Land in einem Blitzkrieg niederzuwerfen und zu besetzen. Das bis dahin Unvorstellbare war geschehen und geschieht seither mit jedem weiteren Tag. Bomben auf Städte, gezielte Angriffe auf die Zivilbevölkerung, Zerstörung der Infrastruktur landesweit, Millionen auf der Flucht im Land und über die Grenzen hinweg. Namen und Bilder, die sich der Welt seither eingeprägt haben: Mariupol, vor Kurzem noch eine intakte Industrie- und Hafenstadt, nun in Schutt und Asche gelegt, Butscha mit den in den Straßen liegenden Opfern russischer Kriegsverbrechen.

Niemand konnte diese Bilder antizipieren, selbst ein so katastrophenerfahrener Zeitgenosse und Historiker wie Walter Laqueur (1922–2018) nicht, dessen Lebenszeit fast das gesamte 20. Jahrhundert umspannte. Laqueur, in Breslau geboren, als junger Mann noch rechtzeitig vor den Nazis nach Palästina entkommen, in seiner späteren Karriere vielsprachig und in den Hauptstädten der Welt unterwegs, Autor zahlreicher und zu Standardwerken gewordener Bücher, leistete mehr als so manche historische Institute und Thinktanks zusammen. Er war der Zeitgenosse, der Entwicklungen schon auf der Spur war, als diese noch nicht spruchreif geworden waren – so seine Studien zum modernen Terrorismus oder zum russischen Faschismus –, und er war der Historiker, der immer die *longue durée* im Auge hatte, nicht nur die Kette der Ereignisse.

Seine Studien zur Weimarer Kultur, zum Verhältnis zwischen Russland und Deutschland sind bis heute beispielhafte Werke. Russland und der Sowjetunion war er nahe, nicht nur über Zeitungslektüre und Quellenstudium, sondern durch eigene – auch über seine Familie vermittelte – Erfahrungen, die ihn mit einer Lebenswelt vertraut machten, die in Zeiten des Kalten Krieges vielen Sowjetunionexperten unzugänglich geblieben war. Sein Interesse an strategischen Fragestellungen war immer auf Kenntnisse vor Ort gegründet. Die Rede von der Geopolitik, die heutzutage alles erklären soll, hielt er für eine Modeerscheinung. Das lebendige Interesse des Zeitgenossen und die Wahrung der Distanz des Historikers erzeugten bei ihm eine Art Gelassenheit, die manchmal fast an Ironie und Understatement grenzte. Sorge und Anteilnahme, vor allem aber eine stupende Detailkenntnis, die auch in seinen späten Lebensjahren nicht nachließ, beeindruckten jeden, der mit ihm zu tun hatte.

Laqueur konnte nicht wissen, was wir heute wissen, die Bilder von Mariupol, Butscha und Charkiw vor Augen. Den voll ausgereiften Putin, der seinen von Hass strotzenden, pseudohistorischen Vortrag am Vorabend des Angriffs auf die Ukraine hielt, hat er, der 2018 in Washington, D. C., starb, nicht mehr erlebt. Laqueur hätte seine Ansicht vom »noch nicht voll entfalteten russischen Faschismus« gewiss weiterentwickelt, erst recht, nachdem die Gräueltaten in den von den russischen Besatzern heimgesuchten Territorien bekannt wurden. Aber wir lernen vom Walter Laqueur des Jahres 2015, dass er schon gesehen hatte, was die meisten noch nicht gesehen hatten oder wollten.

Anders als im Mainstreamdiskurs zur Erklärung der russischen Politik der letzten zwanzig Jahre ist Laqueurs Ausgangspunkt die innere Verfasstheit Russlands nach dem Zerfall der Sowjetunion. Die äußeren Beziehungen lassen sich so gesehen nicht bloß oder gar in erster Linie aus Reaktionen auf die Veränderung der internationalen Situation ableiten, sondern erklären sich, wenngleich nicht linear oder monokausal, zuerst aus den inneren Verhältnissen.

Das postsowjetische Russland, das sich mit dem Ende des Imperiums arrangieren musste und einen neuen Weg zu finden gezwungen war, steht im Zentrum von Laqueurs Analyse. Kein Wunder, wenn er die stereotyp wiederholten Fragestellungen im Russlanddiskurs der letzten Jahre eher am Rande abhandelt, also Fragen wie: Hat die Nato einen Fehler gemacht, hat sie eine Chance verpasst, sind vom Westen falsche Versprechungen gemacht und entsprechende Reaktionen vorprogrammiert worden?

Laqueur interessiert sich für die Eigenbewegung, für die offensichtliche Überforderung der Führung eines Landes, das sich auf die Situation nach dem Ende des Imperiums nicht einzustellen willens oder nicht in der Lage war. Die Gründe für das »Ende«, für die »Niederlage«, suchte man nicht im Scheitern des sowjetischen Entwicklungsweges, also bei sich selbst, sondern außerhalb, bei »anderen«, einer angeblich seit jeher russophob eingestellten Umwelt, beim Westen, in erster Linie aber bei den USA. Bedrohungsszenarien, Verschwörungsgeschichten, die Vision von der Wiedergewinnung des Imperiums traten an die Stelle der Konfrontation mit der Realität. Die Anstrengungen der Führung richteten sich daher nicht auf die überfällige Modernisierung, die alle Kräfte des Landes gefordert hätte, sondern auf die Produktion von Feindbildern, die Erzeugung einer Festungsmentalität und einer Außenpolitik, die überall da, wo sich Chancen boten, Konflikte schürte, mit gefährlichen Situationen zündelte und das Chaos erzeugte, das für die Aufrechterhaltung des Ausnahmezustands nötig war. Die scheinbar kleinen erfolgreichen Kriege, die dem Gegner maximalen Schaden zufügten und dem eigenen Volk Erfolge suggerierten, sollten über die Verlustängste und das Versagen bei der Bewältigung der Aufgaben im eigenen Land hinwegtäuschen.

Der Kampf um das »Dritte Imperium« nach dem Untergang des Zarenreichs und dem Zerfall der Sowjetunion sollte über die Traumata hinwegführen und Orientierung bieten in einer »Zeit der Wirren«, die angeblich von äußeren und inneren Feinden ausgelöst und gesteuert wurde. Die denkbar schärfsten Unterdrückungsmaßnahmen gegen »ausländische Agenten« und »Fünfte Kolonnen« sollten zur Anwendung kommen, um die Ordnung aufrechtzuerhalten – Zensur, Verbote, Schauprozesse und ideologische Mobilmachung.

Überdeckt wurde dieser Weg Russlands ins Abseits einer neoimperialen Diktatur durch den Reichtum, der aufgrund der günstigen Weltkonjunktur für Rohstoffe – vor allem Öl und Gas – ins Land kam und einer durch staatliche Umverteilung finanzierten Mittelklasse einen sichtbaren Wohlstand ermöglichte. Laqueurs Buch kreist um die Erklärung der geistig-mentalen Verfasstheit des nachsowjetischen und besonders des Putin'schen Russland; hier geht es nicht nur um das Zusammenwachsen von oligarchischer Macht und geheimdienstlichen und militärischen Strukturen, sondern um Vorstellungen, die die Bevölkerung eines so großen Landes angesichts stagnierender Entwicklung und mangelnder Zukunftsperspektiven zusammenzuhalten vermögen.

Daher sind die verschiedenen Anläufe, eine Idee für das nachsowjetische Russland zu finden, so wichtig. Laqueur kann bei seiner Analyse der »russischen Idee« auf seine früheren Untersuchungen zu den 1990er-Jahren und zur Wirkmächtigkeit der seit jeher staatsnahen russisch-orthodoxen Kirche zurückgreifen, die nun aber in die neoimperiale und chauvinistische Mobilisierung eingespannt ist, eine mächtige und traditionsreiche Institution, die sich dem weltanschaulichen Kampf für die »traditionellen Werte des rechtgläubigen Russland« – und das heißt gegen die individualistische und freiheitliche Lebenswelt des Westens – auf militante Weise verpflichtet hat.

Laqueur widmet einzelne Kapitel den geistigen Strömungen, die lange Zeit als Randphänomen, als exotisch und versponnen nicht wahr- und nicht ernst genommen wurden, die in den Regierungsjahren Putins aber ins Zentrum ideologischer Selbstermächtigung und Propaganda gerückt sind – also der Ideologie des Eurasianismus, der Slawophilie und des Hasses auf Europa und den Westen, in der Elemente der konservativen Revolution und der antibolschewistischen Emigration, des russischen Faschismus und der neuen europäischen Rechten miteinander vermengt sind. Stichwortgeber wie Alexander Dugin, der Ideologe des Neo-Eurasiertums, oder Iwan Iljin, der mit den Nazis sympathisierende monarchistische Philosoph aus dem Berliner Exil der Zwischenkriegszeit, sind zwar erst in den Putin-Jahren zu prominenten, ja offiziell anerkannten Vordenkern geworden, waren aber bereits lange vorher tonangebend für den »Sound des Imperiums«, wie Alexander Prochanow, ein anderer Wortführer, es genannt hat.

Hinzugekommen ist – Folge der digitalen Revolution – die durch Postmoderne und Dekonstruktivismus beförderte Infragestellung der Unterscheidung von wahr und falsch, von Fakten und Fiktionen; sie haben im hybriden Informationskrieg und in der neuen Öffentlichkeit der sozialen Medien eine Bedeutung gewonnen, die Laqueur noch nicht in vollem Ausmaß vor Augen stand. Er hat die Tiefenströmung erkundet, die die weitgehende Hinnahme, ja Identifizierung der russischen Gesellschaft mit der aggressiven Politik der Führung und die schiere Ohnmacht einer liberalen und demokratischen Opposition in einem gleichgeschalteten medialen Universum zu verstehen hilft. Dass die Kombination von Minderwertigkeitskomplex, Verfolgungswahn, euroasiatischen Visionen und Erlösungsvorstellungen zu einer derart explosiven Mischung führen könnte, die auch den Angriffskrieg gegen das »Brudervolk« der Ukrainer mittragen würde, war allerdings auch in seiner Analyse kaum absehbar.

Laqueur hatte die Ideologie der »russischen Welt« – dass überall dort, wo Russisch gesprochen wird und wo Russen leben, Russland ist und der russische Staat sich das Recht herausnimmt, zu deren Gunsten zu intervenieren – als neoimperialistisches Konzept analysiert, wobei ihm trotz der Erfahrung mit den russischen Interventionen in Georgien, Moldawien und auf der Krim die Reichweite dieses Programms in letzter Konsequenz wohl nicht bewusst war. Laqueur hat die neue Internationale der europäischen Rechten und ihre russischen Verbindungen aufgedeckt. Er hat, vorbereitet durch seine vor Jahrzehnten erschienene Darstellung der Beziehungen zwischen Russland und Deutschland, die deutsche Russland-Faszination und damit auch die Anfälligkeit für den Gedanken von Sonderbeziehungen analysiert. Und er hat sehr klar die Gefahr der Energieabhängigkeit Europas, speziell der Bundesrepublik, von Anfang an herausgestellt.

Jetzt ist allenthalben von der »Zeitenwende« die Rede. Die Schnelligkeit, mit der nun der Einbruch der Realität zur Kenntnis genommen wird, könnte einen misstrauisch machen. Dem Konformismus, mit dem man über lange Zeit Offensichtliches beschwiegen hat und der durch das Ritual der »Bereitschaft zum Dialog« beschworen wurde, folgt nun ein eilfertiges *mea culpa*, das vielen allzu leicht über die Lippen geht. Die Frage wird sein, wie es kommen konnte, dass über das Offensichtliche hinweggesehen wurde – etwa in der Frage der Energieabhängigkeit –, und worin die Blockierungen bestanden.

Es geht dabei nicht nur um das trügerische Bild, das man sich in Deutschland von Russland machte, sondern auch um jenes, das sich die Deutschen von sich selbst gemacht haben, um die Analyse der Hemmungen, die der Wahrnehmung der Wirklichkeit im Wege standen. Da wird die Rede kommen müssen auf die angeblich besonders engen kulturellen und intellektuellen Beziehungen zwischen Russland und Deutschland, die Faszination für die »russische Seele« und Nationen, die gleichsam füreinander zur Partnerschaft bestimmt gewesen seien; da wird das selektive Schuldbewusstsein der Deutschen, das sich fast ausschließlich auf die Russen bezieht, so, als würden die Opfer der Naziverbrechen in Belarus und in der Ukraine nicht zählen, zur Sprache kommen müssen, und selbstverständlich auch das handfeste Interesse der Wirtschaft, das sich hinter dem mit so viel Illusionen und Wunschdenken verbundenen Slogan vom »Wandel durch Handel« verbarg.

Laqueurs Studie zum Putinismus wird sicher um ein weiteres Kapitel ergänzt werden. Es wird von dem Kriegsverbrecher handeln, der ein ganzes Land, das nichts anderes wollte, als in Ruhe gelassen zu werden und in Frieden zu leben, ins Unglück gestürzt hat – und sein eigenes Land dazu. Aber es wird auch von etwas handeln, auf das ein schwach und mutlos gewordenes Europa schon nicht mehr hatte hoffen können: von der Tapferkeit des ukrainischen Volkes, das dem russischen Diktator Widerstand leistete und das Ende des Putinismus einleitete.

Berlin im April 2022, am 46. Tag des russischen Krieges gegen die Ukraine

EINLEITUNG

Wie sind die Zukunftsaussichten Russlands einzuschätzen? Welchen Einfluss wird die sich herausbildende »russische Idee« – oder Ideologie oder Doktrin –, die dabei ist, die kommunistische Ideologie abzulösen, auf die künftige Entwicklung haben? Es sind verschiedene Szenarien denkbar, von denen manche wahrscheinlicher sind als andere. Leider sind in der Vergangenheit häufig die weniger wahrscheinlichen eingetreten, darunter einige, die so abwegig zu sein schienen, dass niemand sie auch nur zu erwähnen wagte, und wenn es jemand tat, dann auf der Grundlage falscher Annahmen.

Abgesehen von der Entscheidung für Putin, war die Wahl des letzten halben Dutzends sowjetischer und russischer Führer keine große Überraschung. Sie gehörten dem Politbüro an, der höchsten Machtinstanz, und bis zum Ende der Sowjetunion war es sicher, dass einer aus dessen Reihen der nächste Führer des Landes werden würde. Die Wahl Putins dagegen war nicht vorhersehbar, seine Politik indes schon. Wie könnte – um einen Blick in die Zukunft zu wagen – heute eine Nachfolgelösung für Putin aussehen? Die Voraussage liegt nahe, dass sein Nachfolger im Innern wie nach außen eine ähnliche oder sogar die gleiche Politik betreiben wird. Viel wird von der Situation zum Zeitpunkt der Wahl und von den Ereignissen außerhalb Russlands abhängen. Auch persönliche Faktoren werden eine Rolle spielen: die Stärke oder Schwäche des Nachfolgers, das Vorhandensein (oder Fehlen) eines (oder mehrerer) Rivalen. Vielleicht wird ein Machtkampf zwischen mehreren Kandidaten ausbrechen. Um all dies zu diskutieren, ist es in einem gewissen Umfang nötig, sich auf vertrautes Gebiet zu begeben und die Ereignisse seit dem Niedergang der Sowjetunion – die Ära Jelzins und Putins – zu rekapitulieren oder, genauer gesagt, zu interpretieren.

Vor über zwanzig Jahren habe ich in einer Studie über die extreme Rechte in Russland *(Der Schoß ist fruchtbar noch)* versucht, wie ich es damals ausdrückte, »zwischen den legitimen Anliegen des russischen Patriotismus und den pathologischen Phantasien der extremen Rechten zu unterscheiden«. Außerdem stellte ich fest, dass die russische Rechte angesichts der prekären Lage ihres Landes »an ihrem Glauben festhält, die Zeit arbeite für sie«, und ich sagte voraus, »dass die extreme Rechte in den kommenden Jahren eine wichtige Rolle spielen« würde. Puschkin habe ich in dem Buch mehrfach erwähnt, aber nicht Putin. Tatsächlich tauchte sein Name damals in keinem der mir bekannten Bücher auf. Andererseits habe ich mich schon damals eingehend mit Alexander Dugin, einem der wichtigsten Philosophen der neuen Ära, befasst, als dieser noch nicht allgemein bekannt war.

Ich bin nicht besonders stolz auf meine Prophezeiung. Doch sie schien mir offensichtlich zu sein, und ich kann den damals verbreiteten Optimismus in Bezug auf die Aussichten von Demokratie und Freiheit in Russland immer noch nicht nachvollziehen – er bestand überwiegend aus Wunschdenken. Man war froh, dass der Kalte Krieg endlich vorüber war und man seine Zeit, Kraft und Ressourcen den wirklich wichtigen Aufgaben im Innern widmen konnte. Bot die russische Geschichte irgendwelche Anhaltspunkte für einen solchen Optimismus?

Schon in der Bibel heißt es: »Was mich erschreckte, das kam über mich, wovor mir bangte, das traf mich auch.« (Hiob 3,25) Es schien auf der Hand zu liegen, dass Russland versuchen würde, seinen Status als Weltmacht wiederzuerlangen, sobald es die Umstände erlaubten. Es gab einen offensichtlichen Präzedenzfall: Deutschland. Nach der Niederlage im Ersten Weltkrieg hatte es die Konsequenzen zu tragen, und dennoch war es 15 Jahre später erneut eine führende Macht. Genau dies meinte ich vor über zwanzig Jahren mit den »legitimen Anliegen des

russischen Patriotismus« – den Versuch, zumindest einen Teil
dessen, was Russland verloren hatte, zurückzugewinnen. Dies
war keine moralische Rechtfertigung, sondern bloß der Hinweis,
dass es solche Comebacks in der Geschichte gegeben hatte und
wahrscheinlich wieder geben würde.

Ebenso naheliegend war die Annahme, dass die russische Suche nach einer neuen Doktrin und Mission in Richtung der
autoritären Rechten weisen würde, obwohl ich zugegebenermaßen nicht vorausgesehen habe, dass diese Entwicklung so weit
gehen und so schnell verlaufen würde. Um es ganz klar zu sagen:
Das politische System Russlands ist gegenwärtig eine Diktatur
mit großer Unterstützung der Bevölkerung. Von Faschismus zu
reden ist meiner Meinung nach jedoch falsch oder jedenfalls
verfrüht. Genauso wenig halte ich es für wahrscheinlich (wenn
auch nicht unmöglich), dass Russland in naher Zukunft diese
Stufe erreichen wird. Eine Wende zum Faschismus könnte zum
Beispiel eintreten, wenn das Regime die Unterstützung der Bevölkerung weitgehend verlöre. Treffender, wenn auch keineswegs perfekt, sind Vergleiche mit den klerikalfaschistischen
Regimen im Europa der 1930er Jahre, mit Francos Spanien oder
mit manchen Diktaturen in Entwicklungsländern nach dem
Zweiten Weltkrieg. Russland ist weit in diese Richtung gegangen. Wie viel weiter wird es noch gehen?

Ich finde es merkwürdig und sogar aberwitzig, dass die Linke
außerhalb Russlands die ideologischen und politischen Veränderungen kaum wahrgenommen hat und Russland weiterhin für
ein irgendwie linkes Land hält. Alte Lieben sterben langsam,
aber vielleicht hat es auch damit zu tun, dass zwischen linkem
und rechtem Populismus mit bloßem Auge nur schwer Unterschiede zu erkennen sind. Was ist der Unterschied zwischen der
heutigen kommunistischen Partei und der Liberal-Demokratischen Partei Wladimir Schirinowskis? Beide stimmen, wenigstens in allen wichtigen Fragen, mit der Regierung. Dies kann
sich rasch ändern, aber gegenwärtig gibt es keine politische
Opposition. Manchmal hat es sogar den Anschein, als wäre die
Intelligenzija gänzlich verschwunden. Die Rechtsextremen in

Europa haben die Veränderungen in Russland viel schneller erkannt und ihre Propaganda und Politik darauf eingestellt.

Die meisten Länder, selbst die meisten Großmächte, können ohne eine Doktrin, eine Mission oder offenkundige Bestimmung existieren, aber für Russland scheint dies nicht zu gelten. Die russische Doktrin hat mehrere Bestandteile: Religion (die Lehre der orthodoxen Kirche, Russlands heilige Mission, das dritte Rom, das neue Jerusalem), Nationalismus (gelegentlich mit chauvinistischen Untertönen), Geopolitik nach russischer Art, Eurasianismus, ein Gefühl des Belagertseins und ein Gefühlszustand, den man mit dem Begriff »Sapadophobie« beschreiben könnte – die Furcht vor dem Westen (Nikolai Danilewski hat den Begriff »Sapadnitschestwo«, Westernismus, geprägt).

Wer sich mit der frühen russischen Literatur beschäftigt, weiß, dass der Glaube an Russlands Einzigartigkeit buchstäblich bis zu dessen Anfängen zurückreicht. Schon vor Jahrhunderten kehrten Schriftsteller und Kaufleute, die ins Ausland gereist waren, mit der Überzeugung zurück, dass die »Rus« beispiellos sei. Dies trifft zum Beispiel auf Afanassi Nikitin aus Twer zu, der viele Jahre vor Vasco da Gama in Indien gewesen war, für Nestor Iskander, der über den Fall Konstantinopels schrieb, oder für den Mönch Maxim Maximus vom Athos, der nach Russland eingeladen worden war und sich dort niederließ.

Diese Überzeugung ging für gewöhnlich mit einem Argwohn gegenüber allen Ausländern einher, denen generell Russophobie unterstellt wurde. Solche Ängste waren jedoch nichts spezifisch Russisches. So wurde in den ersten Artikeln, deren Autoren in den 1830er Jahren von einer offenkundigen Bestimmung Amerikas sprachen, ebenfalls der Verdacht geäußert, dass Ausländer den Vereinigten Staaten generell feindlich gegenüberstünden. Wieso dies so sein sollte, wurde nicht erklärt, denn wie im Fall des russischen Reichs unter Iwan III. und Iwan IV. war die Außenwelt nicht feindlich gesinnt, sondern überwiegend desinteressiert. Vielleicht sollte ich an dieser Stelle eine persönliche Verbindung offenbaren: Ein entfernter Verwandter, der in Taganrog lebte, bereiste in den 1850er Jahren Amerika und verfasste eine der ersten detaillierten Beschreibungen der Vereinigten Staaten, in der er nur Gutes über das Land zu sagen hatte. Aber aufs Ganze gesehen hatte man damals kaum Interesse an Amerika.

Die Wurzeln des russischen Messianismus, des Glaubens an eine besondere, gottgegebene Mission Russlands, reichen tief. Im 19. Jahrhundert ist ein solcher Glaube auch in anderen Ländern zu finden, und nicht nur am rechten Ende des politischen Spektrums, sondern auch bei den damaligen »Fortschrittlichen«, wie Giuseppe Mazzini und Jules Michelet. Aber in den meisten Fällen war es ein vorübergehendes Phänomen – etwa in Adam Mickiewicz' Definition Polens, das er wegen seiner Leiden als den »Christus unter den Völkern« bezeichnete. In Russland dagegen verschwand der Glaube auch nach der Zeit der Slawophilen, die am inbrünstigsten für ihre Mission eintraten, durchaus nicht. Daher hätte es nicht überraschen dürfen, dass der politische Messianismus in der Sowjetzeit eine säkulare Wiedergeburt erlebte und in unserer Gegenwart auf der Suche nach einer neuen »russischen Idee« erneut aufgetaucht ist.

In gewissem Ausmaß läuft diese Suche auf eine Rückkehr zum Status quo ante vor der Revolution von 1917 hinaus, freilich mit einigen bedeutenden Änderungen, denn 2014/15 ist nicht 1914. Ein derart drastischer Perspektivenwechsel lässt viele Fragen offen. Um nur einige zu nennen: Dass Trotzki böse war, versteht sich aus dieser Sicht von selbst. Er war Jude und Internationalist, und er schadete mit seinem Tun Russland. Lenin sollte vielleicht etwas besser beurteilt werden, aber auch er war eine negative Kraft; der Sieg der Roten im Bürgerkrieg war eine Katastrophe; Koltschak, Wrangel und Denikin sollten rehabilitiert werden – was in der Tat bereits geschieht. Stalin sollte ebenfalls nicht schlechtgemacht werden. Manches von dem, was er getan hat, ist nicht zu rechtfertigen, aber er hat Russland größer und stärker gemacht und war daher eine positive Kraft. Aber wie soll man Stalin gegen die Angriffe der »Liberalen« verteidigen, wenn man bedenkt, wie nahe er Lenin stand und wie viel er sich selbst darauf zugutehielt? Es gibt historische Probleme, die man wohl am besten ignoriert. In zwanzig oder fünfzig Jahren würden sie ohnehin nicht mehr so wichtig sein.

Die Religion oder, besser gesagt, die orthodoxe Kirche ist für die ideologische Neuorientierung von großer Bedeutung. Schon lange vor 1917 war das Ansehen der Kirche gering. Zum einen hatte die Intelligenzija das Interesse an der Religion oder, genauer, an der Kirche verloren, zum anderen gab es zwar Kirchenmänner, die bewundert und sogar geliebt wurden, aber im großen Ganzen hatte man für den Klerus wegen der Dummheit, Käuflichkeit und niedrigen moralischen Maßstäbe vieler Geistlicher nur noch Verachtung übrig. Unter der kommunistischen Herrschaft hatte die Kirche zu leiden. Kirchenhäuser wurden geschlossen, Kirchgänger drangsaliert und Priester verhaftet, exiliert und sogar getötet.

Die Kirche überlebte, musste dafür aber mit ihrer völligen Unterwanderung durch die Geheimpolizei einen hohen Preis zahlen. Am Ende war sie praktisch in den Apparat von GPU/ NKWD/KGB absorbiert und integriert. Sämtliche Berufungen in der Kirchenhierarchie mussten von diesen Organisationen und manchmal sogar vom Politbüro gebilligt werden. Bis in die Kirchenführung hinein wurden viele Kleriker zu Informanten.

Im Rückblick lassen sich Argumente für diese »Kompromisse« finden. Ohne sie hätte die Kirche vielleicht nicht überlebt, und letzten Endes hat sie die kommunistischen Jahre überstanden, während ihre Verfolger klein beigeben mussten. Tatsächlich sind manche von ihnen praktizierende Christen geworden. So weit, so richtig, aber war das Überleben der organisierten Kirche das oberste Ziel? Wie die Märtyrer früherer Perioden der Kirchengeschichte haben die kirchlichen Vertreter jedenfalls nicht gehandelt.

Die Kirche hat gesündigt. Doch nach dem Sturz des Kommunismus hat sie ihre Sünden gebeichtet und dieses Kapitel ihrer Geschichte als abgeschlossen angesehen. Kirchen wurden wiedereröffnet, die Geistlichkeit nahm ihre Tätigkeit wieder auf, und die neuen Herrscher betrachteten die Religion als wesentlichen und sogar zentralen Bestandteil der neuen Ordnung.

Dies warf neue Fragen auf. Wie eng sollte die Beziehung zwischen Kirche und Staat sein? Welches Evangelium sollte die wiedererstandene Kirche predigen? Es wurde häufig behauptet, ihre spirituellen Werte seien universal, aber in Wirklichkeit war sie eine Staatskirche. Vor der Revolution 1917 hatte sie dem Staat wahrscheinlich nähergestanden als die Kirchen in jedem anderen Land. Als religiöser Mensch musste man Patriot sein, und wie Patrioten sich verhalten sollten, bestimmte die jeweilige Regierung. Umgekehrt hatte ein wahrer Patriot ein praktizierender orthodoxer Christ zu sein. Manche neopaganen Patrioten suchten Zuflucht im Schoß der Kirche, weil sie, um den Ausspruch Heinrichs IV. von Frankreich aus dem Jahr 1593 abzuwandeln, fanden, dass der Kreml eine Messe wert sei. Aber diese Nähe ist kein Segen, und selbst in der Kirche wurde vor ihr gewarnt. Aus diesem Grund hat das Moskauer Patriarchat ein wenig Vorsicht an den Tag gelegt und gelegentlich demonstriert, dass es zwar Konflikte mit dem Staat vermeiden wollte, aber auch nicht in jedem Fall garantieren konnte, automatisch die Politik der Regierung zu unterstützen.

Eine große Mehrheit der Russen betrachtete die Kirche als positiven, ja sogar lebenswichtigen Faktor für das Land. Aber eine ebenso große Mehrheit (fast 80 Prozent) praktizierte den Glauben nicht und ging, außer an ein, zwei wichtigen Feiertagen, noch nicht einmal in die Kirche, von der Einhaltung der religiösen Gebote und Verbote ganz zu schweigen. Laut einer Umfrage von 2014 glauben mehr Russen an Putin als an Jesus.

Die Rituale der orthodoxen Kirche waren klar, aber was sollte sie predigen? Christliche Nächstenliebe, Barmherzigkeit und Anteilnahme? Die Liebe zu Gott oder den Hass auf Satan – in Gestalt der Juden, Katholiken (einschließlich des Papstes), Freimaurer, Liberalen und aller Feinde Russlands? Was war mit den Patrioten, die keine Christen waren? Dies waren einige der Fragen, denen man sich im Zuge der orthodoxen Wiedererweckung, wenn auch widerstrebend, stellen musste.

Wie sah es mit den anderen Elementen der neuen russischen Ideologie aus, etwa dem Neoeurasianismus oder der »geopoli-

tika«, dem Antiliberalismus, Antiglobalismus und der neuen
Wissenschaft der Konspiratologie? Nicht alle diese Komponenten mussten notwendigerweise vorhanden sein; man konnte
durchaus unerschütterlicher russischer Patriot sein, ohne dem
Glauben anzuhängen, die ganze Welt würde sich gegen Russland verschwören. Aber in der Praxis waren diese Überzeugungen fast immer in enger Verbindung miteinander anzutreffen.

Die Konspiratologie reicht nicht weit in die russische Geschichte zurück. Es gab solche Überzeugungen im 19. Jahrhundert, aber nicht in größerem Umfang als in anderen Ländern,
und allzu tief verwurzelt waren sie auch nicht. Unter Stalin er-
lebten die Verschwörungsängste einen Aufschwung. Ich fand
den russischen Glauben an allgegenwärtige Konspirationen
manchmal amüsant, zumeist aber nur störend, und dachte, er sei
neueren Datums. Aber ich musste mich eines Besseren belehren
lassen, als ich die 1892 geschriebenen Sätze des großen russischen Philosophen Wladimir Solowjow (1853–1900, im Deutschen auch Solowjew) las:

»Stellen wir uns eine Person vor, von gesunder und kräftiger
Statur, begabt und nicht unfreundlich – denn so sieht, ganz zu
Recht, die allgemeine Vorstellung vom russischen Volke aus.
Wir wissen, dass die Person (oder dieses Volk) zurzeit in einem
äußerst misslichen Zustand befangen ist. Wollen wir ihr helfen,
dann müssen wir zuerst verstehen, was ihr fehlt. So finden wir
heraus, dass sie nicht wirklich verrückt ist, sondern ihr Geist
lediglich in starkem Ausmaße von falschen Vorstellungen befallen ist, die an eine *folie des grandeurs* und eine Feindseligkeit
gegenüber allem und jedem heranreichen. Gleichgültig gegenüber ihrem eigenen Vorteil, gleichgültig auch gegenüber dem
wahrscheinlich eintretenden Schaden, stellt sich diese Person
Gefahren vor, die es nicht gibt, und gelangt so zu den absurdes-
ten Schlussfolgerungen. Ihr scheint, dass alle Nachbarn sie be-
leidigen, sich vor ihrer Größe nur ungenügend verbeugen und
sie in allem möglichen zu verletzen trachten. Diese Person
klagt die Mitglieder der eigenen Familie an, ihr zu schaden, sie

zu verraten und ins Lager des Feindes überzulaufen. Sie stellt sich vor, dass die Nachbarn die Fundamente ihres Hauses zu schwächen suchen und sie sogar mit Waffengewalt angreifen wollen. Also wird diese Person unglaubliche Summen für den Kauf von Kanonen, Gewehren und eisernen Schlössern aufwenden. Wenn ihr dann noch Zeit bleibt, wird sie sich gegen die eigene Familie wenden. Wir werden uns natürlich davor hüten, dieser Person Geld zu geben, obgleich wir darauf bedacht sind, ihr zu helfen. Stattdessen werden wir versuchen, sie davon zu überzeugen, dass ihre Vorstellungen falsch sind und jeglicher Grundlage entbehren. Wenn jedoch diese Person sich nicht überzeugen lässt und auf ihrem Wahn beharrt, dann werden weder Geld noch Medikamente helfen.« (Laqueur, *Der Schoß ist fruchtbar noch*, S. 16 f.)

Hundertzwanzig Jahre später könnte ich den heutigen Stand der Dinge nicht besser beschreiben. Man kann diese Einstellung aber schwerlich als spezifisch russisch betrachten. Wesentliche Teile, vielleicht die Mehrzahl dieser Glaubenssätze, wie der Antiliberalismus, die Demokratiefeindlichkeit, die »Konspiratologie« und andere Elemente der neuen russischen Doktrin, sind ausländischer Herkunft. Einige tauchten zuerst unter rechtsextremen russischen Emigranten auf, aber die meisten stammten aus den Schriften der europäischen »Neuen Rechten« der Nachkriegszeit, der französischen *nouvelle droite* und der Neofaschisten, von Alain de Benoist über den Belgier Jean-François Thiriart bis zu dem Italiener Giulio Evola und anderen Okkultisten, die Antiamerikanismus mit Antisowjetismus und der Bewunderung für Stalin, Mao, Ceaușescu und die Fatah verbanden.

Unverkennbar sind diese Einflüsse bei dem bereits erwähnten Alexander Dugin. Aber auch in den Schriften von Igor Panarin und anderen sind sie zu finden. Nach einer Weile begriff man dann offenbar, dass man diese obskuren ausländischen Ideen durch heimische Beiträge wenigstens abstützen sollte, und so stieß man auf einige russische Denker der Vergangenheit mit einer starken Abneigung gegen den Westen. Der emigrierte reaktionäre Ideologe Iwan Iljin (1883–1954) etwa übte erheblichen Einfluss aus. In jüngster Zeit beziehen sich Putin und Mitglieder seines engsten Kreises regelmäßig auf ihn.

Diesem Bestreben hat auch Nikolai Danilewski (1822–1885) seine Wiederentdeckung zu verdanken. Danilewski ist eine interessante Figur, hat er doch in jungen Jahren den Petraschewzen angehört, einer radikalen Gruppe, die sich mit dem französischen Sozialismus beschäftigte und deren Mitglieder prompt verhaftet wurden. Er studierte Biologie, wurde zum Gegner Darwins und entwickelte einen tiefen Hass auf Europa, ohne es wirklich zu kennen. Sein Buch *Russland und Europa* (1869) wurde zur Bibel der Europahasser. Er glaubte ernsthaft, dass die Russen, wie sein Biograph es ausdrückt, »Kinder des Lichts« und die Europäer »Kinder der Finsternis« seien. Im Gegensatz zu den friedliebenden Russen seien die Europäer gewalttätig und kriegslüstern. Sie wollten Krieg, und Krieg sei ein Übel. Aber er war nicht das größte Übel: Wenn Russland wegen Bulgarien gegen das Osmanische Reich Krieg führte, war dies anscheinend ein guter Krieg. Einen Waffengang zwischen Russland und Europa hielt Danilewski denn auch für unvermeidlich. Allerdings achtete er darauf, nicht als Advokat des Krieges zu erscheinen. Kurz, es ist nicht immer einfach, den Zusammenhang seiner Argumentation zu finden. Aber in vieler Hinsicht war er ein idealer Vorläufer der antiwestlichen Strömung im heutigen Russland.

Der Neoeurasianismus, einer der Grundpfeiler der neuen russischen Doktrin, geht auf eine historisch-philosophische Denkschule unter den russischen Emigranten der 1920er Jahre zurück, deren wichtigster Vertreter Fürst Nikolai Trubezkoi (1890–1938) war. Mit ein wenig Anstrengung lassen sich seine Wurzeln noch weiter ins späte 19. Jahrhundert zurückverfolgen, etwa zu Konstantin Leontjews Schriften über Byzanz und das Osmanische Reich. Der Eurasianismus geht von der Annahme aus, dass die Ursprünge des russischen Staats zum überwiegenden Teil oder gänzlich nicht in Europa, sondern in Asien lagen, dass Russland vor allem durch die Begegnung mit Mongolen, Tataren und anderen asiatischen Stämmen geprägt worden war und dass es, vom Westen zurückgewiesen, seine Zukunft in Asien suchen sollte. Den Anhängern des Eurasianismus schwebte sozusagen eine Heirat von Anna Karenina und Dschingis Khan vor. Hier ist von der neoeurasianischen Schule die Rede, deren Doktrin in einigen wesentlichen Punkten nicht mit früheren eurasianischen Lehren, die vorsichtiger und intelligenter waren, übereinstimmt. Einen Aufschwung erlebte der Eurasianismus mit den Schriften von Lew Gumiljow, die nach dem Zusammenbruch der Sowjetunion in Mode kamen, sowie durch den Aufstieg Chinas und des ostasiatisch-pazifischen Raums im Allgemeinen.

Angesichts der schwindenden Bedeutung Europas sprechen durchaus vernünftige Gründe dafür, dass Russland ostasiatischen Märkten und Asien insgesamt mehr Aufmerksamkeit schenken sollte. Aber die historischen, philosophischen und kulturellen Fundamente der These, dass Russland aufgrund seiner Ursprünge, seiner Geschichte, seiner kulturellen Prägungen und seiner Demographie im Wesentlichen eine asiatische Macht sei, sind schwach bis nicht vorhanden. Die große Mehrheit der Russen lebt nicht in Asien, und viele derjenigen, die in Sibirien zu Hause sind, wollen dort weg. Darüber hinaus hält sich die Begeisterung der Asiaten über den Zuwachs durch Russland in Grenzen. Deshalb ist der Neoeurasianismus bestenfalls als eine zweifelhafte Lehre zu beschreiben, die weniger auf Fakten denn auf Glaubenssätzen und Vorlieben beruht. Unfreundlicher gesinnte Kritiker mögen ihn als deplatziertes Wunschdenken oder sogar als hochtrabenden Unsinn abtun. Dass Russland seine Schwierigkeiten mit Europa hatte und hat, macht es noch nicht zu einem asiatischen Land. Dennoch sind alle Versuche, diese Phantasien zu entkräften, fruchtlos gewesen, eben weil sie eine Sache des Glaubens und ihre Verfechter rationalen Argumenten nicht zugänglich sind.

Westlichen und asiatischen Diplomaten und Gelehrten fiel gleichermaßen eine paradoxe Entwicklung auf: Während auf ideologischer Ebene ständig von der Bedeutung des Eurasianismus und von Russland als einer aufstrebenden asiatischen Macht die Rede war und man sich viel von der wirtschaftlichen und allgemeinen Entwicklung Sibiriens versprach, geschah in der Sache nur wenig, wenn überhaupt etwas. Dies lag zum Teil an der gewohnten Lethargie, war hauptsächlich aber wohl eine Folge der jüngsten Ereignisse in der Ukraine und auf der Krim (sowie der antiwestlichen Kampagne), die das Augenmerk Russlands noch weiter von Asien ablenkten.

Nur wenige Begriffe werden im politischen Diskurs unserer Zeit häufiger gebraucht und missbraucht als derjenige der »Geopolitik«. Ursprünglich bezeichnete er die Beziehung zwischen Politik und Geographie, ein offensichtliches und vollkommen legitimes Thema. Aber der Begriff wird in verschiedenen Ländern und von Vertretern unterschiedlicher politischer Ansichten auf die verschiedensten Dinge angewandt. Manchmal mag dies geschehen, weil das Epitheton »geopolitisch« beeindruckender klingt als das einfache Attribut »politisch«, aber zumeist impliziert der Begriff die besonderen gott- oder naturgegebenen Rechte und historischen Missionen, die eine bestimmte Nation aus ihrer geographischen Lage ableitet. So könnte man das Wörtchen »geopolitisch« auch benutzen, um zu beweisen, dass Ruritanien die historische Mission hat, Afrikas Führungsmacht zu sein, weil es in der Mitte des Kontinents liegt oder weil es Zugang zu drei Ozeanen und vier großen Flüssen hat oder weil es aufgrund der Achse Ruritania-Utopia seine Bestimmung ist, eine solch dominierende Rolle zu spielen, und eine darauf abzielende Politik daher unvermeidlich ist. Die geographischen Fakten können freilich auch zum Beweis des Gegenteils angeführt werden.

Besonders nützlich ist das Attribut »geopolitisch«, wenn bewiesen werden soll, dass ein Land die göttliche Mission zu erfüllen hat, eine Großmacht, eine Supermacht oder ein Imperium zu sein. In der Vergangenheit wurden verschiedene Argumente für eine solche Mission angeführt. So sei es gleichsam imperiale Pflicht, zurückgebliebenen Ländern eine höhere Kultur zu bringen oder einen religiösen Auftrag zu erfüllen (zum Beispiel das Christentum oder den Islam zu verbreiten). Einer von Charles

Darwins Freunden glaubte, der Aufbau eines Imperiums habe etwas mit der Hautpigmentation zu tun. Solche Theorien gelten heute als überholt, während man die Geopolitik, wenigstens in Russland, für ein stichhaltiges Argument hält. Auch in den Vereinigten Staaten wird der Begriff massiv missbraucht, aber nicht in einem imperialen Zusammenhang.

Überbringer der geopolitischen Botschaft in Russland war in den 1990er Jahren Alexander Dugin, dessen Lehre (manchmal auch dritte oder vierte Doktrin genannt) für Russland die Vormachtstellung auf dem neuen (dritten) Kontinent Eurasien vorsieht. Da aber Russland aus militärischen, ökonomischen und demographischen Gründen allein nicht mächtig genug war, brauchte es mehr als eine Achse, um dieses Ziel zu erreichen: Am Anfang sollten es die Achsen Moskau-Tokio, Moskau-Teheran und Moskau-Berlin sein. Moskau-Tokio führte offensichtlich in die Irre und musste aufgegeben werden, und auch Moskau-Teheran war problematisch. Aber Moskau-Berlin hatte in Russland viele Anhänger – interessanterweise, denn Deutschland galt traditionell als der Feind, während Großbritannien und Frankreich die Verbündeten waren. Doch als Putin Präsident wurde, rückten die Bedenken gegen Deutschland in den Hintergrund.

Dugins intellektueller Ausgangspunkt war das Reich des Irrationalen, esoterisch Metaphysischen und Mystischen. Dessen Einfluss auf die russische Geistesgeschichte war nicht neu. Aber Dugin erkannte, dass Georges Gurdjieff und Madame Blawatskaja (Helena Petrovna Blavatsky), um nur zwei Vertreter dieser Traditionslinie zu nennen, zwar Schriftsteller und Musiker (wie Mahler, Skrjabin, Sibelius) ansprachen, nicht aber Militärs und Politiker. Mit der »geopolitika« russischer Art ließen sich indes genau diese Kreise erreichen. Russische Militärs und schließlich offenbar auch der Generalstab und das Verteidigungsministerium hatten ein offenes Ohr für Dugins Botschaft. Wie weit ihr Einfluss auf führende Politiker reichte, ist schwerer festzustellen. Im Westen ist Dugin als Putins Hirn bezeichnet worden (etwa in der Zeitschrift *Foreign Affairs*), aber dies scheint, zumindest bisher, übertrieben zu sein. Es bleibt vielmehr der Eindruck, dass man ihm im Kreml zwar zuhört, aber mit einer gewissen Vorsicht, nämlich dem Gefühl, dass wenigstens einige seiner Ideen nicht praktikabel sind, vielleicht sogar verstiegen, und dass die russische Außenpolitik weltläufigen Realisten überlassen werden sollte, nicht Autoren politischer Science-Fiction, die unter Stress Symptome von Hysterie zeigen. Als Dugin im Sommer 2014 zu weit ging, verlor er binnen weniger Stunden seine Stellung. Nach Putins Verständnis muss Außenpolitik zwar tatkräftig und aggressiv betrieben werden, aber auch pragmatisch. Pragmatismus scheint nicht zu Dugins Stärken zu gehören.

Einige der erwähnten Ideen und Lehren dürften dem Leser in jeder Hinsicht als sonderbar und fremd erscheinen. Dabei habe ich bisher nur die verbreitetsten angeführt. Selbst Dugin ist 2014 für gewöhnlich, wenn auch nicht immer, etwas gemäßigter als vor zwanzig Jahren. Wenn man den Hauptstrom verlässt und sich den radikalen Ansichten zuwendet – und ein großer Teil der gegenwärtigen politischen Literatur in Russland gehört in diese Kategorie –, fällt es selbst einem Autor wie mir, der sich viel mit radikalen Anschauungen und Bewegungen beschäftigt hat, schwer, diese zu verstehen und zu kommentieren. Muss man Äußerungen, die nicht nur exzentrisch, sondern in jeder Hinsicht unglaublich sind, beim Wort nehmen? Sind die Verfechter solcher Ansichten dem erlegen, was Psychologen Konfabulation nennen? Haben sie sich also selbst eingeredet, die Wahrheit zu sagen? Oder sind sie sich bewusst, dass sie nicht die Wahrheit sagen, und wollen vielleicht bloß schockieren und ihre Leser unterhalten? Ich habe mich ausführlich mit diesem Problem befasst, kann aber nicht behaupten, eine zufriedenstellende Antwort gefunden zu haben.

Zu den berechtigten Sorgen russischer Patrioten gehören die Wünsche der ethnischen Russen, die in Nachbarstaaten leben und, zu Recht oder zu Unrecht, das Gefühl haben, diskriminiert zu werden. Auf jeden Fall wären sie lieber Bürger Russlands. Wie kann man angesichts der Tatsache, dass kein Land der Welt eine völlig homogene Bevölkerung hat, solchen Wünschen gerecht werden? Was ist zum Beispiel mit den Nichtrussen im Kaukasus? Wären regionale Vereinbarungen eine Lösung? Sie könnten ein Schritt in die richtige Richtung sein, würden aber mit den Ansprüchen der Staatsmacht kollidieren, etwa nach einer starken Zentralgewalt (*derschawnost*), die ebenfalls ein Element der neuen Doktrin ist. Um die russische Politik in dieser Hinsicht zu verstehen, ist es wahrscheinlich hilfreicher, anstelle von Putins Haltung diejenige Alexander Puschkins zu betrachten. 1830/31 rebellierten die Polen gegen die russische Herrschaft; ihr Aufstand wurde niedergeschlagen; allein in der Schlacht von Ostrolenka fielen achttausend Polen. Europa und Amerika wurden von einer Sympathiewelle für die Polen erfasst, die Puschkin und viele andere Russen entrüstete. Die russische Öffentlichkeit hieß die Reaktion der Regierung fast ausnahmslos gut. In den folgenden Jahren schrieb Puschkin zwei Gedichte über den Aufstand, ein berühmtes mit dem Titel *Klewetnikam Rossii* (An die Verleumder Russlands) und ein weniger bekanntes zum Jahrestag der Schlacht von Borodino im Jahr 1812. Michail Lermontows Gedicht über Borodino ist bekannter, handelt im Gegensatz zu Puschkins Versen aber nicht von Polen.

Puschkins Gedicht *An die Verleumder Russlands* ist bis heute aktuell. Es ist ein Ausdruck der damaligen Empörung – noch mehr als über die »verräterischen« Polen über die westlichen Kritiker Russlands. Warum bedrohten sie Russland mit dem Bannfluch? Was ging es sie an? War es nicht ein Familienstreit unter Slawen? Führten Polen und Russen nicht schon lange Krieg gegeneinander? Die Polen hatten Moskau niedergebrannt, und die Russen hatten Prag und einen Teil Warschaus zerstört. In seiner Wut benutzte Puschkin das Wort »ljach« für die Polen, ein veralteter Begriff, der normalerweise in höflicher Gesellschaft nicht benutzt wurde, während er die Russen zu ehrenwerten Helden erhebt. Wenn Russlands Feinde militärisch intervenieren wollten, fragte Puschkin, warum schickten sie dann nicht ihre Söhne – in den Gräbern auf den russischen Feldern sei genug Platz für sie. Starke Gefühle und starke Worte. Diese Gefühle wurden sogar von den schärfsten Kritikern des

offiziellen Russland und seiner Gesellschaft, wie Pjotr Tschaadajew und den Dekabristen, geteilt. Manche von ihnen fürchteten sogar, dass der Zar die Polen in seinem Großmut nicht hart
genug anfassen würde. Aber war Puschkin nicht der Dichter der
Freiheit und nicht der Tyrannei? Hatte er nicht für seine Überzeugungen gelitten? Wie ist dieser Widerspruch zu erklären?
Eine Antwort auf diese Frage hat der große Theologe und Kir-
chenhistoriker Georgi Fedotow, der klarsichtigste Denker seiner Generation, in den 1930er Jahren zu geben versucht (»Pewez imperii i swobody« [Der Sänger des Reichs und der
Freiheit]). Nach seiner Ansicht waren Puschkins politische Ansichten vom 18. Jahrhundert geprägt worden: Freiheit ja, aber
nicht für jeden. Sein Volk hatte ihn enttäuscht, seine Helden
waren stattdessen Peter der Große und Katharina die Große,
obwohl er gewusst haben muss, wie korrupt der Hof war. Er war
kein Demokrat, aber wer war das schon im 18. Jahrhundert?
Und Puschkin wurde mit zunehmendem Alter immer konservativer. All das erinnert an Positionen, wie sie gegenwärtig in
Russland vertreten werden, nur dass die heutigen politischen
Ansichten nicht vom 18. Jahrhundert geprägt wurden, sondern
von der Sowjetzeit.

In den Jahren nach dem Zerfall der Sowjetunion fand ein
grundlegender ideologischer Wechsel statt. Der Marxismus-
Leninismus wich dem russischen Nationalismus und der Glorifizierung eines starken Staats. Weiteren Schwung erhielt dieser Prozess durch die Einnahme der Krim, den Bürgerkrieg in
der Ostukraine und den Abschuss des malaysischen Flugzeugs
MH17 mit fast dreihundert Todesopfern. Im gegenwärtigen
Stadium ist der Übergang vom Kommunismus zu einem Staatskapitalismus unter Oberaufsicht der Staatsorgane noch keineswegs abgeschlossen, und es lässt sich unmöglich voraussagen,
wohin diese Neuorientierung, die Suche nach einer neuen »russischen Idee«, führen wird.

In den letzten Jahrzehnten der Sowjetmacht wurde die Bedeutung der kommunistischen Ideologie im Ausland regelmäßig
überschätzt. Erst nach dem Sturz des Regimes zeigte sich, dass

nicht nur die Bevölkerung, sondern auch die oberste Führung den Marxismus-Leninismus nicht mehr ernst genommen hatte. Man hatte weiterhin Lippenbekenntnisse abgelegt, ansonsten aber die Ideologie bis in die Spitze des Regimes hinauf zum Witzobjekt werden lassen. Besteht heute, da einst randständige Ideen in die Mitte des politischen Systems gerückt sind, die Gefahr einer ähnlichen Fehleinschätzung? Häufig wird gesagt, Russland sei zutiefst konservativ, patriotisch und religiös geworden. Betrachtet man die Ergebnisse soziologischer Untersuchungen, ist jedoch Vorsicht angeraten, denn der radikale ideologische Wechsel sagt noch nichts darüber aus, wie tief die neuen Überzeugungen verwurzelt sind. Laut Studien, wie sie etwa Wladimir Petuchow von der Russischen Akademie der Wissenschaften erarbeitet hat, kann es am Aufschwung des Patriotismus und an der Genugtuung darüber, dass ein Teil der verlorenen Territorien (wie die Krim) zurückgewonnen wurde, keinen Zweifel geben. Werden indes die Opfer angesprochen, die man bringen müsste, um Russlands alten Glanz wiederherzustellen, fällt das Ergebnis weniger eindeutig aus. Eine große Mehrheit würde ihr Land gern als Großmacht sehen, möglichst als Supermacht, ist aber eher zurückhaltend, wenn es darum geht, größere Anstrengungen, insbesondere finanzieller Art, dafür zu unternehmen. Die Motive sind größtenteils nicht ideologischer, sondern psychologischer Art, und die Ziele sind diejenigen von Angehörigen einer Konsumgesellschaft.

Die heutige russische Gesellschaft ist traditionalistisch und neigt mehrheitlich nicht zu Veränderungen. Aber sie ist nicht konservativ in dem Sinn, dass konservative Werte an erster Stelle stehen und ihre Ansichten und ihr Verhalten bestimmen. Offensichtlich gibt es heute in Russland nicht mehr wahre Konservative als Liberale. Die orthodoxe Kirche spielt gegenwärtig eine weit größere Rolle als in der Vergangenheit, aber es ist nicht klar, ob sie diese Stellung auf Dauer wird halten können. Nur eine kleine Minderheit der Russen geht regelmäßig in die Kirche und erfüllt die anderen religiösen Pflichten. Soziologischen Untersuchungen zufolge ist die Religion nur für 8 Prozent der Bevölkerung von überragender Bedeutung. Etwas höher rangiert der Patriotismus, der es auf 14 Prozent bringt. Der Eurasianismus mag in der Intelligenzija Anklang finden, in der großen Mehrheit der Gesellschaft ist dies nicht der Fall.

Diese Tatsachen sind nicht notwendigerweise die einzigen, die in den kommenden Jahren die russische Politik prägen werden. Immerhin ist Russland keine Demokratie. Man könnte einwenden, dass es in der Geschichte selten den Fall gegeben hat, dass sich die Mehrheit der Bevölkerung eines Landes von politischen Motiven leiten ließ, und dass es in der heutigen Welt nur noch Konsumgesellschaften gibt, deren Ziele und Interessen auf die Probleme von Individuen und der ihnen Nahestehenden verengt sind. Aber ebenso wahrscheinlich ist es, dass die tatsächliche Motivation der Mehrheit der russischen Gesellschaft die Reichweite der russischen Politik der kommenden Jahre begrenzen wird. Deshalb ist Vorsicht geboten in einer Zeit, in der die ideologischen Erklärungen führender russischer Politiker besonderes Interesse erregen, weil sie sich so stark von denjenigen unterscheiden, die man aus der Vergangenheit kennt.

Die heute in Russland Herrschenden, die sogenannten Silowiki, sind als neuer Adel beschrieben worden, als selbstlose Patrioten, die aus purem Idealismus handeln. Dies ist in der Tat eine edle Vorstellung, aber trifft sie auf diese ehemaligen Geheimdienstleute zu? In den 1980er Jahren entstand eine eigenartige und sogar paradoxe Situation: Die KGB-Offiziere verwandten viel Zeit und Energie darauf, Dissidenten zu schikanieren und zu verfolgen, glaubten selbst aber ebenso wenig an den Kommunismus und das Sowjetsystem wie ihre Opfer. Sie agierten auf Befehl von oben. Was weiß man über ihre wirklichen Überzeugungen? Tief im Innern waren wahrscheinlich viele von ihnen Zyniker und offenbar bereit, jedem System zu dienen, solange es ihnen ihre privilegierte Stellung garantierte. Wie sieht es heute aus? Wie wichtig ist ihnen Ideologie, und wie viel Gewicht haben Macht und Geld? Es wäre falsch, den Patriotismus und die anderen Komponenten der neuen russischen Ideologie insgesamt als heiße Luft abzutun; manche Vertreter der neuen Elite glauben zutiefst daran, andere nur ein wenig und wieder andere gar nicht.

Die russische Intelligenzija hat im Allgemeinen ein trauriges Schicksal erlitten. Im letzten Jahrhundert ist diese attraktivste und kreativste Schicht der russischen Gesellschaft, die so viel zu unserer Kultur beigetragen hat, mehrmals einem Aderlass unterzogen worden. Infolge von Emigration und »Liquidation« ist nicht viel von ihr übriggeblieben, ihr Niveau und ihre Maßstäbe sind deutlich gesunken. Den russischen Demokraten ist vorgeworfen worden, mit ihren Reformbemühungen nach dem Zusammenbruch der Sowjetunion schmählich gescheitert zu sein. Das trifft zu, aber war angesichts der mehrheitlich undemokratischen Einstellung der russischen Gesellschaft und des Verlangens nach einer starken Hand ein Erfolg überhaupt möglich?

Derzeit mag eine neue Mittelschicht entstehen, aber von der Herausbildung einer neuen Intelligenzija ist kaum etwas zu bemerken. Die übriggebliebenen Vertreter dieser Schicht haben entweder ihren Frieden mit der neuen Ordnung gemacht oder sich aus der Politik und dem öffentlichen Leben insgesamt zurückgezogen. Die russische Geistesgeschichte hat ein goldenes und ein silbernes Zeitalter erlebt, aber gegenwärtig bestehen selbst auf ein bronzenes nur geringe Aussichten. Man fühlt sich an Puschkins Ausruf erinnert, nachdem Gogol ihm seine *Toten Seelen* vorgelesen hat: »Gott, was für ein trauriges Land unser Russland ist …« Die neuen Herren, der KGB-Silowiki-Adel, mögen nicht so denken. Man wünschte, ihren Optimismus teilen zu können. Vielleicht werden uns die Kinder und Enkel dieses »Adels« ja eines Besseren belehren.

Zusammenbruch und Neuanfang

Das Ende der Sowjet-Ära

Einem Voltaire zugeschriebenen Bonmot zufolge ist die Geschichte begleitet von den Geräuschen seidener Pantoffeln, welche leise die Treppe hinunterschleichen, und dem Lärm von Holzschuhen, die polternd die Treppe hinaufsteigen. Die Frage, warum Nationen scheitern, ist in jüngster Zeit häufig diskutiert worden, die Frage, warum sie sich wieder erholen – manchmal nur für kurze, manchmal aber auch für längere Zeit –, dagegen selten. Deutschland benötigte nach der Niederlage im Ersten Weltkrieg wenige Jahre, um seine militärische und politische Stärke wiederzuerlangen. Russland brauchte für sein Comeback nach dem Zerfall der Sowjetunion zwei Jahrzehnte.

Aber ist es sinnvoll, das Russland des 21. Jahrhunderts mit anderen Großmächten und Reichen zu vergleichen? Die Entstehung der Sowjetunion war ein einzigartiges Ereignis; sie beruhte auf einer Ideologie, auf dem Verlangen, eine Gesellschaft aufzubauen, die sich von Grund auf von allen anderen in der Geschichte unterscheiden und den Beginn einer neuen Ära einläuten sollte, einer gerechten, fortschrittlichen Gesellschaftsordnung. Es sollte ein absoluter Neuanfang in den Annalen der Menschheit sein. Im französischen Original heißt es in der *Internationale*, die bis zum Zweiten Weltkrieg die Nationalhymne Russlands war: »Du passé faisons table rase«, und etwas später: »Le monde va changer son base«.

Die Revolution und das Regime, das aus ihr hervorging, stießen anfangs auf viel Widerstand und Feindschaft. Aber nach dem Ende des Bürgerkriegs erregten die Veränderungen, besonders unter der Jugend, viel Begeisterung. Es war das heroische Zeitalter, dessen Stimmung Anatoli D'Aktil in seinem *Marsch der Enthusiasten* so beschrieb:

> Nichts hält uns auf zu Wasser und zu Lande,
> uns schrecken nicht die Wolken und das Eis.
> Heiß unsre Herzen glühn,
> wir tragen stolz und kühn
> unsere Tat weit durch die Welt und die Zeit.
>
> Wir sind dazu erkoren,
> Jahrhundertwerk in Jahren zu vollbringen.
> Dem Glück sind wir verschworen,
> wie Kinder lernen wir bau'n und singen.
> (*Unter den friedlichen Fahnen woll'n wir uns mühen*,
> hg. vom Zentralrat der FDJ, Berlin 1951, S. 21)

Geblieben sind von jenem heroischen Zeitalter dieser Marsch sowie der Name eines Fußgängertunnels und einer Station der Moskauer U-Bahn. An D'Aktil erinnert man sich heute vor allem als den russischen Übersetzer von *Alice in Wonderland*. Außerdem schrieb er den Text des Budjonny-Marschs über den berühmten Heerführer im Bürgerkrieg.

Damals lag Begeisterung in der Luft. Es war die Zeit, von der Nikolai Ostrowski in seinem Roman *Wie der Stahl gehärtet wurde* erzählt, in dem er die übermenschlichen Anstrengungen junger Arbeiter beim Bau und Betrieb neuer Fabriken beschreibt. Ostrowski war ein schwer versehrter junger Mann, der 1936 im Alter von nur 35 Jahren verstarb. Sein millionenfach verkaufter beziehungsweise verbreiteter Roman wurde zum sozialistisch-realistischen Bestseller par excellence. Er wurde dreimal verfilmt und in den 1970er Jahren, als die jungen Leute sich kaum noch mit den Pawel Kortschagins, den Helden einer vergangenen Zeit, identifizieren konnten, zur Vorlage einer Fernsehserie. Ein anderes sowjetisches Ideal war Magnitogorsk, eines der neuen Zentren der Eisen- und Stahlindustrie im Ural. Viele der besten jungen Leute und Idealisten meldeten sich freiwillig zur Arbeit an diesen Orten, die zum Mekka ihrer Zeit wurden. Es war die Ära von *Schiroka strana moja rodnaja* (Das Lied vom Vaterland; wörtlich: Weit ist mein Heimatland), einem Lied, das zu einer Art zweiter Nationalhymne und zur Erkennungsmelodie von Radio Moskau wurde. In ihm wird Russland nicht nur als Land mit vielen Bergen und Flüssen beschrieben, sondern auch als eines, *gdje tak wolno dyschit tschlowjek* – »wo so frei das Herz dem Menschen schlägt«.

Magnitogorsk spielte im Zweiten Weltkrieg eine wichtige Rolle. Heute gilt es als einer der Orte mit der weltweit größten Umweltverschmutzung. Nur 27 Prozent der Kinder kommen dort gesund zur Welt. Bis zur Ära von Glasnost war es eine für Ausländer »geschlossene Stadt«. Heute hat sie 400 000 Einwohner, von denen die meisten am liebsten wegziehen würden.

1935 war ein gutes Jahr, dem jedoch die Moskauer Schauprozesse und die Zeit der großen Angst sowie die Schrecknisse des Krieges folgten, der freilich mit einem großen Sieg endete. Bei Kriegsende herrschte die große Erwartung, dass nun alles besser werden würde. Der Enthusiasmus war weitgehend verschwunden, aber es gab viel Hoffnung.

Den Internationalismus der Anfangszeit gab es allerdings nicht mehr. Die *Internationale* wurde durch eine neue Nationalhymne ersetzt, ein patriotisches Lied, in dem das große Russland und seine überragende Bedeutung gepriesen wurden. Während des Krieges war eine »russische Partei« entstanden, über die noch zu sprechen sein wird. Auf jeden Fall herrschte das Gefühl vor, dass das Schlimmste jetzt vorüber sei. Nach Stalins Tod 1953 gab es keine massenhaften Verhaftungen und Hinrichtungen mehr. Auch die Versorgungslage besserte sich langsam, und die Lebensbedingungen wurden allgemein etwas besser. Der erste Mensch im Weltall war ein Russe, und das Atomwaffenarsenal der Sowjetunion stand dem amerikanischen kaum nach.

Aber der Fortschritt vollzog sich nur langsam, viel langsamer als im Westen. Gewiss waren die Verwüstungen in den sowjetischen Gebieten, die während des Krieges besetzt worden waren, weit schlimmer als die Kriegsschäden im Westen. Vor allem darauf führte man die langsame Erholung Russlands zurück. Für zehn, vielleicht sogar zwanzig Jahre war dies ein überzeugendes Argument, aber danach verlor es seine Schlagkraft. In den 1970er Jahren kamen ernsthafte Zweifel an der Effizienz des Systems auf. Offensichtlich stimmte daran etwas nicht, aber was?

Die Sowjetunion war eine Supermacht mit starken Streitkräften geworden, und darauf war man stolz. Aber der Unterhalt der Armee war ausgesprochen kostspielig, und da die Wirtschaft nur langsam Fortschritte machte und schließlich sogar stagnierte, wurde es immer schwieriger, mit Amerika und dem Westen insgesamt Schritt zu halten. Viele westliche Experten überschätzten damals die sowjetische Leistungsfähigkeit, während der durchschnittliche Sowjetbürger die wahre Lage zwar ahnte, aber nicht das ganze Bild sah. Zudem konnte er nicht ins Ausland reisen. Nur die oberste Gesellschaftsschicht befand sich in einer Position, um die tatsächliche Situation zu erkennen, zum einen, weil ihre Mitglieder im Ausland gewesen waren und Vergleiche ziehen konnten, zum anderen, weil ihr vertrauliche Informationen zugänglich waren. Seit den 1960er Jahren waren oppositionelle Stimmen laut geworden. Aber ihre Wirkung blieb begrenzt. Der KGB hatte die Gesellschaft gut im Griff.

Doch wenn es zur Nagelprobe kam, wie in Afghanistan, waren die Ergebnisse wenig beeindruckend. In den nichtrussischen Republiken herrschte eine nationale Stimmung vor. Die allgemeine Malaise dieser Periode wurde in den Romanen rechts stehender Schriftsteller, der nationalistischen *potschwenniki*, ziemlich offen dargestellt. In der späten Breschnew-Ära wurden schließlich auf höchster Ebene Klagen über die Lage laut; die Lebensmittelengpässe waren sowohl politisch wie auch ökonomisch ein entscheidendes Thema. Der offen geäußerten Kritik folgten allerdings keine Taten und Reformen.

Am wichtigsten war vielleicht, dass eine Verbesserung der Lebensumstände ausblieb. Wasser und Luft waren verschmutzt, der Erdboden vergiftet, der russische Wald erstickt. In weiten

Teilen des europäischen Russland verschwanden die Wälder, traditionell der Stolz des Landes. Einige Mutige setzten sich für den Schutz der Umwelt ein, aber ihre Aktivitäten liefen den Absichten der lokalen und zentralen Behörden zuwider, die das Plansoll zu erfüllen hatten, und so blieb den Umweltkämpfern in der Regel jeder Erfolg versagt. Der Alkoholismus, der in der russischen Geschichte schon immer ein großes Übel gewesen war, nahm zu. Am Zahltag wurde in den Dörfern, aber auch in den Städten nicht gearbeitet, da die Menschen zu betrunken waren. Die Szenen, die sich abspielten, waren unbeschreiblich. Die Kriminalitätsrate stieg; die Zahl kleiner und weniger kleiner Diebstähle nahm unaufhörlich zu. Vieles davon geschah durchaus nicht versteckt. Es wurde beispielsweise in den Romanen und Erzählungen von Walentin Rasputin, dem vielleicht begabtesten nationalistischen Schriftsteller Russlands, der in Sibirien geboren ist und den größten Teil seines Lebens dort verbracht hat, beschrieben – etwa in *Abschied von Matjora* und *Der Brand*.

Jedem vorurteilsfreien Beobachter war damals klar, dass das Regime seine Dynamik verloren hatte und das Zeitalter des Enthusiasmus schon lange vorüber war. Während der Marxismus an amerikanischen Universitäten weiterhin auf Interesse stieß, traf dies für die Sowjetunion immer weniger zu. Manche westliche Beobachter konzedierten dem Sowjetsystem einige mildernde Umstände: Immerhin war es auf seine Art ein Sozialstaat, in dem alte Menschen Renten erhielten und niemand Angst vor Arbeitslosigkeit haben musste. Das stimmte, aber es war ein Sozialstaat auf niedrigem Niveau. Russland war und blieb ein armes Land, und je länger der Zweite Weltkrieg zurücklag, desto weniger konnten die Missstände als Kriegsfolgen ausgegeben werden.

Gleichzeitig blieb die alte Idee, zu Amerika aufzuschließen, es zu überholen und zur mächtigsten Nation der Erde zu werden, lebendig. Man befand sich in einem kalten Krieg, der ständig steigende Militärausgaben zur Folge hatte. Die USA aber waren wesentlich reicher, und der sowjetischen Führung hätte klar sein müssen, dass sie das Wettrüsten nicht gewinnen konnte und möglicherweise ihre eigene Wirtschaft ruinieren würde. Doch so hellsichtig war man nicht, und auch dies trug erheblich zum Zusammenbruch der Sowjetunion bei.

Dass es im Innern kaum Widerstand gegen die Militärausgaben gab, war ein Zeichen dafür, dass dies als unpatriotisch, wenn nicht gar als Hochverrat angesehen worden wäre. Darüber hinaus waren die Aufwendungen für das Militär ein Staatsgeheimnis, das nur wenige kannten. Lautstarke Kritik wurde jedoch an der Unterstützung befreundeter Staaten geübt. So bekamen Ägypten und andere Staaten im Nahen Osten Waffen im Wert von vielen Millionen Dollar, für die man keinen einzigen Cent erhielt. Auch Kuba und verschiedene asiatische Länder wurden mit Geld und materiellen Ressourcen unterstützt, die man im Innern dringend benötigt hätte. Der Unmut über diese Politik verband sich mit einer zunehmenden Fremdenfeindlichkeit, die offizielle Vertreter und Touristen aus afrikanischen und asiatischen Ländern in Russland zu spüren bekamen. Das Verhältnis zu China verbesserte sich im Vergleich zu der Phase der offenen Feindseligkeit etwas, doch das besagte nicht viel. Es gab ein Bündnis mit den europäischen Satellitenstaaten und Organisationen wie den Rat für gegenseitige Wirtschaftshilfe (RGW), das Informationsbüro der Kommunistischen und Arbeiterparteien (Kominform; bis 1956) und andere. Aber welchen Nutzen hatten sie, wie weit konnte man sich auf sie verlassen? Zweimal musste die Sowjetunion nach dem Krieg in Osteuropa militärisch eingreifen, 1956 in Ungarn und 1968 in der Tschechoslowakei. Rumänien hatte sich Moskau offen widersetzt, und auch auf die anderen Bündnispartner war, mit Ausnahme der DDR, kein Verlass.

Man war damals weithin überzeugt, dass die Sowjetunion ihre Politik überdehnt hatte. Dies traf zu, und vielleicht war es manchen Sowjetführern sogar bewusst. Aber auch sie wussten nicht, wie sie den Kalten Krieg beenden konnten. Einige von ihnen mögen geglaubt haben, dass alles die Schuld des Westens sei. Immerhin glaubten sogar einzelne amerikanische Beobachter zeitweise, dass der Kalte Krieg hauptsächlich Amerikas Schuld war. Der eine oder andere Sowjetführer hielt den Konflikt mit dem Westen möglicherweise aus innenpolitischen Gründen für nötig, denn wie hätte man sonst die vielen Einschränkungen im Innern und das diktatorische System rechtfertigen können?

Einer der Gründe für den Zusammenbruch der Sowjetunion war die Schwäche und Ineffizienz der obersten Führungsebene. Leonid Breschnew war 75 Jahre alt, als er 1982 starb und ein neuer Generalsekretär des Zentralkomitees der Kommunistischen Partei (KPdSU) gewählt werden musste. Juri Andropow war schon seit Jahren gesundheitlich angeschlagen, aber sein Führungsstil war in mancher Hinsicht besser als derjenige seines Vorgängers (er beriet sich fast immer mit seinen Kollegen im Politbüro, bevor er eine Entscheidung traf). Breschnew war kein Freund von Veränderungen gewesen; die Periode seit den 1970er Jahren wurde als *sastoi* (Stagnation) bekannt. Gleichwohl: Das System funktionierte einigermaßen, und die Opposition war aufgrund der totalen Kontrolle durch die Sicherheitsdienste vernachlässigbar. Als Breschnew starb, bestand die Parteiführung aus alten Männern, die völlig losgelöst von den Problemen der einfachen Menschen lebten. In einem in der Frühzeit von Glasnost erschienenen Roman wird von den Unannehmlichkeiten erzählt, in die ein hoher Funktionär, ein Minister oder Spitzenfunktionär der KPdSU, geriet, dessen Auto und Chauffeur nach einer Sitzung nicht bereitstanden, um ihn nach Hause zu fahren. Er war gezwungen, öffentliche Verkehrsmittel zu benutzen, was ihm, da er keine Ahnung hatte, wie er dies anstellen sollte, große Schwierigkeiten bereitete.

Breschnews Nachfolger Andropow, seit 15 Jahren Vorsitzender des KGB, stand in dem Ruf, ein intelligenter Politiker zu sein, dem der Zustand des Landes, vor allem die ständig zunehmende Korruption, missfiel und der Reformen in Gang setzen wollte. Während seiner kurzen Amtszeit wurde eine beachtliche Zahl von Funktionsträgern entlassen, darunter allein 18 Minister und hohe Parteisekretäre. Von einer Liberalisierung konnte freilich nicht die Rede sein. Im Gegenteil, im Innern wurden die Repressionen verschärft, und in der Außenpolitik blieb alles

beim Alten. Andropow war schwerkrank und konnte an Politbürositzungen nicht mehr teilnehmen. Als er sein Ende nahen
fühlte, schlug er Gorbatschow, das jüngste Mitglied des obersten Parteigremiums, als Sitzungsleiter und seinen Nachfolger
vor. Aber die Mehrheit entschied sich für Konstantin Tschernenko, eine unbedeutende Figur, die Breschnew viele Jahre zuvor hauptsächlich deshalb in hohe Ämter gehievt hatte, weil er
als harmlos galt und zudem mit seinen Kollegen auf gutem Fuß
stand. War Andropow nur anderthalb Jahre im Amt gewesen,
dauerte Tschernenkos Amtszeit gerade einmal 13 Monate. Auch
er war ein alter Mann, der an vielen, wenn nicht den meisten
Politbürositzungen nicht teilnehmen konnte. Als er auf der Be-
erdigung seines Vorgängers die Trauerrede hielt, war er bereits
so schwach, dass er kaum zu Ende sprechen konnte. Da das Ereignis vom Fernsehen übertragen wurde, sahen ihm viele Millionen Sowjetbürger dabei zu. Der Eindruck, den sie von dem
neuen Parteichef erhielten, war verheerend und verstärkte die
bedrückte, pessimistische Stimmung. Ihr Land, das vor so vielen
schwerwiegenden Problemen stand, besaß offensichtlich keine
handlungsfähige Führung. Erst nach Tschernenkos Tod kam
Michail Gorbatschow zum Zug.

Die Sowjetunion war damals gewiss in schlechter Verfassung,
und zwar in weit schlimmerer, als die meisten Beobachter im
Westen, einschließlich der Experten, annahmen. Aber war der
Zusammenbruch, der sich in den folgenden Jahren vollzog, unvermeidlich? Langfristig betrachtet, muss man dies aus Gründen, die weiter unten behandelt werden, bejahen. Aber ökonomisch war er keineswegs unumgänglich. Zwar musste sogar
Weizen importiert werden, etwas Unerhörtes in einem Land,
das einst zu den größten Weizenexporteuren gehört hatte. Aber
niemand hungerte, und die Unzufriedenheit hatte noch nicht
den kritischen Punkt erreicht. Die Propagandamaschine häm-
merte den Menschen ein, dass die Lage im Westen noch schlechter sei, der KGB unterdrückte erfolgreich jede Opposition. Auch
wenn man unzufrieden war, die Apathie war noch größer; kaum
jemand verspürte ein brennendes Verlangen danach, sich für ei-

nen Wandel zu engagieren. Das System war innerlich verfault, aber das konnte man auch für das Zarenregime sagen, und ohne den Ersten Weltkrieg und die bitteren Niederlagen und Verluste, die er mit sich brachte, hätte die Revolution von 1917 nicht stattgefunden oder wäre gescheitert wie diejenige von 1905. Das Zarenregime hätte nicht auf Dauer bestehen können, aber der Wandel wäre später erfolgt, vielleicht viel später, und aller Wahrscheinlichkeit nach hätte er nicht die Bolschewiken an die Macht gebracht.

Um einen kurzen Abstecher in die kontrafaktische Geschichtsschreibung zu unternehmen: Putins Regime verdankt sein Überleben und seinen Erfolg einem einzigen Faktor – dem Erdöl- und Erdgasexport. Dessen Einnahmen decken rund die Hälfte des russischen Staatshaushalts. Bis Russland 2013 von den Vereinigten Staaten überholt wurde, war das Land der größte Erdöl- und Erdgasproduzent der Welt. Der Begriff »Petrostaat« ist nicht ohne Grund auf das heutige Russland angewandt worden, denn die Versuche, die Wirtschaft zu diversifizieren, sind bisher nicht sehr erfolgreich gewesen, und es ist unwahrscheinlich, dass sie es in naher Zukunft sein werden. Auf die Bedeutung des Erdöl- und Erdgasexports werde ich später näher eingehen. Im Zusammenhang mit dem hier Besprochenen ist die Tatsache relevant, dass der steile Anstieg der Einnahmen erst in jüngerer Zeit stattgefunden hat. Während das Barrel Rohöl 1988 14 und 1998 11 Dollar kostete, lag der Preis 2013 bei 94 Dollar. Zwischenzeitlich lag der Höchststand sogar bei 140 Dollar. Gleichzeitig ist in diesen Jahren die Nachfrage nach Erdöl und Erdgas, hauptsächlich aus Europa und China, stark angestiegen, und der Bau von Pipelines hat eine Erhöhung der russischen Exporte ermöglicht.

Wäre am 11. März 1985 nicht Gorbatschow, sondern ein anderes Politbüromitglied, nennen wir es einfach mal Iwan Iwanow, zum Generalsekretär der KPdSU gewählt worden und wäre diesem Iwan Iwanow zehn oder 15 Jahre später ein Politbüromitglied namens Sergejew nachgefolgt, hätten sich beide – der eine wie der andere kein liberaler Reformer, sondern Funktionär in der Tradition Breschnews – durch die 1990er Jahre hindurchgewurstelt und danach vom unerwarteten Preisanstieg von Erdöl und Erdgas profitiert, ohne vorher besondere Modernisierungsanstrengungen unternommen zu haben. Der Oberste Sowjet und das politische Monopol der Kommunistischen Partei würden immer noch bestehen. Man würde die Parteiführung für den gestiegenen Wohlstand des Landes, für die Klugheit, Tatkraft, Weitsicht und Geschicklichkeit, mit denen sie das Land reicher gemacht hat, preisen. Möglicherweise wären einige kleinere politische und ideologische Reformen durchgeführt worden, aber ein radikaler Wandel hätte nicht stattgefunden. Zwar hätten ein solches Wirtschaftssystem und ein solches Land kaum noch etwas mit der ursprünglichen kommunistischen Vision einer hochentwickelten, vom Marxismus-Leninismus geprägten industriellen (oder postindustriellen) Wirtschaft und Gesellschaft gemein gehabt. Russland wäre eher eine Art Kolonialland gewesen, dessen Wirtschaft auf dem Rohstoffexport beruht. Aber es wäre nicht schwergefallen, darüber hinwegzusehen. Die ideologischen Widersprüche hätten keine große Rolle gespielt, denn wirklich gezählt hätten die Möglichkeit eines ausgeglichenen Staatshaushalts und der gestiegene Lebensstandard. Die KPdSU besäße immer noch das politische Monopol; es hätte keine territorialen Abspaltungen von der Sowjetunion gegeben, und das Regime wäre immer noch autoritär. Es ist durchaus möglich, wenn nicht sogar wahrscheinlich, dass der Anstieg des Lebensstandards die Entstehung neuer innerer Spannungen verhindert und das Weiterbestehen der Kommandowirtschaft ermöglicht hätte.

Eine solche Entwicklung in Russland in den letzten beiden Jahrzehnten ist keine Phantasmagorie ohne Realitätsbezug. Sie ist durchaus vorstellbar und hätte eintreten können. Dass 1985 mit Michail Gorbatschow ein Parteiführer gewählt wurde, der ernsthaft an die Reformierbarkeit des Systems glaubte, war ein Zufall.

In den frühen 1980er Jahren wirkte die Sowjetunion eingefroren wie ein Standbild. Erst nach Tschernenkos Tod nahm die

Entwicklung wieder Tempo auf, und zwar mit Hochgeschwindigkeit. Für Sowjetbürger und ausländische Beobachter, die sich daran gewöhnt hatten, von der sowjetischen Politik keine bedeutenden Veränderungen zu erwarten, kam dies gleichermaßen überraschend. Die Ereignisse, die mit Gorbatschows Wahl zum Generalsekretär der Partei begannen, sind umfangreich dokumentiert; buchstäblich alle Beteiligten, und nicht nur die Hauptakteure, sondern auch ihre Berater und Assistenten, haben Erinnerungen veröffentlicht, wenn nicht in Buchform, dann wenigstens als Artikelserie oder in längeren Interviews. Es erübrigt sich daher, allzu sehr ins Detail zu gehen.

Gorbatschows politisches Ende kam in der zweiten Jahreshälfte 1991. Der Putsch vom August 1991 scheiterte zwar, hatte aber Gorbatschows Stellung erheblich geschwächt. Dass das System irgendwie noch überlebte, war vor allem Boris Jelzin zu verdanken, der in den entscheidenden Stunden Unterstützung beschafft hatte. Faktisch besaß die Sowjetunion jetzt zwei Führer: Gorbatschow, der immer noch Präsident der Sowjetunion war, und Jelzin, der mit einer Mehrheit von 57 Prozent zum Präsidenten der russischen Teilrepublik gewählt worden war. Dass Gorbatschow wenige Monate später zurücktrat, schien zwangsläufig zu sein. Die Krise war nicht mehr vorwiegend ökonomischer und finanzieller Art, vielmehr schien sich das gesamte Sowjetsystem zu zersetzen, und in Washington bezweifelte man, dass Amerika eingreifen konnte oder sollte, um diesen Vorgang auszuhalten. Die Sowjetunion hörte buchstäblich auf zu existieren, und an ihre Stelle trat die Gemeinschaft Unabhängiger Staaten (GUS), der elf der früheren Sowjetrepubliken angehörten. Die baltischen Republiken hatten im vorangegangenen Jahr ihre Unabhängigkeit erklärt, und im August und September 1991 waren weitere Republiken ihrem Vorbild gefolgt.

Die 1990er Jahre

Die Jahre nach Gorbatschows Rücktritt waren eine turbulente Periode. Zunächst einmal und trotz des ständig wiederholten Versprechens der Regierung, dass dies nicht geschehen würde, stiegen im ganzen Land die Preise. Im Januar 1992 wurden sie schließlich liberalisiert. Die sowjetische Produktion war 1991 um 11 Prozent gesunken und das Staatsdefizit um rund ein Viertel gestiegen. Eine Finanzreform (50- und 100-Rubel-Scheine waren durch Gutscheine ersetzt worden) hatte keine Erleichterung gebracht. Zahlreiche Meinungsumfragen und Resolutionen zeigten, dass die Stimmung im Land für Marktwirtschaft und Privatisierung war, obwohl niemand wusste, was solche radikalen Veränderungen wirklich bedeuteten und welche praktischen Folgen sie haben würden. Jelzin ließ durch eine kleine Gruppe von Ökonomen einen Plan für den Übergang zur Marktwirtschaft ausarbeiten, der im Juni 1992 Gesetz wurde. Nun ging alles sehr schnell.

War diese Krise unvermeidlich gewesen? Über zehn Jahre später erklärte Anatoli Tschubais, einer der beiden Hauptarchitekten der Privatisierung, in einem Interview mit der *Financial Times*, es sei ein Wettlauf mit der Zeit gewesen, der Druck habe gewaltig auf ihnen gelastet, Jelzin sei krank gewesen, und wenn die radikalen Maßnahmen nicht durchgedrückt worden wären, hätten die Kommunisten die Wahl von 1996 gewonnen. Die Geschichte hätte einen anderen Verlauf genommen.

All dies mag zutreffen. Die Situation in Moskau war in der Tat explosiv. Im Oktober 1993 wurde erneut versucht, die Regierung, an deren Spitze jetzt Jelzin stand, zu stürzen. Um das Weiße Haus, den Parlamentssitz, wurde zehn Stunden gekämpft. Es gab viele Tote und Verwundete. Doch Jelzin handelte entschlossen. Binnen weniger Stunden waren die Anführer in Haft. Die Nationale Rettungsfront, die den Putsch ausgelöst hatte, wurde ebenso verboten wie die Kommunistische Partei. Letztere war bereits zwei Jahre zuvor für illegal erklärt worden, doch das Oberste Gericht hatte das Verbot aufgehoben; eine Partei, so sein Argument, könne nicht für die Taten einiger ihrer Mitglieder haftbar gemacht werden. Wahl folgte auf Wahl, Regierung auf Regierung; zudem wurde eine neue Verfassung eingeführt. Jegor Gaidar machte als Ministerpräsident 1992 Wiktor Tschernomyrdin Platz. Dass die alte/neue kommunistische Partei und eine Bewegung unter Wladimir Schirinowski, den viele eher als Clown denn als ernsthaften Politiker betrachteten, in diversen Wahlen Erfolge erzielten, ließ für die Zukunft nichts Gutes ahnen. Wenn trotz alledem eine gewisse Stabilität gewahrt werden konnte, dann war es der Tatsache zu verdanken, dass es Jelzin gelang, als Präsident der Russischen Föderation gewählt und wiedergewählt zu werden und die Macht der Duma, wie das Parlament jetzt nach dem Vorbild der Zarenzeit genannt wurde, zu beschränken.

Jelzin hatte schon früh erklärt, dass Russland, wenn die nichtrussischen Republiken von ihrem Recht, aus der Union auszuscheiden, Gebrauch machten, dies ebenfalls tun könne. Was mag ihn zu dieser Erklärung veranlasst haben? Vielleicht glaubte er, dass manche Republiken es aus ökonomischen Gründen vorziehen würden, bei Russland zu bleiben. Wenn es so war, dann hatte er sich verrechnet. Er versuchte in einer Reihe von Verhandlungen, die Bande zu den früheren Sowjetrepubliken in Form einer lockeren Föderation aufrechtzuerhalten. Wie dieses Ziel erreicht werden sollte, war allerdings nicht ganz klar. Schließlich wurde von allen ehemaligen Sowjetrepubliken, außer den baltischen Staaten, Tatarstan (seit 1994 wieder ein Teil Russlands) und Tschetschenien sowie Georgien (das 1993 beitrat), ein Vertrag unterzeichnet. Im Mai 1992 folgte ein Vertrag über kollektive Sicherheit. Im Januar 1994 schlossen Russland und Weißrussland ein Abkommen über eine Währungsunion, und im April unterzeichneten Russland, China, Kasachstan und Kirgistan einen Grenzvertrag, den Vorläufer zum Vertrag von Shanghai, auf den ich später zurückkommen werde. Wichtiger war jedoch eine Vereinbarung zwischen Russland und der Ukraine vom Mai 1997 über den Status der russischen Schwarzmeerflotte, vor allem also über den durch ukrainisches Territorium führenden Zugang zu ihr.

Die anderen Abkommen waren von geringerer Bedeutung; die unabhängig gewordenen Republiken besaßen noch keine eigenen Streitkräfte. Die wirtschaftliche Lage änderte sich ständig; im Oktober 1994 brach der Wechselkurs des Rubels ein. Was bedeutete unter diesen Umständen die Existenz einer Gemeinschaft Unabhängiger Staaten? Würde Russland in der Lage sein, in den verbliebenen Territorien seine Autorität aufrechtzuerhalten? Dies war keineswegs sicher. Tschetschenien hatte offensichtlich nicht den Wunsch, dem neuen russischen Staat anzugehören, und versuchte sich von ihm zu lösen, so dass dort im Dezember 1994 russische Truppen einmarschierten. Der Erste Tschetschenienkrieg begann.

Der Krieg dauerte bis September 1996 und verlief aus russischer Sicht schlecht. Die Zahl der getöteten Zivilisten wird auf 30 000 bis 100 000 geschätzt; vielleicht doppelt so viele wurden verwundet, und eine halbe Million Menschen wurden zu Flüchtlingen. Nach Ansicht eines Beobachters brach der Krieg Jelzin politisch das Genick; ein anderer meinte, in Tschetschenien sei die Macht Russlands an ihr Ende gekommen, man habe ihr dort den Grabstein errichtet. Rückblickend betrachtet, waren dies Übertreibungen, aber es ist leicht nachzuvollziehen, warum man damals diesen Eindruck gewann, denn wenn die russische Armee nicht einmal in der Lage war, das kleine Tschetschenien niederzuhalten, dann war Russland ganz gewiss keine Großmacht mehr. Zudem waren die Probleme nicht auf Tschetschenien beschränkt, auch in Dagestan und anderswo rumorte es. Die russische Armee war auf einen Guerillakampf nicht eingestellt, nachdem es lange Zeit ihre Aufgabe gewesen war, sich auf einen Weltkrieg vorzubereiten. Die Erfahrungen des 19. Jahrhunderts – die Jahrzehnte, die es brauchte, um Imam Schamil, den Führer der muslimischen Bergvölker, im Kaukasuskrieg niederzuwerfen – hätten ein Warnzeichen sein können, aber sie wurden nicht beachtet.

Als der Erste Tschetschenienkrieg mit einem Patt endete, war

klar, dass es dabei nicht bleiben konnte. Die Situation war nicht
stabilisiert und damit das Ziel des russischen Eingreifens ver-
fehlt worden. Während 70 Prozent der Russen den Ersten
Tschetschenienkrieg als Tragödie empfanden, wurde der zweite
ebenfalls von 70 Prozent gebilligt. Der Ausbruch des Zweiten
Tschetschenienkriegs im Jahr 1999 (nachdem eine »internationale Einheit« islamischer Freischärler in Dagestan eingefallen
war) kam daher nicht überraschend.

Diesmal war Russland sowohl militärisch als auch politisch
besser vorbereitet. Die Operation wurde nicht als Krieg, sondern als Antiterrorkampf präsentiert, der sich mit Unterbre-
chungen bis 2009 hinzog. Wichtiger dürfte jedoch gewesen
sein, dass sich das internationale Klima geändert hatte. Während der Erste Tschetschenienkrieg allgemein verurteilt worden war, hatten die islamistischen Terroraktivitäten in verschiedenen Teilen der Welt in den 1990er Jahren und dann vor allem
die Anschläge in den Vereinigten Staaten am 11. September
2001 das Verständnis für das russische Vorgehen im Kaukasus
wachsen lassen. Außerdem verfolgte Russland diesmal ein klares
Ziel: den Sturz der separatistischen Regierung von Aslan Ma-
schadow und die Installierung einer moskaufreundlichen Regierung unter Achmat Kadyrow. Dieses Ziel wurde erreicht. Ob es
ein dauerhafter Erfolg war, blieb jedoch abzuwarten.

Die Islamisierung Tschetscheniens ging ebenso weiter, wie
die Gesetzlosigkeit fortbestand; es kam nach wie vor zu Grenz-
verletzungen, Überfällen und anderen Gewalttaten, wenn auch
nicht mehr so intensiv. Es war ein grausamer Krieg, der durch
massenhafte Geiselnahmen und die Entführung Tausender von
Menschen, die spurlos verschwanden, gekennzeichnet war.
Häufig war es unmöglich festzustellen, wer die schlimmeren
Übeltäter waren. Die Schuldfrage blieb offen. Es war zwar klar,
wer in Beslan in Nordossetien tausend Menschen (einschließlich 777 Schulkindern) als Geiseln genommen hatte, aber wer
1999 in Moskau, Buinaksk und Wolgodonsk Bombenanschläge
auf Wohnhäuser verübte, ist weniger eindeutig.

Während die Situation in Tschetschenien beruhigt worden

war, blieb die Lage im benachbarten Dagestan instabil. Russland wurde im Nordkaukasus, wenn schon nicht geliebt, so doch gefürchtet. Selbst seine erbittertsten Feinde hatten begriffen, dass in absehbarer Zukunft keine Aussicht bestand, die Unabhängigkeit zu erlangen. Der Nordkaukasus blieb eine Wunde, die nicht heilen wollte, aber eine Ansteckungsgefahr bestand nicht. Solange die muslimische politische Macht in anderen Teilen Russlands nicht deutlich zunahm und der Zentralregierung keine bedeutenden Zugeständnisse abnötigen konnte, waren die tschetschenischen Separatisten zu schwach, um ihren Forderungen Nachdruck zu verleihen. Die antirussischen Kräfte hingen von der Unterstützung durch islamistische Bewegungen und Staaten ab, aber es war unwahrscheinlich, dass diese in absehbarer Zeit entscheidenden Hilfe leisten würden. Sie wollten den Kreml nicht verärgern, von dem sie sich Unterstützung bei der Verwirklichung ihrer politischen Ziele erhofften. Solange das Zentrum stark war, hatte Russland vom tschetschenischen Separatismus nichts zu befürchten, aber es war auch klar, dass es sich in einer kritischen Situation nicht auf das von ihm installierte Regime in Tschetschenien würde verlassen können.

Vier Jahre, nachdem er Präsident der Russischen Föderation geworden war, musste Jelzin einen weiteren Guerillakrieg führen – gegen den Obersten Sowjet, in dem die Stellung seiner politischen Rivalen, hauptsächlich alter Kommunisten, immer noch recht stark war. Er versuchte seine eigene Position auf verschiedene Weise zu festigen, unter anderem durch eine neue Verfassung. Aber seine Beliebtheit ließ nach, hauptsächlich wegen der schmerzhaften Wirtschaftsreformen, von denen manche eindeutig unnötig oder sogar schädlich waren. Auch der Verlauf des Tschetschenienkriegs war für seine Popularität nicht förderlich. Er erlitt während seiner Amtszeit nicht weniger als vier Herzinfarkte und musste sich einer Bypassoperation sowie mehreren anderen chirurgischen Eingriffen unterziehen. Dennoch beschloss er 1996 – gegen den Rat seiner Berater und Anhänger –, für eine zweite Amtszeit zu kandidieren. Den Meinungsumfragen zufolge war seine Zustimmungsquote auf zwei bis drei Prozent gesunken. Aber sein Kampfgeist sagte ihm, dass er trotzdem gewinnen konnte. Der wichtigste Oppositionskandidat, Gennadi Sjuganow, war wenig mitreißend; anders als Jelzin fehlten ihm die Volksnähe und Anziehungskraft, die am größten war, wenn dieser mit dem Rücken zur Wand stand.

Jelzin verfügte über beträchtliche Mittel, denn viele derjenigen, die durch die Privatisierung reich geworden waren, unterstützten ihn. Außerdem arbeiteten einige amerikanische PR-Profis für ihn; wie wichtig deren Rat war, ist natürlich schwer einzuschätzen. Ferner versprach er, einige der unpopulärsten Maßnahmen der von ihm ernannten Regierungen aufzuheben; Rentnern und Studenten wurden Zugeständnisse gemacht; der Internationale Währungsfonds gewährte Russland einen Kredit von zehn Milliarden Dollar, den zweitgrößten, den er jemals vergeben hatte; Jelzin kündigte an, den Tschetschenienkrieg beenden zu wollen. Langsam schloss er zu Sjuganow auf, der lange vor ihm gelegen hatte. In der Wahl erhielt Jelzin 36 Prozent der Stimmen, während der Parteichef der Kommunisten auf 32 Prozent kam. In der damit notwendig gewordenen Stichwahl schlug Jelzin Sjuganow mit 54 zu 41 Prozent aus dem Feld. Es war ein Sieg, aber kein sehr überzeugender.

Wie war es möglich, dass die Partei, die in der kommunistischen Tradition stand, ein solch gutes Ergebnis erzielen konnte – nach all dem Leid der zurückliegenden Jahrzehnte? (Sowohl Gorbatschow als auch Jelzin waren schon vor langer Zeit aus der Kommunistischen Partei ausgetreten.) Ein Hauptgrund waren die vielen Fehler, die die Reformer begangen hatten, und die Tatsache, dass es keine echte Reformpartei gab. Die Sparer im Land mussten erkennen, dass sie fast 99 Prozent ihrer Ersparnisse verloren hatten. Dafür hatten sie Coupons erhalten, von denen niemand wusste, wie viel diese wirklich wert waren – vermutlich nicht mehr als 10 bis 15 Prozent dessen, was man ihnen genommen hatte. Das Parlament wurde von Reformgegnern dominiert, die Jelzins Befugnis, mit Notverordnungen zu regieren, einschränkten und schließlich praktisch aufhoben. Auch die von Jelzin befürwortete neue Verfassung konnte die jahrelang bestehende Pattsituation nicht brechen. Es gab zwar eine liberale Partei namens Jabloko (Apfel) mit Grigori Jawlinski an der Spitze, aber sie unterstützte Jelzin und die von ihm ernannte Regierung nur sporadisch und zögerlich. Nach Ansicht der Jabloko-Ökonomen waren Gaidars Wirtschaftsreformen keineswegs eine Schocktherapie gewesen, sondern lediglich ein abgestuftes, halbherziges und in mancher Hinsicht widersprüchliches Maßnahmenpaket. Wahrscheinlich hatten sie recht. Aber hätten noch radikalere Maßnahmen tatsächlich von einer demokratischen Regierung durchgesetzt werden können?

Am besten war Jelzin, wie Lilja Schewzowa in *Yeltsin's Russia. Myth and Reality* ausführt, im außenpolitischen Doppelspiel. Während er vor heimischen Zuhörern offene Feindschaft zur Schau trug (indem er dem Westen die Schuld an den Problemen Russlands gab), schlug er im Gespräch mit Staatsmännern wie Bill Clinton oder Helmut Kohl, die ihn beide sehr mochten, einen freundschaftlichen, konstruktiven Ton an. Dadurch konnte sich der Kreml die Finanzhilfe des Westens sichern, die freilich nicht umfangreich genug war, um eine durchschlagende Wirkung zu erzielen und Jelzins Stellung zu stabilisieren. 1996 gingen die Kommunisten aus der Wahl zur sechsten Duma – damals folgten die Wahlen im Jahresrhythmus aufeinander – als stärkste Partei hervor. Es war ein Warnzeichen. Nur 21 Prozent hatten für demokratische Kräfte gestimmt; die Situation erinnerte an die Weimarer Republik. Wie sollte man ein demokratisches System aufbauen und erhalten, wenn die Mehrheit der Bevölkerung es ablehnte? Die Reformer hatten 109 Mandate gewonnen, die Reformgegner – Kommunisten und »patriotische Kräfte« – mehr als doppelt so viele. Der Unterschied zwischen Kommunisten und »Patrioten« war zu diesem Zeitpunkt bereits erheblich geschrumpft. Allerdings stimmte Schirinowskis Liberal-Demokratische Partei den Kommunisten, die im großen Ganzen für das alte System waren, nur dann zu, wenn es um aktuelle Probleme ging.

In den Präsidentschaftswahlen im folgenden Jahr gelang Jelzin ein Comeback. Dazu beigetragen hatte sicherlich, dass General

Alexander Lebed, sein wichtigster Sicherheitsberater, ein Frie-
densabkommen mit den Tschetschenen erreicht hatte, das den
Tschetschenienkrieg fürs Erste beendete. Der gemäßigt nationalistische Lebed, ein hervorragender Militärführer und gewief-
ter politischer Taktiker, kam 2002 bei einem Hubschrauberun-
glück ums Leben.

1997, das Jahr nach dem Beginn von Jelzins zweiter Amtszeit,
war das beste oder, genauer gesagt, das leichteste Jahr in dieser
schwierigen und schmerzlichen Periode. Dann entließ Jelzin im
März 1998 überraschend nicht nur Ministperäsident Tschernomyrdin, sondern das gesamte Kabinett, einschließlich Tschubais. Als Grund wird dafür meistens der offensichtliche Ehrgeiz
des abgelösten Ministerpräsidenten genannt, der sich als Nachfolger Jelzins sah und dementsprechend auftrat. Wenn dies der
Grund war, dann war der Zeitpunkt für Tschernomyrdins Entlassung nicht sehr glücklich gewählt, denn sie traf mit einer weiteren Wirtschaftskrise zusammen.

Die weltweite Nachfrage nach Erdöl und Erdgas ging zurück,
so dass die Einnahmen einbrachen. Der russische Markt verlor
60 Prozent seines Werts, und Jelzin musste in der Duma von
einer dramatischen Lage sprechen. Gegen Jahresende verbesserte sich die Situation zwar wieder, und 1998 stieg das Bruttonationaleinkommen (BNE) um 5 Prozent. Aber gleichzeitig ver-
schlechterte sich zu einem Zeitpunkt, an dem Stabilität an der
Spitze erforderlich war, Jelzins Gesundheitszustand.

Rohstoffpreise sind notorisch unbeständig, und die Erholung
von Anfang 1998 dauerte nicht lange. Im August riet der amerikanische Finanzinvestor George Soros in einem offenen Brief
an die *Financial Times* zu einer Neubewertung des Rubels, da die
russische Wirtschaft die letzte Phase der Kernschmelze erreicht
habe. In Wirklichkeit war es wohl nicht ganz so, aber der Rat
des Finanzgurus wurde befolgt; man gab den Wechselkurs des
Rubels frei, und der Wert der russischen Währung sank auf die
Hälfte. Die Duma stimmte für Jelzins Absetzung, doch waren
solche Beschlüsse laut Verfassung nicht bindend. Auch der Versuch, den Präsidenten durch eine Amtsenthebungsklage zu stür-

zen, schlug fehl. Zu diesem Zeitpunkt flößte die Aussicht auf eine mögliche dritte Amtszeit Jelzins (die zweite würde nach vier Jahren zu Ende gehen) selbst seinen treuesten Anhängern unter den Oligarchen Furcht ein. Die Sorge war unbegründet, denn mittlerweile besaß der Präsident praktisch keine Unterstützung mehr in der Bevölkerung.

Zwar war der Internationale Währungsfonds bereit, Russland noch einmal aus der Klemme zu helfen, doch damit waren seine Geduld und seine Ressourcen erschöpft. Angesichts dieser Lage und in dem Wissen, dass sein baldiger Rücktritt bevorstand, gelangte Jelzin Mitte 1998 wohl zu dem Schluss, dass ein anderer Ministerpräsident gebraucht wurde. Er entschied sich für einen 46-jährigen KGB-Offizier namens Wladimir Wladimirowitsch Putin, einen völlig unbekannten Mann, der keiner Partei zugerechnet wurde. Empfohlen hatte ihn Jelzins engster Vertrauter unter den Oligarchen, Boris Beresowski. Obwohl Jelzin Putin nicht gut kannte, schätzte er ihn offenbar als loyal ein. Putin hatte seinen früheren Chef, den St. Petersburger Bürgermeister Anatoli Sobtschak, selbst dann noch unterstützt, als er in Schwierigkeiten geriet und ins Ausland fliehen musste. Es ist durchaus möglich, dass dieser Treuebeweis in Jelzins Überlegungen alles andere überwog.

Am letzten Tag des Jahres 1999, mehrere Monate vor dem Ende seiner zweiten Amtszeit, erklärte Jelzin seinen Rücktritt. Er äußerte sein Bedauern, dass er viele seiner Träume und der Träume seiner Landsleute nicht hatte verwirklichen können, und empfahl Putin als seinen Nachfolger. Es war das Ende einer Ära, die für die meisten Russen nicht nur wegen der materiellen Entbehrungen grässlich gewesen war. Die Verbrechensrate war gestiegen, die Korruption hatte zugenommen, und viele andere negative Erscheinungen, die zum Leben in der Sowjetunion gehört hatten, waren stärker hervorgetreten. Stalin und seine Nachfolger hatten wenigstens darauf verweisen können, das Land unter ihrer Führung zu einer Supermacht gebracht zu haben; doch auch dies galt nicht mehr. War die Perestroika wirklich notwendig gewesen und hätte sie nicht auf weniger schmerz-

liche Weise umgesetzt werden können? Warum war der
Übergang in China weniger schmerzvoll und, zumindest in wirtschaftlicher Hinsicht, weit effizienter verlaufen? Die kurze Antwort lautet natürlich, dass Russland nicht China war. China war,
abgesehen von Tibet, kein Vielvölkerstaat, der mit separatistischen Bewegungen zu kämpfen hatte. Zudem war die Öffnung in
China im großen Ganzen auf die Wirtschaft beschränkt, und man
hatte nicht die Absicht, ein Mehrparteiensystem einzuführen.

Ein Ziel der Architekten der Perestroika war es, die Ökonomie
effizienter zu gestalten, und dies ist ihnen in den meisten Bereichen nicht gelungen. Ein anderes Ziel war die Schaffung einer
Mittelschicht, die als Wachstumsmotor dienen würde. Einige
wenige waren während der Perestroika immens reich geworden,
aber es gab weiterhin viel Armut, und wenn eine Mittelschicht
entstanden war, dann unterschied sie sich stark von derjenigen in
Amerika und Europa. Dass es eine soziale Schicht zwischen den
Superreichen und den Superarmen gab, stand außer Frage; die
Zahl der Russen, die Auslandsreisen unternahmen, war nur ein
Anzeichen von vielen dafür. In der Sowjetunion waren solche
Reisen nicht nur aus Sicherheitsgründen, sondern auch, weil die
meisten sie sich nicht leisten konnten, ein Privileg von wenigen
gewesen. Jetzt begegnete man sowohl in Frankreich und Italien
als auch an entlegeneren exotischen Orten Massen von russi-
schen Touristen.

Russland war sicherlich reicher geworden, aber die Einkommen der vielen Millionen unterhalb der schmalen Schicht der
Oligarchen waren weiterhin sehr niedrig. Akademiker verdien-
ten bei gleicher Qualifikation im Privatsektor häufig doppelt so
viel (oder mehr) wie im Staatsdienst. Eine solche Situation förderte unweigerlich die Korruption.

Wenn es eine neue Mittelschicht gab, wie war sie zu definieren? Gehörten Familien zu ihr, wenn sie mindestens ein Auto,
ein Mobiltelefon und vielleicht eine einfache Datscha besaßen?
In Moskau und St. Petersburg erfüllten tatsächlich Millionen
diese Anforderungen. (Einkommen und Lebenshaltungskosten
waren in Moskau 10 bis 20 Prozent höher als in St. Petersburg.)

Aber wie sah es außerhalb der größten Städte aus? Die Hauptstadt war ein Magnet, aber das Leben in Provinzstädten, wie es
Pjotr Aleschkowski in seinem Roman *Stargorod* beschreibt, sah
völlig anders aus. Auf dem Land setzte sich die Flucht aus den
kleinen Dörfern fort, die zu Tausenden aufhörten zu existieren.
Mehr als in jedem anderen Land konzentrierte sich alles auf die
Hauptstadt. Ausländer waren sich dessen kaum bewusst, da die
meisten nicht über die Stadtgrenzen von Moskau hinauskamen.
Es war eine Neuauflage der Situation, die Anton Tschechow in
seinem Theaterstück *Drei Schwestern* beschrieben hat: Die Hel-
dinnen waren in Moskau aufgewachsen, Moskau verhieß Glück,
außerhalb Moskaus gab es kein Leben.

Die politischen Folgen dieser sozialen Entwicklungen waren
häufig widersprüchlich. Die Intelligenzija war gespalten; viele
unterstützten liberale Ziele, und die Anti-Putin-Demonstranten
von 2011 bis 2013 kamen überwiegend aus diesen Reihen und
auch aus anderen Teilen der Mittelschicht – nicht aus der
Schicht der Armen und Unterprivilegierten. Die Mittelschicht
ließ sich nicht allein durchs Einkommen definieren, andere
Faktoren wie die Bildung spielten ebenfalls eine Rolle. Aber
wenigstens in der Unterstützung des patriotisch-konservativ-
reaktionären Lagers waren sich diese Kreise einig. Es war eine
beispiellose Situation, einzigartig und sehr russisch.

WER HERRSCHT IN RUSSLAND?

Wer sind die heutigen Herrscher in Russland? Sind es die Oligarchen oder ist es doch eher der neue Silowiki-Adel? Und könnte zur Beschreibung der heutigen russischen Eliten der alte Begriff der Nomenklatura noch nützlich sein? Eher nicht. In der Sowjetunion wurde diese Bezeichnung zum ersten Mal 1970 in einem Buch des sowjetischen Dissidenten Michail Woslenski benutzt. Die Bezeichnung »Nomenklatura«, die in verschiedenen Wissenschaften schon lange vorher benutzt wurde, ist ein vager Begriff und wurde in der Sowjetunion auch nicht gebraucht. Er besaß keinerlei politische, ökonomische oder soziale Trennschärfe. Niemand würde behaupten, dass die meisten Angehörigen der Nomenklatura (wie etwa der Direktor des Bolschoi-Theaters) politische Macht besaßen. Die blieb bei den Mitgliedern des Politbüros sowie dem Generalsekretär der Partei und seiner Umgebung. Die Nomenklatura war eine nicht genau einzugrenzende Gruppe von Menschen mit gewissen Privilegien, die in einer Gesellschaft wie der sowjetischen wichtig waren, aber politisch nicht viel bedeuteten. Wie groß war diese Gruppe? Manche zählen 750 000 Menschen zu ihr, andere mehr, wieder andere weit weniger; die Zahlen beruhen auf willkürlichen Schätzungen. Es gab gewisse Statussymbole, wie die Wohnqualität, ein Auto mit Fahrer, den Zugang zu bestimmten Dienstleistungen. In den oberen Rängen war der Besitz eines *wertuschka*, eines speziellen Telefons, ein Zeichen der Zugehörigkeit zur Führung.

Fraglos haben sich die Zusammensetzung der Elite und ihre Struktur im Lauf der Zeit stark verändert. In den 1920er Jahren lag das Durchschnittsalter der politischen Führung zwischen vierzig und fünfzig Jahren; nach dem Zweiten Weltkrieg erhöhte es sich auf über fünfzig, in der Breschnew-Ära stieg es auf über siebzig Jahre. Die Mitgliedschaft in der Partei war natürlich eine Voraussetzung der Zugehörigkeit zur Nomenklatura. Führende Militärs und Geheimpolizisten gehörten selbstverständlich dazu.

Als die Kommunistische Partei ihre vorherrschende Stellung verlor, veränderte sich die Zusammensetzung der Elite grundlegend. Unter Jelzin traten die Superreichen in den Vordergrund, unter Putin gelangten aktive und ehemalige höhere KGB-Mitarbeiter auf führende Positionen. Dies war ein beispielloser Vorgang. In der Geschichte hatten in verschiedenen Regimen Reiche und Superreiche politisch Machtpositionen erklommen, und in Militärdiktaturen waren Oberste und Generale an die Spitze gelangt. Aber die politische Polizei hatte noch nie das Kommando gehabt, nicht im Faschismus und in anderen politischen Regimen ohnehin nicht. Etwas Ähnliches war auch in keinem anderen kommunistischen Land in Europa und Asien geschehen.

Die Oligarchen

Der Aufstieg und der regelmäßig folgende Absturz der Oligarchen sind ein faszinierendes Phänomen, für das es keine restlos zufriedenstellende Erklärung gibt. Wie konnten diese Leute in so kurzer Zeit solche Vermögen anhäufen? Im Wesentlichen durch die Übernahme von Staatsbesitz zu symbolischen oder stark herabgesetzten Preisen. Aber es gibt keine Erklärung, die für alle Fälle gleichermaßen gültig wäre. Das Thema ist Gegenstand vieler Untersuchungen, und weitere dürften folgen. In unserem Zusammenhang interessiert lediglich die Frage nach dem Ausmaß der politischen Macht, die sich in den Händen derjenigen befand, die zu großem Reichtum gelangt waren.

Am Anfang stand die Entscheidung, die Wirtschaft zu privatisieren. Aber niemand wusste, wie dies geschehen sollte. In einigen Fällen wurde den Menschen geraten, Kooperativen zu bilden. Doch kaum jemand wusste, was Kooperativen waren und wie sie funktionierten. In anderen Fällen ergriffen clevere Einzelpersonen die Gelegenheit, unter ihnen hohe Regierungsbeamte, einschließlich Minister und stellvertretende Minister wie der ehemalige stellvertretende Brennstoff- und Energieminister Wagit Alekperow, der heute der zehntreichste Mann Russlands ist. Andere waren selbst keine Amtsträger, verfügten aber über enge Verbindungen zu den Verantwortlichen.

Nur wenige der Oligarchen, die unter Jelzin zu Reichtum gelangt waren, behielten unter Putin ihren Status. Sie stolperten über ihren Ehrgeiz, eine bedeutende politische Rolle spielen zu wollen. Auch im Rückblick ist es kaum zu verstehen, wie Menschen, die in der Sowjetunion aufgewachsen waren, einen solch elementaren Fehler begehen konnten. Folgten sie einem ungezügelten Geltungsdrang, oder glaubten sie, dass nach dem Ende des Kommunismus alles möglich wäre? Die Fälle von Boris Beresowski und Michail Chodorkowski sind am bekanntesten, aber keine Ausnahmen.

Beresowski, ein begabter Mathematiker und Leiter einer Einrichtung der Sowjetischen Akademie der Wissenschaften, verdiente sein erstes Geld im Autohandel. Später stieg er in die Medienbranche ein und investierte in einen Erdölkonzern (Sibneft, heute Gazprom Neft) sowie die ehemalige staatliche Fluggesellschaft Aeroflot. In diesen goldenen Jahren der Oligarchen ging es recht rau zu. Auf Beresowski wurde von Konkurrenten mindestens ein Anschlag verübt, und einer seiner Stellvertreter wurde ermordet. Gerüchten zufolge soll er selbst geplant haben, Gegner auszuschalten.

In dieser Zeit begann auch seine politische Karriere. Zusammen mit anderen Oligarchen finanzierte er Jelzins Wahlkampf von 1996, um ihm eine zweite Amtszeit zu sichern. Aufgrund seiner Freundschaft mit Jelzins Tochter Tatjana gelangte er in den kleinen Kreis der engsten Präsidentenberater. Bald nach

seiner Wahl ernannte ihn Jelzin zum stellvertretenden Vorsitzenden des Nationalen Sicherheitsrats. In dieser Funktion war
er unter anderem für die Beziehungen zu Tschetschenien, eine
der damals wichtigsten politischen Fragen, verantwortlich.

Sein Ehrgeiz brachte Beresowski in Konflikt sowohl mit vielen
anderen Oligarchen als auch mit Politikern wie Tschubais, der
damals die Privatisierung leitete. Anders als im Geschäftlichen
übersah er auf dem unvertrauten Gebiet der Politik die Gefahren. In den letzten beiden Jahren von Jelzins Präsidentschaft
schien seine Position jedoch unangreifbar zu sein. Ohne seine
Empfehlung geschah keine wichtige Berufung in ein höheres
Regierungsamt. Beresowski und der damals dreißigjährige Roman Abramowitsch, ein anderer aufstrebender Oligarch, waren die Ersten, die Putin als Nachfolger von Ministerpräsident
Primakow empfahlen, der in Beresowskis Augen unfähig war, die
Wirtschaft auf Vordermann zu bringen. Es bedurfte einiger
Überredungskünste, um Putin, der in Spanien in einer Beresowski gehörenden Villa Urlaub machte, zur Annahme des An-
gebots zu bewegen. Er wusste natürlich, dass alle Ministerpräsidenten zuvor gescheitert waren. Darüber hinaus besaß er
keinerlei Erfahrungen in der Wirtschaft. Wie sollte er dann Erfolg haben, wo alle anderen versagt hatten? Am Ende siegte der
Ehrgeiz, und Putin nahm das Angebot an.

Die Jelzin-Ära neigte sich dem Ende zu. Es war eine gesetzlose
Zeit, in der die Oligarchen in Politik und Wirtschaft fast alles
durchsetzen konnten. Sie manipulierten den Präsidenten und
mussten sich nicht vor dem Gesetz fürchten. Aber Beresowski
hätte klar sein müssen, dass dieser nahezu anarchische Zustand
nicht ewig bestehen konnte, denn das System war unfähig, die
Dauerkrise des Landes zu bewältigen. Früher oder später würde
sich der Staat oder eine andere starke Kraft, wie etwa die Armee,
als stabilisierender Faktor ins Spiel bringen. Mit der Empfehlung für Putin entschied sich Beresowski für den Geheimdienst.
Er und die anderen Oligarchen besaßen zwar Geld und durch
die ihnen gehörenden Medienhäuser Einfluss auf die Öffentlichkeit, aber sie verfügten weder über eine Partei noch über

eine andere Kraft, die reale politische Macht hätte ausüben können.

Beresowski war sich wie die meisten anderen Oligarchen dieser Schwäche nicht bewusst. Anstatt in die zweite Reihe zurück-
zutreten und sich diskret im Hintergrund zu halten, startete er,
nachdem sich herausgestellt hatte, dass Putin in einigen Fragen
anderer Meinung war als er, eine Kampagne gegen den Präsidenten. Seine Medien behaupteten, Putin habe es in der Affäre
um das Atom-U-Boot *Kursk*, das im August 2000 mit 118 Mann
an Bord gesunken war, an Führungsstärke fehlen lassen. Die
Kursk war ein mit Lenkraketen bewaffnetes Atom-U-Boot, das
in der Barentsee sank. Putin hatte ausländische Hilfe abgelehnt,
mit der das U-Boot vielleicht hätte gerettet werden können. Beresowski warf ihm vor, antidemokratische Reformen voranzu-
treiben, indem er durchsetzte, dass die Gouverneure in der Russischen Föderation künftig nicht mehr gewählt, sondern vom
Kreml ernannt werden sollten. Die Kritik war zumindest teilweise berechtigt, aber auch geeignet, aus einem einstigen Verbündeten einen Gegner zu machen. Putin schlug zurück, indem
er die meisten Fernsehsender, die sich seit der Privatisierung in
privater Hand befunden hatten, verstaatlichte. Damit nahm er
Beresowski die einzige wirkungsvolle politische Waffe, über die
er verfügte. Hinzu kamen Korruptionsanklagen der Staatsan-
waltschaft gegen Aeroflot, an der Beresowski eine große Beteiligung besaß.

Es war der Beginn des Karriereendes eines Tycoons. Beresowski floh ins Ausland und begründete seinen Schritt in einem Brief
an die *New York Times*. Russland sei dabei, sich in eine Bananen-
republik zu verwandeln, sagte er. Danach war der Bruch zwischen den beiden Männern, die einst in der Schweiz gemeinsam
Ski gefahren waren, endgültig. Vermutlich trafen die Vorwürfe
gegen Beresowski zum größten Teil zu. Es ist unwahrscheinlich,
dass man damals ein großes Vermögen anhäufen konnte, ohne
Gesetze zu brechen. Andererseits waren die Anklagen unverkennbar politisch motiviert. Mit gleichem Recht hätte man alle
vor Gericht stellen können, die in der Jelzin-Ära reich geworden

waren, natürlich auch die Politiker und Beamten, die massiv
Schmiergelder genommen hatten. Ob es sich nun um Steuerhinterziehung, um »raiderstwo« (die Übernahme von Unternehmen mit allen Mitteln, fairen wie unfairen) oder sogar um Mafia-
verstrickungen handelte – welcher Oligarch der Jelzin-Ära hatte
derartige Praktiken nicht angewendet? Beresowski erkannte
nicht, dass sich unter Putin das Machtgleichgewicht änderte. Es
handelte sich dabei nicht um die Wiederherstellung der Herrschaft des Rechts, sondern um dessen Neuinterpretation durch
einen neuen Herrscher.

Beresowski war genötigt, seine Sibneft-Anteile zu verkaufen –
nicht an den Staat, sondern an seinen ehemaligen Verbündeten
Abramowitsch, der politisch so klug gewesen war, sich rechtzeitig Putins Gefolge anzuschließen und eng mit den neuen Herren zusammenzuarbeiten. Schon unter Jelzin war Abramowitsch
politisch aktiv gewesen, unter anderem als Duma-Abgeordneter
und Gouverneur der armen Region Tschukotka im äußersten
Nordosten Russlands. Unter Putin verlagerte er seine Aktivitäten jedoch klugerweise von der Politik auf den Fußball, für den
er sich ehrlich interessierte. Wenn er in London ist, versäumt er
kein Spiel seines FC Chelsea, des Fußballvereins, den er gekauft
hat. Außerdem förderte er einen führenden Moskauer Klub und
gewann so das Image eines Mannes, der sich mehr für Fußball
als für Politik interessiert. Obwohl von Natur aus ein Kämpfer,
war er vorsichtig und wusste, dass Kleinlichkeit sich nicht aus-
zahlt. Bei der Scheidung von seiner zweiten Ehefrau einigte er
sich auf eine Abfindung von 300 Millionen Dollar. Das war eine
Menge Geld, allerdings nicht mehr, als er für eine seiner Yachten bezahlt hatte. Auf diese Weise hielt er Ärger von sich fern
und sorgte dafür, dass er weiterhin auf gutem Fuß mit seinem
Herrn stand.

Mehrere britische Rechtsanwälte zogen aus Beresowskis Exil
und Abramowitschs Aufenthalt in England erheblichen Nutzen.
Beide waren in eine ganze Reihe von Rechtsstreitigkeiten verstrickt. Beresowski wurde in Moskau in Abwesenheit wegen der
Mitgliedschaft in einer kriminellen Vereinigung verurteilt, ge-

wann aber in London mehrere Verleumdungsklagen. Er führte einen erbitterten Feldzug gegen Putin und finanzierte verschiedene Aktivitäten gegen ihn. Aber er stand auf verlorenem Posten. Ihm hätte klar sein müssen, dass er im Kampf gegen den Staatschef einer Großmacht nicht obsiegen konnte. Es gab Gerüchte über Attentatsversuche des Kremls, denen Beresowski – wenn es sie denn gegeben hat – jedoch entkam, im Gegensatz zu seinem engen Partner, dem früheren KGB-Offizier Alexander Litwinenko, der 2006 in London vergiftet wurde.

Diese Konflikte hatten ihren Preis. Beresowski verlor sowohl seine Tatkraft als auch einen großen Teil seines Vermögens und nahm sich im März 2013 das Leben. Vorher schickte er Putin (über seinen alten Partner und Feind Abramowitsch) aber noch einen Brief, in dem er für seine »Missetaten« um Verzeihung bat. Beresowskis Ende war ein Symbol für eine historische Entwicklung: den Sieg der Silowiki über die Oligarchen, die sich gegen Putin und seine Helfer gerichtet hatten. Die Silowiki waren durchaus bereit zu akzeptieren, dass die reichen Männer viel Geld machten, es mit vollen Händen ausgaben und sogar zum großen Teil aus dem Land brachten, denn sie taten vermutlich das Gleiche. Was sie nicht billigten, waren die politischen Aktivitäten, soweit sie nicht zu ihrer Unterstützung, auf ihre Initiative und unter ihrer Kontrolle unternommen wurden.

Die Geschichte von Michail Chodorkowski muss hier nicht im Einzelnen dargelegt werden; über seine Festnahme und lange Haft ist weltweit ausführlich berichtet worden. Zunächst trat der in Moskau geborene Chodorkowski in die Fußstapfen seiner Eltern, die beide Chemiker waren. Eine Zeitlang arbeitete er auch als Zimmermann. Keiner der ersten Tycoons konnte sich auf eine Wirtschafts- oder Managementausbildung stützen; entsprechende Bildungseinrichtungen wurden erst Mitte der 1990er Jahre geschaffen. Einige hatten Völkerrecht und Politikwissenschaft studiert, aber nur wenige waren schon einmal im Ausland gewesen. Viele erwarben ihre Erfahrungen auf dem harten Weg. Einige der Älteren hatten ihre Lehrzeit im Untergrund durchlaufen, in der illegalen oder halblegalen grauen Wirtschaft.

Die meisten hatten ganz unten angefangen. Michail Fridman zum Beispiel, von dem später mehr zu berichten sein wird, hat als Fensterputzer begonnen, Abramowitsch als Straßenhändler, Wladimir Lissin, der zeitweise der reichste Mann Russlands werden sollte, als Bergbautechniker, Alekperow als Arbeiter auf einer Erdölplattform im Kaspischen Meer. Chodorkowski war im Komsomol, der kommunistischen Jugendorganisation, aktiv und machte, noch in seinen Zwanzigern, zusammen mit einigen Komsomolgenossen ein kleines Vermögen mit dem Import von Computern, Jeans und Cognac. Außerdem gründete er eine Gewerkschaftsbank namens Menatep, die allerdings Pleite machte. Später war er kurzzeitig stellvertretender Energieminister, als der er wichtige Kontakte knüpfte.

Chodorkowski erkannte, dass ausländisches Kapital nötig war, um ein wirklich großes Unternehmen auf die Beine zu stellen. Mit Hilfe amerikanischer Investoren erwarb er Jukos, die damals größte Ölgesellschaft des Landes mit einem Wert von rund 15 Milliarden Dollar. Die Geschäftspraktiken jener Zeit wurden von vielen nicht nur als unmoralisch, sondern auch als kriminell betrachtet. Ob sich Chodorkowskis Methoden von denen anderer Oligarchen unterschieden, ist eine Frage, die noch mehr Recherchen erfordert und wohl nie abschließend beantwortet werden kann.

Als Chodorkowski 2003 verhaftet wurde, war er vor allem aufgrund des Wachstums der Erdölindustrie und ihrer enormen Profite der reichste Mann Russlands. Wie Beresowski hatte er den fatalen Fehler begangen, sich zu tief auf die Politik einzulassen, die Regierung zu kritisieren und die Opposition zu unterstützen. Für die Herrschenden war er zu einem erheblichen Ärgernis geworden. Anstatt Fußballklubs oder moderne Kunst zu erwerben und sich mit jungen Geliebten zu umgeben (Models und Stewardessen waren damals sehr gefragt), hatte er Putin direkt angegriffen, indem er im Fernsehen erklärte, hohe Kremlbeamte hätten Schmiergelder in Millionenhöhe erhalten. In einem ersten Gerichtsverfahren im Jahr 2003 wurden ihm Betrug und Steuerhinterziehung vorgeworfen, 2008 kamen in einem zweiten Prozess Geldwäsche und Unterschlagung hinzu. Insgesamt verbrachte er acht Jahre in einem Straflager, bevor er 2013 begnadigt wurde. Im Gegensatz zu Beresowski war er jedoch nicht gebrochen, sondern fuhr fort, die russische Regierung zu kritisieren, und vermochte sich sogar zum Vorkämpfer von Demokratie und Freiheit zu stilisieren. Angesichts seines Lebenslaufs war das keine kleine Leistung.

Nur wenige Oligarchen der Jelzin-Ära blieben unversehrt. Der im Westen kaum bekannte Alexander Konanychin begann als Bauunternehmer mit 600 Arbeitern. Damals war er zwanzig Jahre alt. Wenig später wurde er zum jüngsten Aktienhändler an der neu geschaffenen russischen Börse. Warum er bei der Obrigkeit in Ungnade fiel, ist nicht klar, vielleicht wegen seiner Zusammenarbeit mit Beresowski. Jedenfalls floh er in die Vereinigten Staaten und ersuchte um politisches Asyl, weil ihm, wie er behauptete, in seiner Heimat der Tod drohte. In Amerika erlebte er Höhen und Tiefen. Einerseits erstritt er mit einer Verleumdungsklage die höchste Entschädigungssumme, die jemals einem Einzelnen zugebilligt wurde (33,5 Millionen Dollar), und wurde in New York als Unternehmer des Jahres ausgezeichnet. Andererseits verbrachte er 15 Monate in amerikanischen Gefängnissen. In seiner Autobiographie beschreibt er, dem Titel zufolge, wie man mit Unbeirrbarkeit und »trotz Verfolgung durch das FBI, den KGB, den INS [die US-Einwanderungsbehörde], das Heimatschutzministerium, das Justizministerium, Interpol und Auftragskiller der Mafia« erfolgreich sein kann.

Wladimir Potanin blieb als einer von wenigen unversehrt. Unter Jelzin war er zeitweise stellvertretender Ministerpräsident und bekleidete andere hohe Regierungsposten. Er ist Vorsitzender einer großen Holding namens Interros, sein Vermögen wird auf 14 bis 15 Milliarden Dollar geschätzt. Nach der Jelzin-Ära hielt er sich aus der Politik heraus und übernahm stattdessen zahlreiche nichtpolitische Ämter, unterstützte mehrere in- und ausländische Museen und arbeitete in deren Vorständen mit.

Wladimir Gussinski andererseits geriet schon früh in Schwierigkeiten. Seine Eltern wohnten in Moskau in einem Zimmer in

einer Kommunalka, einer Gemeinschaftswohnung, deren sani-
täre Einrichtungen von mehreren Familien benutzt wurden. Er
studierte Erdöltechnik, arbeitete später aber außerhalb Moskaus
als Theaterintendant. Sein beachtliches Vermögen hatte er als
Bankier erworben, bevor er Zeitungen und Fernsehsender sowie Filmgesellschaften aufkaufte. Seine Medien kritisierten die
Regierung unter anderem wegen des Tschetschenienkrieges. Im
Jahr 2000 wurde er zum ersten Mal verhaftet. Danach floh er ins
Ausland und erwarb, nachdem man ihm die russische Staatsbür-
gerschaft aberkannt hatte, die spanische und die israelische.
Russland bemühte sich mit Hilfe von Interpol um seine Festnahme und Auslieferung, doch der Europäische Gerichtshof für
Menschenrechte befand die gegen ihn erhobenen Vorwürfe für
unzulässig. Gussinski zog schließlich von Israel in die Vereinig-
ten Staaten und setzte dort seine Unternehmertätigkeit fort.

Zu den wenigen Oligarchen, die das Ende der Jelzin-Ära an
Leib und Vermögen unversehrt überstanden, gehört Michail
Fridman. Sein Vater war eine der führenden Figuren und ein
wichtiger Erfinder auf dem Gebiet der Militärtechnik. Der in
Lemberg geborene Fridman studierte am Moskauer Institut für
Stahl und Metallurgie und begann seine Unternehmertätigkeit
mit Mitte zwanzig. Zusammen mit Schweizer Partnern gründete er eine Firma, aus der sich die Alfa Group entwickelte, der
Beteiligungen an Banken und anderen Unternehmen gehören.
2008 wurde sein Vermögen auf 20 Milliarden Dollar geschätzt;
infolge der weltweiten Wirtschaftskrise schrumpfte es vorübergehend auf sechs Milliarden, wuchs bis 2013 aber wieder auf
16 Milliarden an. Damit ist er heute der zweitreichste russische
Staatsbürger.

Fridman leistete (über die Genesis Philanthropy Group) beträchtliche Spenden an jüdische Kultureinrichtungen, ebenso
wie in geringerem Umfang Gussinski (der einige Jahre eine israelische Basketballmannschaft unterstützte), German Chan
und Pjotr Awen. Nicht wenige Oligarchen der Jelzin-Ära waren
jüdischer Herkunft – *Forbes* und russischen Quellen zufolge
22 Prozent. Aber es gab auch Muslime unter ihnen, etwa Ali-

scher Usmanow. Abgesehen von den Genannten beteiligten sie
sich nicht am jüdischen Leben. Im Gegenteil, sie distanzierten
sich von der jüdischen Gemeinde, und manche, wie Beresowski,
sollen sogar zur orthodoxen Kirche übergetreten sein. Einige
hatten nur einen jüdischen Elternteil, während der andere
christlich-orthodoxen Glaubens war. Antisemiten versuchten in
ihrer Propaganda diese Tatsachen auszunutzen, zu ihrer eigenen Überraschung mit wenig Erfolg. Die alten Schlagworte zu
wiederholen, war nicht geeignet, große Wirkung zu erzielen,
zumal in einer Zeit, in der die meisten Oligarchen einen großen
Teil ihres Einflusses und Vermögens verloren und manche sogar ganz von der Bühne verschwanden. Die Liste der reichsten
Oligarchen der Putin-Ära (*Forbes*-Liste 2013) liest sich völlig
anders als die entsprechende Liste aus der Jelzin-Zeit: Alischer
Usmanow (18 Milliarden Dollar), Michael Fridman (16), Leonid Michelson (15), Viktor Wechselberg (15), Wagit Alekperow
(14), Andrei Melnitschenko (14), Wladimir Potanin (14), Wladimir Lissin (14), Gennadi Timtschenko (14), Michail Procho-
row (13), Alexei Mordaschow (12), German Chan (10), Roman
Abramowitsch (10), Dmitri Rybolowlew (9), Iskander Machmu-
dow (8), Oleg Deripaska (8). Die Namen auf dieser Liste blieben
ein Jahrzehnt lang nahezu identisch, nur die Rangordnung und
die Höhe der Vermögensschätzungen änderten sich von Jahr zu
Jahr. Einmal stand Lissin an der Spitze, ein andermal Deripaska.

Wo sich diese Milliarden befinden, ist schwer festzustellen.
Von den Männern auf dieser Liste lebt mindestens jeder zweite
im Ausland, Usmanow, Abramowitsch, Chan und andere in
Großbritannien, Melnitschenko in New York, Antibes und
Ascot. Einen großen Teil ihres Geldes haben sie aus Russland
herausgeschafft, insbesondere nach Nordzypern (das kein Aus-
lieferungsabkommen mit Russland geschlossen hat) und anschließend nach London. Die Einkommensteuer in Russland ist
zwar seit Stalins Zeiten sehr niedrig (13 Prozent), aber die Bedingungen in Großbritannien werden offenbar als noch güns-
tiger angesehen. Obwohl die russischen Behörden Großunternehmen freundlich gesinnt sind, scheint es umgekehrt an

Vertrauen zu mangeln. Man scheint zu fürchten, dass Vermögen beschlagnahmt, ihre Besitzer verhaftet oder getötet werden können.

Wie erwähnt, wurde den Oligarchen in Bezug auf die Einmischung in die Politik eine Lehre erteilt, die sie vielleicht sogar zu sehr beherzigten. Als die Tageszeitung *Komersant*, die einer Unternehmensgruppe um Usmanow gehört, einen putinkritischen Artikel druckte und Zweifel an der Richtigkeit von staatlich veröffentlichten Wahlergebnissen äußerte, entließ der Besitzer umgehend die verantwortlichen Redakteure. Gleichzeitig betonte er die Unabhängigkeit der Zeitung. Usmanows Helden sind seit Kindertagen die drei Musketiere, er ist auch ein großer Förderer des Fechtsports in Russland. Aber ihm war nur zu deutlich bewusst, dass sogar Athos, Porthos und Aramis, würden sie im 21. Jahrhundert leben, gewusst hätten, wo ihre Grenzen lagen. Wer könnte es ihm verübeln? Zweifellos erinnerte er sich auch an die Zeit, die er in den 1980er Jahren im heimischen Usbekistan im Gefängnis verbracht hatte.

Die Älteren unter den Oligarchen waren in den 1950er, die jüngeren in den 1960er Jahren geboren; zur Zeit der Privatisierung waren die meisten von ihnen Ende zwanzig oder Anfang dreißig. Potanin und Fridman kamen aus Familien, die erst jüngst in die unteren Ränge der Nomenklatura aufgestiegen waren, während die meisten anderen aus armen oder relativ armen Familien stammten. Die meisten hatten Naturwissenschaften oder technische Fächer studiert, und einige hatten sich in akademischen Kreisen bereits einen Namen gemacht; einer von ihnen war ein weltberühmter Metallurg. Bis zu einem gewissen Grad war es eine Meritokratie. Etwa jeder Dritte erwarb sein Vermögen als Bankier oder mit einer Holding, ein weiteres Drittel in der Metallindustrie oder der Erdöl- und Erdgaswirtschaft. Es dürfte kaum überraschen, dass diejenigen, die im Öl- und Gasgeschäft tätig waren, zu den reichsten gehörten. Nur wenige erwarben ihr Vermögen auf relativ friedliche Weise und gerieten nicht ins Rampenlicht der Öffentlichkeit. Die meisten verstrickten sich in langwierige Auseinandersetzungen voller

Erpressungen, Drohungen und sogar Morde. Allein der Aluminiumkrieg in der zweiten Hälfte der 1990er Jahre soll über hundert Menschen das Leben gekostet haben. Aus diesem Krieg gingen Abramowitsch und Deripaska, der wie Abramowitsch eng mit Putin verbunden war, als Sieger hervor. Bei dieser und anderen Gelegenheiten war zwischen regulärer Wirtschaftstätigkeit und den Aktivitäten der kriminellen Unterwelt kaum noch zu unterscheiden. Es ist zu bezweifeln, dass die Geschichte dieser gewalttätigen Jahre jemals ganz ans Tageslicht kommen wird. Falls doch, könnte sie die Geschehnisse in der Ära der amerikanischen Raubbarone vergleichsweise wie Gezänk in einem Kindergarten erscheinen lassen.

Genossen die Oligarchen ihren frisch erworbenen Reichtum? Es sind nur wenige Rückzüge bekannt; zu attraktiv und erregend scheint die Geschäftswelt zu sein. Viele legten sich einen zweiten Wohnsitz in London zu (der häufig zu ihrem ersten wurde), andere in Amerika oder der Schweiz, aber sie lenkten aus der Ferne weiterhin ihre Unternehmen. Manche erwarben einen zweiten oder dritten Pass. Timtschenko zum Beispiel, Putins wichtigster Finanzberater, wurde französischer Staatsbürger. Das half nicht immer: So wurde Deripaska aufgrund seiner Vergangenheit die Einreise in die USA verwehrt, lange vor den 2014 verhängten Sanktionen. Ein anderer Oligarch, Witali Malkin, durfte nicht nach Kanada einreisen, obwohl er einen israelischen Pass besaß, weil ihm sowohl Geldwäsche als auch internationaler Waffenhandel vorgeworfen wurden. Außerdem hatte er versucht, amerikanische Senatoren davon zu überzeugen, dass der Moskauer Rechtsanwalt Leonid Magnitzki, der unter verdächtigen Umständen im Gefängnis gestorben war, in Wirklichkeit ein Verbrecher gewesen war.

Viele Oligarchen begannen im großen Stil Kunstwerke zu kaufen, moderne ebenso wie klassische. Am meisten profitierten von diesem Interesse die Besitzer von Werken zeitgenössischer britischer Maler, wie Francis Bacon und Lucian Freud. Im November 2013 versteigerte das Auktionshaus Christie's ein Bacon-Triptychon, auf dem sein Freund Lucian Freud dargestellt ist, für 142 Millionen Dollar, den höchsten jemals in einer Auktion für ein Gemälde erzielten Preis. Wechselberg brachte im Lauf der Jahre die größte Sammlung von Fabergé-Eiern zusammen. Er eröffnete ein eigenes Museum, um seine Sammlung auszustellen. Aber auch die im Baden-Badener Fabergé-Museum gezeigte Sammlung von Alexander Iwanow ist sehenswert.

Auch russische Kunst war gefragt und erzielte hohe Preise. Christie's musste Wechselberg 2,5 Millionen Dollar Entschädigung zahlen, weil nach dem Kauf Zweifel an der Echtheit einer angeblich von Boris Kustodijew gemalten »Odaliske« auftauchten, einem sowieso nicht zu den Spitzenwerken der Kunstgeschichte gehörenden Gemälde. Die größte Privatsammlung russischer Kunst besitzt Pjotr Awen, dessen »zweiter Wohnsitz« sich in einem Dorf bei London befindet. Melnitschenko ist stolzer Besitzer zweier von Monets Seerosen-Bildern. Die Aufzählung ließe sich noch eine Weile fortsetzen.

Viele Oligarchen sind durch einen verschwenderischen Lebensstil aufgefallen und damit zum Gegenstand vieler Witze, aber auch von Skandalen und bitterer Kritik geworden. Dies trug sicherlich dazu bei, dass sie als Gruppe sehr unbeliebt waren. Zwar engagierten sie sich für wohltätige Zwecke, aber was sie spendeten, war nur ein Bruchteil dessen, was sie für Luxusgüter ausgaben. Beresowski ließ sich als Erster riesige Privatyachten bauen, die im Vergleich mit Abramowitschs Flotte jedoch geradezu winzig auffielen. Dessen *Eclipse* ist 162 Meter lang, seine *Luna* nur unwesentlich kleiner. Insgesamt besaß er fünf Yachten und außerdem eine Boeing 767.

Zunächst griffen die Behörden nicht ein, doch eine Reihe von Umständen zwang sie schließlich dazu, gegen gewisse Exzesse vorzugehen. Ab 2008 bemühten sich die meisten Oligarchen, nur dann öffentlich in Erscheinung zu treten, wenn sie Geld für eine gute Sache ausgaben. Aufgrund der Wirtschaftskrise waren viele von ihnen genötigt, sich einzuschränken; einige standen vor einem riesigen Schuldenberg. Aber diejenigen, die in den Unternehmen der Oligarchen arbeiteten, hatten erheblich mehr zu leiden. Es kam zu sozialen Unruhen und Gewaltausbrüchen, beispielsweise von Arbeitern in Deripaskas Firmen. Dies beunruhigte selbstverständlich die Behörden, zumal die meisten Luxusausgaben der Oligarchen nicht der einheimischen Wirtschaft zugutekamen. Abramowitschs Yachten wurden in Hamburg von Blohm & Voss und in Australien gebaut, jeweils für mehrere Hundert Millionen Dollar. Deshalb wurde den Oligarchen mit deutlichen Worten geraten, sich etwas zurückzunehmen, manchen öffentlich im Fernsehen von Putin selbst, anderen, wie Deripaska, offenbar im privaten Gespräch.

Auch Staatsbeamte waren reich geworden, manche sogar enorm reich. Aber sie waren diskret geblieben, so dass niemand genau wusste, wie groß ihre Vermögen waren und wo sie sich befanden. Laut Stanislaw Belkowski, einem bekannten russischen Enthüllungsjournalisten, könnte Putin mit einem Vermögen von 70 Milliarden Dollar der reichste von ihnen und damit einer der reichsten Menschen der Welt sein. (Solange Putin im Amt ist, sind solche Behauptungen natürlich nicht nachprüfbar.) Andere Journalisten schätzen, dass allein die Armbanduhren, die Putin bei Fernsehauftritten getragen hat – Uhren von Patek Philippe und anderen –, rund 160 Millionen Dollar wert seien.

In Moskau wohnen mehr Milliardäre (78) als in jeder anderen Stadt auf der Erde. Weltweit hat die Einkommensungleichheit – gemessen am Gini-Koeffizienten (der nach dem italienischen Statistiker Corrado Gini benannt ist) und anderen Vergleichsmaßstäben – in den letzten drei Jahrzehnten erheblich zugenommen. In dieser Hinsicht rangieren die Vereinigten Staaten an letzter Stelle unter den Industrieländern. Was Russland angeht, verfügen die 110 reichsten Personen über rund 35 Prozent des Bruttonationaleinkommens (laut Forschungsabteilung der Credit Suisse), während 93 Prozent der Russen weniger als 10 000 Dollar besitzen. Das heißt, das Ziel, mit Hilfe der Privatisierung eine starke Mittelschicht zu schaffen, ist – zumindest bisher – nicht erreicht worden. Die Zahl der chinesischen Milliardäre ist etwas größer als die der russischen, aber nicht sehr viel, und das chinesische BNP ist mit acht Billionen Dollar viermal größer als das russische, das gegenwärtig dem französischen entspricht und kleiner ist als das brasilianische.

Eine solche Entwicklung ist sowohl in politischer als auch in wirtschaftlicher Hinsicht nicht wünschenswert. Aber ist es möglich, steuernd einzugreifen und sie umzukehren? Es gibt zweifellos verschiedene Mittel, beispielsweise eine Reform der Einkommensteuer. Doch dies könnte die Geschäftsinteressen der politischen Führung beeinträchtigen und die Kapitalflucht weiter verstärken. Das Thema besaß für die russische Staatsführung bisher keine besondere Priorität; ihre Hauptsorge war es, zu verhindern, dass Reichtum zu einer wirkungsvollen politischen Waffe wurde. Wenn aber die Ungleichheit ein bestimmtes Ausmaß übersteigt, ist mit starken sozialen Spannungen zu rechnen, welche die Staatsführung zum Handeln zwingen werden. In der Auseinandersetzung zwischen den Silowiki und den Oligarchen haben Erstere ohne große Anstrengung die Oberhand gewonnen. Die Oligarchen bildeten keine gemeinsame Front, sondern standen in der Regel im Wettstreit miteinander. Bündnisse zwischen ihnen waren kurzlebig, und ihnen fehlte es für gewöhnlich an politischem Instinkt und Verständnis für die Welt der Politik. Sie hatten politische Ambitionen, aber keine Machtbasis.

Die Silowiki

Die Silowiki andererseits hatten etwas gemein: die Arbeit für den KGB, ob nun im In- oder Ausland. Wie Nikolai Patruschew, der Putin als Chef des russischen Inlandsgeheimdienstes FSB nachgefolgt war, im September 2002 in einer Rede erklärte, bildeten die Geheimdienstmänner Russlands neuen Adel. Sie würden nicht für Geld arbeiten, sondern aus Pflichtgefühl, aus Patriotismus und Idealismus. Der Anteil ehemaliger KGB-Offiziere an Putins engstem Kreis ist auf ein Drittel geschätzt worden; in den höheren Rängen ist er wahrscheinlich noch größer. Diese

Zahlen sind natürlich Vermutungen, denn die Zugehörigkeit zu den »Organen der Staatssicherheit«, kurz die »Organe« genannt, war bis in jüngste Zeit kein öffentliches Gesprächsthema. Gleichwohl trafen sich die Mitarbeiter der »Organe« sowohl bei der Arbeit als auch bei gesellschaftlichen Anlässen. Ihnen war eingetrichtert worden, die Elite des Landes zu sein, das »Schwert und Schild« des Systems. Die Tschekisten waren nicht nur die einzige aufrichtige, zuverlässige patriotische Kraft, sondern auch die einzige, der man vorbehaltlos vertrauen konnte. Es versteht sich von selbst, dass dieser Adel, wie andere Eliten vor ihnen, für seinen Dienst fürs Vaterland angemessen belohnt werden musste.

Sie hatten Rückschläge erlitten. Dem KGB (vormals Tscheka und NKWD) war es in der Vergangenheit nicht immer gut ergangen: So war er durch die Säuberungen der 1930er Jahre dezimiert worden; sogar zwei seiner Leiter waren erschossen worden. Als die Führung der »Organe« nach Stalins Tod gesäubert wurde, wurde nicht nur Lawrenti Berija hingerichtet, sondern auch seine ganze Familie verhaftet, einschließlich der Kleinkinder.

Feierlich wurde verkündet (und vielfach geglaubt), dass die alte Zeit vorüber sei und niemals wiederkommen würde, dass es eine große Ehre sowie eine lebensnotwendige und patriotische Pflicht sei, in den »Organen« zu dienen; dass sich das Vaterland ohne die Tschekisten in großer Gefahr befinde. Oft genug war diese Art der Indoktrination erfolgreich. Nach so vielen Jahren stalinistischer Herrschaft war eine gewisse Verfolgungsmanie tief in der Seelenlage der Menschen verwurzelt. Man glaubte vielleicht nicht alles, aber doch so viel, um sich mit den »Organen« identifizieren zu können, sowohl auf der Führungsebene als auch weiter unten in der Hierarchie. Die Leiter der »Organe« waren zumeist Bürokraten mit durchschnittlicher Intelligenz, die kaum Erfahrungen im Umgang mit der Welt außerhalb der Sowjetunion hatten. Der durchschnittliche Mitarbeiter besaß in der Regel keine solide Bildung; er hatte eine KGB-Akademie durchlaufen oder an Spezialkursen teilgenommen, um die Sprache des Landes, in das man ihn schicken wollte, halbwegs zu beherrschen. Aber dies reichte häufig nicht aus, um sich auch die Sitten, Gebräuche und Umgangsformen anzueignen, die man brauchte, um sich in der Fremde frei und ungezwungen zu bewegen. Es gab Ausnahmen, aber wenn man die Leistungsbilanz des KGB mit derjenigen der Ochrana, der einstigen zaristischen Geheimpolizei und Spionageorganisation, vergleichen würde, wäre nicht sicher, welcher Dienst besser abschnitte. Wenn der KGB gewisse Erfolge erzielte, dann für gewöhnlich zufällig – durch Überläufer, die aus ideologischen Gründen oder weil sie Geld brauchten, bereit waren, ihr Land zu verraten.

In den 1970er und 1980er Jahren war der Ruf des KGB nicht sehr gut. Er hatte Andrei Sacharow verbannt und ein paar hundert Dissidenten drangsaliert – keine sehr ruhmreiche Leistung. Den angeblich von äußeren Feinden herbeigeführten Zerfall der Sowjetunion hatte er nicht verhindern können. Jahrelang bemühten sich der KGB und seine Nachfolgeorganisationen, etwa mit Hilfe von Romanen oder Spielfilmen, ihr Ansehen in der Öffentlichkeit aufzupolieren. Am erfolgreichsten war die Fernsehserie *Semnadzat mgnowenij wesny* (Siebzehn Augenblicke des Frühlings) nach einem Roman von Julian Semjonow, in der das Leben und die Taten eines sowjetischen Agenten dargestellt wurden, der unter dem Namen Max-Otto von Stierlitz bis in die Führungsetage des NS-Sicherheitsapparats aufgestiegen war und seinen Herren in Moskau daher selbst die geheimsten Pläne der Nationalsozialisten verraten konnte. Diese gut produzierte und gespielte Serie aus den 1970er Jahren wurde überaus beliebt und wird bis heute regelmäßig im russischen Fernsehen wiederholt. Stierlitz wurde so populär, dass Jungen überall in der Sowjetunion im Spiel in seine Rolle schlüpften. Auch in einigen anderen Romanen Semjonows trat Stierlitz auf. Ihr Autor, ein Alkoholiker, der mit knapp 62 Jahren an einem Schlaganfall starb, war ein Zyniker, dem es gelegentlich gelang, einige Zweifel und Kritik am Sowjetregime in seinen Romanen zu verstecken. Ihm war bewusst, dass nie etwas passiert war, was der

Stierlitz-Saga auch nur im Entferntesten ähnelte. Sie war reine Fiktion, spannend anzuschauen, aber völlig unrealistisch.

Stierlitz war in einem »progressiven, internationalistischen« Zeitalter der Held des Antifaschismus. In der postsowjetischen Periode tauchte eine andere Art von Helden auf, die nicht erfunden waren, sondern real. Der Fall von Nikolai Sergejewitsch Leonow scheint nicht untypisch zu sein. Als stellvertretender Chef der Ersten Hauptverwaltung des KGB im Rang eines Generalleutnants hatte er es weit gebracht, nachdem er zuvor schon die Lateinamerika- und Analysedirektionen geleitet hatte. Laut seinem Biographen hat er sich zwölf Jahre lang in seinen Berichten und Prognosen nicht ein einziges Mal geirrt – wahrlich eine bemerkenswerte Leistung. Seine gegen Amerika gerichteten Aktivitäten, fügt sein Biograph hinzu, seien von tiefer Überzeugung getragen und von Gott gesegnet gewesen. Seine Einsichten scheinen sowohl seine Vorgesetzten als auch seine Untergebenen – unter ihnen Putin – beeindruckt zu haben.

1991 schied er aus Protest gegen die verräterischen Aktivitäten ihrer Führer aus den »Organen« aus. Zwölf Jahre später wurde er als Abgeordneter einer rechtsextremen Partei in die Duma gewählt. In den folgenden Jahren engagierte er sich intensiv in diesen Kreisen, vor allem als Fernsehpersönlichkeit. Daneben lehrte er an der Moskauer Universität. Als neuerdings praktizierendes Mitglied der orthodoxen Kirche entschied er sich für denselben Beichtvater wie Putin, Archimandrit Tichon (Schwewkunow), der Leonow in einem Interview als grundehrlichen Mann bezeichnete: »Als ich ihn vor einigen Jahren kennenlernte, war es eine wirkliche Offenbarung für mich …«

Natürlich umgab sich Putin nicht nur mit ehemaligen KGB-Offizieren. Sowohl russische als auch westliche Beobachter schätzen den Anteil früherer oder jetziger Geheimdienstmitarbeiter in den Toppositionen auf 30 bis 40 Prozent. (Insgesamt hatte der KGB in der Sowjetzeit rund 750 000 offizielle und rund zwei Millionen geheime Mitarbeiter, die sogenannten »seksoty« [*sekretnyje sotrudniki*].) Gegenwärtig liegt die Zahl der offiziellen Mitarbeiter des russischen Geheimdiensts bei schätzungsweise

200 000 bis 300 000. Allerdings gibt es, ähnlich wie in den Vereinigten Staaten, auch in Russland rund 15 Dienste militärischer
und ziviler Art.

Zu Putins innerem Kreis gehörten einige, die schon während
seiner Leningrader Jahre mit ihm zusammengearbeitet hatten
und die er für vertrauenswürdig hielt, wie beispielsweise die Brüder Rotenberg, die seine Sparringspartner beim Training von
Karate, Judo und anderen Kampfsportarten waren. Fast alle Aspekte von Putins Leben und Aktivitäten sind eingehend analysiert worden, aber dass er leidenschaftlicher Judoka ist und den
Schwarzen Gürtel besitzt, ist, was die Auswirkungen der Techniken und Regeln des Kampfsports auf seine Politik betrifft, bisher
vernachlässigt worden. Auch die Brüder Rotenberg wurden zu
Milliardären; die Träger des Schwarzen Gürtels bildeten eine Art
von Bruderschaft. Manche Oligarchen aus dem engsten Kreis
verkehrten auch privat mit Putin, wie Abramowitsch, Fridman,
Melnitschenko und vor allem Timtschenko. Zu nennen sind ferner enge Berater wie Wladislaw Surkow und Igor Setschin.

Manche Beobachter der Moskauer Szene wie Alexei Tschelnokow glauben, dass es ein inoffizielles Politbüro gibt, das dem-
jenigen der Breschnew-Ära während der Stagnationsperiode
ähneln soll. Der Vergleich mit der Breschnew-Ära wirkt etwas
weit hergeholt, aber unbestreitbar existiert eine Gruppe enger
Berater, wie unstrukturiert sie auch sein mag. 2013 gehörten
ihr, laut Tschelnokow, folgende Personen an:

- Sergei Iwanow, ein früherer KGB-General, der für die all-
  gemeine Verwaltung zuständig war;
- Igor Setschin, früherer Ministerpräsident und heutiger
  Chef des mehrheitlich staatlichen Erdölkonzerns Rosneft;
- Sergei Tschemesow, ein Industriemanager, über den man
  kaum etwas weiß und der derzeit Chef des Rüstungskon-
  zerns Rostec ist;
- Gennadi Timtschenko, der Finanzadministrator (oder -be-
  rater) der Gruppe, der in den letzten zwanzig Jahren mehr
  Zeit im Ausland als in Russland verbracht hat;

- Juri Kowaltschuk, Eigentümer der Bank Rossija, ein pro-
  movierter Physiker, der in jüngerer Zeit aber vor allem im
  Medien- und Bankensektor in Erscheinung getreten ist;
- Sergei Sobjanin, Oberbürgermeister von Moskau, der Juri
  Luschkow in diesem Amt ablöste, nachdem dieser immer
  mehr in Konflikt mit Putin und der russischen Regierung
  geraten war, und Vorsitzender einer Gruppe von Gouverneuren und anderen Spitzenbeamten aus dem Uralgebiet
  und Sibirien;
- Wjatscheslaw Wolodin, der aus Saratow stammt und während seiner politischen Laufbahn wiederholt Vorwürfen
  ausgesetzt war, sich aber stets herauswinden konnte; und
- Dmitri Medwedew, der als treuer Vertreter für Putin agiert,
  indem er als Präsident amtiert, wenn dieser Ministerpräsident ist, und umgekehrt; wie groß seine Macht wirklich ist,
  lässt sich nicht sagen.

Auch »Kandidaten« des Politbüros gibt es, die noch keine Vollmitglieder sind, aber mit ihrem Aufstieg rechnen können. Ganz
oben auf der Liste rangieren die Folgenden:

- Sergei Schoigu, der derzeitige Verteidigungsminister, der
  in Tuwa, einer kleinen autonomen Republik der ehemaligen Sowjetunion, als Kind einer örtlichen Funktionärs-
  familie geboren wurde (sein Vater war stellvertretender Ministerpräsident), ist Meinungsumfragen zufolge nach Putin
  der zweitbeliebteste Politiker Russlands;
- Igor Schuwalow, der verschiedene hohe Regierungsämter
  innehatte und einer von Putins Wirtschaftsberatern ist;
- Alexei Kudrin, ein ehemaliger Finanzminister, der Putin
  aus dessen Zeit in St. Petersburg kennt;
- Arkadi Rotenberg, einer von Putins Kampfsportpartnern,
  der mit etwas Unterstützung in der Erdöl- und Erdgasindustrie zu Reichtum gelangt ist; und
- Roman Abramowitsch, der nicht weiter vorgestellt werden
  muss.

Dieses »Politbüro« ist natürlich, um es zu wiederholen, ein völlig inoffizielles Gremium, und seine Mitglieder haben sich nie damit gebrüstet, »dazuzugehören«. Ganz im Gegenteil, sie haben sich, mit Ausnahme von Abramowitsch, bemüht, so wenig Aufmerksamkeit wie möglich auf sich zu ziehen. Die Zahl derjenigen, die aus Putins Zeit als KGB-Agent in Dresden, aus Leningrad und danach seinem innerem Kreis zugerechnet werden, ist wesentlich größer. Ihre Namen werden in diversen Putin-Biographien genannt. Da der Zugang zu Putin jedoch notwendigerweise begrenzt ist, ist der Nutzen dieser Listen nicht allzu groß.

Manche wurden befördert, andere entfernt, wie in solchen inneren Zirkeln üblich. Aber man kümmerte sich um diejenigen, die ausschieden, und ließ sie selten ganz fallen. Als Igor Setschin, einer von Putins engsten Beratern, als Ministerpräsident zurücktrat und an die Spitze des Erdölkonzerns Rosneft wechselte, tat er es zu einem Jahresgehalt von angeblich 25 Millionen Dollar (später war von 50 Millionen die Rede). Niemand wurde alleingelassen, es sei denn, er hatte sich als illoyal erwiesen. Loyalität war der ausschlaggebende Faktor. Aber Loyalität wem gegenüber – einer Person oder einer Sache? Und wenn es eine Sache war, welcher? Sicherlich nicht mehr dem Sowjetkommunismus wie in der Vergangenheit. Also dem »heiligen« Vaterland und dessen gegenwärtigen Führern?

Es ist faszinierend, den Prozess der Rehabilitation der Tscheka und des KGB zu verfolgen – vor allem der Wiederherstellung des Rufs von Felix Dserschinski, dem Gründer der Geheimpolizei, und von Andropow, einem der letzten Vorsitzenden des KGB. Sie haben sich den Ruf von Männern aus Stahl erworben, die gleichzeitig weichherzig und human sind; sie sollen Kinder und Blumen geliebt haben. Glasnost hatte nach Ansicht der »Verteidiger« Russlands diejenigen demoralisiert, die als als Verteidiger des Sowjetsystems gedient hatten. Sie würden für die Säuberungen verantwortlich gemacht, für die Millionen, die in Lager geschickt, und die Hunderttausenden, die ermordet wurden. Das sei ungerecht, denn unter den Opfern seien auch 20 000 Tschekisten gewesen. Das trifft zu; die Säuberungen der 1930er Jahre waren Stalins Idee und keine Initiative des NKWD gewesen, aber ausgeführt wurden die Morde von den »Organen«. Doch Stalin war mittlerweile rehabilitiert worden, zwar nicht ganz, aber immerhin teilweise, was Putin verschiedentlich mit der Feststellung ausdrückte, er sei eine umstrittene Figur. Manche von Putins Untergebenen äußerten sich sogar noch positiver.

Die Verteufelung der »Organe« dauerte nicht lange. Die Rehabilitierung begann 1995 mit einem Erlass Jelzins, durch den der »Tag der Tschekisten«, den man am 20. Dezember, dem Gründungstag der Tscheka, beging, in »Tag der Mitarbeiter der russischen Geheimdienste« umbenannt wurde. Zudem wurde eine Auszeichnung für Bücher und Filme, die zur Wiederherstellung des guten Rufs beitrugen, ausgeschrieben. Unter Putin verwandelten sich diese gelegentlichen Ehrungen in einen regelrechten Kult. Die Mitarbeiter der Staatssicherheitsdienste wurden zum neuen Adel Russlands erhoben, der sich durch Unbestechlichkeit und Idealismus auszeichnete. Manche gingen bei der Reinwaschung der »Organe« sogar noch weiter und erklärten deren Mitarbeiter zu modernen Heiligen. An vorderster Front in dieser Kampagne stand die orthodoxe Kirche, die die Förderung der »spirituellen Verteidigung« als eines ihrer Hauptanliegen betrachtet. Ein neuer Vorsitzender des FSB erhielt den höchsten Orden der orthodoxen Kirche, der nach dem Moskauer Großfürsten Dmitri Donskoi aus dem 14. Jahrhundert, einem erst in jüngerer Zeit heiliggesprochenen Nationalhelden, benannt ist. Während Dmitri Donskoi, der gegen die Mongolen und Tataren zu Felde zog, tatsächlich eine historische Figur ist, gehört Ilja Muromez, ein großer Held (*bogatyr*), der in zahllosen Schlachten kämpfte, ins Reich der Sagen und Legenden. Gleichwohl wurde er zu einer Art von Schutzheiligem der »Organe«.

Dem Zusammenwirken von Kirche und Staat auf dem Gebiet von Polizeiarbeit und Spionage lag nicht nur eine ausgeklügelte ideologische Rechtfertigung zugrunde, es ging auch wesentlich weiter als in der Zarenzeit. Damals schrieb man der Ochrana zwar eine lebensnotwendige Rolle beim Schutz des Regimes zu, aber sie erfüllte sie im Verborgenen, und ihre Agenten wurden nicht glorifiziert. Der Sinn ihrer Arbeit verstand sich von selbst; eine Rechtfertigung hielt man nicht für nötig.

Es ist nicht endgültig zu klären, wer tatsächlich über Russland herrscht. Der Putinismus, wie man das heutige Herrschaftssystem auf den Begriff bringen könnte, basiert auf einem autoritären Regime, das die Interessen verschiedener Gruppen der russischen Gesellschaft berücksichtigt. Die von Alexei Kugusow und anderen beschworene vertikale Machtstruktur bedeutet einfach, dass Befehle von oben nach unten erteilt werden. Der Posten des obersten Befehlsgebers ist eher zufällig besetzt: Hätte Jelzin nicht Putin ernannt, hätte ein anderer mit einem ähnlichen Hintergrund seine Rolle übernommen. Putins Macht ist nicht unbegrenzt. Es gibt wieder einen Führerkult, der zwar weniger ausgeprägt ist als in der Stalin-Zeit, aber doch stärker als in der Breschnew-Ära. Glasnost und demokratische Bestrebungen sind schwächer geworden. Der Begriff der »souveränen« oder »gelenkten« Demokratie ist Ausdruck dieser Schwächung, die zwar nicht total ist, aber doch substantiell und signifikant. Er bedeutet, dass das Land für die Demokratie westlicher Art nicht bereit ist. Vielleicht wird es das nie sein; auf jeden Fall wird die westliche Demokratie, die in der russischen Tradition nicht verankert ist und nicht den russischen Werten entspricht, von den meisten Russen nicht gewollt.

Vor etwas mehr als einem Jahrhundert hat der deutsche Politologe und Soziologe Robert Michels seine Gedanken über das »eherne Gesetz der Oligarchie« veröffentlicht. Es war ein interessanter Ansatz, aber Michels' politischer Instinkt ließ wie bei einigen seiner Zeitgenossen zu wünschen übrig. Vilfredo Pareto und Gaetano Mosca etwa hatten ähnliche Vorstellungen. Alle drei sympathisierten mit Mussolini. Michels, der anfangs Sozialist war, beunruhigte, dass sich selbst (und besonders) in demokratischen Institutionen, etwa den Gewerkschaften, früher oder später eine Elite oder Oligarchie herausbildete, die die Führung dieser Institutionen übernahm.

Michels bezog den Begriff nicht auf Milliardäre, sondern auf politische Führungen. Seither sind diverse Theorien über Entstehung und Funktion von Eliten aufgestellt worden, aber keine von ihnen ist auf Russland beziehungsweise die frühere Sowjetunion anwendbar, und zwar aus dem einfachen Grund, weil die Situation in Russland einzigartig und beispiellos ist. Vor dem Hintergrund der russischen Geschichte war es unwahrscheinlich, dass in der Zeit nach Jelzin eine starke demokratische Bewegung entstehen würde, selbst wenn sein Nachfolger nicht Putin gewesen wäre. Es war kaum damit zu rechnen, dass im Wettstreit zwischen Oligarchen und Silowiki die Ersteren obsiegen würden.

Es ist viel Anstrengung darauf verwendet worden, den Putinismus zu definieren, und dies aus gutem Grund. Denn wenn der Führer, der dem System seinen Namen gegeben hat, zurücktreten oder gestürzt werden sollte, dürfte die Regierungsform wahrscheinlich überdauern, denn sie scheint den Bedürfnissen und Wünschen der Russen zu entsprechen. Es ist eine von der Mehrheit gestützte Diktatur, solange alles gutgeht. Faschistisch ist sie nicht, da ihr bisher gewisse Grundeigenschaften des Faschismus fehlen, die unnötig sind, solange das Regime die weitgehende Unterstützung der Bevölkerung bekommt. In seiner gegenwärtigen Form ähnelt der Putinismus jener Art von Diktaturen, wie sie in den letzten Jahrzehnten in weniger entwickelten Ländern als Deutschland und Italien – vor allem im Nahen Osten und in Lateinamerika – an der Macht waren (oder sind). Man denke etwa an Getúlio Vargas in Brasilien und Juan Perón in Argentinien oder, aus jüngerer Zeit, an Augusto Pinochet in Chile und Hugo Chávez in Venezuela. Diese Regime sorgten vorübergehend für Stabilität. Im großen Ganzen waren sie zwar nicht sehr erfolgreich, aber der Übergang zu einer demokratischeren Regierungsform verlief ziemlich glatt, jedenfalls problemloser als etwa in der Türkei und im Nahen Osten. Kemal Atatürks Regierung galt lange als Modellfall der erfolgreichen Modernisierung eines Landes. Soweit es die Entwicklung zu seinen Lebzeiten angeht, trifft dies auch zu. Nach seinem Tod verlief die Entwicklung jedoch weniger positiv. Sie führte schließ-

lich zur Wahl von Recep Tayyip Erdoğan. Auf wirtschaftlichem
Gebiet ist seine Bilanz wie diejenige Putins positiv – oder, besser
gesagt, beide hatten viel Glück. Wie der Kremlherr genießt auch
Erdoğan viel Unterstützung in der Bevölkerung, vor allem von
den rückständigen Teilen der Gesellschaft. Angesichts der türkischen Geschichte und der Zusammensetzung der türkischen
Gesellschaft war vielleicht nicht mehr zu erwarten. Aber es kann
anderen Ländern kaum als Vorbild dienen.

Putins Erfolg beruhte hauptsächlich auf zwei Faktoren. Vor
allem kamen ihm, wie erwähnt, der steile Anstieg der Nachfrage
nach Erdöl und Erdgas und, damit zusammenhängend, eine erhebliche Verbesserung der Finanzlage Russlands zugute. Der
zweite Grund ist die unglückselige Art des Übergangs vom
Kommunismus zu einem neuen, marktwirtschaftlichen Regierungssystem. Das damit verbundene Chaos konnte der Putinismus mehr oder weniger erfolgreich überwinden, indem er die
Staatsmacht stärkte. Der neue Reichtum ermöglichte es der russischen Regierung, eine patriotische, das heißt aggressive Außenpolitik zu betreiben, die auf die Rückgewinnung von Teilen
der alten Sowjetunion ausgerichtet war. Gleichzeitig akzeptierte
der Putinismus das negative soziale und ökonomische Erbe der
Jelzin-Ära.

Es ist üblich geworden, das postsowjetische Russland als ein
»Obervolta mit Atomwaffen« zu betrachten. Aber dieser Vergleich ist falsch, denn Obervolta hat sich nie als drittes Rom mit
einem messianischen Auftrag verstanden; es hat nie eine »ober-
voltaische Idee« gegeben, noch hat Obervolta das Glück eines
Erdöl- und Erdgasbooms erlebt. Außerdem mag die politische
Polizei nicht nur in Obervolta, sondern auch in vielen anderen
Ländern zu verschiedenen Zeiten eine wichtige Rolle gespielt
haben, das aber fast immer unter der Kontrolle der Regierung
oder der herrschenden Partei. Nicht so in Russland. Insofern ist
Russland ein Fall *sui generis*. Vergleiche mit dem historischen
Faschismus mögen in mancher Hinsicht zutreffen und hilfreich
sein, aber in vielem sind sie es nicht. Vor allem können sie keinen Hinweis darauf geben, was die Zukunft bringen wird.

PUTIN UND DER PUTINISMUS

Wer ist Wladimir Putin?

Bislang gibt es kein russisches *Who's Who*. Aber wenn es eines gäbe, würde der Eintrag über Putin ungefähr folgendermaßen lauten:

Putin, Wladimir Wladimirowitsch Präsident – Geb. 7. Oktober 1952 Leningrad (Vater: Wladimir Spiridonowitsch P., gest. 1999, im Zweiten Weltkrieg schwer verwundet; Großvater: Spiridon P., Koch, kochte mehrmals für Lenin und Stalin; Mutter: Maria Iwanowna, Fabrikarbeiterin) – Laut Vera Gurjewitsch, P.s Lieblingslehrerin in der Grundschule, mit der er noch lange in Verbindung blieb, war seine Mutter eine »sehr nette Person, freundlich, selbstlos, eine Seele von Mensch«. P. erinnert sich, dass sie ihm, als er in den 1990er Jahren als Mitarbeiter des Leningrader Stadtrats mit einer Delegation nach Israel reiste, ein Taufkreuz mitgab, das er am Grab Jesu segnen lassen sollte: »Ich erfüllte ihr diese Bitte, hängte mir das Kreuz um den Hals und nahm es seither nicht wieder ab.« Die Familie war arm und wohnte in einer Kommunalka. Schüler der Leningrader Schule Nr. 193, bekannt für rüpelhaftes Benehmen (das er im Interview zugab: »Natürlich war ich ein Rowdy«). Frühe Vorliebe für Sport, vor allem für die Kampfsportarten Judo und Sambo. Jurastudium an der Leningrader Universität. 1972 Mitglied der Kommunistischen Partei. 1975 Studienabschluss mit einer Arbeit über die Meistbegünstigungsklausel im Völkerrecht. 1975 Aufnahme in den KGB. Arbeitete zuerst in der Gegenspionage, später bei der Überwachung von Ausländern und Konsulatsbeamten in Leningrad. 1985–90 Stationierung in Dresden. Über

die Art seiner Tätigkeit in Ostdeutschland gibt es keine verläss-
lichen Angaben. 1991 nach Leningrad zurückbeordert. Arbeit in
der Universitätsverwaltung. Im August 1991 Abschied aus dem
KGB im Rang eines Oberstleutnants. 1991–96 Leiter des städtischen Komitees für Außenbeziehungen. Bürgermeister A. Sobtschak war einer von P.s Professoren an der Leningrader Universität. 1997 Umzug nach Moskau. Auf verschiedenen Posten
im Staatsapparat. Ab März 1997 einer der stellvertretenden Leiter der Präsidialverwaltung, ab Mai 1998 Erster stellvertretender Leiter. Juli 1998 Direktor des FSB, einer der Nachfolgeorganisationen des KGB. August 1999 Ernennung zunächst zum
stellvertretenden Ministerpräsidenten und eine Woche später
zum Ministerpräsidenten Russlands. Verheiratet mit Ludmilla
Schkrebnewa. 2013 geschieden. Zwei Töchter, Mascha und
Katja, bestehen auf Privatheit und leben unter falschem Namen.
Mascha ist verheiratet, in Holland ansässig, zwei Kinder. P.
hatte zwei Brüder, die jung starben. Ludmilla gesteht, sie habe
Wolodja (P.) zuerst nichtssagend und langweilig gefunden, sich
später aber in ihn verliebt (»Nach drei oder vier Monaten sagte
ich mir, das ist der Richtige für mich«), obwohl er zu Verabredungen regelmäßig zu spät kam. Sie stammt aus Kaliningrad
und musste nach Leningrad fliegen, um ihn zu sehen. Er sagte
ihr, dass er für die örtliche Polizei arbeite. Sie war Stewardess;
einen Direktflug von Kaliningrad nach Leningrad gab es nicht.
Spätere Äußerungen der Putins übereinander waren nicht sehr
freundlich. 2014 angeblich zweite Ehe mit Alina Kabajewa,
Olympiasiegerin in Rhythmischer Sportgymnastik.

So viel zum Berufsweg jenes Mannes, der für viele Jahre Präsident von Russland werden sollte. Es war eine erfolgreiche Karriere, in deren Verlauf er sich den Ruf eines beflissenen, hart ar-
beitenden, zuverlässigen Beamten erwarb, der seinen Herren
treu ergeben war, zuerst Sobtschak und später Jelzin. Aber außerhalb eines kleinen Kreises von Staatsbediensteten kannte ihn
kaum jemand. Jelzin sah in ihm schon bald seinen Nachfolger.
Als Putin 1999 Ministerpräsident wurde und auch noch ein Jahr

später, als er im Mai 2000 tatsächlich die Nachfolge Jelzins antrat, war er immer noch wenig bekannt. Es ist anzunehmen, dass
er in dieser Phase seiner Karriere keinen Wert auf Publizität
legte. Doch es sollte nicht lange dauern, bis ganz Russland ihn
kannte und sogar wusste, wie sein Labrador hieß (Koni) und dass
der Hund jedes Mal bellte, wenn er Putins Spitznamen hörte.

Seither sind Dutzende Biographien über den Präsidenten und
noch mehr Bücher über seine Politik erschienen. Eine der Biographien, die 2012 veröffentlicht wurde, trägt den Titel *Der
Mann ohne Gesicht – Wladimir Putin. Eine Enthüllung*. Durch
seine KGB-Ausbildung weiß Putin um die Vorteile der Gesichtslosigkeit. Gleichwohl hat er nicht nur eigene Ansichten,
sondern auch einen Arbeitsstil, der in diversen Büchern beschrieben und analysiert worden ist. Außerdem fand Putin Eingang in die russische schöne Literatur, ob nun als Heiliger oder
als Antiheld. Bemerkenswert sind die Erinnerungen seiner Lehrer und Vorgesetzten an der KGB-Schule »Krasnoje Snamja«.
Einer von ihnen, ein Oberst im Ruhestand, erinnert sich:

»Von Wladimir Wladimirowitsch kann man sicher nicht behaupten, dass er karrieresüchtig ist. Wenngleich ich damals
einige andere nicht gerade positive Eigenschaften in seiner Beurteilung aufführte. Mir schien, dass er ein etwas verschlosse-
ner und nicht sehr geselliger Mensch war. Das kann man nicht
nur als schlechte, sondern auch als positive Charaktereigen-
schaft auslegen. Ich erinnere mich aber negativ daran, dass er
bei seiner Arbeit ein bisschen zu viel herumtheoretisierte. Ich
will damit nicht sagen, dass er knochentrocken war. Nein, er
hatte einen scharfen Verstand und war nicht auf den Mund gefallen.«

Putin war ein eifriger Student, der sich keine Ausrutscher leistete. Besondere Vorfälle gab es nicht, es bestand kein Grund, an
seiner Aufrichtigkeit und Integrität zu zweifeln.

Als er Präsident wurde, befand sich Russland in einer trostlo-
sen Lage. Weder der Staat noch die Wirtschaft funktionierten.

Es bedurfte schon eines erheblichen persönlichen Ehrgeizes und/oder Patriotismus, um unter diesen Umständen die Führung des Landes anzustreben. Als Nichtökonom war sich Putin nicht völlig im Klaren darüber, wie ernst die Situation war, aber bedenkt man, welche Ämter er in den vorangegangenen Jahren bekleidet hatte, muss er doch einiges gewusst haben. Er berief Michail Kasjanow, der später zu einem scharfen Kritiker seines Regimes werden sollte, auf den Posten des Ministerpräsidenten. Kasjanow setzte bedeutende und erfolgreiche Wirtschaftsreformen in Gang. Während seiner Amtszeit sank die Inflationsrate, und die Wirtschaft wuchs um rund ein Drittel.

Kasjanow missfiel jedoch Putins Regierungsstil. Er kritisierte, dass die Gewaltenteilung aufgegeben und durch die »Vertikale der Macht« ersetzt wurde, dass mithin alle wichtigen Entscheidungen nicht vom Parlament, sondern von der Regierung getroffen wurden und die Justiz nichts mehr zu sagen hatte. Gegen Kasjanow wurden Betrugsvorwürfe laut, aber dies galt auch für Putin; man wird schwerlich einen russischen Politiker aus dieser Zeit finden, gegen den nicht zumindest der eine oder andere Verdacht geäußert wurde. Nach seinem Rücktritt im Jahr 2004 schloss sich Kasjanow der Opposition an, aber er war nicht sehr populär, seine politische Laufbahn ging zu Ende. Sein Nachfolger wurde Michail Fradkow, dessen Kabinett – wie schon Kasjanows – unter anderen die beiden bekannten liberalen Ökonomen German Gref und Alexei Kudrin angehörten.

Putins Präsidentschaft begann nicht sehr glücklich. Drei Monate nach seiner Ernennung im August 2000 ereignete sich die *Kursk*-Katastrophe. Putin befand sich gerade in Urlaub, kehrte aber nicht sofort nach Moskau zurück und reiste auch nicht an den Unglücksort. Die vom Ausland angebotene Hilfe nahm er (aus Nationalstolz?) nicht an. Aber er ging unbeschädigt aus der Affäre hervor, und auch eine andere Katastrophe schadete ihm nicht, der Terroranschlag von 2002, der 130 Menschen das Leben kostete, als russische Spezialeinheiten von tschetschenischen Separatisten festgehaltene Geiseln mit untauglichen Mitteln zu befreien versuchten. Ort des Geschehens war das

Moskauer Dubrowka-Theater, wo gerade ein Musical nach Weniamin Kawerins Roman *Zwei Kapitäne* aufgeführt wurde. Die Spezialeinheiten pumpten Giftgas in das Belüftungssystem des Theaters, wodurch viele Menschen starben. Putins Beliebtheit litt dennoch nicht; vielleicht erkannte man, dass es ungerecht wäre, ihm persönlich die Schuld an der Katastrophe zu geben. Vielleicht herrschte das Gefühl vor, dass Russland eine starke Hand, einen Führer, brauche, dass die Autorität des Staates wiederhergestellt, die Macht der Superreichen beschnitten und eine entschlossenere, nationaler gestimmte Außenpolitik betrieben werden müsse – und dass Russland unter Putin genau das bekommen würde.

Was Putin jedoch vor allem in die Hände spielte, war ein Anstieg der Rohstoffpreise. Hatte das Bruttonationaleinkommen am Ende der Jelzin-Ära weniger als eine Billion Dollar betragen, verdoppelte es sich bis 2006. Russland konnte sämtliche Schulden bezahlen, eine neue Mittelschicht entstand, die Renten wurden verdoppelt, kurz, fast jeder profitierte von dieser Prosperität, die man nicht einem glücklichen Zufall zuschrieb, sondern der weisen, effektiven Führung des Präsidenten. Putins Ansichten zur Wirtschaft sind wahrscheinlich durch seine Jahre in Deutschland geprägt worden, genauer gesagt durch das westdeutsche Beispiel. Er befürwortete eine begrenzte Marktwirtschaft, bestand auf einem großen Maß an staatlicher Kontrolle und leistete allen Versuchen der Oligarchen, politische Macht zu erlangen, energischen Widerstand. Diejenigen, die sich den neuen Regeln nicht fügten, wie Chodorkowski und Beresowski, fanden sich in Lagerhaft oder im Exil wieder. Andererseits trat eine neue Gruppe von Superreichen auf den Plan, die Putin persönlich kannte und auf deren bedingungslose Loyalität er sich verlassen konnte.

Russlands neue Herren waren frühere Kollegen des Präsidenten in Leningrad oder beim KGB. Auch einige hohe Militärs und Polizeioffiziere, einige Fachleute und (in der Anfangszeit) sogar einige »Liberale« gehörten dazu, und darüber hinaus jeder, auf den Verlass war. Der Führungsstil war strikt autoritär. Vielleicht ein Viertel oder ein Drittel der Führungsmannschaft kam aus dem KGB. In diesem Zusammenhang ist das Beispiel von Fradkow, Putins zweitem Ministerpräsidenten, interessant. Bei seiner Ernennung war kaum etwas über ihn bekannt, außer dass er im Außenhandel tätig gewesen war. Nach seinem Rücktritt im Jahr 2007 wurde er jedoch Chef des russischen Auslandsgeheimdiensts, und es ist unwahrscheinlich, dass man einen auf diesem Gebiet völlig Unerfahrenen auf diesen Posten berufen hätte.

Die meisten Mitglieder der Führungsmannschaft wurden zu reichen Leuten, aber Ausmaß, Quellen und Aufbewahrungsort ihrer Vermögen blieben Staatsgeheimnisse höchsten Ranges. Es gab gewisse Regeln – keine Konsumorgien; in manchen Fällen wurde die Ehefrau plötzlich zum Hauptverdiener der Familie. Putins Vermögensverhältnisse und anderer früherer und heutiger Geheimdienstoffiziere sind kein Thema für öffentliche Diskussionen. Wer dumm genug ist, diese Regel zu missachten, muss damit rechnen, vor Gericht gezerrt oder zumindest damit bedroht zu werden. Auch im Westen kommt es gelegentlich zur Selbstzensur. So hat sich der Verlag Cambridge University Press am Ende dagegen entschieden, Karen Dawishas bereits zur Veröffentlichung angenommenes Buch über die Kleptokratie tatsächlich herauszubringen.

Als Putin Präsident wurde, war über seine Ansichten wenig bekannt. War er ein Reformer, der mit den Liberalen sympathisierte, oder doch eher ein Konservativer? Es gab widersprüchliche Anzeichen, bis um das Jahr 2005 immer deutlicher wurde, dass der konservative, nationalistische Antrieb am stärksten war. Diejenigen von Putins Mitarbeitern, die bereit waren, über ihre Eindrücke zu sprechen, hielten ihn für einen Patrioten und einen sehr vorsichtigen Menschen, der sich nicht in die Karten schauen lässt und anderen nicht viel Vertrauen entgegenbringt, bis vielleicht auf einigen wenigen, die einen ähnlichen Hintergrund haben wie er. An den Sozialismus hat er offenbar nie geglaubt, vom Kommunismus ganz zu schweigen. Anscheinend war er der Ansicht, dass Russland für eine schnelle Demokratisierung noch nicht bereit war und es noch lange Zeit nicht sein würde – und überhaupt die Demokratie westlichen Stils nie zu Russland passen würde.

Sein Held war damals Juri Andropow. Aber Andropow hatte nicht viel von den russischen Nationalisten gehalten. Putin dagegen hatte eine gewisse Vorliebe für nationalistische Politiker und Denker der Zarenzeit und einige derjenigen, die nach 1917 Russland verlassen hatten. Als historisch Interessierter hatte er noch einen anderen Helden, dessen Porträt in seinem Büro hängt: Zar Alexander III. (1845–1894), dessen Diktum, dass Russland nur zwei zuverlässige Verbündete habe, seine Armee und seine Artillerie, über dem Eingang des Verteidigungsministeriums zu lesen war. Ein weiterer Held war Pjotr Stolypin, russischer Ministerpräsident von 1906 bis 1911. Die Marine und die Luftwaffe wurden ebenso wenig erwähnt wie die Geheimdienste. Zu Beginn seiner Amtszeit besaß Putin paradoxerweise in anderen Bereichen von Staat und Gesellschaft mehr Rückhalt als in den »Organen«. Warum dies so war, ist nicht bekannt, und möglicherweise hat es sich seither geändert, besonders seit dem zweiten (erfolgreichen) Tschetschenienkrieg. Ausländischen Regierungen misstraute Putin, was vor dem Hintergrund seiner Geheimdienstvergangenheit nicht verwunderlich ist.

Es ist viel über seine »Gesichtslosigkeit« geschrieben worden, über seine betonte Männlichkeit, sein Sporttraining. Er ist zur Kunstfigur in Comics und in Thrillern geworden; es gibt Bilder, auf denen er eine schlafende Tigerin oder einen Stör küsst, aber auch als Landesvater und Krisenmanager wird er präsentiert. Es wäre sinnlos, der langen Liste solcher Werke ein weiteres hinzuzufügen. Seine Zustimmungsrate liegt beständig auf einem hohen Niveau. Von mageren 31 Prozent im Sommer 1999 schoss sie bis zum November desselben Jahrs auf 80 Prozent. Im Juni 2007 lag sie bei 81 Prozent; im Januar 2013 war sie auf 62 Prozent gesunken, doch nach der Annexion der Krim stieg sie 2014 wieder auf 81 Prozent.

Im 20. Jahrhundert gab es einige Staatsführer, die ähnliche Zustimmungsraten erreichten. Tatsächlich muss man zugeben, dass Putin hervorragend in die Rolle jenes Führers passte, nach dem viele Russen verlangt hatten. Demokratische Institutionen waren weniger gefragt als eine Leitfigur, die Stärke und Selbstvertrauen ausstrahlte. Die meisten Russen sind der Ansicht, dass Demokratie das sei, was in den 1990er Jahren in ihrem Land geschehen ist, und davon wollen sie keinesfalls noch mehr. Von wenigen Monaten im Jahr 1917 vielleicht abgesehen, hat es in Russland nie eine Demokratie gegeben; daher das tiefsitzende Misstrauen und die ebenso tiefverwurzelte Abneigung, der Glaube, Demokratie sei ein Zustand, in dem wenige zu großem Reichtum gelangen und die Übrigen arm bleiben oder noch ärmer werden.

Nach vielen Jahren der Unsicherheit und des Chaos musste jemand wie Putin als Ritter in schimmernder Rüstung erscheinen, zundest einem großen Teil der Bevölkerung. Vielleicht war er kein idealer Held, aber sicherlich allem vorzuziehen, was den Menschen in der jüngsten Vergangenheit zugemutet worden war. Das Fernsehen spielte gewiss eine große Rolle, aber es wäre ihm selbst mit massiver Propaganda schwergefallen, den Menschen einen Breschnew oder Tschernenko als nationalen Retter zu verkaufen. Der von Putin erzielte Durchbruch wird eine bleibende Wirkung haben. Man wird sehen, ob Putin tatsächlich noch den tiefgreifenden Strukturwandel einleitet, den das Land braucht, wenn es im 21. Jahrhundert überleben und erfolgreich sein will. Angesichts der Stimmung im Land könnte die Voraussetzung dafür gegeben sein, aber auch nicht mehr. Bei der Behandlung von Russlands Zukunftsaussichten werden wir darauf zurückkommen.

Störe oder Tigerinnen zu küssen mag die optimistische Stimmung im Land für eine Weile aufrechterhalten, was keine kleine Leistung wäre. Zeichen der Stärke mögen, wie verschiedene Meinungsumfragen von Anfang 2014 gezeigt haben, das Gefühl wecken, dass Russland kein schwaches, von gefährlichen Ungeheuern umgebenes Staatsgebilde mehr ist, sondern im Gegenteil ein machtvolles Land mit Schwächlingen als Nachbarn. Doch die optimistische Stimmung wird von begrenzter Dauer sein. Sie wird Russland der Demokratie nicht näher bringen, sondern eher in die entgegengesetzte Richtung führen. Möglicherweise wird sie sogar dazu verleiten, die dringend benötigten Wirtschaftsreformen hintanzustellen.

In den Jahren 2006 und 2007 kam es zu Spannungen zwischen Russland und seinen Nachbarn, wie der Ukraine, Georgien und den baltischen Staaten. Dmitri Medwedew wurde Präsident und Putin Ministerpräsident, ein Tandemarrangement, das es Putin erlaubte, lange über die von der Verfassung erlaubten zwei präsidialen Amtszeiten hinaus eine führende Rolle zu spielen. 2008 zog Russland in den Krieg gegen Georgien, der jedoch nur wenige Tage dauerte und damit endete, dass Georgien Südossetien und Abchasien verlor, die »unabhängig« wurden. 2009 trat ein kurzzeitiges Tauwetter in den Beziehungen zu den Vereinigten Staaten ein. Die Beziehungen zu den europäischen Staaten und den unmittelbaren Nachbarn verbesserten sich nicht. Gleichzeitig wurden im Innern die Freiheiten sowie die bürgerlichen und politischen Rechte langsam, aber systematisch eingeschränkt. Medien wurden verstaatlicht oder unter Druck gesetzt. Dass Putin in der Präsidentschaftswahl im März 2012 mit einem Stimmenanteil von 63 Prozent den Sieg davontrug, war daher keine Überraschung. Medwedew wechselte wieder auf den Posten des Ministerpräsidenten.

Manche westliche Kommentatoren hatten geglaubt, Medwedew stelle innen- wie außenpolitisch eine gemäßigte Alternative zu Putin dar, doch diese Annahme hat sich als falsch erwiesen. Er war gerade deshalb als Statthalter auserkoren worden, weil er keinen anderen politischen Kurs verfolgte, auch hatte er offenbar keinen Ehrgeiz, eine Alternative zu präsentieren. In Putins dritter Amtszeit als Präsident verhärtete sich sowohl die Innen- als auch die Außenpolitik (wie die Annexion der Krim 2014 zeigte). Demonstrationen von Angehörigen der neuen Mittelschicht gegen »Diebe und Betrüger« erweckten den irreführenden Eindruck, als bilde sich eine starke Opposition heraus. Putins nationalistische Politik bewirkte vielmehr, dass seine Zustimmungsquoten höher stiegen als je zuvor. Mit seinem aggressiven, antiwestlichen Kurs stärkte er seine Stellung im Innern.

Der Regierungsstil war autoritär, aber eine effektive Regierungsarbeit war damit nicht sichergestellt. Es wurde versprochen, die Korruption zu bekämpfen, jenes Übel, unter dem Russland seit unvordenklichen Zeiten litt. Aber in Wirklichkeit wurde im Kampf gegen die Korruption wenig, wenn überhaupt etwas erreicht. Sie blieb so verbreitet wie zuvor; gelegentlich wurde der Korruptionsvorwurf benutzt, um politische Gegner zu vernichten oder wenigstens zu schwächen. Auch die angekündigten Sozialprogramme wurden entweder gar nicht oder nur teilweise umgesetzt, was zu offenen Klagen von Seiten Putins führte.

Aus Putins Beraterstab in der Präsidialverwaltung ragte Wladislaw Surkow heraus, der von 1999 bis 2011 stellvertretender Leiter der russischen Präsidialverwaltung und seit 2004 Assistent des Präsidenten war; von 2011 bis 2013 war er stellvertretender Ministerpräsident. Obwohl von väterlicher Seite Tschetschene, war er in einer vollkommen russischen Umgebung aufgewachsen. Er war der Mann mit den Ideen, der Putin ausgezeichnet ergänzte, da sich dessen Interesse auf bestimmte nationalistische Grundeinstellungen beschränkte. Von Surkow stammte ein großer Teil der Ideologie des Regimes, einschließlich des Konzepts der begrenzten (»souveränen«) Demokratie. Manche sahen in ihm die graue Eminenz oder, wie man in Russland sagt, den »grauen Kardinal«, was übertrieben sein dürfte. Laut Insiderberichten hat ihn Putin stets auf Abstand gehalten, vor allem weil er aus der Geschäftswelt kam und nie den »Organen« angehört hatte. Der Begriff »grauer Kardinal« stammt aus Alexandre Dumas' in Russland überaus beliebtem Roman *Die drei Musketiere* und bezieht sich auf Pére Joseph (François Leclerc du Tremblay), einen Vertrauten von Kardinal Richelieu. Dass Surkow unter einem Pseudonym ebenfalls einen Roman geschrieben und Texte von Rocksongs verfasst hatte, muss anderen, weniger begabten Angehörigen der herrschenden Elite seltsam, wenn nicht sogar verdächtig erschienen sein.

Außerdem scheint Surkow eine liberalere Einstellung zu haben als andere Vertreter dieser Gruppe und dürfte den härteren, diktatorischeren Kurs, den Putin seit 2010 verfolgt, nicht vorbehaltlos gutheißen. Während der Massenproteste im Jahr 2012 stellte er öffentlich fest, dass sich unter den Demonstranten »einige der besten Leute in unserem Land« befänden. Die konservative Mehrheit in der Führung wird darüber nicht sehr erfreut gewesen sein. Surkow unternahm den nicht sehr erfolgreichen Versuch, eine Jugendorganisation der herrschenden Partei namens »Naschi« (die Unseren) aufzubauen; wahrscheinlich wurde ihm diese Aufgabe aufgezwungen. Wie auch immer, er ist auch nach seiner Entlassung als stellvertretender Ministerpräsident weiterhin in verschiedenen Funktionen und Sonderaufträgen für den Kreml tätig. Putin scheint ein Anhänger einer solchen Rotation zu sein, bei der kein Amtsträger zu lange auf einem Posten verbleibt, aber auch nicht ganz fallengelassen wird, außer wenn er sich als illoyal erwiesen hat. Offenbar ist er sich der Gefahr bewusst, eine wachsende Zahl von Unzufriedenen und Verärgerten zu schaffen.

Surkow war allzu clever und verbarg es nicht, weshalb er den Bürokraten, die die große Mehrheit der oberen Kremlränge bildeten, verdächtig war. Er konnte sowohl mit Dugin (mit dem er sich später überwarf) etwas anfangen als auch mit Gleb Pawlowski, einem einstigen Dissidenten, der sich mit dem neuen Establishment arrangiert hatte. Letztlich scheint er für Putin zu viele Ideen gehabt zu haben.

Surkows erster Chef an der Spitze der Präsidialverwaltung war Alexander Woloschin, der später zum Vorstandsvorsitzenden von Norilsk Nickel wurde, einem der größten Bergbauunternehmen Russlands. Seit 2011 leitet Sergei Iwanow die Präsidialverwaltung, einer von Putins früheren KGB-Kollegen, der zuvor schon Verteidigungsminister gewesen war. Offenbar hält Putin ihn für weniger quecksilbrig als Surkow.

Putinismus

Was ist Putinismus? Wie so oft, wenn sich ein neues Regime etabliert, ist viel Hirnschmalz darauf verwendet worden, es einzuordnen und auf einen Begriff zu bringen. Sehr erfolgreich war man dabei nicht: Es ist ein Staatskapitalismus mit liberaler Wirtschaftspolitik, mit erheblichen staatlichen Eingriffen, die bei wichtigen Dingen nahezu total sind. Es ist eine Autokratie, aber die ist in der russischen Geschichte nichts Neues, und sie wird durch Ineffizienz und Korruption nahezu ausgehebelt. Es gibt ein Parlament, aber die oppositionellen Parteien sind keine wirkliche Opposition. Es gibt eine freie Presse, aber die Freiheit ist auf kleine Zeitungen begrenzt, und die Kritik darf nicht zu weit gehen.

Russland hat eine Verfassung, aber die ist kein guter Leitfaden für die heutige Wirklichkeit. Als 1936 die sogenannte Stalin-Verfassung eingeführt wurde, war es angeblich die demokratischste Konstitution der Welt. Mit der Praxis des Stalinismus hatte sie freilich nichts zu tun. Sie wurde zu einem tragisch-ironischen Dokument und zum Gegenstand vieler Witze. Historiker wissen, dass jedes politische System, und ganz besonders jedes extreme, anders- und häufig einzigartig ist. Die Suche nach einer neuen politischen Doktrin für Russland ist notwendigerweise einmalig, denn es gab nur wenige vergleichbare Übergänge vom Kommunismus zu einer neuen Ordnung, und jeder davon verlief auf eigene Weise, sei es nun in China, in Vietnam oder in den Staaten Osteuropas.

Viele Beobachter der russischen Szene sind der Ansicht, dass zurzeit kein großer Bedarf nach einer neuen Ideologie besteht und dass das Interesse an dem Thema gering ist. Wenn die Menschen sich über etwas streiten, dann nicht über ideologische Probleme, sondern über Finanzfragen, soweit sie ihr Einkommen, ihre Anlagen und Gewinne betreffen, und darüber, wie sie ihre Interessen am besten durchsetzen können. Das soll nicht heißen, dass diejenigen, die das Land führen, sich allein um ihre

Investments kümmern. Dass sie zu Milliardären geworden sind, schließt nicht aus, dass sie als Patrioten handeln und in einem Land leben wollen, das zu den Hauptakteuren auf der Weltbühne gehört. Reichtum und ein hohes Einkommen mögen den Patriotismus verändern, aber sie lösen ihn nicht auf. Um Marx zu paraphrasieren: Der finanzielle Unterbau könnte immer noch einen Einfluss auf den ideologischen Überbau und die Politik haben. Der neue Adel hat ein Interesse daran, den Status quo zu erhalten, und der Patriotismus kann in dieser Hinsicht recht nützlich sein.

Andranik Migranjan, ein Sprecher des neuen Regimes, drückte es so aus: Man brauche eine starke Staatsmacht und kein Chaos. Unter Putin hat der Staat seine traditionelle Funktion wiedererlangt, die Verfügungsgewalt über seine Ressourcen zurückgewonnen und sich zum größten Unternehmen des Landes entwickelt, das die Spielregeln festlegt. Es mag ein autokratisches Regime sein, aber es braucht die Zustimmung der Bürger. Migranjan sagte auch, Hitler sei bis zur Besetzung der Tschechoslowakei ein großer Mann gewesen. Aber Migranjan ist auch eher ein Fachmann für die russische und nicht für die deutsche Geschichte.

Auch wenn es keine ausgearbeitete putinistische Ideologie geben mag, liegt doch ein Dokument vor, das richtungweisenden Charakter besitzt. Es wurde 1999 in einem Think Tank erarbeitet, den der damalige stellvertretende Minister für das Staatseigentum German Gref gebildet hatte. Putin hat das Papier gebilligt und als Wahlprogramm verwendet. Einleitend heißt es in dem seither häufig zitierten Text, Russland durchlebe die größte Krise seiner Geschichte und man müsse alle politischen, ökonomischen und moralischen Ressourcen nutzen, damit ein einiges Land sie überwinden könne. Das Land brauche eine neue Mission, eine neue »russische Idee«, welche die Grundlage der *gossudarstwennost* (Staatlichkeit) und auch der Solidarität bilden müsse.

Russland wurde nicht faschistisch, auch wenn es sich in diese Richtung bewegte. Es gibt ein Parlament mit mehreren Fraktionen, doch dies war auch in den kommunistischen Ländern in Osteuropa der Fall. Die zaristische Verfassung von 1905 hatte die Existenz oppositioneller Parteien ermöglicht, was mehr ist, als man für die Gegenwart sagen kann. Heute bilden diese Parteien eine loyale Opposition, die in allen wichtigen Fragen mit der Regierung stimmt. Jean-Jacques Rousseau hat erklärt, dass Demokratie auch ohne das Vorhandensein oppositioneller Parteien möglich sei, aber darin würden ihm heute nicht mehr viele Politologen zustimmen.

Es gibt eine freie Presse, solange sie der Regierung als Sprachrohr dient und nicht ernsthaft Missstände anspricht. Außerdem erreichen kritische Zeitungen, Rundfunk- und Fernsehsender nur ein kleines Publikum. Werden oppositionelle Medienhäuser zu einflussreich, werden sie geschlossen oder gehen in andere Hände über. Auf diese Weise wird eine demokratische Fassade aufrechterhalten. Wichtigster Bestandteil der neuen Ideologie ist der Nationalismus, gepaart mit einer antiwestlichen Einstellung. Die Verfolgungsmanie – das schon erwähnte Solowjow-Syndrom – mag teilweise echt sein, aber sie wird auch für überaus praktische Zwecke genutzt, etwa zur Rechtfertigung der Existenz des FSB.

Dies sind, in aller Kürze zusammengefasst, die Grundelemente der Überzeugungen. Und der Putin-Kult? Der Personenkult ist in der russischen Geschichte durchaus keine Dauererscheinung. Kein zaristischer Minister wurde je zum Gegenstand einer solchen Anbetung. Nach Putin wurde ein Wodka benannt, aber auch ein Milchshake, ein Lutscher, ein Eis, ein Schaschlik und eine frostresistente Tomate. Vielleicht liegt es daran, dass er so viel jünger wirkt und sich so viel geschmeidiger bewegt als Breschnew und seine unmittelbaren Nachfolger. Offenbar brauchte das Land einen solchen Mann. In Jaroslawl nordöstlich von Moskau mussten mehrere Frauen wegen ihrer unkontrollierbaren Leidenschaft für den Mann, der in Sibirien in einem weißen Overall mit einem Hängegleiter mit den Kranichen flog, in eine Nervenheilanstalt eingewiesen werden. Stalin, Chruschtschow oder Breschnew wäre das nicht passiert.

Die Grundpfeiler der neuen »russischen Idee«

Die russisch-orthodoxe Kirche

Die orthodoxe Religion hat in der Geschichte der »russischen Idee« stets einen zentralen Platz eingenommen. Dies ist heute ebenso der Fall und wird aller Wahrscheinlichkeit nach auch in Zukunft so sein. Das Christentum kam aus Konstantinopel nach Russland – es gibt verschiedene Ursprungsgeschichten, auf welche Weise das geschah. Nach einer dieser Erzählungen entsandte ein Kiewer Fürst auf der Suche nach einer geeigneten Religion eine Delegation nach Byzanz, die von dem orthodoxen Ritual, das sie in der Hagia Sophia erlebte, so tief beeindruckt war – »wir hatten das Gefühl, im Himmel zu sein« –, dass sie die Übernahme des orthodoxen Glaubens empfahl. Wahrscheinlicher ist indes, dass er durch byzantinische Missionare, die die griechischen Niederlassungen in Südrussland besuchten, nach Russland gebracht wurde.

Anfangs stand die Kirche unter der Leitung und Kontrolle des Patriarchen von Konstantinopel. Mit der Schwächung und dem Niedergang von Byzanz wurde sie unabhängig. Ihre Geschichte in den nächsten Jahrhunderten ist lang und kompliziert, wie die anderer Kirchen auch. Es ist eine Geschichte von Spaltungen und Wiedervereinigungen, von gelegentlichen Konflikten und weit häufigerer Zusammenarbeit mit dem Staat. Die russisch-orthodoxe Kirche war tief in die Politik verstrickt. Viele prophezeiten, dass ihr diese enge Bindung schaden würde, aber diese Stimmen konnten sich nicht durchsetzen. Welche Rolle der Kirche zukam, legte der Priester Feofan Prokopowitsch, ein Berater Peters des Großen, in einem Buch mit dem Titel *Duchowny reglament* (Geistige Regeln) dar. Königen, erklärte er, sei man

Achtung und Gehorsam schuldig, und diejenigen, die sich ihnen
widersetzten, die »Monarchomachen«, seien Sünder.

Bis zur Oktoberrevolution besaß die Kirche oder, genauer gesagt, die Religion erheblichen Einfluss auf alle Gruppen der Gesellschaft, einschließlich der Intelligenzija. Unter dem Kommunismus erging es der Kirche nicht gut, insbesondere in der
Anfangszeit, als Kirchen zerstört und Kirchgänger drangsaliert
wurden. Das änderte sich in gewissem Umfang, als Stalin während des Zweiten Weltkriegs die Kirche in die gemeinsame
Front gegen Deutschland einzubeziehen versuchte. Dies erfor-
derte seinerseits einige, wenn auch begrenzte Zugeständnisse,
immer in der Hoffnung, dass junge Leute kein Interesse an der
Religion mehr hatten und die Kirche im Lauf der Zeit eines
natürlichen Todes sterben würde.

Eine solche Hoffnung beruhte auf der falschen Annahme, dass
die kommunistischen Ideen ihre Anziehungskraft behalten würden. So konnte die russische Orthodoxie weiterbestehen. Es war
allerdings eine prekäre Existenz, für die sie einen hohen Preis
zahlen musste, denn sie wurde von den »Organen« nicht nur
infiltriert, sondern geradezu übernommen. Ohne den Segen des
Politbüros und des KGB konnte niemand zum Bischof oder in
noch höhere Ämter aufsteigen. Als die Archive 1991 für kurze
Zeit geöffnet wurden, kam das, was viele schon seit langem ver-
mutet hatten, als bittere Wahrheit ans Tageslicht. Sogar der
Patriarch war ein Mitarbeiter der »Organe« gewesen, in den
Akten als *Drosdow* (Amsel) geführt. Er bestätigte dies öffentlich
und leistete im Namen der Kirchenführung und seiner selbst ein
pater peccavi. Um überleben zu können, habe man Zugeständnisse machen müssen, so seine Rechtfertigung.

Von heute aus gesehen, hatte er völlig recht. Das Einknicken
der Kirche lässt sich im Nachhinein durchaus verteidigen. Immerhin hat sie überlebt, während das Regime ihrer Verfolger zusammengebrochen ist. Nicht die Geistlichen sind zu Kommunisten geworden, vielmehr haben viele Kommunisten zur Religion
zurückgefunden. In der postsowjetischen russischen Nationalhymne ist wieder von Gott und dem heiligen Russland die

Rede, während der Kommunismus und der Endkampf verschwunden sind. Und haben nicht alle Religionen irgendwann ähnliche Konzessionen gemacht, um überleben zu können? Das Zeitalter der Märtyrer war lange vorüber, und es wäre ungerecht und unrealistisch, von modernen Geistlichen zu erwarten, dass sie sich wie Christus und die frühchristlichen Märtyrer verhielten.

Eine solche Verteidigung ist zugleich richtig und falsch. Der Papst schwieg während des Zweiten Weltkriegs, obwohl er seine Stimme hätte erheben müssen. Aber er wurde nicht als Gestapo-Mitarbeiter geführt. Wären orthodoxe Geistliche gefoltert und erschossen worden, wenn sie sich geweigert hätten, Agenten der »Organe« zu werden? Eher nicht. Ihr Leiden hätte lediglich darin bestanden, in der Kirchenhierarchie nicht weiter aufsteigen zu können. Kurz, die Kirche hatte überlebt, aber ihre moralische Autorität war schwer, wenn nicht sogar tödlich beschädigt.

Die politische Haltung der von der staatlichen Gängelung befreiten Kirche deutete darauf hin, dass sich ihre Denkungsart nicht grundlegend geändert hatte. Sie nahm häufig einen Standpunkt ein, der über Patriotismus und Nationalstolz noch hinausging und sich eher dem Chauvinismus näherte. Auch gegenüber anderen Religionen war sie nicht toleranter geworden; antisemitische Ausbrüche etwa wurden geduldet. 1993/94 erschienen mit Hilfe von Metropolit Ioanns Diözese und dessen Segen (*po blagosloweniju*) Neuausgaben der berüchtigten *Protokolle der Weisen von Zion*. Ioann (1927–1995), bürgerlich Iwan Snytschew, war nicht irgendein obskurer Priester, sondern der Metropolit von St. Petersburg und Ladoga und damit einer der höchsten Würdenträger der russisch-orthodoxen Kirche, der nur noch dem Patriarchen unterstand. 20 000 Exemplare der *Protokolle* wurden gedruckt (während die Durchschnittsauflage russischer Bücher 2000 Stück betrug). Auch wenn die *Protokolle* kein Produkt der orthodoxen Kirche sind, ist sie bei weitem ihr wichtigster Verbreiter. Die jüngste Ausgabe (von 2013) erschien mit einer Auflage von 8000 Exemplaren mit dem Segen des Erzbischofs von Tarnopol und Kremenez.

Patriarch Alexei geriet unter erheblichen Druck, da ein Moskauer Gericht die *Protokolle* inzwischen als Fälschung eingestuft hatte. Das war freilich seit langem bekannt: Sie waren im 19. Jahrhundert wahrscheinlich unter Mithilfe der Geheimpolizei Ochrana verfertigt worden – die genaue Herkunft konnte bis heute nicht abschließend geklärt werden. In diesen sogenannten *Protokollen* wird auf detaillierte, häufig allerdings lächerliche Weise behauptet, das Judentum plane, Russland zu vernichten und die Weltherrschaft zu erobern. Interessanterweise waren sie im zaristischen Russland kein Erfolg. Ministerpräsident Pjotr Stolypin, ein Mann von unbestreitbar rechter Gesinnung, hatte dem Zaren erklärt, dass sie eine Fälschung seien. Ihr Siegeszug begann erst nach dem Ersten Weltkrieg, als einige frühe Nationalsozialisten, wie der Baltendeutsche Alfred Rosenberg, der in Russland gelebt hatte, sie zu benutzen begannen.

Am Ende distanzierte sich Patriarch Alexei persönlich und im Namen seiner Kirche von Ioanns Propagandaaktivitäten und erklärte, die Kirche sei nicht rassistisch. Das Interview mit ihm erschien in einer russischen Zeitung, allerdings auf Englisch. Ob Ioann wirklich an die Echtheit der *Protokolle* glaubte, ist fraglich, aber als Propagandainstrument schienen sie nahezu unersetzlich zu sein.

Es wäre ungerecht, eine ganze Kirche für die Gedanken und Handlungen einiger ihrer Mitglieder verantwortlich zu machen. Doch es ging um mehr: Die Haltung der russisch-orthodoxen Kirche gegenüber anderen christlichen Konfessionen zeugte nicht gerade von ökumenischem Geist. Besonders ablehnend stand sie dem Katholizismus gegenüber, dem Protestantismus war sie nur deshalb etwas freundlicher gesinnt, weil sie ihn für einen weniger gefährlichen Gegner hielt. Dass Millionen russischer Staatsbürger einer anderen Religion oder Konfession anhingen, akzeptierte sie nicht. Sie verlangte das Monopol. In einem Brief an Jelzin beklagte sich der Patriarch über pseudo-religiöse und pseudo-missionarische Aktivitäten, die der spirituellen und physischen (sic!) Gesundheit der Menschen ebenso schadeten wie der Stabilität des Landes und der gesellschaftlichen Harmonie. Reformpriester in den eigenen Reihen wurden zur Ordnung gerufen und angewiesen, sich an die Linie der Kirchenführung zu halten. Darüber hinaus scheute der Patriarch auch vor Konflikten mit der russisch-orthodoxen Kirche im Ausland nicht zurück.

Es ist schwierig, wenn nicht sogar unmöglich, die Tiefe und Bedeutung der religiösen Wiedererweckung im postsowjetischen Russland einzuschätzen. Nach zuverlässigen Meinungsumfragen verstehen sich nur 15 Prozent der Russen als Atheisten. Zwei Drittel der Befragten finden, dass die Religion eine größere Rolle in der Gesellschaft spielen sollte. Aber von dieser Gruppe erklärte nur eine winzige Minderheit, dass sie nach christlichen Geboten zu leben versuche. Nur zwei bis drei Prozent gehen regelmäßig in die Kirche. Frühere Umfragen hatten ergeben, dass sich, wie im Westen, mehr Frauen als Männer als religiös bezeichnen. Ferner hat die Religion offenbar kaum Einfluss auf das Wahlverhalten. Es gibt viele Ungereimtheiten, doch dies gilt nicht nur für die Haltung zur Religion. So fühlt sich eine Mehrheit der Russen erhoben, wenn sie die neue Nationalhymne hört, aber nur relativ wenige kennen ihren Text oder auch nur die ersten Verse.

In den folgenden zwei Jahrzehnten wurden viele alte Kirchen wiedereröffnet und neue gebaut. Über 20 000 Priester kümmerten sich um die Gläubigen. Die Zahlen sind seither fast gleich geblieben. Wenn sich überhaupt etwas verändert hat, dann ist es der Einfluss der Religion auf die Hochgebildeten, der zurückgegangen ist; am Ende der Breschnew-Ära gab es unter jungen Intellektuellen ein beträchtliches Interesse an der Religion. Wo ein solches Interesse heute noch besteht, hat es sich eher exotischen (oder abergläubischen) Richtungen zugewandt, seien es nun die Prophezeiungen von Nostradamus oder die okkultistische Lehre von Madame Blawatskaja.

Michail Epstein hat dieses in den 1970er Jahren verbreitete Phänomen einer Religiosität ohne Kirchenhäuser, Tempel, Rituale und Doktrinen »minimale« oder »arme« (*bednaja*) Religion genannt. Insbesondere hatte er dabei junge Schriftsteller im

Blick wie Wassili Aksjonow und Bulat Okudschawa sowie später
etwa Jossif Brodski (Joseph Brodsky). Doch solche freischwebende Religiosität ist im Gegensatz zur orthodoxen Kirche für
den Staat kaum von Nutzen, denn sie predigt weder den Nationalismus noch die Loyalität gegenüber ihm und seiner Führung.
Weshalb hat die Anziehungskraft der Kirche selbst für die Intelligenzija nachgelassen? Immerhin gab es mal eine Zeit (um nur
dieses Beispiel zu nennen), in der einzelne Juden und ganze jüdische Familien, wie die Rubinsteins und die Pasternaks, konver-
tierten. Damals glaubte der bedeutende religiöse Denker Semjon Frank, dass man sich nicht völlig mit Russland identifizieren
könne, wenn man nicht der orthodoxen Kirche angehörte.

Doch die russisch-orthodoxe Kirche scheint in der Intelligen-
zija nicht sehr erfolgreich zu sein. Dies mag aus Sicht der Kirche
kein fataler Mangel sein, ist aber gleichwohl ein interessantes
Phänomen. Immerhin war einst sogar Lenin besorgt über den
Einfluss der Kirche in den gebildeten Kreisen. Er war in dieser
Hinsicht stets empfindlich und hielt die Religion für eine ana-
chronistische, mit dem Marxismus unvereinbare Erscheinung.
Dennoch lehnte er es ab, den Atheismus ins Parteiprogramm
aufzunehmen. Zugleich war er enttäuscht, als einige führende
Intellektuelle nach der Revolution von 1905 dem Marxismus
abtrünnig wurden und sich quasi-religiösen Ideen zuwandten,
wie sie in der Essaysammlung *Wetschi* formuliert wurden, in der
einige zuvor als »progressiv«, wenn nicht sogar radikal geltende
Intellektuelle erstaunlich viel Gewicht auf die Religion legten.

Es gab eine Zeit, in der Russland die Heimat einer beeindru-
ckenden Vielfalt religiöser Denker war, wie Wladimir Solowjow
und Wladimir Rosanow. Die großen russischen Schriftsteller
des 19. Jahrhunderts – Gogol, Tolstoi, Dostojewski – haben sich
allesamt intensiv mit der Religion auseinandergesetzt, allerdings
nicht immer zur Freude der Kirche, wie etwa im Fall Tolstois,
der exkommuniziert wurde. Solowjow dagegen fand bei der
Amtskirche Gefallen, weil er die *sobornost*, die Gemeinde, und
nicht den Einzelnen in den Mittelpunkt stellte. Weit weniger
gefiel der Kirche der Einfluss hellenistischer Philosophen auf

sein Denken sowie vor allem sein Ökumenismus, die Suche nach einem gemeinsamen Boden mit dem Katholizismus.

Solowjow hatte großen Einfluss auf seine Zeitgenossen und die nächste Generation, weniger auf Theologen als auf Philosophen, Schriftsteller und bildende Künstler. Seine Darstellung des Aufstiegs des Antichrist ist ein eindrucksvoller historisch-literarischer Essay. Es ist die Geschichte der Eroberung der Welt durch eine asiatische Macht. Erlösung kann nur ein Messias bringen, der dann auch erscheint, sich allerdings bald als Antichrist entpuppt. Die Wirkung dieses Essays war enorm, zumal er in der beliebten russischen Tradition komplizierter, dramatischer Verschwörungstheorien stand. Solowjow war auch ein ausgesprochener Gegner des Antisemitismus und veröffentlichte eine Manifest gegen das, was er als nationale Schande betrachtete. Es wurde jedoch von der Zensur verboten und brachte ihn darüber hinaus in Konflikt mit den Kirchenautoritäten. Er hoffte dennoch, dass alle Juden zum Christentum übertreten würden, und betete sogar noch auf dem Totenbett dafür.

Was die Haltung der russisch-orthodoxen Kirche anging, hatten die Juden – selbst auf höchstem intellektuellen Niveau – generell kein Glück. Georgi Florowski, der wohl einflussreichste russische Theologe der Zwischenkriegszeit, war Rassist und zog sogar die Kastration von Juden in Erwägung. Die Einstellung von Alexei Losew, einem anderen wichtigen Vertreter der orthodoxen Theologie, war kaum toleranter.

Die führenden religiösen Denker der nächsten Generation waren Sergei (Sergius) Bulgakow und Nikolai Berdjajew. Beide waren in ihrer Jugend Radikale gewesen, die sich gegen Autokratie und »falschen Patriotismus« aufgelehnt hatten. Bulgakow hielt auch im späteren Leben, obwohl er sich dem russischen Nationalismus zuwandte, Abstand zu chauvinistischen und anderen reaktionären Strömungen. Sein Nationalismus war freilich, im Gegensatz zu dem von säkularen Kräften geförderten Chauvinismus, eher kulturell als politisch geprägt. Den Kirchenoberen blieb er weiterhin suspekt, da er unorthodoxe religiöse Ansichten (seine »Sophiologie«) vertrat.

Nikolai Berdjajew war außerhalb der russisch-orthodoxen Kirche der mit Abstand bekannteste religiöse Denker Russlands. In jungen Jahren als Radikaler verhaftet und für einige Jahre in die Verbannung geschickt, glaubte er dennoch, dass Russland eine Mission zu erfüllen habe. In seine »russische Idee« floss das Wissen darum ein, wie schwermütig die russische Intelligenzija aufgrund der bedrückenden Geschichte ihres Landes gestimmt war. Ungeachtet dessen hatte die Intelligenzija, laut Berdjajew, nie den Glauben daran verloren, dass ihr Land eine historische Mission besaß und eines Tages ein Wort in der Welt mitreden würde. Er führte es nicht näher aus, aber er bezog sich unverkennbar auf ein wahres Christentum. Sogar Tschaadajew, der schärfste Kritiker Russlands unter den russischen Denkern des 19. Jahrhunderts, hatte daran geglaubt, dass das russische Volk verborgene Kräfte besaß, die später einmal freigesetzt werden würden.

Zwischen den religiösen Denkern der Vergangenheit und der Gegenwart besteht ein himmelweiter Unterschied, nicht nur wegen des unterschiedlichen kulturellen Niveaus, sondern auch weil die Äußerungen der Letzteren in der Regel weniger spiritueller als vielmehr politischer Art sind. Sie befassen sich mit Themen wie dem Schicksal der 1918 ermordeten Zarenfamilie, die offensichtlich auf Drängen von Monarchisten unter den aktiven Kirchenmitgliedern im Jahr 2000 heiliggesprochen wurde. Die Ermordung einer ganzen Familie war sicherlich eine abscheuliche Tat, aber sie geschah nicht aus religiösen Gründen und machte die Ermordeten in keiner Weise zu Märtyrern. Daher mussten sich die Kirchenoberen eine andere Begründung einfallen lassen, die jedoch alles andere als überzeugend war. Die Zarenfamilie heiligzusprechen war eine politische Entscheidung.

Ganz allgemein gibt es keine Trennung zwischen Kirche und Staat. Die Kirche ist ein Instrument des Staats geblieben. Ihre außenpolitischen Verlautbarungen, so richtig oder falsch sie sein mögen, könnten auch aus dem Außenministerium, vom Generalstab der Armee oder der Polizei stammen, ganz gleich, ob sie sich mit dem Kaukasus oder der Krim oder der allgemeinen Haltung zum Westen beschäftigen. Mit Spiritualität und Religion haben sie nichts zu tun.

In der Kirche selbst geschahen seltsame Dinge, und gelegentlich hatte es den Anschein, als wären dem Patriarchen die Zügel aus der Hand geglitten. Da war der Fall eines hohen kirchlichen Würdenträgers in der Duma, der eigentlich die Kircheninteressen im Parlament vertreten sollte, dann aber zum Islam konvertierte und seither nachzuweisen versuchte, dass nicht die CIA, sondern die Rothschilds und George Soros für den Arabischen Frühling – den er selbst strikt ablehnte – verantwortlich waren. Ein anderer Kirchenmann behauptete, die orthodoxe Kirche stehe unter dem Einfluss einer homosexuellen Lobby, die sie in ihre Richtung zu drängen versuche.

Die russisch-orthodoxe Kirche reitet regelmäßig Attacken auf den gottlosen Westen, ebenso wie Putin, der erklärt hat, viele euro-atlantische Länder hätten sich von ihren Wurzeln und damit auch den christlichen Werten entfernt. Im Westen setze man eine kinderreiche Familie mit einer gleichgeschlechtlichen Partnerschaft und den Gottesglauben mit dem Satansglauben gleich, und das sei »der Weg zu Degradierung und Primitivisierung«. Russland andererseits erscheint aus diesem Blickwinkel als Verteidiger traditioneller Werte gegen die Angriffe des Westens. Für diese Werte zu kämpfen sei das einzige Mittel, damit Russland nicht in chaotischer Dunkelheit versinke.

Patriarch Kyrill hat Putins Worte bei verschiedenen Gelegenheiten mehr oder weniger wörtlich wiederholt. So erklärte er im Staatsfernsehen, die allgemeine Linie der politischen Eliten des Westens zeige zweifelsohne in eine antichristliche und antireligiöse Richtung. »Wir haben eine Epoche des Atheismus hinter uns«, fuhr er fort, »und wissen, wie es ist, ohne Gott zu leben. Wir möchten der ganzen Welt zurufen: ›Haltet ein!‹« Solch ein Appell ist anrührend. Er mag gut gemeint sein, erscheint vor dem Hintergrund der Geschichte der russisch-orthodoxen Kirche aber doch unziemlich.

Archimandrit Wsewolod hat die Trennung von Kirche und

Staat als verheerenden Fehler des Westens bezeichnet, als Un-
geheuerlichkeit, die »nur in der westlichen Zivilisation aufgetreten ist und den Westen töten wird«. Er hätte mit dem letzten
Patriarchen darüber sprechen sollen, der gegen Ende seines Lebens, nachdem er sich gehörig die Finger verbrannt hatte, für
ebendiese Trennung eingetreten war. Die Verfechter solcher
Ansichten haben offenbar schon lange nicht mehr in die Bibel
geschaut, wo es beispielsweise im Lukasevangelium heißt:
»Richtet nicht, dann werdet auch ihr nicht gerichtet werden«
(6,37), und: »Warum siehst du den Splitter im Auge deines Bru-
ders, aber den Balken in deinem eigenen Auge bemerkst du
nicht?« (6,41)

Weiter unten in der Kirchenhierarchie werden die Äußerungen sogar noch schriller. Unter den 1350 Ratschlägen, die Gläubigen zur Verteidigung gegen okkulte böse Kräfte gegeben werden, findet sich die Frage: »Welche Bücher missfallen dem Satan
am meisten?« Antwort: »Von Heiligen geschriebene Bücher.«
Dies mag zutreffen, ist aber reine Spekulation, schließlich dürften die Verfasser solcher Ratschläge wohl kaum Gelegenheit
gehabt haben, den Teufel zu interviewen.

Der Glaube an die Existenz des Satanismus ist eine spezifisch
russische Erscheinung, die in die Zeit vor dem Ersten Weltkrieg
zurückreicht. Damals landete Elisaweta Schabelskaja mit ihrem
Roman *Satanisty XX weka* einen Bestseller. Sie war die Frau eines
reichen Großgrundbesitzers in der Umgebung von Pjatigorsk
und Mutter von Pjotr Schabelski-Bork, einem Armeeoffizier und
militanten Nationalsozialisten, der 1922 in Berlin den Emigranten Pawel Miljukow töten wollte, stattdessen aber einen anderen
liberalen Politiker erschoss, den Vater des Schriftstellers Vladimir Nabokov. Russische Medien berichten von Zeit zu Zeit über
die Existenz satanistischer Gruppen. Der letzte große Fall ereignete sich 2008, als bei Jaroslawl acht Jugendliche zwischen 17
und 19 Jahren mit der Begründung verhaftet wurden, vier andere
junge Leute verspeist zu haben.

Auch das Neuheidentum hat in Russland ebenso wie im Balti-
kum und anderswo in Osteuropa seit den 1980er Jahren eine ge-

wisse Anhängerschaft. Aber es ist kein bedeutender politischer Faktor. In Russland ist es als *rodnowerije* bekannt und in viele kleine Sekten aufgespalten: Die einen sind von der Umweltschutzbewegung angeregt und beten die Sonne und den Mond an, andere die Erde oder irgendwelche anderen Gottheiten. Wieder andere sind neofaschistisch und fallen durch gelegentliche Gewaltaktionen auf, indem sie etwa Kirchen in Brand stecken. Viele feiern *kupalo*, die Sommersonnenwende. Sie orientieren sich an der vorchristlichen Zeit, insbesondere an der bäuerlichen Kultur. Da aber nur wenig über diese Zeit bekannt ist, stammen viele der Gebräuche und Rituale aus dem Reich von Phantasie und Erfindung oder sind einfach nur Betrug. Berichten zufolge ist die Zahl der Anhänger des Neuheidentums in jüngster Zeit gewachsen, weil junge Städter, die die orthodoxe Kirche langweilig oder sogar abstoßend finden, nach etwas Aufregenderem und/oder Ursprünglicherem suchen. Doch diese Berichte sind möglicherweise übertrieben. Bisher hat keine dieser neopaganen Gruppen lange bestanden, und gegenwärtig haben sie als Konkurrenz zur etablierten, tiefverwurzelten orthodoxen Kirche wohl keine Chance. Aufgrund des erzkonservativen Charakters der orthodoxen Kirche und ihrer geringen Anziehungskraft auf junge Leute könnte sich das künftig ändern. Sie könnte das gleiche Schicksal wie andere Konfessionen erleiden, nämlich einen massiven Rückgang der Zahl der praktizierenden Gläubigen. Doch dies dürfte eine geraume Zeit dauern, und es lässt sich nicht sagen, wer, wenn überhaupt jemand, von einer solchen Entwicklung profitieren würde.

In der Zwischenzeit erfüllt die russisch-orthodoxe Kirche vor allem eine politische Funktion, indem sie – insbesondere auf dem Gebiet der antiwestlichen Propaganda – die Regierung unterstützt. Im Jahr 1880 hielt Dostojewski bei der Enthüllung eines Puschkin-Denkmals in Moskau (das unter Stalin an einen anderen Ort versetzt wurde) die Laudatio auf den Dichter. Dostojewski war tiefreligiös und stand in der Tradition der Slawophilen, auch wenn er selbst, genau genommen, keiner war, denn deren Zeit war vorüber. Die in ekstatischem Zustand gehaltene

Rede, die seine Zuhörer ebenfalls in Ekstase versetzte, war *das* Ereignis des Jahres, wenn nicht gar des Jahrzehnts, und wurde viel diskutiert. Gegen Ende der Rede sagte Dostojewski:

> »Ja, die Bestimmung des russischen Menschen ist unstreitig eine universale. Ein echter, ein ganzer Russe werden, heißt vielleicht nur (d. h. letzten Endes, vergessen Sie das nicht) – ein Bruder aller Menschen werden, ein Allmensch, wenn Sie wollen … Einem echten Russen ist Europa und das Geschick der ganzen großen arischen Rasse ebenso teuer wie Russland selbst …« (*Rede über Puschkin am 8. Juni 1880 vor der Versammlung des Vereins »Freunde russischer Dichtung«. Mit einem Essay von Volker Braun*, Hamburg 1992, S. 35 f.)

Heute ist es kaum vorstellbar, dass in Russland eine solche Rede gehalten würde. Man würde den Redner zwar nicht festnehmen; diese Zeit ist vorbei. Aber die Organisatoren der Veranstaltung würden bedauern, ihn eingeladen zu haben, er müsste viele Buhrufe über sich ergehen lassen. Die Kirche würde ihn nicht exkommunizieren, aber sie würde ihn nachdrücklich auffordern, solche unangemessenen, falschen und nahezu blasphemischen Äußerungen in Zukunft zu unterlassen. Und in der nächsten Ausgabe der *Sawtra*, der führenden rechtsextremen Zeitschrift, würde man ihm geradezu unglaubliche, an Hochverrat grenzende Naivität vorwerfen.

Führende Denker der russischen Rechten

Wenn man die Seiten der russischen Version der Wikipedia durchsieht, stößt man vielleicht auf das Foto eines gutaussehenden, nicht mehr ganz jungen Mannes, der eine Antipanzerrakete trägt. Auf einer anderen Webseite ist derselbe Mann mit einer Kalaschnikow in der Hand vor einem Panzer zu sehen. Offenbar handelt es sich um jemanden, mit dem man sich besser nicht anlegt. Ein russischer Armeeoffizier vielleicht oder ein wichtiger Mann auf dem Gebiet der Militärtechnik, vielleicht aber auch ein Waffensammler oder jemand mit vielen Feinden. Weit gefehlt, es ist ein Philosoph, die Fotos wurden 2008 in Südossetien aufgenommen. Sein Name lautet Alexander Geljewitsch Dugin, und er ist wahrlich kein gewöhnlicher Philosoph. Welche Panzer oder Flugzeuge er zerstören will? Diese Frage ist der Einstieg in eine lange und ebenso faszinierende wie komplizierte Geschichte.

Seit den 1980er Jahren gab es, hauptsächlich in Moskau, aber auch außerhalb der Hauptstadt, eine Vielzahl von Gruppen, kleine und weniger kleine, mit vorwiegend jungen Mitgliedern, die vom Nazismus beeinflusst waren und ihn nachahmten. In anderen europäischen Ländern bildeten sich ähnliche Gruppen, aber dass sie auch in Russland entstanden, ist wahrscheinlich überraschender und schwerer zu erklären. Zum Teil war es zweifellos eine Folge der schwindenden Anziehungskraft des Kommunismus in der Breschnew-Ära. Aber vor dem Hintergrund der deutschen Besetzung Russlands, der Kriegsverbrechen, der riesigen Kriegsschäden und der Millionen Todesopfer – wie konnten junge Russen von einer Ideologie beeinflusst sein, die sie als »Untermenschen« betrachtete und die darüber hinaus besiegt worden war? Es ist kaum nachzuvollziehen, auch wenn man den jugendlichen Drang, die Älteren zu schockieren, in Erwägung zieht und wenn man bedenkt, dass diese Generation die deutsche Invasion und Besetzung nicht erlebt hatte und ihr Wissen über den Nationalsozialismus aus zweiter oder dritter Hand stammte. Aber wie dem auch sei, Tatsache bleibt, dass es viele solcher Gruppen gab, wie kurzlebig sie auch immer waren. Ebenso überraschend ist, dass die Behörden eher milde auf sie reagierten, jedenfalls wesentlich milder als auf demokratische Dissidenten.

Einige dieser Gruppen waren weniger politisch als »kulturell« orientiert, wie die Skinheads, die eine westliche Mode nachahmten. Andere waren dagegen zutiefst politisch, wie etwa eine ganze Reihe kleiner nationalbolschewistischer Parteien. Sie

wurden für gewöhnlich verboten, tauchten wenig später aber
unter neuem Namen wieder auf. So gab es eine Nationale Rettungsfront, die einige Jahre bestand und dann zerbrach. Manche
Gruppen machten keinen Hehl aus ihrer Nähe zum Nationalsozialismus; sie benutzten NS-Symbole und brüllten Nazischlag-
worte. Andere traten gemäßigter auf und übernahmen nur gewisse Ideen und Praktiken der Nationalsozialisten, während sie
andere ablehnten. Einige Gruppen bestanden für längere Zeit,
andere verschwanden nach wenigen Monaten. Letztlich besaßen die meisten diese Gruppen eine gewisse Authentizität in
dem Sinne, dass sie sich zweifellos spontan und aus eigenem Antrieb zusammengefunden hatten. Bei manchen sind allerdings
Zweifel daran angebracht, denn es erscheint möglich, dass sie
von unbekannten Kräften finanziert oder zumindest gefördert
wurden. Dergleichen war in der rechten Szene nicht neu; solche
Fälle hatte es schon während und nach der Revolution von 1905
gegeben, und in den 1990er Jahren könnte sich die Geschichte
wiederholt haben.

Der erwähnte hochgerüstete Philosoph hatte in seiner Jugend
einer dieser rechtextremen Gruppen angehört, bevor er sich zu
einer höchst respektablen Persönlichkeit entwickelte. Auf einer
jüngst veröffentlichten Liste der führenden Denker Russlands
rangiert er zwar nur auf Platz 36. Weit vor ihm stehen beispielsweise Patriarch Kyrill (6), Eduard Limonow (10), der Filmemacher Nikita Michalkow oder Sachar Prilepin (31). Aber solche
Listen beruhen in der Regel auf der Häufigkeit von Fernsehauftritten; sie haben also mehr mit dem Unterhaltungswert als mit
politischer Wirkung zu tun. Was diese betrifft, ist Alexander
Dugin nämlich weit oben einzuordnen, auch wenn diejenigen
im Westen, die ihn als Putins Hirn bezeichnet haben, übertrieben haben mögen. Er taucht sogar, wenn auch unter anderem
Namen, in einem Erfolgsroman über die postsowjetische Zeit
auf, in Viktor Pelewins *Buddhas kleiner Finger* (Originaltitel:
Tschapajew i Pustota), wo die Hauptfigur leidenschaftlich über
Geopolitik, Neoimperialismus und Neoeurasianismus diskutiert. Pelewin, der für seine Neigung zum Buddhismus bekannt

ist, lässt die politischen Diskussionen in seinem Roman in einer psychiatrischen Klinik stattfinden.

Für manche Zeitgenossen ist Dugin ein absolut einzigartiger Star. *Sawtra*-Herausgeber Alexander Prochanow zum Beispiel bescheinigte ihm ein immenses historisches Wissen und bezeichnete ihn als einen der größten Ideologen unserer Zeit. 1962 als Sohn eines Generals des Militärgeheimdiensts in Moskau geboren, hatte sich Dugin in den letzten Jahren der Sowjet-Ära einer kleinen Gruppe junger Leute angeschlossen, deren Vorbild die SS war, und war zu ihrem Anführer aufgestiegen. Ob er sich vor allem vom romantischen Nimbus des Heldentums angezogen fühlte (denn deutscher Patriotismus kann es wohl kaum gewesen sein) oder ob das dekadente, sadomasochistische Element, das man regelmäßig bei nichtdeutschen Bewunderern der SS antrifft, eine Rolle spielte, ist nicht klar.

Später wandte Dugin sich Pamjat zu, der führenden antisemitischen Organisation jener Zeit. 1992 schied er jedoch aus ihren Reihen aus – oder wurde ausgeschlossen –, und in den folgenden Jahren verdiente er seinen Lebensunterhalt als »geopolitischer Experte« sowie mit Auftritten im Radio. Politisch lag er auf der Linie der Nationalbolschewiken, obwohl er gleichzeitig Berater des Präsidenten der Duma wurde. 2002 wurde er fast über Nacht einem breiteren Publikum bekannt, weil er eine eigene Partei gründete, Ewrasija. 2008 wurde er zum Professor der Soziologie an der Moskauer Lomonossow-Universität ernannt. Nebenher war er weiterhin als Berater des Parlamentspräsidenten und anderer hoher Politiker tätig. Während er Jelzin und dessen Regierung erbittert bekämpft hatte, schloss er sich dem Kreis um Putin an und wurde immer öfter zu verschiedenen Themen als Experte, der stets für eine neue Idee gut war, hinzugezogen. Auch im Fernsehen wurde Dugin ein Star (einige seiner Auftritte kann man sich bei YouTube anschauen).

Das meistgelesene von Dugins zahlreichen Bücher ist sicherlich *Konspiratologija*, ein enzyklopädischer (immerhin 600 Seiten langer) Überblick über Verschwörungstheorien. Der Autor hatte schon immer eine Vorliebe für Mystik und Metaphysik.

An wie viele Verschwörungstheorien er selbst glaubt, ist freilich
nicht bekannt. Sein Buch jedoch ist überaus erfolgreich. Der
Leser erfährt alles über Graf Dracula und den berühmten Neo-
konservativen Leo Stross (sic!), über den »führenden Mondia-
listen« Sacharow und die »liberal-totalitäre Ideologie«, über
Apollo und die vielen antirussischen Kreuzzüge in der Vergangenheit, über das Projekt eines neuen amerikanischen Jahrhunderts und die »Metaphysik des Geheimkriegs«. Falls dem Leser
bisher entgangen sein sollte, dass Chruschtschow ein »atlanti-
scher« Agent und Gorbatschow sogar ein Doppelagent war, findet er in Dugins Buch alle Informationen darüber.

Dugins Bücher und Zeitschriften wurden von einem von ihm
gegründeten Verlag veröffentlicht. Allerdings scheint er von
verschiedenen offiziellen Stellen politisch und wahrscheinlich
auch finanziell unterstützt worden zu sein (nach einigen Berichten unter anderem vom militärischen Geheimdienst). Er machte
Russland nicht nur mit den Ansichten führender europäischer
Neofaschisten, wie Giulio Evola, und der französischen Neuen
Rechten um Alain de Benoist bekannt, sondern auch mit obsku-
reren Denkern wie René Guénon, Jean-François Thiriart und
dem französisch-rumänischen Schriftsteller Jean Parvulescu,
von denen in Russland kaum je einer etwas gehört hatte. Außerdem grub er einige präfaschistische deutsche Denker aus, wie
Jörg Lanz von Liebenfels. Später scheint ihm aufgegangen zu
sein, dass junge russische Patrioten wohl kaum die von Parvulescu geforderten Barrikaden aufbauen würden, dass der primitive
Antisemitismus von Pamjat nicht geeignet war, die politische
Unterstützung der Massen zu gewinnen, von den Intellektuellen, die man für eine politische Bewegung brauchte, ganz zu
schweigen, und dass man für eine Bewegung der russischen extremen Rechten nicht nur einige obskure ausländische Gewährsleute, sondern russische Wurzeln brauchte. Er fand sie bei
antiwestlichen russischen Denkern des 19. Jahrhunderts, wie
Konstantin Leontjew und Nikolai Danilewski.

Dugin ist ein belesener Mann, aber das, was er liest, scheint
für ihn umso interessanter zu sein, je mehr es dem gesunden

Menschenverstand widerspricht. Das Gesamtbild ergibt jedenfalls keinen Sinn. Man könnte von tiefer, echter Geistesverwirrung sprechen, und in der Tat hat selten jemand so erfolgreich Verwirrung gestiftet. Auch aus einem anderen Grund sind seine Gedankengänge nur schwer nachzuvollziehen, nämlich wegen des raschen Wechsels der ideologischen Perspektiven, der Widersprüchlichkeit seiner Ansichten und der Neigung, Erklärungen heranzuziehen, die an sich nichts mit Politik zu tun haben.

In jungen Jahren scheint er sich dem Neuheidentum angeschlossen zu haben, aber 1999 wandte er sich plötzlich der orthodoxen Kirche zu: Der junge Gläubige trat in die Kirche der Altgläubigen ein. Zu vielen Themen hat er widersprüchliche Aussagen getroffen, etwa zu China: Anfangs scheint er das Reich der Mitte aus seiner geopolitischen Perspektive ausgeklammert zu haben, während er Japan mit einbezog, was eigentlich im Widerspruch zu allen »geopolitischen Gesetzen« steht, da Japan ein Inselland ist. Später erkannte er offenbar die wachsende Bedeutung Chinas und passte seine Weltsicht entsprechend an. Dass ein Vertreter der extremen Rechten für Juden nichts übrig hat, versteht sich von selbst, aber Dugin hat nie radikale antisemitische Ansichten geäußert. Im Gegenteil, er bekundete großes Interesse an der Kabbala, deren mystischen Charakter er hervorhob; außerdem scheint er mit den extremsten Vertretern unter den Anhängern Israels zu sympathisieren. Dies brachte ihn in Konflikt mit weniger gebildeten Antisemiten unter den russischen Rechten, die keinerlei Interesse an der Kabbala oder anderen jüdischen Büchern hatten, es sei denn, in ihnen wird die Praxis des Ritualmords eingestanden.

Dugin verurteilte die fremdenfeindliche Propaganda rechtsextremer Gruppen, die »der nationalen Sache großen Schaden« zufüge. Gleichzeitig kritisierte er die russische Regierung während des Einmarschs in Georgien, weil sie die russischen Truppen nicht bis nach Tiflis vorstoßen und eine prorussische Regierung einsetzen ließ. Solche Widersprüchlichkeiten und Unvereinbarkeiten gibt es in Hülle und Fülle. Dugin wurde ein leidenschaftlicher Verfechter des Eurasianismus, jener Bewegung, nach deren Ansicht Russland eine Mission im Osten hat und sich vom Westen lossagen sollte. Aber alle Autoritäten, die er zugunsten einer asiatischen Ausrichtung anführt, sind Europäer; eine asiatische Stimme, die sich für den Eurasianismus ausspräche, wird nicht zitiert. Dugin selbst soll alle großen europäischen Sprachen beherrschen, aber keine orientalische, wie es sich für einen Eurasier gehören würde.

Dugin entdeckte auch die Lehren von Anna Achmatowas Sohn Lew Gumiljow für sich, einem begabten Ethnologen und Historiker, auf den ich weiter unten zurückkommen werde. Gumiljow hatte sich auf eine recht populäre, aber aus wissenschaftlicher Sicht unhaltbare fixe Idee versteift. Ursprünglich hatte er sich mit den Nomadenstämmen Zentralasiens beschäftigt, hatte dann aber eine Theorie der Ethnogenese und – noch fragwürdiger – der »Passionarität« entwickelt. Da er unter dem Sowjetregime gelitten hatte, neigte man dazu, ihm manches nachzusehen, und brachte ihm sogar Bewunderung entgegen. Doch in Wahrheit bestand sein Werk zu einem großen Teil aus unbewiesenen ideologischen Behauptungen. Abgesehen davon, dass seine bevorzugte Rasse nicht nordisch, sondern nomadisch war, unterschied sich seine Theorie kaum von den Auffassungen von NS-Ideologen wie Hans Günther. Er wurde zu einem eifrigen Verfechter der Anliegen von Mongolen, Kasachen und Tataren, die für ihn eine Zukunftshoffnung verkörperten. Außerdem hielt er die Russen für eine »Superethnie«, die ebenfalls in dieses Lager gehörte. Unter Putin wurde er posthum zu einer Persona grata. Aber nur wenige Fachleute stimmten seinen Theorien zu, die in Wirklichkeit politische Statements waren, Behauptungen, die sich wissenschaftlich weder beweisen noch widerlegen ließen. Dugin hat sich, wie man es von ihm kennt, einige dieser Theorien angeeignet und sie in sein Hauptthema der letzten beiden Jahrzehnte, die Geopolitik, eingearbeitet.

Dugin ist Mitglied verschiedener Parteien gewesen, zum Beispiel von Rodina, und hat, wie erwähnt, zur Verbreitung des Eurasianismus selbst eine neue Partei gegründet, einschließlich einer Jugendorganisation. Seine Haltung zum Staat hat sich ebenso oft gewandelt wie andere seiner Überzeugungen. Im großen Ganzen sympathisierte er mit Putin, den er als »einen wahren Eurasier« bezeichnete. Gelegentlich warf er Putin jedoch vor, er gehe bei der Vergrößerung des russischen Reichs und der Rückgewinnung verlorener Gebiete nicht entschlossen genug vor. Als die Grundstimmung im Land nach rechts rückte und Putins Politik aggressiver wurde, identifizierte sich Dugin stärker mit dem Staat, und er lud Putin ein, sich seiner »Internationalen Eurasischen Bewegung« anzuschließen. Die Einladung wurde wohlwollend aufgenommen, aber, wie kaum anders zu erwarten, nicht angenommen.

Von denjenigen, die sich die Mühe gemacht haben, sich durch Dugins Schriften zu kämpfen, halten ihn die einen für ein politisches Chamäleon, während die anderen eine echte, tiefe und ansteckende Verwirrtheit diagnostizieren, mit einem Schuss Effekthascherei und Hysterie. Konstante Elemente seiner ideologischen Ausstattung sind Antiglobalismus, Antiliberalismus (die wichtigste ideologische Zutat), Antiamerikanismus, das Okkulte, der Eurasianismus, die Geopolitik und die Annahme, die Weltpolitik werde von geheimen Kräften gelenkt. Marlène Laruelle, die wohl wichtigste westliche Analytikerin des Phänomens Dugin, sieht in ihm den angesagtesten Denker im heutigen Russland. Mit Hilfe von Netzwerken, die schwer aufzuspüren sind, verbreitet er den Mythos der Großmacht Russland, zusammen mit euphemistisch verbrämten imperialistischen, rassistischen, arianischen und okkulten Lehren, deren volle Bedeutung nicht zu ermessen ist, die aber nicht ohne Wirkung sein können.

Aber welche Wirkung? Und werden Dugins Extravaganzen wirklich gebraucht? Es ist zu bezweifeln, dass in den 1920er und 1930er Jahren auch nur ein einziger Deutscher zum Nationalsozialisten wurde, weil er ein Buch eines NS-Führers gelesen hatte, und sei es Hitlers *Mein Kampf*.

Großen Einfluss auf Dugin und andere rechtsextreme russische Ideologen übten Leontjew und Danilewski aus. Konstantin Leontjew (1831–1891) mit seinem tiefen Glauben an die Mystik und seinem noch tieferen Pessimismus ist schwer einzuordnen.

Mit Letzterem erwies er sich manchmal als prophetisch: So sagte er für das 20. Jahrhundert eine große, vom Antichrist angestiftete und betriebene Revolution in Russland voraus. Besonders sein Eintreten für eine »Ostorientierung« hatte es Dugin angetan. Leontjew ist wahrscheinlich mitverantwortlich für Dugins Wende zum Eurasianismus, der in jüngster Zeit eine zentrale Rolle in seinem Denken einnimmt.

Leontjew, der viele Jahre als russischer Konsulatsbeamter im Osmanischen Reich verbrachte, war tief beeindruckt von Byzanz und dessen Einfluss auf Russland, der natürlich völlig unvereinbar ist mit Gumiljows Lehre, nach der Russlands Ursprünge auf nomadische Stammesverbände zurückgehen. Am Ende seines Lebens legte Leontjew das Mönchsgelübde ab.

Danilewski hatte in jüngeren Jahren einem Kreis oppositioneller Intellektueller angehört (zu dessen Mitgliedern auch Dostojewski zählte). Von Hause aus Naturwissenschaftler, gelangte er vor allem durch sein Buch *Rossija i Ewropa (Russland und Europa)* zu Berühmtheit. Er war der wahrscheinlich radikalste antieuropäische Denker seiner Zeit. Nach seiner Ansicht klaffte zwischen Russland auf der einen Seite und Deutschland und den lateinischen Ländern auf der anderen Seite ein unüberbrückbarer Abgrund. Außerdem vertrat er eine höchst spekulative Theorie über die Entwicklung von Kulturen, die in manchem den späteren Ansätzen von Oswald Spengler und Arnold Toynbee ähnelte und seinerzeit einiges Interesse erregte, heute aber vergessen ist.

Die erwähnten Einflüsse sind bei weitem nicht die einzigen, die Dugin aufnahm. Das Spektrum seiner Lektüre ist bewundernswert, aber eklektisch, und um es zu wiederholen: Die Ideen haben allesamt in Deutschland, Italien, Frankreich, aber auch aus Rumänien und Belgien ihre Ursprünge, und sie haben ganz und gar nichts Asiatisches oder Orientalisches an sich.

Die Situation in Russland ähnelte in mancher Hinsicht derjenigen in Deutschland, als Hitler kurz nach dem Ersten Weltkrieg in München auftauchte. Es gab verschiedene Gruppen, wie die Thule-Gesellschaft, die Auffassungen vertraten, die Hitlers Ideen ähnelten, und denen einige spätere Nationalsozialisten angehörten. Aber Hitler hielt nicht viel von diesen Gruppierungen; er zog sie ins Lächerliche und distanzierte sich rasch von ihnen. Nach seiner Ansicht blieben sie Sekten ohne Wirkung, weil ihnen eine gemeinsame Grundlage fehlte und ihre Ideologie viel zu kompliziert war. Anstatt sich auf ein paar wesentliche Punkte zu konzentrieren und diese ständig zu wiederholen, verloren sie sich, wie Hitler fand, in esoterischem Geplänkel, das für die Massen völlig uninteressant war.

Das Gleiche galt für Alfred Rosenberg. Er gehörte der Thule-Gesellschaft an und hatte mitgeholfen, die *Protokolle der Weisen von Zion* aus Russland nach Deutschland zu bringen. Sein eigenes Buch *Der Mythus des 20. Jahrhunderts* galt als fast so bedeutsam wie Hitlers *Mein Kampf*. Aber Hitler hat es nie gelesen; Göring bezeichnete es als Schwindel, und Goebbels machte sich über Rosenberg lustig und hielt ihn für einen unbedeutenden Mann, wenn nicht gar einen Idioten. Rosenbergs Hauptwerk wurde später millionenfach verkauft, aber es ist zweifelhaft, dass viele es gelesen oder auch nur angelesen haben. Denn mit seinen Phantasien über Rasse und Blut, Marcion von Sinope, Katharer und »negatives Christentum« missachtete er die elementaren Grundsätze politischer Propaganda.

Dass Dugin besser ankam als Rosenberg, lag wahrscheinlich am Fernsehen. Er wurde weit häufiger tatsächlich gelesen als der NS-Philosoph, und er beeindruckte das halbgebildete Publikum. Im Fernsehen war er gezwungen, sich auf wesentliche Punkte zu konzentrieren, die nicht notwendigerweise auch in seinen Büchern vorkamen, und Bezüge auf Guénon, Evola, Parvulescu und ähnliche Obskuranten wegzulassen. Anders als Hitler stand er nicht an der Spitze einer Massenpartei; er predigte zu einer intellektuellen Elite, deren beste und hellste Köpfe das Land bereits verlassen hatten. Geisteswissenschaftler, die mit den modernen Denkströmungen vertraut waren, gab es nur noch wenige.

Vorteilhaft für Dugin war auch die Zusammenarbeit mit anderen rechten Ideologen (die zumeist eigene Fernsehsendungen hatten), wie Michail Leontjew und Sergei Kurginjan. Leontjew soll Putins Lieblingskommentator sein; Kurginjan ist ein Theatermann. Während rechte Propagandisten in den 1990er Jahren zumeist damit beschäftigt waren, sich gegenseitig schlechtzumachen, begannen sie in den Jahren danach zusammenzuarbeiten – möglicherweise auf sanften Druck von oben. Dugin schloss sich mit Haut und Haar dem Putin-Lager an; nach seiner – öffentlich geäußerten – Ansicht würden nur Geisteskranke dies nicht tun. Im Mai 2014 musste er nach einem »emotionalen Interview« seinen Lehrstuhl an der Lomonossow-Universität räumen. Seine Freunde bei der Zeitschrift *Sawtra* meinten dazu, dass er als Philosoph eine Soziologieprofessur gar nicht erst hätte annehmen dürfen. Außerdem wurde bei dieser Gelegenheit über seinen Geisteszustand diskutiert.

Dugin besaß keineswegs ein Monopol auf dem Gebiet der antiwestlichen und antidemokratischen Ideologie. Man bräuchte eine kleine Enzyklopädie, um all die Gruppen und Grüppchen samt ihrer Sprecher aufzuführen. Einige wenige sollen hier herausgegriffen werden, aber zugegebenermaßen hätten mit dem gleichen Recht auch andere genannt werden können. Da ist zum Beispiel Maxim Kalaschnikow – der nicht verwandt ist mit dem Erfinder des berühmten Sturmgewehrs und eigentlich Wladimir Alexandrowitsch Kutscherenko heißt. Er wurde in Turkmenistan geboren, wuchs in Odessa auf und studierte in Moskau Geschichte und Ökonomie. Später gehörte er verschiedenen Denkfabriken an, wie dem Institut für Dynamischen Konservatismus. Als Autor vieler Bestseller – mit Titeln wie *Moskwa – imperija tmy* (Moskau – Imperium im Dunkel), *Slomannyje metsch imperii* (Das zerbrochene Schwert des Imperiums), *Bitwa sa nebessa* (Die Schlacht für den Himmel), *Swerchtschelowek goworit no-russki* (Der Übermensch spricht russisch), *Rossija na dne. Est li u nas buduschtscheje?* (Russland am Boden. Haben wir eine Zukunft?), *Worujut! Tschinownitschij bespredel, ili Wlast nisschei rassy* (Sie stehlen! Beamtenwillkür oder Die Macht der niederen Rasse) – wurde er von Präsident Medwedew zu einem Gespräch über seine Ideen in den Kreml eingeladen. Einige seiner Ansichten sind durchaus vernünftig, wenn auch naheliegend, so beklagt er die Abhängigkeit der russischen Wirtschaft vom Rohstoffexport. Aber wie bei seinen Büchern, unter denen sich Science-Fiction-Romane ebenso finden wie politische Pamphlete, ist auch bei seinen Ideen die Grenze zwischen den Genres nicht immer leicht zu ziehen. Manches fand sowohl beim Patriarchen als auch bei Medwedew Anklang. Allerdings vertritt er auch Ansichten, die eher ins Reich der Psychiatrie gehören als in eine politische Analyse.

Das folgende Bild ergibt sich aus der Lektüre von Kalaschnikows Büchern: Als Mitglied des Moskauer Instituts für Dynamischen Konservatismus wird er gelegentlich als Konservativer apostrophiert, doch das ist er nicht. Er bewundert sowohl Stalin als auch Hitler und hat vor zehn Jahren den baldigen Untergang der Vereinigten Staaten und der weißen Rasse im Allgemeinen vorausgesagt. Russland dagegen hat die Möglichkeit zu einem großen Comeback, vorausgesetzt, es folgt seinem Rat – den er seinem Land in dem Buch *Wperjod w SSSR-2* (Vorwärts zur UdSSR 2.0) erteilt hat. Russland habe diese Chance, weil sein Zusammenbruch früh erfolgt sei und es aus dieser Erfahrung lernen könne: »Gott gibt Russland eine zweite Chance.« Die künftige Sowjetunion, die nach Kalaschnikows Voraussage zwischen 2006 und 2008 hätte entstehen müssen, sollte neben Russland sowohl Weißrussland als auch die zentralasiatischen Republiken und Armenien umfassen. Die Mongolei, Serbien, Griechenland und Bulgarien hätten 2010, das restliche Osteuropa, die Türkei, Syrien, der Libanon und beide Teile Koreas 2014 beitreten sollen. China wird in dieser Zukunftsvision bemerkenswerterweise ausgeklammert. Wird es ein Satellit der Sowjetunion 2.0 sein – oder umgekehrt? Inzwischen ist Kalaschnikow pessimistischer geworden. Sein jüngstes, 2013 erschienenes Buch trägt den Titel *Krach putinskoi Rossii. Tma w kontse tunnelja* (Der Zusammenbruch Putin-Russlands. Dunkel am Ende des Tunnels).

Für den Wiederaufstieg Russlands nennt Kalaschnikow zwei Bedingungen: Erstens müsse ein neuer russischer Mensch geschaffen werden. Die gegenwärtige russische Mentalität sei hoffnungslos dumm, da die Russen nicht einmal ihr eigenes Interesse erkennen. Das Land sei unheilbar krank, werde untergehen und verschwinden, wenn nicht ein neues Geschlecht von Russen auf den Plan trete. Es müsse eine neue Nation entstehen, ein neues Geschlecht von Übermenschen. An diesem Punkt betritt Kalaschnikow ein Gebiet, das nicht gar so neu ist, nämlich dasjenige des NS-Projekts »Ahnenerbe«, das darauf abzielte, eine neue nordische Rasse zu schaffen. Laut Kalaschnikow kann man viel aus den deutschen Erfahrungen der 1930er Jahre lernen. Aber die Zeit sei von entscheidender Bedeutung: Wie kann man in wenigen Jahren eine neue Rasse schaffen? Diese Frage lässt er offen.

Als zweite Bedingung nennt Kalaschnikow die Geheimhaltung. Die Entwicklung der neuen Rasse, der neuen Wirtschaft, der neuen Sowjetunion: alles müsse im Geheimen geschehen. Andernfalls würden dunkle Kräfte den Fortschritt sabotieren. Hinter der Fassade des alten Staats werde es einen anderen, den wirklichen Staat geben, und das Gleiche werde für alle anderen wichtigen Institutionen gelten, für Armee, Polizei, Wirtschaft und so weiter. Welchen Zweck hätte ein solcher Parallelstaat? Wäre eine solch gigantische Verschwörung handlungsfähiger – und zu welchem Zweck? Nach Kalaschnikows Ansicht wären die Parallelinstitutionen in der Lage, Dinge zu tun, welche die offiziellen Stellen nicht ausführen können, illegale Aktionen zweifelsohne, denn ihr Handlungsspielraum wäre nicht durch Bürgerrechte und andere derartige Hindernisse eingeschränkt. Sie könnten den Oligarchen ihre Vermögen nehmen. Mit psychologischen und anderen Mitteln würden sie die Reichen in Zombies verwandeln, die nicht einmal begreifen würden, wie ihnen geschieht. Der Staat würde wieder die Kontrolle über den Finanzsektor übernehmen. Wird der Geheimstaat ehrlicher und weniger korrupt sein als der alte? Dies setzt Kalaschnikow als selbstverständlich voraus, vielleicht weil der neue Staat von der neuen Rasse der Übermenschen geschaffen wird, die genetisch so programmiert sein werden, dass sie nicht nur intelligenter, sondern auch weniger korrupt sind als die heutigen Menschen.

Auf diese Weise wird ein neues Russland mit einem neuen Volk entstehen.

Während bei Dugin der Schwerpunkt auf der Geopolitik liegt, setzt Kalaschnikow auf die moderne Technologie, der er so gut wie alles zutraut. Er glaubt zutiefst an Neuerungen: Stalin war für ihn ein großer Neuerer, ebenso wie Berija und Hitler. Welchen politischen Charakter wird der neue Staat also haben? Über die Bolschewiken hat Kalaschnikow im Allgemeinen nur Positives zu sagen, abgesehen davon, dass die »jüdische Sektion« der Partei die Ukraine von Russland abgespalten habe, was ein Verbrechen gewesen sei. In einem Interview bezeichnete er sich selbst als Stalinist, und in einem anderen antwortete er auf die Vorhaltung »Die Medien zitieren Sie mit den Worten: Ich bin kein Kommunist, sondern Faschist«: »Ich bin ein Anhänger von Konstantin Leontjew, und ich war von Nietzsche gefesselt. Ich schätze Stalin sehr und glaube, dass man von den deutschen Erfahrungen der 1930er Jahre viel lernen kann.«

Eine Aversion hat Kalaschnikow insbesondere gegen Angelsachsen, wie sein jüngstes Buch über den »Zusammenbruch Putin-Russlands« deutlich macht: »Sie sind immer geschworene Feinde Russlands gewesen. Dies zeigt unsere gesamte Geschichte.« Sie seien kalt, heuchlerisch, berechnend, gerissen und grausam. Wie viele Menschen, fragt er, haben sie 1878 in Kabul während des zweiten Anglo-Afghanischen Kriegs bei lebendigem Leib verbrannt? Die eigentliche Kernaussage seines Buchs lautet jedoch, dass nicht nur Putin-Russland, sondern sowieso alles zusammenbrechen wird, und das überall – die Wirtschaft, die Gesellschaft, der soziale Zusammenhalt. Kalaschnikow scheint unter Alpträumen zu leiden. Im Juli 2014 schrieb er, Russland sei ebenso wie 1914 nicht kriegsbereit. Die naheliegende Folgerung daraus wäre, dass es in diesem Fall nicht in den Krieg hätte ziehen dürfen.

Manche von Kalaschnikows Gedanken sind recht originell, andere hat er bei anderen rechtsextremen Denkern entliehen. So hatte der damalige KGB-Analytiker Igor Panarin, der heute Dekan der Schule junger Diplomaten der Diplomatischen Aka-

demie des russischen Außenministeriums ist, für 2010 den Zerfall der Vereinigten Staaten prophezeit: Kalifornien würde an
China fallen, Texas an Mexiko und so weiter. Igor Panarin ist
nicht zu verwechseln mit Alexander Panarin, einem Historiker,
der anfangs westorientiert war und Gorbatschow unterstützte,
in seinem letzten Lebensjahrzehnt aber zum Konservativen und
Anhänger des Eurasianismus geworden ist.

Warum Dugin, Kalaschnikow und Panarin herausheben?
Warum nicht Nikolai Starikow oder einige Dutzend andere?
Starikow beispielsweise ist ein sehr beliebter Fernsehmoderator,
der sich auf historische Dokumentationen spezialisiert hat und
die gesamte Historikerzunft beschämt, indem er viele der großen Geheimnisse des 20. Jahrhunderts lüftet. So fand er heraus,
dass Trotzki der wahre Vater des Nationalsozialismus war, dass
Hitler die Sowjetunion gar nicht angreifen wollte, sondern von
Churchill und Roosevelt dazu getrieben wurde und überhaupt
schon immer ein britischer Agent war und dass Trotzki (der mit
10 000 Dollar in der Tasche aus Amerika gekommen sei) Russland ruiniert hätte.

Wer organisierte die Februar- und die Oktoberrevolution in
Russland sowie die Novemberrevolution in Deutschland? Sowohl die russischen als auch die deutschen Revolutionäre seien
vom britischen Geheimdienst organisiert worden, möglicherweise mit amerikanischer und französischer Hilfe. Im Ersten
Weltkrieg hätten die Westmächte das Ziel verfolgt, Deutschland und Russland dazu zu zwingen, sich gegenseitig auszublu-
ten, und schließlich Revolutionen in beiden Ländern zu entfa-
chen. So jedenfalls behauptet es Starikow in seinem Buch *Kto
sastawil Gitlera napast na Stalina* (Wer zwang Hitler dazu, Stalin
anzugreifen?; http://orientalreview.org/2010/11/04/episode-6-
leon-trotsky-father-of-german-nazism-ii).

Glücklicherweise war Stalin da, um ihn aufzuhalten. Starikows
Leser erfährt ferner, welcher Zusammenhang zwischen dem
deutschen Patrioten Martin Heidegger und der Balfour-Erklä-
rung bestand und wie Hitler die sexuelle Frage in Deutschland
löste. Dies sind nur einige wenige von Starikows Entdeckungen,

und längst nicht die verblüffendsten. Zu seinen unanfechtbaren Quellen zählt beispielsweise – *sapienti sat* – Israel Schamir, der geheimnisvolle schwedische Antisemit russischer Herkunft, über den der amerikanische Politikwissenschaftler Norman Finkelstein gesagt hat, dass nichts von dem, was Schamir über sich selbst verlautbare, wahr sei. Im heutigen Russland gibt es viele Starikows, und ihn herauszuheben, während man andere unerwähnt lässt, ist in der Tat unfair.

Während der Kämpfe in der Ostukraine im Sommer 2014 entdeckten die russischen Medien einen weiteren Helden, den sie aufbauen konnten, einen Mann der Tat, der zugleich ein Denker war: Igor Strelkow, mit richtigem Namen Igor Girkin. Er war Oberst der Reserve des militärischen Geheimdiensts Russlands. Der 44-jährige Moskauer, der auf einer ganzen Reihe von Schlachtfeldern gekämpft hat, unter anderem im früheren Jugoslawien, ist heute der bekannteste Rebellenführer in der Ostukraine. In einem Manifest bezeichnete er seine Truppe als rechtgläubige Armee, die stolz sei, nicht dem goldenen Kalb, sondern dem Herrn Jesus Christus zu dienen. Dem russischen Schriftsteller Jegor Proswirin zufolge ist Strelkow der neue russische Kriegsgott, der das Blut der ausländischen Söldner (gemeint ist die ukrainische Armee) bis zum letzten Tropfen austrinke und dann nach mehr verlange. Dieses Gegenstück zu Doc Martin, der Hauptfigur einer beliebten britischen Fernsehserie, der die Chirurgie aufgeben musste, weil er beim Anblick von Blut ohnmächtig wurde, wird als tiefreligiös beschrieben. Beispielsweise forderte er, das Fluchen im Fernsehen und im Alltag zu verbieten. Andererseits wird ihm vorgeworfen, Tausende von Bosniern ermordet zu haben sowie für das Verschwinden und den Tod vieler Tschetschenen und Ukrainer verantwortlich zu sein. Das Phänomen Strelkow ist aus mehreren Gründen interessant: Er hat Putin und anderen führenden Figuren der Elite vorgeworfen, in der Ukraine unentschlossen zu handeln, und vorausgesagt, sie würden Russland ruinieren und beiseitegefegt werden, sollten sie sich nicht eines Besseren besinnen. Dies scheint auf einen tieferen Konflikt zwischen radikalen Kreisen in der Armee, insbesondere in deren Nachrichtendienst (GRU), und den etwas vorsichtigeren Silowiki hinzudeuten.

Eurasianismus

Einigen Quellen zufolge soll der deutsche Polyhistor und Weltreisende Alexander von Humboldt zu Beginn des 19. Jahrhunderts als Erster den Begriff »Eurasien« verwendet haben. Zusammen mit »geopolitika« ist er der wichtigste Bestandteil der neuen russischen Doktrin. Die Wurzeln lassen sich weit zurückverfolgen, aber was von den heutigen Ideologen verwendet wird, ist ein Update, nämlich ein Neoeurasianismus, der sich deutlich von der ursprünglichen Version unterscheidet. Die Akademiker, die in früheren Zeiten von Eurasien sprachen, wie etwa Michael Rostovtzeff, sind für die gegenwärtigen Verfechter des Eurasianismus wegen des streng wissenschaftlichen Ansatzes völlig uninteressant. Danilewski steht ihnen weit näher, da er in *Rossija i Ewropa* mehr oder weniger den Gedanken vorwegnahm, dass es keine universale menschliche Kultur und keine gemeinsamen Werte gebe, dass insbesondere die deutsche und die slawische Welt durch eine tiefe Kluft getrennt seien. Danilewski hatte erheblichen Einfluss auf Konstantin Leontjew und einige andere. Für die Vertreter des Neoeurasianismus ist er allerdings nur von begrenztem Nutzen, da sie auf Amerika als Gegenbild fixiert sind, Deutschland als Partner gewinnen wollen und ein künftiges Eurasien im Blick haben, das von Dublin bis Wladiwostok reicht. Danilewski wäre entsetzt. Die frühen Eurasianer waren über eine »Europäisierung« beunruhigt, die heutigen fürchten eine Amerikanisierung. Eine gute Zusammenfassung ihrer Ziele findet sich in einem Aufsatz, der 2009 in einer der antiken Geschichte und Archäologie gewidmeten Zeitschrift erschienen ist:

»In seinem Programm stellte das bolschewistische Regime einen vorübergehenden, aber notwendigen Kataklysmus dar, der
den Weg zu einem ideokratischen paneurasischen Staat ebnet.
Die riesige ökologische Zone Eurasiens habe seine verstreut
lebenden Bewohner genötigt, sich unter einer Zentralgewalt
zusammenzuschließen und periodisch ein zeitloses Steppenreich in wechselndem historischen Gewand wiederherzustellen. Das Russische Reich sei ein natürlicher Nachfolger des
Mongolenreichs von Dschingis Khan gewesen und habe wie
sein Vorgänger tendenziell im Gegensatz zum ›römisch-germanischen‹ Westen gestanden. Das postbolschewistische
Russland würde die ultimative Verkörperung des eurasischen
›geopolitischen Schicksals‹ sein, und seine Führung sollte demgemäß jenen anvertraut werden, die das Wesen und die Schicksalsrolle des Landes erkannt haben.« (Caspar Meyer, »Rostovtzeff and the classical origins of Eurasianism«)

Der führende Denker der damaligen Zeit war Fürst Nikolai
Trubezkoi, ein Pionier auf dem Gebiet der Linguistik. Er war
stark von Solowjow beeinflusst, was insofern überraschend ist,
als Solowjow Danilewskis Spielart des Chauvinismus ablehnte,
die jetzt zu einem Vorläufer des Eurasianismus wurde. Andere
führende Eurasianer waren der Geograph Pjotr Sawizki sowie
der Historiker Sergei Florowski und der Geologe Wladimir
Wernadski. Die 1920er Jahre waren die große Zeit des Eurasianismus. Nach 1929 zerfiel die Bewegung. Viele glaubten weiterhin, wie Lew Karsawin, dass Russland ein Land sui generis mit
einer ebenso einzigartigen Kultur sei, konnten sich aber für rein
asiatische Wurzeln und Einflüsse nicht in gleicher Weise erwärmen. Einige Eurasianer, insbesondere die jüngeren aus dieser
Zeit, nahmen, mehr aus sentimentalen denn aus ideologischen
Gründen, eine prosowjetische und sogar prokommunistische
Haltung ein. Manche wurden sogar zu sowjetischen Einflussagenten in Westeuropa oder arbeiteten mit der Geheimpolizei
(GPU/NKWD) zusammen, was sie nach ihrer Rückkehr in die
Sowjetunion jedoch nicht vor der Hinrichtung (Sergei Efron)

oder dem Gulag (Karsawin, Dmitri Swjatopolk-Mirski) be-
wahrte. Efrons Geschichte, die noch immer nicht in allen Einzelheiten bekannt ist, ist wahrscheinlich die traurigste. Als junger Offizier in der Weißen Armee lernte er auf dem Anwesen
von Maximilian Woloschin auf der Krim die große russische
Dichterin Marina Zwetajewa kennen und verliebte sich in sie.
Später heirateten die beiden. Efron half dem sowjetischen Geheimdienst, in Paris einen General der Weißen Armee zu ent-
führen. Er musste in die Sowjetunion fliehen, wurde dort aber
verhaftet und hingerichtet, nachdem ein Verwandter unter Fol-
ter ausgesagt hatte, Efron sei ein trotzkistischer Spion. Marina
Zwetajewa beging wenig später Selbstmord.

Auch Fürst Swjatopolk-Mirski, der in Großbritannien im Exil
gewesen war, verschwand kurz nach seiner Rückkehr nach Russland. Das Datum und die Umstände seines Todes (wahrscheinlich im Jahr 1939) sind nicht bekannt. Der renommierte britische Historiker Edward Hallett Carr könnte unabsichtlich zu
seinem tragischen Ende beigetragen haben. Carr gilt im Westen
als einer der Hauptvertreter der »realistischen Schule« auf dem
Fachgebiet der internationalen Politik und vermochte sowohl
Hitler als auch Stalin gewisse sympathische Seiten abzugewin-
nen, im Grunde aber war er ein höchst naiver Mann oder, genauer gesagt, auf merkwürdige Weise vereinte er Zynismus und
Naivität. Carr also sah Mirski in einer Moskauer Straße, trat,
froh, einen alten Bekannten aus Londoner Tagen zu treffen, auf
ihn zu und versuchte ihn in ein Gespräch zu verwickeln. Mirski
gab vor, Carr nicht zu kennen, aber offenbar ohne Erfolg. Diese
Geschichte wird hier erwähnt, um zu zeigen, wie naiv die Eurasianer politisch waren. Schon früher waren einige von ihnen auf
eine Finte der sowjetischen »Organe« hereingefallen, die für sie
in der Sowjetunion ein Treffen mit vermeintlichen Oppositionellen arrangierten, die in Wirklichkeit Agenten der »Organe«
waren (Operation »Trest«).

Die Hauptvertreter des frühen Eurasianismus wanderten
schließlich in die Vereinigten Staaten aus und wurden Professoren an führenden amerikanischen Universitäten. Trubezkoi starb

im Alter von nur 48 Jahren in Wien, bald nach dem »Anschluss«
Österreichs an das Deutsche Reich. Kurz vor seinem Tod hatte
er ein Buch veröffentlicht, in dem er Rassismus und Chauvinismus (»Pseudonationalismus«) verurteilte, wie er es 15 Jahre zuvor im Manifest des Eurasianismus bereits getan hatte, eine Haltung, die ihn für eine Weile in Gestapohaft brachte.

Warum Eurasien? Eine offensichtliche Antwort auf diese
Frage gibt es nicht, abgesehen davon, dass manche Russen gekränkt waren, weil die Europäer sie nicht als gleichwertig behandelten, und dass ihnen nicht alle Aspekte der europäischen
Kultur gefielen. Wenn die Eurasianer erklärt hätten, dass Russland so etwas wie eine dritte Kraft zwischen Europa und Asien
sei, hätte es der Ausgangspunkt einer interessanten Debatte sein
können. Alles, was darüber hinausging, musste sie jedoch weiter
von der historischen Wahrheit abbringen. Russlands Ursprünge
lagen in Europa, nicht in Asien. Der Eurasianismus war eine
aktualisierte und adaptierte Version imperialistischer Vorstellungen in anderen Ländern – etwa von Lord Milners Idee eines
»konstruktiven Imperialismus«, Jules Ferrys Vorstellung, »hö-
herstehende« Rassen müssten sich um die weniger Glücklichen
kümmern, und der deutschen Entsprechung aus den 1890er
Jahren. Ein Jahrhundert später konnten solche Argumente nicht
mehr benutzt werden, aber es traf weiterhin zu, dass der Zweck
der Expansion nicht altruistischer Art war. Es ging darum, dass
Russland seine historische Mission und seinen Großmachtstatus
zurückerhielt, und dies war unter modernen Bedingungen nur
durch ein von Russland dominiertes Bündnis, welcher Art auch
immer, möglich. Dazu war es unter anderem nötig, den Ruf von
Dschingis und Batu Khan, der Goldenen Horde und verschiedener anderer Khanate aufzupolieren, ob sie es nun verdient
hatten oder nicht.

Die Eroberung Asiens durch Russland begann im 16. Jahrhundert. Die Kosaken überquerten den Ural, um die Jagdbedin-
gungen in Sibirien zu erkunden, denn so wie die Europäer auf
der Suche nach Gold nach Lateinamerika gingen, so waren die
Russen auf Pelze aus. Den Auftrag zu der vom Ataman Jermak

Timofejewitsch angeführten Expedition hatte Iwan der Schreckliche erteilt; organisiert und finanziert wurde sie von der reichen Kaufmannsfamilie Stroganow. Über den Verlauf der Entdeckungsreise ist wenig bekannt; die meisten Anekdoten gehören ins Reich der Legenden. Als Quellen stehen lediglich verschiedene Annalen zur Verfügung, die Jahrzehnte nach den Ereignissen verfasst wurden. Doch wenn die Berichte zutreffen, wenn Jermaks kleines Heer aus 840 Mann bestand, wenn sie den ganzen Weg zu Fuß zurücklegten und nur wenige von ihnen mit Gewehren bewaffnet waren, dann war es in der Tat ein bemerkenswertes Unterfangen, bedenkt man den Weg, den die Männer zurücklegten: Immerhin erreichten sie nach mehreren Jahren die Beringstraße. Damals hieß diese Meerenge zwischen dem amerikanischen und asiatischen Kontinent freilich noch nicht so, denn Vitus Bering, ein russischer Marineoffizier dänischer Herkunft, lebte im 18. Jahrhundert und unternahm 1725 eine erste und 1733 eine zweite Expedition nach Kamtschatka, das er als Erster ernsthaft erkundete, und nach Alaska, das er als erster Europäer entdeckte.

Damals und noch lange Zeit danach gingen nur wenige Russen nach Sibirien, außer – unfreiwillig – Kriminellen und politischen Gefangenen. Frauen, die wie die Ehefrauen verbannter Dekabristen die Reise unternahmen, wurden bewundert. Zu unbarmherzig war das sibirische Klima. In Werchojansk liegt die Durchschnittstemperatur im Januar bei 50 Grad unter null; sie kann aber auch noch weiter fallen, 1892 wurde mit minus 67,8 Grad ein Kälterekord aufgestellt. Die jenseits des Urals liegenden Großstädte entstanden erst im 19. Jahrhundert. Wladiwostok beispielsweise wurde 1860 gegründet; die Chinesen waren zwar schon früher dort gewesen, aber das Land war nach dem Opiumkrieg geschwächt und nicht in der Lage, seine Besitzungen zu verteidigen. Chabarowsk (damals Chabarowka genannt) war als Militärposten gegründet worden, so wie Wladiwostok als Marinestützpunkt. Den Stadtstatus erhielt es erst Jahrzehnte später. Kurz, die Besiedlung Sibiriens und des russischen Fernen Ostens fand vor nicht allzu langer Zeit statt und war Teil der allgemeinen Expansion des Reichs im 19. Jahrhundert.

So betrachtet war die russische koloniale Ausdehnung weder besser noch schlechter als die Expansion anderer Kolonialmächte. Sie könnte sogar insofern gerechtfertigt werden, als sie diesem Teil Asiens den Fortschritt brachte. Karl Marx bescheinigte mit diesem Argument der britischen Herrschaft in Indien einen fortschrittlichen Charakter. Doch derlei Positionen, die im 19. Jahrhundert akzeptabel waren, sind heute nicht mehr vertretbar.

Der Legende zufolge haben die einst im heutigen Russland lebenden Stämme den warägischen Fürsten Rjurik und seine Männer gerufen – in der russischen Geschichtsschreibung *priswanije warjagow* –, um über sie zu herrschen, weil sonst das Chaos ausgebrochen wäre. Eine ähnliche Legende über eine Einladung der Russen nach Sibirien ist nicht bekannt. Aber wie ist dann die Faszination vom Osten zu erklären – *ex oriente lux*? In Wirklichkeit hat sie mehr mit kurzlebigen kulturellen Moden in der Intelligenzija zu tun. Doch auch sie kamen aus Europa nach Russland. Katharina die Große begeisterte sich für den Osten. Bei ihren Reisen auf die Krim lernte sie Asien kennen. Diese Moden hatten ihren Ursprung im Westeuropa des 18. Jahrhunderts, wo man Chinoiserien oder japanische Kunst bewunderte, bekannte Maler gingen nach Indien. Außerdem wurde der Orient zu einem akademischen Gegenstand, durch Gelehrte wie Friedrich Rosen, Wassili Bartold, Sergei Oldenburg und andere – von denen kaum einer mongolischer Herkunft war.

Die nächste Welle des Interesses für Asien folgte im »silbernen Zeitalter« der symbolistischen Dichter an der Wende zum 20. Jahrhundert, in der Generation von Alexander Blok und Andrei Bely. Aber sie waren keine blinden Bewunderer; vielmehr fürchteten sie eine asiatische Apokalypse. Sie waren von Solowjow beeinflusst, der die Gefahr eines Panmongolismus beschworen hatte, und fanden, dass der zeitgenössische Osten weit mehr mit dem Perserkönig Xerxes als mit Christus zu tun hatte. Sie stimmten mit dem britischen Dichter Alfred Tennyson überein, der (in Ferdinand Freiligraths Nachdichtung) ausgerufen hatte: »Besser fünfzig Jahr' Europas, als chinesische Äonen!« Niemand bestritt, dass Russland asiatischen Einflüssen ausgesetzt war. Um nur ein Beispiel anzuführen, so ist das russische Wort für Geld »dengi« tatarischen Ursprungs. Aber das deutsche Wort »Dolmetscher« stammt ebenfalls aus dem Tatarischen, und welche weitreichenden Folgerungen sollte man aus dieser Erkenntnis wohl ziehen?

Der Historiker Nikolai Karamsin war der Ansicht, die Khanate hätten auf die eine oder andere Weise sowohl Großrussland als auch das Konzept der Autokratie geschaffen (auch der Name Karamsin ist wahrscheinlich asiatischen Ursprungs). Aber all dies fand vor langer Zeit statt, und welche Auswirkungen mag die Herrschaft der Goldenen Horde auf das goldene Zeitalter der russischen Kultur im 19. Jahrhundert gehabt haben? Tausende von russischen Intellektuellen, Schriftstellern und bildenden Künstlern sind nach Europa gereist – aber wie viele nach Asien (abgesehen von den Verbannten)? Als Einzigen könnte man den Maler Wassili Wereschtschagin anführen, aber der war im Auftrag von General Konstantin von Kaufmann unterwegs.

Die Sprache der Intellektuellen war nicht das Mongolische oder Tatarische, noch nicht einmal das Russische. Die großen Szenen der russischen Literatur waren auf Französisch verfasst: Tatjanas Brief an Onegin (wie uns Puschkin mitteilt), der Anfang (und viele Seiten danach) von *Krieg und Frieden* und so weiter. In Fjodor Tjutschews Elternhaus sprachen nur die Diener Russisch, er selbst sprach zeitlebens besser Französisch als die Sprache seiner Heimat. Turgenjew verbrachte den größten Teil seines Erwachsenenlebens in Frankreich. Nur die Komponisten wollten sich vom Westen abgrenzen. Auf der Suche nach einer russischen Identität bedienten sich die großen Fünf des »mächtigen Häufleins« (*mogutschaja kutschka* – Mili Balakirew, Alexander Borodin, César Cui, Modest Mussorgski und Nikolai Rimski-Korsakow) ausgiebig östlicher Motive (oder was sie dafür hielten). Auf diese Weise entstanden Werke wie die sinfonische Dichtung *Scheherazade* von Rimski-Korsakow, dessen von einem arabischen Märchen inspirierte 2. Sinfonie mit dem Titel »Antar« oder die orientalische Phantasie *Islamei* von Balakirew.

Natürlich hing der Orientalismus auch mit den Zielen der zeitgenössischen russischen Außenpolitik zusammen. Ähnlich wie der Liberale Miljukow die Bedeutung von Byzanz für Russland entdeckte, wandten die Eurasianer, die das Scheitern der westlichen politischen Muster in ihrem Land (und die Niederschlagung der Revolution von 1905) miterlebt hatten, den Blick nach Osten. Im Westen hatte es Ähnliches auch gegeben. Zwei Jahrhunderte zuvor war, von Frankreich ausgehend, Japan in Mode gewesen; nach dem Ersten Weltkrieg wurde Deutschland von einer Indienbegeisterung erfasst, plötzlich lasen alle Rabindranath Tagore, und berühmte Schriftsteller wie Hermann Hesse beschäftigten sich mit indischen Themen und Figuren wie Siddhartha Gautama. Zur Zeit der Studentenbewegung der 1960er und 1970er Jahre erlebte die Begeisterung im Westen einen zweiten Frühling. In Russland und später in der russischen Emigration hatte diese Mode weniger einen kulturellen als einen politischen Charakter.

Aber die politische Faszination bezog sich auf einen größtenteils imaginären Osten (und ein imaginäres Asien). Selbst die überzeugtesten Eurasianer machten sich nicht auf die Reise gen Osten, ganz davon zu schweigen, dass sie sich dort niedergelassen hätten. Sie lernten weder Chinesisch noch Urdu und schon gar kein Arabisch, und sie tauchten auch nicht in die Kultur dieser Gebiete ein. Die wohl einzige Ausnahme war Gumiljow, der allerdings seine Reise nicht freiwillig antrat, sondern viele Jahre im Gulag verbrachte. Für die Eurasier war die Steppe von zentraler Bedeutung. Aber wie viele von ihnen lebten jemals für längere Zeit in der russischen Prärie jenseits des Urals?

Bis zu einem gewissen Grad teile ich die Vorliebe für die Steppe. Manche Steppenlieder wie *Step da step krugom* (Nichts als Steppe rundherum) und *Po dikim stepjam Sabaikalja* (In der wilden Steppe von Transbaikalien), auch als *Brodjaga* bekannt, gehören zu meinen Lieblingsliedern. Aber für die Eurasier, jedenfalls für die meisten von ihnen, war die Steppe eine meta-

physische Landschaft, eine Vorstellung und keine Realität. Man
sollte die Bedeutung der Mythologie in Politik und Geschichte
nie unterschätzen, doch jetzt, da der Neoeurasianismus zu einer
politischen Kraft geworden ist – und in Zukunft noch mehr Bedeutung erlangen könnte –, ist es wichtig, sich von Zeit zu Zeit
an die Phantasiewelt zu erinnern, in der diese Bewegung ihre
Ursprünge hat.

Der Neoeurasianismus ist in den 1990er Jahren entstanden
und mittlerweile von einer kulturellen Erscheinung zu einer politischen Kraft geworden. Aber auch Alexander Dugin bezog
seine Anregungen nicht aus dem Grasland von Transbaikalien,
sondern von den Neofaschisten in Frankreich, Belgien und Italien. Es gibt einen Panturanismus in der Türkei und ähnliche
Ideologien in einigen zentralasiatischen Ländern, aber ihre Anhänger formieren keine Weltbewegung, zu groß sind die Unterschiede zwischen den einzelnen Zweigen, zwischen ihren Interessen und Zielen.

Die erste Welle des Eurasianismus in den 1920er Jahren entstand, weil Trubezkoi und seine Freunde in Sofia, Prag, Paris
und Berlin von Europa enttäuscht waren. Sie gehörten zu den
Verlierern des russischen Bürgerkriegs und suchten nach einem
ideologischen Ausweg aus ihrem Dilemma. Russland aufzugeben war für sie undenkbar. Aber wo war der gemeinsame Nenner ihrer eigenen Zukunft und der ihres Landes?

Über die gegenwärtige russische Regierung und ihre Anhänger lässt sich ohne große Übertreibung sagen: »Sie sind jetzt alle
Eurasianer.« Zum Teil ist dies auf ihre Abneigung gegen Europa zurückzuführen, von dem sie sich zurückgestoßen fühlen.
Aber auch die immense Popularität der Auffassungen von Lew
Gumiljow hat dazu beigetragen. Seine Rolle ist bereits erwähnt
worden. Der Sohn des Dichterpaars Anna Achmatowa und
Nikolai Gumiljow – Letzterer war 1921 von den Bolschewiken
erschossen worden – war der russische Oswald Spengler, ein
vielgelesenes, allerdings auch fehlbares Genie. In mehreren Büchern und vielen Aufsätzen versuchte er die asiatischen noma-
dischen Ursprünge der Russen nachzuweisen. Nach Ansicht

Oswald Spenglers gehörte den jungen Völkern, wie den Deutschen und den Russen, die Zukunft, nach Gumiljows Auffassung
waren die mongolischen diese jungen Völker. Seine unorthodo-
xen Ansichten brachten ihn mehrmals ins Gefängnis und in den
Gulag. Manche seiner Gedanken waren interessant und höchst
originell, andere weit hergeholt und eindeutig falsch. Er nahm
für sich in Anspruch, streng wissenschaftlich vorzugehen. Als er
jedoch 1992 in einem Interview der Zeitschrift *Socium* sagte:
»Ich will Ihnen ein Geheimnis verraten: Russland wird nur als
ein eurasisches Land überleben«, war dies kaum als wissen-
schaftliche Aussage einzustufen.

Mit seiner asiatischen Ausrichtung brachte Gumiljow sowohl
die orthodoxe Kirche als auch die Ultranationalisten gegen sich
auf. Letztere warfen ihm vor, russophob zu sein, weil seine Lehre
den Panslawismus untergrub. Auch mit seinen Äußerungen über
die jüdische Geschichte im Mittelalter, ein Gebiet, auf dem er
zugegebenermaßen keine Kapazität war, erregte er Unwillen. In
Kasachstan und bei den anderen nichtrussischen Völkern fand er
dagegen viel Anklang. Eine Universität wurde nach ihm benannt, in Kasan, der Hauptstadt von Tatarstan, wurde eine Gu-
miljow-Statue errichtet, und die kasachische Post hat eine Brief-
marke mit seinem Porträt herausgegeben.

Der Neoeurasianismus entstand als Reaktion auf das Ende des
Kommunismus und der Sowjetunion. Heute erleben wir eine
interessante Wiederholung der Geschehnisse der 1920er Jahre.
Wie erwähnt, wurden die Vertreter der Gründergeneration wie
Fürst Trubezkoi durch jüngere, prosowjetische Militante von
der Spitze der eurasianischen Bewegung verdrängt. Sie werden
für gewöhnlich als Linke bezeichnet, waren in Wirklichkeit aber
eher prorussisch als marxistisch und schon gar nicht kommunis-
tisch. Ihr Ziel war es, eine gemeinsame Plattform zu schaffen, auf
der die jungen Offiziere, die im russischen Bürgerkrieg in den
Weißen Armeen gekämpft hatten, und die Sowjetunion zusam-
menfinden konnten. Sie glaubten diese Gemeinsamkeit im Nationalismus, der nur in ein eurasisches Gewand gekleidet werden
musste, gefunden zu haben. Damit lagen sie gar nicht so falsch,

denn der allgemeine Trend in Russland bewegte sich vom Internationalismus weg und zum Nationalismus hin. Aber sie ließen den Zeitfaktor außer Acht, denn die Entwicklung sollte wesentlich länger dauern als erwartet, und nur wenige von ihnen sollten noch erleben, wie ihr Traum sich erfüllte. Sie waren nicht die einzige Emigrantengruppe, die diesen Trend erkannte. Andere, wie Nikolai Ustrjalows Smena-Wech-Bewegung und die Jungrussen um Alexander Kasembek, näherten sich dem Faschismus an. Diejenigen, die den Fehler begingen, zu früh nach Russland zurückzukehren, erwartete ein trauriges Schicksal. Diejenigen, die bis in die 1960er Jahre abwarteten, landeten wenigstens nicht im Gulag. Kasembek, der in dieser Zeit zurückkehrte, erhielt eine untergeordnete Arbeit beim Moskauer Patriarchat.

Die heutige Bewegung ist der ersten Welle des Eurasianismus insofern ähnlich, als die Patrioten nach dem Zerfall der Sowjetunion eine neue Lehre brauchten. Wie Alexei Podbereskin, einer der Vordenker der russischen Rechten, in der Zeitschrift *Sawtra* schrieb, ist eine Elite ohne Ideologie eine Gefahr. Das war übertrieben; Russland hat in seiner Geschichte viele Missgeschicke erlebt, die jedoch öfter durch ein Übermaß an Ideologie als durch deren Fehlen verursacht wurden. Es trifft jedoch zu, dass eine politische Bewegung, die etwas auf sich hält, ein ideologisches Fundament braucht; Interessen allein genügen nicht. Dugin hatte es mit dem Faschismus versucht, doch das war, selbst in aufpolierter Form, keine wirklich gute Wahl. Offenbar musste die Ideologie nationalistisch, antidemokratisch, antiliberal, antiwestlich, konservativ und autoritär sein. Dafür reichte der Konservatismus alten Stils, wie die Erfahrungen in anderen Ländern gezeigt hatten, nicht aus: Er war nicht aufregend genug. Wie konnte man den altmodischen Konservatismus attraktiver machen? Dugin erwog die Erfahrungen der antidemokratischen, antiliberalen europäischen Neuen Rechten. Sie hatte einige Ideen, aber es befand sich keine wirklich erfolgreiche darunter. Keiner dieser Gruppen war es gelungen, zu einer Massenbewegung zu werden oder wenigstens entscheidend an Einfluss zu gewinnen.

An diesem Punkt wurde der Eurasianismus als hervorragend geeignete ideologische Grundlage wiederentdeckt. Er war nationalistisch und autoritär, vor allem aber kam er einer »revisionistischen« Macht zupass, die verlorene Gebiete zurückgewinnen wollte. Er war antikapitalistisch, das heißt gegen die Oligarchen gerichtet, aber nicht zu sehr, und ausreichend vage, um für Personen und Gruppen mit den unterschiedlichsten Ansichten attraktiv zu sein. Plötzlich entdeckten alle den Eurasianismus für sich, die Vertreter der alt-neuen Kommunistischen Partei ebenso wie Schirinowski und seine Leute, und auch Putin beteuerte, er sei Eurasier. Aber Dugin war der Erste gewesen. Wo die Erklärungen des Eurasianismus nicht genügten, ließen sich Anleihen beim Faschismus und Populismus machen, das war durchaus möglich, ohne allzu weit in solche Richtungen zu gehen; immerhin gab es keinen systematischen Führerkult und keine staatliche Einheitspartei. Das sogenannte faschistische Minimum war nicht erfüllt. Im Kontext war der Eurasianismus nicht völlig bedeutungslos, aber er bedeutete nicht sehr viel und konnte stets verschieden interpretiert werden. Namen und Begriffe hatten wenig Inhalt – die NS-Partei war von Anfang bis Ende die NSDAP gewesen, die Nationalsozialistische Arbeiterpartei, obwohl Arbeiter im Vergleich mit anderen Schichten in ihren Reihen nur schwach vertreten waren. Aber spielte das eine Rolle?

Das soll nicht heißen, dass das eurasische Konzept durch und durch betrügerisch war. Das war es nur zum Teil. Manche glaubten ernsthaft daran, anderen gefiel diese Mythologie, weil sie so verschieden interpretiert werden konnte. Der Eurasianismus ebnete den Weg für Bündnisse mit anderen Parteien und Kräften in Europa. Die Begriffe »konservativ« und »neofaschistisch« hatten ihre Nachteile. Das Attribut »eurasisch« war neutraler und weniger belastet; es konnte fast für jeden attraktiv sein. In den 1920er Jahren vermochte es der Eurasianismus, als Brücke zur Sowjetunion zu fungieren, ohne dass man notwendigerweise an den Marxismus-Leninismus glauben musste. Heute kann er einem ähnlichen Zweck dienen, indem er die Politik der gegenwärtigen Regierung akzeptabel macht. Soweit es die Außenpolitik des neuen Russland betrifft, könnte die Selbstdarstellung als eurasische Macht engere Beziehungen zu Turkvölkern und vielleicht auch zum Fernen Osten ermöglichen. Russland wäre eine von mehreren Mächten in einem großen, auf wirtschaftlicher und politischer Zusammenarbeit beruhenden Bündnis. Aber spätestens an diesem Punkt treten auch die Schwierigkeiten zutage: Ein solches Bündnis ergibt aus russischer Sicht nur Sinn, wenn Russland die Führung innehat. Undenkbar, dass Russland sich auf eine Stufe mit einer Gruppe von Turkstaaten stellt oder sich vielleicht sogar damit begnügt, ein chinesischer Satellit zu sein. Aber wieso ist ein Bündnis von Gleichen unmöglich? Weil die Ansichten und Interessen zu unterschiedlich sind und die Dynamik der Weltpolitik keinem Gleichstellungsgesetz folgt. Russland befindet sich mit seiner Bevölkerungsgröße und seiner Wirtschaftskraft gegenüber den anderen potentiellen Mitgliedern eines eurasischen Bundes nicht in einer starken Position. Es besitzt nicht einmal ein Monopol bei den Atomwaffen.

Dies könnte sich ändern, wenn es eine große Bedrohung gibt, einen gemeinsamen Feind. Die Neoeurasianer haben sich denn auch bemüht, Amerika und den Westen als Gegner darzustellen. Aber Europa ist schwächer geworden, und da die amerikanische Außenpolitik dazu tendiert, sich aus der Weltpolitik zurückzuziehen und den Schwerpunkt seiner Beziehungen vom Atlantik zum Pazifik zu verlagern, werden die Neueurasianer bald einen neuen Feind benötigen – und große Schwierigkeiten haben, einen zu finden.

Was bleibt vom mongolischen Reich als Vorbild? Vielleicht seine Einstellung zur Religion? Darüber wäre die russischorthodoxe Kirche nicht sehr froh. Oder die Überzeugung, dass, wie ein führender Eurasianer der ersten Welle an Gumiljow schrieb, die Geschichte der Nomaden beispielhaft ist für die künftige Vereinigung der Geschicke von Völkern und Ländern? Europa und die Europäische Union mögen in schlechter Verfassung sein, aber von welcher Seite man es auch betrachtet, es ist nicht ersichtlich, was die eurasische Vergangenheit Russland im 21. Jahrhundert dagegen zu bieten hätte.

Angesichts der gegenwärtig in Russland zu beobachtenden euroasianischen Faszination sollte man meinen, dass der Kreml daran arbeitet, das Verhältnis zum asiatischen Landesteil zu stärken. Putin hat 2004 einen General zum Sonderbeauftragten für die Belange und die Entwicklung der Gebiete jenseits des Urals ernannt. Gleichwohl herrschte der Eindruck vor, dass Sibirien vernachlässigt wird, was dort verbreitet zu Unmut und sogar zur Entstehung einer Form von sibirischem Separatismus geführt hat. An Orten wie Nowosibirsk fanden gegen den Kreml gerichtete Demonstrationen statt, die Moskau verspätet zu der Erkenntnis verhalfen, dass etwas geschehen musste. So öffnete sich plötzlich eine neue Front, und Moskau war an einer Stelle, an der man es am wenigsten erwartet hatte, mit neuen Problemen konfrontiert.

Russische Geopolitik

Der Begriff »Geopolitik« wurde Ende des 19. Jahrhunderts von dem schwedischen Staatswissenschaftler Rudolf Kjellén geprägt und war ursprünglich ein Synonym für politische Geographie, mit einigen zusätzlichen, von der politischen Philosophie entlehnten Elementen. Die Geopolitik bildete einen Aspekt der Geographie neben anderen, wie zum Beispiel der physischen Geographie. Binnen kurzem nahm der Begriff jedoch spezifische Bedeutungen an, die sich von Land zu Land und je nach politischer Überzeugung erheblich unterschieden. Kjellén engagierte sich in der Politik und gehörte dem schwedischen Parlament an. Er war deutschfreundlich; sein Hauptwerk war auf Deutsch geschrieben. Der allgemeine Gedanke der Geopolitik lag in der Luft. Einer der Mitbegründer der neuen Lehre war der deutsche Geograph Friedrich Ratzel, dessen *Politische Geographie* 1897 erschien. Zu den Ersten, die über das Thema schrieben, gehörte auch der Offizier der US-Marine Alfred Thayer Mahan, dessen Werk *Der Einfluss der Seemacht auf die Geschichte* 1898/99 veröffentlicht wurde. Halford John Mackinders *Britain and the British Seas* erschien 1904. Schließlich ist Karl Haushofer zu nennen, der berühmteste Vertreter der deutschen Denkschule, der damals als Offizier im bayerischen Generalstab arbeitete: Er veröffentlichte seine Werke erst später, entwickelte seine Gedanken aber ebenfalls in dieser Zeit.

In Russland wurde die Geopolitik erst spät zum Thema. Das Zarenreich hatte kein besonderes Interesse daran, und unter dem kommunistischen Regime kollidierten die Ideen mit der offiziellen marxistisch-leninistischen Ideologie. Der Marxismus befasste sich mit der Ökonomie, nicht mit der Geographie. Der Begriff der Geopolitik wird häufig willkürlich gebraucht (und missbraucht) und war daher Anlass für viele Missverständnisse. In mancher Hinsicht bezeichnete er nur das Offensichtliche – dass Geographie Einfluss auf die Politik hat. Heute wird er, insbesondere in den Vereinigten Staaten, häufig willkürlich als Synonym für die Geographie benutzt (das Fach Geographie wird an amerikanischen Schulen selten unterrichtet und nur an wenigen Universitäten gelehrt). Deshalb ist Vorsicht geboten, wenn man von diesem Begriff hört oder liest. In den meisten Fällen ist er bedeutungslos und wird einfach als Modewort verwendet.

Der Einfluss der Lehre von der Geopolitik auf den Nationalsozialismus wird regelmäßig übertrieben. Auf den italienischen Faschismus hatte sie keine merkliche Einwirkung; in Mussolinis Italien war sie so gut wie unbekannt. Die Situation in Deutschland kann der Autor dieses Buchs aus persönlichem Erleben bezeugen, denn er ging nach dem Machtantritt der Nationalsozialisten dort zur Schule, und Erdkunde gehörte zu seinen Lieblingsfächern. Das Fach war damals in Mode und stark von geopolitischen Gedanken durchsetzt. Aber an dem, was uns gelehrt wurde, war wenig spezifisch Nationalsozialistisches, und die *Zeitschrift für Geopolitik* war interessant, weil sie Neuigkeiten und Berichte über fremde Länder enthielt, die andere Medien normalerweise nicht brachten.

Gewiss war die Vorstellung vom »Lebensraum« ein Element der NS-Doktrin, aber sie stammte überwiegend aus einer anderen Quelle, nämlich aus Hans Grimms Roman *Volk ohne Raum*. Doch weder Hitler, für den die Rasse wichtiger war, noch Goebbels oder Göring interessierten sich besonders für dieses Thema. Sie benutzten den Begriff »Kernland«. Rudolf Heß, der in München kurzzeitig Haushofers Assistent gewesen war, verwendete diesen Begriff, hatte im NS-System aber vergleichsweise geringen Einfluss und setzte sich mitten im Krieg nach England ab. Obwohl Haushofer im Generalstab gedient hatte, waren seine Schriften unkriegerisch gestimmt, und der Ausbruch des Zweiten Weltkriegs bedrückte ihn, weil er dessen Ausgang fürchtete. Kurz, er war im »Dritten Reich« nie ganz willkommen, zumal seine Frau jüdischer Herkunft war. Sein Sohn Albrecht, der dem Widerstand gegen Hitler angehörte, wurde kurz vor Kriegsende hingerichtet. Politisch war Haushofer eher konservativ als nationalsozialistisch.

Spätere Beiträge zur Geopolitik, wie der Begriff des Lebensraums und Mackinders Theorie über das »Kernland« – »wer über Osteuropa herrscht, gebietet über das Kernland, wer über das Kernland herrscht, gebietet über die Weltinsel, wer über die Weltinsel herrscht, gebietet über die Welt« –, waren mehr als dubios. Mackinder war eine vielschichtige Persönlichkeit – einer der ersten Direktoren der London School of Economics, Unterhausabgeordneter und Erstbesteiger des Batian im Mount-Kenya-Massiv. Seine hier angeführte Äußerung ist ebenso nutzlos wie etwa Mahans Glaube an die entscheidende Rolle eines weltweiten Systems von Kohlestationen, die für Schiffe eingerichtet werden sollten. Der technische Fortschritt war schneller.

Nach dem Zusammenbruch der Sowjetunion hat die Geopolitik in Russland eine neue Heimat gefunden. Laut heutigen Vertretern der »Neuen Rechten« ist dies das Verdienst des »begnadeten Dugin (der so etwas wie eine Ein-Mann-Denkfabrik ist)«, denn er sei »in allen großen europäischen Sprachen geübt, im antiliberalen und esoterischen Erbe, das die Neue Rechte aus dem Erinnerungsloch der Nachkriegszeit gerettet hat, bewandert und vor allem ein kompromissloser, metapolitisch produktiver Gegner der Vereinigten Staaten, der Zitadelle des Weltliberalismus und daher die Hauptquelle des Bösen in unserer Zeit« (www.counter-currents.com/2013/04/the-third-political-theory). Mit der Verbreitung der Geopolitik in Russland in jüngster Zeit sind, vielleicht unvermeidlicherweise, Meinungsverschiedenheiten zwischen den Geopolitikern aufgetreten. Die (häufig nur nominalen) Leiter der verschiedenen russischen geopolitischen Institutionen sind in der Regel pensionierte Armee- oder Luftwaffengenerale, wie Leonid Iwaschow und Wassili Reschetnikow, aber auch einige wenige Intellektuelle, wie Wadim Tsimburski, und ehemalige Diplomaten gehören zu diesem Kreis. Dugins »Vierte Politische Theorie« ist von einigen seiner geopolitischen Kollegen unter anderem deshalb kritisiert worden, weil sie nach ihrer Ansicht den Rassefaktor zu sehr vernachlässigt. Manche russischen Geopolitiker bewundern William Engdahl, einen wenig bekannten, in Deutschland lebenden schwedischen Journalisten, den sie für »weise« und »genial« halten. Nach Ansicht dieses Berufsantiamerikaners sind sämtliche Staatsstreiche und Revolutionen auf der Welt von der CIA angezettelt worden. So macht er den Politikwissenschaftler Zbigniew Brzezinski sowie den amerikanischen Diplomaten George Ball für den Sturz des Schahs von Persien und den amerikanischen Geheimdienst für den Arabischen Frühling verantwortlich. Allerdings stimmen nicht alle russischen Geopolitiker dieser Schuldzuweisung zu. Einige Konservative heben besonders den Konflikt zwischen dem christlichen Westen und dem radikalen Islam hervor. Andere glauben, dass es gar keinen Konflikt gebe, da der Westen schon vor langer Zeit seine christlichen Fundamente aufgegeben habe.

Oder nehmen wir Natalja Narodnitskaja, eine frühere russische Diplomatin bei der UNO, die sich heute aus rechtsextremer Perspektive mit geopolitischen Fragen beschäftigt. Sie hat die Rückkehr zum Sowjetmodell empfohlen – freilich ohne die Sowjetideologie; an deren Stelle sollte die Religion treten. Die orthodoxe Kirche sollte dementsprechend eine führende Rolle

in der neuen sowjetrussischen Politik spielen. Leonid Sawin andererseits ist der Meinung, dass der russisch-orthodoxe Glaube
kein Allheilmittel ist. Obwohl er die Kirche als einen »Thesau-
rus der Weisheit« betrachtet, scheint er an der Tiefe der religiösen Gefühle vieler Gläubiger zu zweifeln. Sawin ist Herausgeber
der Zeitschrift *Geopolitika*, gehört der eurosynergetischen Schule
der Geopolitik an und hat als Stabschef der Eurasischen Bewegung eng mit Dugin zusammengearbeitet. Bei verschiedenen
Gelegenheiten hat er von einer Cyber-Geopolitik gesprochen,
womit er anscheinend die Auswirkungen technologischer Entwicklungen auf die Politik meinte. 2013 hat er in einem Interview versucht, die Ziele der Bewegung und seine eigenen Auffassungen über die Weltlage zu verdeutlichen. Hauptziel der
Eurasianer sei es, eine multipolare Weltordnung mit mindestens
fünf Machtzentren zu schaffen. Leider verfolge Europa gegenwärtig eine »atlantizistische« Politik. Vom Islam in Russland
gehe keine Gefahr aus, da die Muslime gut integriert seien. Gute
Aussichten gebe es für eine Achse Moskau-Berlin; Deutschland
habe sich Amerika angeschlossen, weil Washington während des
Kalten Krieges mit tiefschwarzer Propaganda gearbeitet und die
Angst vor einer sowjetischen Invasion geschürt habe. Doch diese
Furcht sei jetzt überwunden. Sawin entdeckt in Deutschland
viele asiatische Elemente, insbesondere in Bayern, das vor vielen
Jahrhunderten von den Awaren besiedelt worden sei. Vielleicht
würde Bayern ja den Weg zurück zu seinen asiatischen Ursprün-
gen finden.

Was ist mit China? Östlich des Urals stehen gut 40 Millionen
Russen (die nicht alle ethnische Russen sind) Hunderten Millionen Chinesen gegenüber. Sawin weiß, dass manche Russen
und Europäer in China einen möglichen Feind sehen. Aber
trotz einiger Grenzvorfälle hat China kein Interesse an diesem
Teil der Welt. Es wird sich auf Taiwan und die Pazifikinseln
konzentrieren, seine Satelliten werden geopolitisch auf dieses
Gebiet ausgerichtet sein, nicht auf Sibirien und den Fernen Osten. Es wird die Unterstützung Russlands und anderer Länder
nicht brauchen. In China einen (künftigen) Feind zu sehen ist

also ein sonderbares Beispiel für einen Sieg des Wunschdenkens über politische Realitäten und gesunden Menschenverstand.

Was ist mit der Situation im eigenen Land? Aus Sawins Sicht ist das Hauptproblem Russlands eine neoliberale Gruppe im Kreml. Putin habe gewisse Leute gefördert, die ein radikaleres Vorgehen gegen Korruption, westliche Agenten und so weiter verhinderten. Die Massen würden nicht an die von der prowestlichen Opposition vertretenen Ideen von Demokratie und Menschenrechten glauben. Chodorkowski, enthüllt Sawin, sei ein Freund von Jacob Rothschild – und man wisse ja, was das bedeute. Das Wissen russischer Rechtsradikaler über die Vermögensverteilung auf der Welt ist offenkundig seit rund einem Jahrhundert veraltet.

Unterzieht man die aktuelle russische Literatur einer kritischen Analyse, stellt sich die Frage: Was hat diese Ansammlung von Unsinn mit Geopolitik zu tun? Geopolitik handelt von politischer Geographie, von Land- und Seemacht und ihrem Gegensatz, von Räumen, Regionen und strategischer Dominanz in bestimmten Gebieten. Mit Neoliberalismus, der orthodoxen Kirche, mit der CIA und dem KGB hat sie nichts zu tun. Sie beschäftigt sich mit den Ideen von Kjellén, Ratzel und Haushofer und vielleicht noch mit dem Versuch, sie der modernen Welt anzupassen. Mit Rothschild und Chodorkowski beschäftigt sie sich nicht, und noch nicht einmal mit Putin.

Kurz, diese Art von Geopolitik ist keine, sondern bloß die Aneignung eines Begriffs, ein Fall von irregeleiteter Theoriebildung. Wahrscheinlich hatte man zeigen und beweisen wollen, dass die »atlantizistischen« Seemächte liberal-demokratisch und daher böse, die Landmächte und das Kernland dagegen konservativ und daher religiös, patriotisch und gut seien. Es sollte klargestellt werden, dass die Landmacht das Recht, ja, sogar die Pflicht zur Expansion hat, bis sie ihre natürlichen Grenzen erreicht, was immer man darunter zu verstehen hat. Zu diesem Zweck hätten die Geopolitiker auch eine Theorie aus der organischen Chemie oder das zweite Gesetz der Thermodynamik ausleihen können, wie es Dugin bei anderer Gelegenheit tatsächlich einmal getan hat.

Politische Konfabulation

Über einen beachtlich langen Zeitraum hinweg hat die russische politische Literatur ein starkes Element der Phantasie enthalten, und dies nicht nur in der Populärliteratur. Woher kam dieser Hang, abseits der Tatsachen zu argumentieren, und wie wichtig ist dieses Phänomen im allgemeinen Kontext der neuen »russischen Doktrin«? Gegen einen »Feind« gerichtete extreme, sogar fanatische Äußerungen werden zu fast allen Zeiten und in vielen Ländern gemacht; sie sind also keine spezifisch russische Erscheinung. Sind die Aussagen jedoch nachweislich falsch oder sogar absurd, werden sie in vielen Fällen abgelehnt. Woran liegt es aber, wenn genau das nicht geschieht?

NS-Propagandaminister Joseph Goebbels, ein versierter Praktiker auf diesem Gebiet, ist ein gutes Beispiel für die absichtliche Fabrikation von Unwahrheiten. In den Jahren vor der Machtübernahme war ein Jude namens Bernhard Weiß, ein früherer Armeeoffizier und Berufsbeamter mit gemäßigten Ansichten, Polizeivizepräsident in Berlin. Goebbels setzte eine massive Kampagne gegen ihn in Gang, indem er ihn als dämonische Figur herausstellte, die hochgefährlich, unglaublich gerissen und verschlagen war und alles, was ihr im Weg stand, vernichtete. Als ein Bekannter Goebbels darauf hinwies, dass Weiß (den er wegen seiner jüdischen Herkunft stets nur »Isidor Weiß« nannte) ein anständiger Mann und tapferer Offizier sei, erwiderte er: »Der Mann interessiert mich gar nicht. Aber wir wollen uns in drei Monaten wieder sprechen. Dann sollen Sie einmal sehen, was ich aus Weiß gemacht habe.«

Aber nicht alle augenscheinlich absurden Äußerungen, Ideen und Theorien werden absichtlich fabriziert und derart zynisch im Rahmen eines größeren Propagandafeldzugs eingesetzt. Manche werden, wie im heutigen Russland, aus erst ungenügend aufgeklärten Gründen aufrichtig geglaubt. Die *Protokolle der Weisen von Zion* sind zwar ebenso eine bewusste Fälschung wie die angebliche jüdische Ärzteverschwörung in Stalins letzten

Lebensjahren, aber beide Erzählungen werden von vielen für bare Münze genommen, und die Frage, warum Menschen an diese Machinationen glauben, ist nicht so leicht zu beantworten.

Es gibt eine verbreitete Neigung (auch sie ist nichts spezifisch Russisches und hat ihren Ursprung nicht in Russland), an verborgene, okkulte Kräfte zu glauben, die in Wirklichkeit die Weltpolitik bestimmten, während diejenigen, über die man in den Medien liest und hört, bloß Marionetten seien. Manche russische Ideologen glauben (oder geben vor zu glauben), dass der wahre Kampf in der Weltpolitik zwischen zwei Gruppen ausgetragen wird, der Rothschild- und der Rockefeller-Partei. Nach Ansicht der gebildeteren Anhänger beispielsweise des amerikanischen Politaktivsten Lyndon LaRouche handelt es sich dabei eher um eine erbitterte Auseinandersetzung auf einer höheren philosophischen Ebene, nämlich zwischen Aristotelikern und Neuplatonikern. Wo heute das Großkapital zu finden ist, hat sich bei den Verschwörungstheoretikern noch nicht herumgesprochen. Ihre Kenntnis beruht auf dem Stand von 1900. In den letzten Jahren haben die extreme Rechte und die Anhänger LaRouches eng zusammengearbeitet; ein Beispiel aus jüngster Zeit ist ein Aufsatz des Putin-Beraters Sergei Glasjew, der unter dem Titel »On Eurofascism« in LaRouches Zeitschrift *Executive Intelligence Review* erschienen ist, ein anderes ein von Dmitri Simes geführtes Interview mit Glasjew.

Besonders stark wird dieser Glaube an verborgene Strippenzieher und böse Kräfte in unruhigen Zeiten. So erzielten die *Protokolle der Weisen von Zion*, wie erwähnt, in den ersten beiden Jahrzehnten nach ihrem Erscheinen kaum eine Wirkung. Doch nach dem Ersten Weltkrieg und der russischen Revolution, welthistorischen Ereignissen von Bedeutung, die sich nur schwer erklären ließen, wurden sie viel gelesen und häufig für wahr gehalten, weil sie Erklärungshilfen zu geben schienen.

Der Zerfall der Sowjetunion war ein Ereignis mit ähnlich weitreichenden Konsequenzen. Wie war es zu begreifen, dass eine Großmacht, die für die Ewigkeit geschaffen worden war – *naweki*, wie die sowjetische Nationalhymne versprach –, die unverwundbar zu sein schien, plötzlich zusammengebrochen war? Um diese Frage zu beantworten, hätte es nahegelegen, nach inneren Ursachen zu suchen. Doch solche Fragen wären zu schmerzlich gewesen, viele hatten an das System geglaubt und waren überzeugt, dass es solide Fundamente besessen hatte. Daher der unwiderstehliche Drang, das Offensichtliche außer Acht zu lassen und nach verborgenen Kräften zu suchen, nach geheimen Machenschaften ausländischer Dunkelmänner, die das Sowjetsystem vernichten wollten.

Diese Suche nach den »wahren« Schuldigen nahm verschiedene Formen an. So war von einem angeblichen Masterplan die Rede, der sogenannten Dulles-Doktrin. Gemeint war damit eine angeblich von Allan Welsh Dulles im Jahr 1945 entwickelte Gesamtstrategie der CIA mit dem Ziel, die Sowjetunion zu zerstören. Die Idee war so einfach wie einfallsreich: Anstelle eines Krieges oder kriegsähnlicher Aktionen sollte das Land durch die Unterminierung seines kulturellen Erbes und der moralischen Werte von innen zersetzt werden. Sowjetische Schriftsteller, Schauspieler, Regisseure sollten dazu verleitet werden, Gewalt, Lasterhaftigkeit, Alkoholismus, Drogenabhängigkeit, Schamlosigkeit, kosmopolitische Ansichten, Korruption, Hass zwischen den verschiedenen Nationalitäten und allgemeines Misstrauen zu verbreiten.

Man hätte von Anfang an wissen müssen, dass mit diesem Dulles zugeschriebenen »Masterplan« etwas nicht stimmte. 1945 gab es weder die CIA noch den Kalten Krieg. Dulles war zu der fraglichen Zeit in der Schweiz stationiert und mit deutschen Angelegenheiten beschäftigt; er hatte keine Führungsposition inne, und da er kein Russlandexperte war, hätte auch niemand ein Strategiepapier über den Umgang mit der Sowjetunion von ihm verlangt. Auch das sowjetische Kulturleben fiel nicht in sein Fachgebiet. Darüber hinaus wurde es von Stalin und Andrei Schdanow sowie verschiedenen Zensureinrichtungen streng reglementiert. Sie hätten nicht zugelassen, dass Boris Pasternak mit Drogen handelte oder Anna Achmatowa Pornographie und Alkoholkonsum propagierte oder Gewalt predige. Jedem, der

auch nur ansatzweise mit dem sowjetischen Kulturleben vertraut war, musste der ganze Plan lächerlich erscheinen.

Einige Kenner der sowjetischen Szene haben den Ursprüngen
der Legende von der Dulles-Doktrin nachgespürt. Manche
Sätze scheinen Dostojewskis Roman *Die Besessenen* entnommen
zu sein: »Wir werden der Trunkenheit, Klatscherei und Denun-
ziation die Zügel schießen lassen; wir werden unerhörte Aus-
schweifung zur Regel machen ...« Erwähnt wurde der angebliche Masterplan zuerst in den 1960er und 1970er Jahren in
politischen Romanen einiger unbedeutender sowjetischer
Schriftsteller – Nikolai Jakowlew, Dold Michailik und Anatoli
Iwanow. Seine gegenwärtige Form erhielt er aber erst 1993, als
Metropolit Ioann von St. Petersburg und Ladoga, der bereits als
Förderer der *Protokolle der Weisen von Zion* erwähnt wurde, in
einer Botschaft mit dem Titel *Bitwa sa Rossii* (Die Schlacht für
Russland) ihm seinen Segen gab (und vielleicht sogar verfasste).
Dieser kirchliche Würdenträger zitiert Dulles, den er kurzer-
hand zum General macht, mit den (erfundenen) Worten:

»Indem wir in Russland Chaos säen, werden wir unmerklich ihre
Werte durch falsche ersetzen, an die zu glauben wir sie zwingen
werden. Wie? Wir werden unsere Komplizen, Helfer und Verbündete in Russland selbst finden. In einer Reihe von Episoden
wird sich eine grandiose Tragödie abspielen: der Niedergang des
letzten ungebrochenen Volks der Erde, das endgültige, unabän-
derliche Erlöschen seines nationalen Selbstbewusstseins. Zum
Beispiel werden wir in der Kunst und Literatur allmählich das
soziale Element ausrotten. Wir werden die Künstler umschulen
und ihnen den Wunsch austreiben, die Welt abzubilden und
jene Prozesse zu untersuchen, die in den Volksmassen vor sich
gehen. Literatur, Theater und Kino werden gleichermaßen die
niedrigsten menschlichen Gefühle propagieren. Wir werden mit
allen uns zur Verfügung stehenden Mitteln jene sogenannten
Schöpfer unterstützen und fördern, die den Kult von Sex,
Gewalt, Sadismus, Verrat – mit einem Wort, von Sittenlosig-
keit – ins menschliche Bewusstsein einpflanzen ...«

Kurz, es drohte der Triumph Satans. Und der Metropolit »zitierte« in diesem Stil weiter: »Wir werden in der Arbeit der Regierung Chaos und Verwirrung stiften.« Zuvor war er erstaunlich ausführlich auf die *Protokolle der Weisen von Zion* eingegangen, wobei er am Rande auch erwähnte, dass manche Historiker nicht an ihre Echtheit glaubten. Dem katholischen Westen warf er vor, sich der »Eitelkeit und dem falschen Glanz weltlicher Größe« ergeben und von der »universalen Fülle« der wahrhaften Orthodoxie abgewandt zu haben. Der Zynismus des »aufgeklärten Europa« sei »einfach unbeschreiblich«. Nicht nur die Weisen von Zion hätten den Untergang Russlands angestrebt: So habe ein Deutscher namens Heinrich von Staden, der 13 Jahre in Russland gelebt habe, 1564 einen Plan für die Eroberung und Zerstörung Russlands ausgearbeitet. Aber Ioann kommt immer wieder auf die *Protokolle* zurück. Er gibt zwar zu, dass ihre Geschichte »ziemlich dunkel« und er nicht qualifiziert sei, über die Echtheit zu urteilen, aber das hält ihn nicht davon ab, ihren Inhalt in vollem Umfang zu übernehmen, denn alles, was in den achtzig Jahren seit ihrem Erscheinen geschehen sei, habe ihn bestätigt.

Das angebliche Dulles-Dokument erscheint daher als modernisierte Form der *Protokolle*. Von einer ganzen Reihe prominenter Namen wurde es als authentische Quelle anerkannt und/oder zitiert, wie dem Vorsitzenden der Liberal-Demokratischen Partei Schirinowski, dem Filmemacher Michalkow, dem Chemieprofessor und politischen Kommentator Sergei Kara-Mursa und dem Putin-Berater Glasjew. Zwischen der von Ioann und seinen Anhängern vertretenen Version und der Verschwörungstheorie in Dostojewskis Roman gibt es also einen wichtigen Unterschied: In Letzterem ist ihr Verfechter – der jüngere Werchowenski – ein Lügner; es gibt keine Verschwörung, sie ist ein Produkt seiner Einbildungskraft, während die heutigen Apologeten über ihre Behauptung sprechen, als handle es sich um eine furchtbare, unmittelbare Realität, eine überall lauernde Gefahr.

Da Dulles vor fast einem halben Jahrhundert gestorben ist, war eine Bekräftigung und Aktualisierung seiner »Doktrin«

überfällig. Hierzu wurden angeblich hochgeheime Pläne jüngeren Datums herangezogen, wie der vielzitierte Brzezinski-Albright-Plan, auf den sich zum Beispiel Nikolai Patruschew, der Chef des Sicherheitsrats der Russischen Föderation, 2014 in einem Interview bezogen hat. Da jedoch auch Brzezinski schon lange kein Amt mehr innehat, ist damit zu rechnen, dass man bald eine noch jüngere feindliche Verschwörung enthüllen wird.

Der Dulles-Plan ist keineswegs ein extremes Beispiel politischer Konfabulation; aus den letzten Jahren sind weit eklatantere Fälle bekannt. Ich bin etwas näher auf ihn eingegangen, weil er erhellt, wie bereitwillig im heutigen Russland in manchen Kreisen Fälschungen als Wahrheiten akzeptiert werden, zunächst nur von Extremisten, aber später auch von Teilen des Establishments. Das stalinistische System, das sich vor achtzig Jahren in Russland herausbildete, brachte den Glauben an offenkundig unwahre Behauptungen mit sich. Dieser Glaube war mal mehr, mal weniger ausgeprägt, ist aber nie ganz verschwunden. In jüngster Zeit blickt man in Russland in zunehmendem Maß mit Sympathie und sogar Wehmut auf die Stalin-Zeit zurück. Dass dies auch die Bereitschaft einschließt, ersichtlich unwahren Behauptungen zu glauben, sollte eigentlich niemanden überraschen.

Laut WZIOM und anderen führenden russischen Meinungsforschungsinstituten standen 2008/09 fast 50 Prozent der Russen der Stalin-Zeit positiv gegenüber, und dieser Anteil ist seither sicherlich nicht geschrumpft. Das bedeutet nicht, dass Kritik an Stalin verboten wäre oder alle Aspekte seiner Herrschaft heute noch für erstrebenswert gehalten werden. Andererseits wird allzu stark betonter Antistalinismus von den Behörden gar nicht gern gesehen, und die Schulbücher sind entsprechend überarbeitet worden. Doch gewisse in der Stalin-Zeit vorherrschende psychologische Einstellungen sind wieder akzeptabel geworden. Dazu zählt der Glaube an Verschwörungen, vielleicht sogar eine Vorliebe für sie. Aber diese Geisteshaltung kann nicht der alleinige Grund für die heutige Neigung zu solchen

Theorien sein. Wie ist zu erklären, dass häufig vorsätzlich in die Welt gesetzten Unwahrheiten ernsthaft geglaubt wird?

Dieses faszinierende Phänomen, Konfabulation genannt, wird von Neurologen, Psychiatern und Psychologen schon seit langem beobachtet. Als Erster hat es 1889 der führende russische Psychiater Sergei Korsakow (1854–1900) beschrieben, dem es bei Amnesiepatienten aufgefallen war. Heute ist es in der Medizin als Wernicke-Korsakow-Syndrom bekannt. Korsakow beobachtete etwas, was manche »erfundene Erinnerungen« nennen; andere bezeichnen die entsprechenden Patienten als »ehrliche Lügner«.

In den letzten Jahrzehnten ist dieses Phänomen im Zuge des gewachsenen Interesses von Medizin und Psychologie für Probleme des Erinnerns eingehend erforscht worden. Danach gibt es verschiedene Typen der Konfabulation. Jemand, der konfabuliert, erzählt seine Geschichten ausgesprochen detailreich und für gewöhnlich im Brustton der Überzeugung, er wird sie auch dann nicht revidieren, wenn man ihm rationale Argumente entgegenhält. Den Forschungsergebnissen zufolge ist die Konfabulation häufig auf eine durch Vitamin-B1-Mangel verursachte Hirnschädigung zurückzuführen, während Korsakow anfangs den Alkoholismus für die Hauptursache hielt. Aber insgesamt ist man sich, was die Ursachen dieser Störung betrifft, nicht einig, wahrscheinlich weil sie nicht als Folge einer einzigen spezifischen Verletzung oder Krankheit auftritt, sondern verschiedene Ursachen haben kann.

Die Literatur zum Thema ist umfangreich, aber keine große Hilfe, wenn man die vielen Fälle von politischer Konfabulation erklären will. Es ist unwahrscheinlich, dass der verstorbene Metropolit von St. Petersburg und Ladoga und all die anderen, die mit der Dulles-Doktrin und ähnlichen Verschwörungstheorien hausieren gegangen sind, unter einem Vitamin-B1-Mangel litten. Manche wussten zweifellos, was sie taten, hielten die jeweilige Geschichte aber für ein nützliches Vehikel zur Verbreitung ihrer Ansichten. Andere mögen gedacht haben, dass ihre Theorien oder Lehren zwar nicht in allen Punkten zutrafen, aber

doch genug Wahres enthielten, um ihre Verbreitung zu rechtfertigen. Wieder andere mögen geglaubt haben, dass ihre Theorie, obwohl es keinen einzigen Beweis für sie gab, oder zumindest etwas Ähnliches wahr sein konnte.

Auf jeden Fall bestehen zwischen klinischer und politischer
Konfabulation frappierende Parallelen, wie die tiefe Überzeugung des Konfabulators, die Wahrheit zu sagen, und der Aus-
schluss jeglichen Zweifels. Es ist zwar kein spezifisch russisches
Phänomen, aber die Konfabulation ist hier besonders verbreitet.
Sie ist nicht nur beim leichtgläubigeren, weniger gebildeten
Teil der Bevölkerung anzutreffen, sondern auch in der Intelligenzija, die eigentlich gelernt haben sollte, sich nicht auf blinden Glauben zu verlassen, sondern eine kritische Perspektive
einzunehmen. Politische Konfabulation ist ein Phänomen, das
eine eingehendere Untersuchung verdient.

Zurück zu den Wurzeln

Slawophilie, Russophobie und Nationalismus

Die Ideologie, auf der die Sowjetunion aufbaute, hatte schon lange vor dem Zerfall in den 1990er Jahren unter Auszehrung gelitten. Zwar wurden die Klassiker des Marxismus-Leninismus, wenn nötig, weiterhin rituell zitiert, aber die Dynamik, der revolutionäre Geist, der in den 1920er Jahren so deutlich zu spüren war, hatte sich völlig verflüchtigt. Was konnte an seine Stelle treten? Ein anderer revolutionärer Impuls schien nicht in Frage zu kommen; eine neue Linke mochte sich an amerikanischen und europäischen Universitäten herausbilden, aber nicht in der Sowjetunion.

Wenn dies so war, boten sich Nationalismus und Religion, wie schon vor der Revolution von 1917, als Ersatz an. Aber das zaristische Russland war insbesondere in seiner Endphase kein attraktives Modell, außer für eingefleischte Monarchisten, und selbst die beklagten die Schwäche des letzten Zaren Nikolaus II. Man musste auf der Suche nach einer neuen Ideologie also weiter zurückgehen. Vielleicht bis zu Nikolai Michailowitsch Karamsin, der rund zweihundert Jahre zuvor über Vaterlandsliebe und Nationalstolz geschrieben hatte. In seiner 1818 erschienenen *Geschichte des Russischen Reiches* hat er dessen Leistungen glorifiziert. Russland habe zwar während langer Phasen in Ketten gelegen, aber dies gelte auch für andere europäische Nationen. Auf jeden Fall seien die Ketten auf ruhmreiche Weise aufgebrochen worden. Es habe politische Rückschläge gegeben, beispielsweise in der Zeit des falschen Dmitri zu Beginn des 17. Jahrhunderts, aber auch die seien überwunden worden. Peter der Große habe Russland mit Europa vereinigt. »Wir schauten nach Europa, und mit einem Blick machten wir uns die Früchte seiner langen Bemühungen zu eigen.« Das russische Heer habe Napoleon und die stärkste Armee Europas besiegt. Kurz, »welches Volk in Europa kann sich eines besseren Geschicks rühmen?«

Aber Karamsin als Leitfigur im Jahr 2000, das wäre doch etwas zu weit hergeholt gewesen. Er hatte eingeräumt, dass Russlands Leistungen vor allem auf militärischem Gebiet lagen – und zum großen Teil erst möglich wurden, weil das Land um seine Existenz kämpfen musste. Die von ihm genannten Militärführer, wie Alexander Suworow, hatten viele tiefsinnige Dinge gesagt: »Die Kugel ist ein Narr, benutze das Bajonett.« Michail Kutusow, Oberbefehlshaber der russischen Armee, hatte zu Recht lange gezögert, sich auf dem Schlachtfeld Napoleon zu stellen. Aber die russischen Adligen sprachen untereinander immer noch Französisch, und die Intelligenzija war immer noch nicht zufrieden. Pjotr Tschaadajew schrieb 1829 im ersten seiner oft zitierten »Philosophischen Briefe«, selbstverständlich auf Französisch:

> »Einer der traurigsten Züge unserer eigenartigen Zivilisation besteht ... darin, dass wir erst Wahrheiten entdecken, die an anderen Orten und selbst bei Völkern, die in vielem weit hinter uns zurückbleiben, längst zu Gemeinplätzen geworden sind. Das kommt daher, weil wir nie Hand in Hand mit den übrigen Völkern gegangen sind; wir gehören keiner der großen Familien des Menschengeschlechts an; wir gehören weder dem Westen noch dem Osten an und besitzen weder die Überlieferungen des einen noch des anderen. Gleichsam außerhalb der Zeit stehend, sind wir von der universalen Erziehung des Menschengeschlechts unberührt geblieben.«

Etwas später fügte er hinzu:

> »Vereinsamt in der Welt, haben wir der Welt nichts gegeben, haben sie nichts gelehrt; wir haben keinen Gedanken in die Masse der menschlichen Ideen hineingetragen, in keinerlei

Weise an dem Fortschritt der menschlichen Vernunft mitge-
wirkt und alles, was zu uns von diesem Fortschritt gelangt ist,
entstellt. Von dem ersten Augenblick unseres sozialen Daseins
an haben wir nichts für das Allgemeinwohl getan, kein winziger
nützlicher Gedanke erwuchs aus dem unfruchtbaren Boden
unserer Heimat ...«

Die Slawophilen widersprachen erbittert. Das russische Volk,
schrieb Iwan Aksakow, sei an Politik nicht interessiert. Deshalb
befinde sich die Regierung im Irrtum, wenn sie ständig Maßnahmen zur Verhinderung einer Revolution ergreife und einen
politischen Aufstand fürchte. Revolutionen und Aufstände wi-
dersprächen dem Wesen des russischen Volks. Es suche vielmehr moralische Freiheit, die Freiheit des Geistes. Indem es das
Königreich, das von dieser Welt sei, dem Staat überlasse, be-
gebe sich das russische Volk als Christenvolk auf den Pfad der
inneren Freiheit des spirituellen Lebens, ins Königreich Christi:
»Denn das Reich Gottes ist mitten unter euch.« (Lukas 17,21)
    Fjodor Tjuttschew war einer der größten und lange unter-
schätzten russischen Schriftsteller. Tolstoi stellte ihn über
Puschkin. Dieser sei breiter, schrieb er, aber Tjuttschew sei tiefer. Da er viele Jahre im Ausland gelebt hatte, verfolgte Tjuttschew die Ereignisse in Europa aufmerksam und gelangte zu
dem Schluss, dass es nur zwei Parteien gab, die revolutionäre
Partei des Westens und die konservative Partei Russlands. Er
wurde zum obersten Zensor ernannt, war aber kein echter
Konservativer. Vielmehr begrüßte er die Reformen seiner Zeit,
insbesondere die Abschaffung der Leibeigenschaft. Über »Russische Geographie« dichtete er:

»Nach Norden, Osten, Süden und zur aufgehenden Sonne
Das Schicksal wird künftigen Generationen sie enthüllen.
Vom Nil zur Newa, von der Elbe bis China,
Von der Wolga zum Euphrat, vom Ganges zur Donau ...
Das ist das russische Reich und nie wird es vergehen,
Wie der Geist es vorhersah und Daniel wahrsagte.«

Die Liebe zu Russland vermischte sich bei Tjuttschew mit Verfolgungswahn. An seine Schwester schrieb er, die europäischen Länder würden keine Gelegenheit auslassen, Russland zu schaden. Seine Ehen und Liebschaften ging er dennoch zumeist mit deutschen Frauen ein, und Freunde berichteten, dass er Französisch besser sprach als Russisch.

Was hatten die alten Slawophilen den Patrioten des Jahres 2000 zu bieten? Immerhin war aus deren Sicht selbst den slawischen Brüdern nicht zu trauen; die Polen galten als Verräter. Ein führender Slawophiler verachtete die europäische Konsummentalität und pries byzantinische Werte. Diese Auffassung vertrat Konstantin Leontjew, der als Konsul in Albanien gedient hatte. Nikolai Danilewski, dessen Name regelmäßig zusammen mit Leontjews beschworen wird, war Naturalist (lehnte Darwin aber ab) und wurde durch seine Frontstellung gegen Europa berühmt. Europa, so meinte er, sei Russland nicht nur fremd, sondern stehe ihm auch feindselig gegenüber, seine Interessen seien den russischen diametral entgegengesetzt. Ob man Leontjew und Danilewski als Slawophile bezeichnen kann, ist fraglich. Nach ihrer Ansicht war die Zeit dieser Bewegung vorüber. Sie waren vor allem antiliberal und antiwestlich, was sie Dugin und Co. sympathisch machte, die sie zu ihren Mentoren erkoren. Das historische Fundament, auf dem diese Ideologie aufbaute, war, gelinde gesagt, schwach. Denn im 19. Jahrhundert stand Russland in Europa als wichtigste Macht Deutschland gegenüber, und als liberal konnte das deutsche Kaiserreich ja auch nicht gerade bezeichnet werden.

Danilewski und Leontjew gehörten auch zu den Entdeckern und Erfindern der Russophobie. Leontjew war Obskurant, und das so sehr, dass er fast schon modern wirkt und wie ein prophetischer Realist erscheint. Gegen Ende seines Lebens gelangte er zu dem Schluss, dass der westliche Kapitalismus und Liberalismus in Russland keine Zukunft hätten, und da aber auch die östliche orthodoxe (byzantinische) Tradition nicht wiederbelebt werden könne, läge Russlands Zukunft in einem wie auch immer gearteten Staatssozialismus, der das nötige Maß an Disziplin (und Repression) gewährleisten würde, ohne welches das gesamte Gefüge der Gesellschaft auseinanderbräche. Dies klingt mit Blick auf das heutige Russland überaus zeitgemäß.

Leontjew war ein zutiefst pessimistischer und zudem überaus aufrichtiger Denker. Er hielt die systematische Glorifizierung der russischen Vergangenheit für Selbsttäuschung und die Träume von einer großen Zukunft Russlands für Trugbilder. Das Beste, worauf man hoffen könnte, war die Aufrechterhaltung des Status quo mit all seinen Unzulänglichkeiten. Insofern war er den Denkern der radikalen Rechten unserer Zeit weit voraus. Als Konservativer verachtete er das Slawophilentum als vulgär, demokratisch und potentiell gefährlich. Die aggressive Außenpolitik der Slawophilen auf dem Balkan und die Russifizierung in den baltischen Ländern und anderswo lehnte er ab. Seine literarischen Vorlieben unterschieden sich freilich von denjenigen seiner konservativen Zeitgenossen, er zog Tolstoi sowohl als Schriftsteller wie auch als Patriot Dostojewski vor.

Im Gegensatz zu Leontjew, der zu seinen Lebzeiten nur wenig Einfluss hatte, wurde Danilewski viel gelesen. Sein Hauptwerk wurde in die wichtigsten europäischen Sprachen übersetzt. Politisch war er zunächst liberal, und in mancher Hinsicht ist er immer ein Radikaler geblieben. Er war der eloquenteste Verfechter einer imperialen Mission Russlands. Man hat ihn oft mit Spengler und auch mit Stalin verglichen, es mag ein Körnchen Wahrheit in diesen Vergleichen stecken, aber man sollte das auch nicht überbewerten. Wie Spengler glaubte Danilewski an den Aufstieg und Niedergang von Zivilisationen, und wie Stalin schwebte ihm eine Art totalitäres System vor, das allerdings wenig mit der Barbarei des 20. Jahrhunderts gemein hatte. Er glaubte an den Zerfall des Westens und sah einen langen, blutigen Kampf mit Europa voraus, aus dem Russland als Sieger hervorgehen würde. Als Wissenschaftler hatte er keine Einwände gegen die Einführung moderner Technologien und Wissenschaften in Russland. Er war lediglich dagegen, kulturelle und politische Modelle, wie die parlamentarische Demokratie, den Klassenkampf oder den westlichen plutokratischen Imperialismus, zu kopieren. Manche seiner Ansichten waren derart abstrus, dass Zweifel an seiner geistigen Gesundheit aufkamen. So behauptete er, die westliche Staatlichkeit beruhe auf gewaltsamer Unterdrückung, Leibeigenschaft und Feindseligkeit, während sich das russische Regierungssystem durch Wohlwollen, Freiheit und Frieden auszeichne. Andere seiner Gedanken erscheinen völlig vernünftig, wenn auch meist etwas extravagant.

Danilewskis Eintreten für die Expansion Russlands lag weder eine Art geopolitisches Denken noch irgendeine der anderen neumodischen Theorien zugrunde, die er schlicht für Unsinn gehalten hätte. Er glaubte vielmehr an spirituelle Werte und eine welthistorische Mission Russlands. Wie Dostojewski hielt er die Russen für das einzige gottesfürchtige Volk und für dasjenige, das die Welt retten würde. In seinen Augen war es der Körper Gottes. Nur die Orthodoxen hätten das göttliche Bild Christi in all seiner Reinheit bewahrt und könnten daher als Führer der anderen Völker auftreten, die vom richtigen Weg abgekommen seien.

Es ist kaum zu glauben, dass jene, die sich heute auf Leontjew und Danilewski berufen, sie wirklich gelesen haben. Hätten sie es getan, befänden sie sich in Erklärungsnot. Nach Ansicht dieser antiwestlichen Denker war die Haltung der Europäer gegenüber Russland von Russophobie geprägt. Das war nicht völlig aus der Luft gegriffen, aber unpräzise.

Die Tradition, Russland, ungeachtet dessen, was Peter der Große zu tun versuchte, als barbarisch (oder wenigsten halbbarbarisch) zu betrachten, reicht ins frühe 19. Jahrhundert zurück. Damals erschien ein sogenanntes *Testament Peters des Großen*, eine Fälschung eines in Frankreich lebenden polnischen Schriftstellers. Das klassische Werk auf diesem Gebiet ist jedoch Astolphe de Custines *Russland im Jahre 1839*. Custine war ein französischer Monarchist und Erzkonservativer – dessen sexuelle Orientierung ihm im heutigen Russland Probleme bereitet hätte (aber dies gilt für Sergei Uwarow, jenen russischen Bildungsminister aus der ersten Hälfte des 19. Jahrhunderts, der die Leitbegriffstrias »Orthodoxie, Autokratie und Volkstum« ausgegeben hat, ebenfalls). Was Custine auf seiner Reise durch Russland sah, übertraf seine schlimmsten Befürchtungen. Von ihm stammt das berühmte Bonmot, Russland sei eine absolute Monarchie, die nur durch Attentate gemildert werde. Besonders abstoßend fand er die ständige und allgegenwärtige staatliche Schnüffelei. Das russische Volk, schrieb er, habe sich in eine Nation von Stummen und Automaten (heute würde man sagen: Robotern) verwandelt. Seine Geisteshaltung sei die von Sklaven. Während diese Art von Despotismus in Frankreich ein vorübergehendes Übel gewesen sei, sei sie in Russland von Dauer. Custine hatte mehrere Unterredungen mit dem Zaren. Besaß dieser den Willen und die Kraft, das Regierungssystem zu ändern? Custine bezweifelte es. Sein Buch (das in zwei Bänden mit zusammen rund 1800 Seiten erschien) wurde in Russland natürlich verboten, aber einige Exemplare fanden dennoch ihren Weg zu den Lesern. In voller Länge gedruckt wurde es in Russland erst 1996.

War *Russland im Jahre 1839* nur das oberflächliche Werk eines böswilligen französischen Dandys, ungerecht und unrichtig? Es hatte sicherlich erhebliche Schwächen, und sei es auch bloß, weil sein Autor sich die meiste Zeit nur in den beiden größten Städten des Landes aufgehalten hatte. Aber Custine war keineswegs voller Vorurteile nach Russland gereist und erfand seine Geschichten nicht, sondern beobachtete scharf und legte den Finger auf einige wirklich tiefsitzende Übel. Und wenn sein Buch, wie George Kennan viele Jahre später schrieb, auch keine vollkommene Beschreibung der Situation von 1839 bot, dann doch ein ausgezeichnetes Bild des stalinistischen Russland.

Karl Marx' Äußerungen über Russland können als gutes Beispiel der Russophobie betrachtet werden. Aber Marx war kein Russlandkenner, kein Insider. Ein unmittelbareres Bild erhält man dagegen aus dem Tagebuch eines Baltendeutschen namens Victor Hehn, eines gebildeten Mannes, der gleichwohl in einer unbedeutenden Position als Bibliothekar arbeitete. Sein Buch *De moribis Ruthenorum* (1892) ist eine vernichtende Darstellung aller negativen Aspekte des Lebens in Russland, vor allem der Oberflächlichkeit selbst gebildeter Russen, der Ineffizienz, Lügenhaftigkeit, Anmaßung und Korruption. Hehn fand nichts Liebenswertes, geschweige denn Bewundernswertes an Russland. Freilich ist sein Buch alles andere als gerecht. So werden Puschkin und Lermontow überhaupt nicht erwähnt, Gogol wird als unbedeutender Dichter mit großen Fehlern abgetan.

Wenn man bedenkt, dass Hehns Notizen aus den Jahren 1857 bis 1873 stammen, als die Hälfte von Dostojewskis Werken bereits veröffentlicht war und *Krieg und Frieden* zu erscheinen begonnen hatte – von Tjuttschew, Turgenjew und anderen ganz zu schweigen –, und dass Gogols *Tote Seelen* und *Revisor* in jeder Hinsicht bedeutende Werke waren, dann ist dieses Stillschweigen entweder ein Zeichen stupender Ignoranz oder eine kolossale Unverfrorenheit, zumal die Jahrhundertmitte in der deutschen Literatur im Gegensatz zur russischen nun gerade keine große Zeit war. Auf jeden Fall bedeutet Russophobie, Furcht vor Russland zu haben, und weder Custine noch die anderen Genannten fürchteten das russische Reich. Aber sie sahen auf es herab, was vielleicht eine noch größere Kränkung darstellte.

War Bismarck russophob? Er war eine Zeitlang preußischer Gesandter in Russland, bewegte sich aber vor allem in diplomatischen Kreisen, und sein Hauptinteresse galt nicht der russischen Kultur. Er fürchtete Russland nicht gerade, hinterließ den deutschen Außenpolitikern aber die Warnung: »Führt niemals Krieg gegen Russland.« Da überrascht es nicht, dass er zum Liebling russischer Nationalisten wurde. Die Zuneigung wurde erwidert: Als Zar Alexander II. ermordet wurde, lautete die Schlagzeile der konservativen *Kreuzzeitung:* »Unser Kaiser ist gestorben«.

In dieser Periode gab es in Russland keine Parteien. Sie entstanden erst fünfzig Jahre später, kurz vor, während und nach der Februarrevolution von 1917. Auch radikal-nationalistische Organisationen traten erst in dieser Phase in Erscheinung, weshalb manche heutige Ultrapatrioten hier ihre Anregungen finden.

Der Trend zu mehr Militanz und das stärker werdende Gefühl, sich organisieren zu müssen, waren kein spezifisch russisches Phänomen, sondern in allen großen europäischen Ländern zu beobachten. Es resultierte aus der Furcht, dass die Linke ständig Fortschritte machte und man vielleicht sogar mit Revolutionen rechnen musste. In Frankreich führte diese Stimmung 1898 zur Gründung der Action Française und ähnlicher Gruppen. Die Dreyfus-Affäre hatte das Land gespalten und der extremen Rechten viel Wohlwollen und Unterstützung eingebracht. In Deutschland war die Reaktion eher kultureller als politischer Art. Die Deutschkonservativen, die führende rechte Partei, versuchte diese Stimmung zu absorbieren und zu bündeln, indem sie noch antisemitischer, antiliberaler und kriegerischer wurde.

In Russland führten eine wachsende terroristische Bewegung und die revolutionäre Gärung im Land zur Gründung verschiedener Gruppen. Sie trugen Namen wie Union des Russischen Volks, zogen Menschen aus unterschiedlichen Gesellschaftsschichten an und erhielten Unterstützung von Geistlichen und Polizisten sowie von Teilen der Oberschicht, vor allem aber aus der Mittelschicht und der »Ochotny Rjad« – so hießen eine Straße und ein Viertel im Zentrum des historischen Moskau, wo sich der Fleischmarkt befand. Die Bewohner dieses Viertels waren überwiegend erst kürzlich vom Land zugezogen, raue, ungebildete Menschen, die vom Stadtleben, dem anderen Lebensstil und dem raschen sozialen Wandel verwirrt waren. Unter den starken kriminellen Elementen in diesen Vierteln entstand eine Bewegung namens *Tschornaja Sotnja* (Schwarze Hundert), die in den Pogromen von 1905/06 eine bedeutende Rolle spielte (oder sie sogar anzettelte).

Laut Programm der Schwarzen Hundert und verschiedenen öffentlichen Erklärungen hätte sie nicht zu einem Mord aufgerufen, von der Teilnahme an solchen Aktionen ganz zu schweigen. Sie wollte einfach die Massen mobilisieren, wozu die traditionellen Konservativen nicht in der Lage waren. Ihre Führer glaubten, dass das Zarenregime, wenn sie nicht aktiv geworden wären, infolge des verlorenen Krieges gegen Japan zusammengebrochen wäre.

Die Schwarze Hundert war ein Zwischending zwischen den traditionellen konservativ-reaktionären Kräften, die Versammlungen von Notabeln waren, und dem modernen Faschismus, der die Massen zu mobilisieren verstand. Unter dem Banner der Schwarzen Hundert sammelte sich eine uneinheitliche Bewegung, deren Art und Aktivitäten sich von Ort zu Ort unterschieden. Die meisten ihrer Anhänger glaubten an Gewalt, und es gab viele Pogrome, überwiegend im Süden, wo die meisten Juden lebten. Gemäß der »Siedlungsgebiet«-Politik war es nur wenigen Juden erlaubt, in Moskau und anderen Städten des eigentlichen Russland zu leben.

Die Schwarze Hundert hatte keinen charismatischen Führer und keine starke, effiziente Organisation. Ihr erklärtes Ziel war es, die Revolutionäre aufzuhalten, die Russland ruinieren wollten. Aber ihre prominentesten Opfer waren keine Revolutionäre, sondern Michail Herzenstein und Gregor Jollos, zwei bekannte Abgeordnete der zentristischen Konstitutionell-Demokratischen Partei, auch Kadetten genannt. Das inoffizielle Motto der Schwarzen Hundert lautete »Bei schidow, spasai Rossiju« (Schlag die Juden, rette Russland). Vielleicht musste Russland ja wirklich gerettet werden, aber natürlich waren die Juden nicht die Hauptbedrohung; zudem war Herzenstein schon lange kein Jude mehr, er war viele Jahre zuvor zum Christentum übergetreten.

Einige Minister unterstützten die Schwarze Hundert, aber die Mehrheit fand, dass dieses Gesindel weit mehr Schaden anrichtete als Gutes tat. Auch bei den Geistlichen fand die Organisation keine einhellige Unterstützung. Von den rund siebzig Kirchenmännern, die der Duma angehörten, war ein Viertel, vielleicht sogar ein Drittel liberal eingestellt. Selbst Johannes von Kronstadt, der Schutzpatron der Bewegung, hatte das Pogrom in Kischinjow, bei dem im Jahr 1903 insgesamt 49 Juden getötet worden waren, verurteilt. In der Folgezeit hatte er sich allerdings eines anderen besonnen und den Juden die Schuld gegeben. Er wurde später heiliggesprochen.

Der Zar glaubte an die Schwarze Hundert und verherrlichte sie als »strahlendes Beispiel von Gerechtigkeit und Ordnung für alle Menschen«. Aber er war politisch unwichtig. Die Schwarze

Hundert verlor in den folgenden Jahren ihre Energie. Die Union des Russischen Volks hatte weiterhin die Unterstützung von rund 10 Prozent der Öffentlichkeit sowie einiger Sympathisanten in der Duma und in den Medien. Ihre Publikationen wurden teilweise von der Regierung finanziert, die auf diese Weise eine gewisse Kontrolle über sie ausübte. Kurz, der Union des Russischen Volks und der Schwarzen Hundert wurde erlaubt, populistischer zu sein als der Hauptteil der Rechten, aber nur bis zu einem gewissen Punkt. Zum Beispiel verlangten sie, dass der Zar keine ferne Figur, sondern dem Volk näher sein sollte – eine alte Forderung der Slawophilen. Gelegentlich übten sie auch Kritik an lokalen Bürokraten. Aber man erlaubte ihnen nicht, mit ihren radikalen Slogans noch weiter zu gehen, dies wäre in einem Vielvölkerstaat unklug gewesen.

Als das revolutionäre Fieber abgeklungen war, verlor die Union des Russischen Volks an Bedeutung, und die Schwarze Hundert wurde zu einem Untersuchungsgegenstand von Historikern und Politologen. Einige ihrer Anführer, wie Markow II. und Wladimir Purischkewitsch, sorgten noch durch die eine oder andere empörende Dumarede für Aufsehen, doch dies diente mehr der Unterhaltung und hatte keine politische Wirkung mehr. Einige Überlebende der Bewegung kehrten im Alter in die poststalinistische Sowjetunion zurück. A. I. Sobolewski etwa wurde Mitglied der Sowjetischen Akademie der Wissenschaften. Auch W. Welitschko kam zurück, und der bekannte Publizist Wassili Schulgin, Autor von *Schto nam w nich ne nrawitzja* (Was wir nicht über sie wissen), einer Einführung in den Antisemitismus, starb 1976 im Alter von 98 Jahren in Wladimir.

Manche Emigranten hatten den Niedergang des Internationalismus und den Aufstieg eines neuen Nationalismus in der Sowjetunion schon früh vorausgesehen. Hauptvertreter dieser Gruppe, der Smena-Wech-Bewegung, war der Slawophile Nikolai Ustrjalow, ein ehemaliger Abgeordneter der Kadetten. Er kehrte nach der Revolution nach Russland zurück und forderte seine politischen Freunde auf, es ihm gleichzutun. Doch sein Timing war schlecht; er hätte noch 15 oder 20 Jahre warten sollen. Er wurde 1937 verhaftet und erschossen. Besser erging es General Alexei Brussilow, einem Helden des Ersten Weltkriegs (der die berühmte nach ihm benannte Offensive geleitet hatte), der ebenfalls heimkehrte. Als er 1926 starb, erhielt er ein Staatsbegräbnis.

In dieser Zeit, den Jahren kurz vor und kurz nach der Oktoberrevolution, tauchten neben den *Protokollen der Weisen von Zion* auch Schriften auf, die gegen die Freimaurer gerichtet waren. Ihre Wirkung war allerdings trotz der Unterstützung von Teilen des Klerus gering. Die Vorstellung einer weltweiten Verschwörung von Freimaurern ging auf radikale Gegner der Französischen Revolution wie Abbé Barruel zurück. Anfangs waren die Juden noch nicht erwähnt worden, da sie im politischen Leben Frankreichs keine Rolle spielten, nicht einmal in der Opposition. Dieser Zusammenhang wurde erst später im 19. Jahrhundert hergestellt, als die Verschwörung zu einer angeblich jüdisch-freimaurerischen Angelegenheit wurde. Aber solche Töne fanden in der Öffentlichkeit kaum ein Echo. In Russland wusste man wenig über die Freimaurer; ihre Logen waren 1822 verboten worden. Es hätte eigentlich eine große Bereitschaft geben können, an die Omnipräsenz und schändlichen Machenschaften dieser im Dunkeln agierenden Kräfte zu glauben, aber so war es nicht. Es sollte fast ein Jahrhundert dauern, bis derartige Ansichten breitere Aufmerksamkeit fanden.

Noch länger dauerte es, bis sich die heutige Hysterie über bösartige verborgene Einflüsse in Russland herausbildete. Im nationalsozialistischen Deutschland hatte diese Art Propaganda eine Wiedergeburt erlebt, allerdings mit einem bedeutsamen Unterschied: Die Nationalsozialisten hatten keine Angst vor den geheimen Kräften, die sie zu Propagandazwecken beschworen. Sie hielten sich selbst für wesentlich stärker als ihre Feinde. In Russland dagegen scheint man sich wirklich und wahrhaftig vor *Schidomasonstwo* zu fürchten – der vermeintlichen jüdisch-freimaurerischen Verschwörung, deren Vertreter in der Weltpolitik die Fäden in der Hand halten und die für sämtliche Übel des Universums verantwortlich sind.

In den meisten Diskussionen über die Notwendigkeit einer neuen antiwestlichen Doktrin wird ein wichtiger Protagonist, der vielleicht sogar der wichtigste ist, zumeist unterschätzt oder ganz ignoriert: die russisch-orthodoxe Kirche. Der St. Petersburger Metropolit Ioann wurde bereits erwähnt. Doch Ioann war eine Zentralfigur nicht am Anfang, sondern am Ende der Entwicklung einer bestimmten Denkrichtung der orthodoxen Theologie, die auf solche führenden Gestalten der Geschichte der orthodoxen Kirche zurückgeht wie Serafim von Sarow (1754–1833) und Johannes von Kronstadt. Sie waren nicht nur Kirchendenker von großem Einfluss, sondern auch Gegenstand veritabler Kulte. Ihre eschatologischen Predigten über die Ankunft des Antichrist, die Erscheinung eines falschen Messias, über das Zeitenende, den Endkampf zwischen den Kräften Christi und des Satans, in dem das von Gott auserwählte »heilige« Russland eine entscheidende Rolle spielen werde, und andere Elemente einer Paranoia fanden sowohl im Zentrum als auch an der Peripherie der orthodoxen Kirche lange Zeit großen Anklang. Nach einer frühen Fassung dieses Feindbilds war der in Russland geborene Antichrist der Sohn des Teufels und einer Prostituierten, die dem israelischen Stamm von Dan angehörte. Später wurde das Bild säkularisiert und politisiert, so dass der Antichrist nunmehr für alle Feinde des heiligen Russland stand – die Freimaurer, die Aufklärung, die häretische katholische Kirche, die russischen Verfechter der Moderne und viele andere. Auf diese Weise wurde das metaphysische »Tier«, das den Antichrist verkörpert, zum nichtmetaphysischen Amerika, das alle Kräfte des Bösen in sich vereint. Um seine Mission zu erfüllen, muss das »heilige« Russland ein mächtiges Reich errichten, das die Kräfte der orthodoxen Kirche und des russischen Nationalismus zusammenführt. Diese Vorstellung von Katechon und Parusie (Wiederkunft Christi), Endkampf und Zeitenende war und ist in Russland immer noch in zahllosen Formen und auf allen geistigen Niveaus anzutreffen, in fiktionalen und nichtfiktionalen Schriften ebenso wie auf Gemälden, etwa auf denen von Ilja Glasunow. Im Mittelpunkt steht die Wiederkunft Christi, vor der jedoch der Antichrist erscheinen muss. Es ist interessant, wie bestimmte Aspekte der neutestamentlichen Theologie, darunter auch einige recht obskure, in diese Spielart moderner politischer Mythologie Eingang gefunden haben.

Ironischerweise erscheint das Motiv des Endkampfs auch im Kommunismus, etwa in der *Internationale*, die das »letzte Gefecht« besingt. Heute beschäftigen sich Schriftsteller wie Arkadi Maler und Michail Nasarow, die außerhalb Russlands so gut wie unbekannt sind, aber im Land selbst viel gelesen werden, mit dem Thema. Diese Denkrichtung würde breitere Aufmerksamkeit verdienen, denn sie ist für das Verständnis der heutigen russischen Politik und vor allem deren breite Unterstützung in der Bevölkerung von grundlegender Bedeutung. Sie hilft, die paranoiden Ängste und Hoffnungen zu verstehen, die in jüngster Zeit so deutlich hervorgetreten sind – die Angst vor kommenden Katastrophen und die Hoffnung auf Erlösung und den letztendlichen Sieg.

Die »russische Partei« unter den Sowjets

Als mit Gorbatschows Machtantritt Glasnost zur offiziellen Politik wurde, profitierten vor allem die Liberalen, die unter dem alten Regime verfolgt worden waren, von der größeren Freiheit. Aber bald stellte sich heraus, dass auch die Nationalisten und vor allem die »Ultras« die größere Bewegungs- und Redefreiheit zu nutzen wussten. Dies manifestierte sich anfangs in der Tätigkeit von Pamjat, einer hauptsächlich in Moskau und Leningrad sowie in geringerem Maß auch in anderen Städten aktiven Gruppe, deren Wurzeln in der Bewegung zur Erhaltung von Kulturdenkmälern, wie nicht genutzten Kirchen, lagen. Pamjat – so benannt nach dem gleichnamigen Roman-Essay von Wladimir Tschiwilichin – beantragte 1982 die Erlaubnis, Versammlungen und Demonstrationen zu veranstalten, die auch tatsächlich erteilt wurde. Angeführt von dem Photographen Dmitri Wassiljew, fielen die Zusammenkünfte recht turbulent aus und erregten viel Aufmerksamkeit. Aber es war nicht klar, wofür Pamjat stand, abgesehen vom Antisemitismus. Die mangelnde Klarheit war indes, wie sich bald herausstellte, nicht zufällig, denn sie ermöglichte es, Menschen unterschiedlichster politischer Überzeugungen zusammenzubringen. Wassiljew bezeichnete sich als Nichtparteibolschewik, aber es war nicht klar, ob dies ernst gemeint war und ob wirklich gemeint war, was diese Aussage in der Praxis bedeutete. Wie ein Beobachter damals anmerkte, war die Atmosphäre derjenigen in der Frühzeit der NS-Bewegung in München nicht unähnlich. Ein anderer sprach von Bierhallenpatriotismus (*kwasnol patriotism*). Es gab einen gemeinsamen Nenner, den Antisemitismus, aber es war ein recht kleiner Nenner.

Antisemitismus zur Schau zu tragen hatte gewisse Vorteile. Zuerst einmal war das durchaus legal; schon seit langem war er, wenn auch unter dem Namen Antizionismus, von den offiziellen kommunistischen Organen gepredigt worden. Es hatte eine regelrechte Welle antizionistischer Schriften gegeben; selbst politisch Ungebildeten war jedoch klar gewesen, dass ihre Autoren sich nicht nur gegen Theodor Herzl oder Israel richteten, sondern gegen die Juden allgemein.

Pamjat begann sich bald in mehrere Teile aufzuspalten und hörte schon lange vor dem Tod seines Führers im Jahr 2004 auf zu existieren. In der Intelligenzija fand Pamjat nur begrenzten Anklang, und in der breiten Öffentlichkeit war das Echo nicht viel größer. Die Bewegung war ein perfektes Beispiel für alles, was am extremen russischen Nationalismus falsch und böse war. Aber es lohnt sich, daran zu erinnern, dass die schärfste Kritik nicht von Ausländern, von Juden oder Freimaurern kam, sondern von Russen, wahrscheinlich, weil sie das Phänomen besser einschätzen konnten als Außenstehende. Niemand hatte das gnadenloser beschrieben als Nikolai Berdjajew, der 1908 die nationalistische Lehre und Praxis der russischen extremen Rechten als »barbarisch und dumm, heidnisch und unmoralisch inspiriert, voller östlicher Wildheit und Dunkelheit, eine Orgie der alten russischen Zügellosigkeit« bezeichnet hatte.

Vor Glasnost war wahrscheinlich nur wenigen in Moskau bewusst, dass die »russische Partei« weiter zurückreichende Wurzeln hatte, insbesondere auf der mittleren Funktionärsebene der Kommunistischen Partei. Allgemein dagegen war bekannt, dass in den 1930er Jahren auf Stalins Initiative ein Kurswechsel vom proletarischen Internationalismus zum sowjetischen Patriotismus vollzogen worden war. Einer der ersten Meilensteine auf diesem Weg war die Pokrowski-Affäre von 1936 gewesen: Michail Pokrowski war ein alter Bolschewik, Historiker von Beruf und bis zu seinem Tod einige Jahre zuvor stellvertretender Bildungsminister. In seinen im alten leninistischen Geist verfassten Schriften zur russischen Geschichte hatte er mit sämtlichen alten nationalistischen Stereotypen aufgeräumt, was jetzt als Vulgärsoziologismus (die Soziologie war in der Sowjetunion als Wissenschaft nicht anerkannt) verurteilt wurde und durch etwas anderes, in einem neuen Geist Geschriebenes ersetzt werden musste. Ein weiterer Grund für Pokrowskis Verurteilung war, dass er die Idee des »großen Mannes« in der Geschichte ins Lächerliche zog, was unter Stalin nicht mehr mit der Parteilinie in Einklang stand. Pokrowskis Antipatriotismus war wahrscheinlich ausschlaggebend für die Wende in der sowjetischen Geschichtsschreibung, die dazu führte, dass Alexander Newski, Dmitri Donskoi und sogar solche traditionellen Helden wie Iwan der Schreckliche ihren Platz in der russischen Geschichte zurückerhielten. Während des Zweiten Weltkriegs, in Russland auch Großer Vaterländischer Krieg genannt, wurde dieser Trend aus naheliegenden Gründen noch stärker. Immerhin hatte die Weltrevolution nicht stattgefunden, und sowjetische Soldaten kämpften und starben ebenso für die Heimat (*rodina*) wie für Stalin.

Die Wende zum Patriotismus hatte jedoch ihre Grenzen, und erst unter Stalins Nachfolgern gewann die »russische Partei« Anhänger bis hinauf zur höchsten Ebene. Einer der wichtigsten Unterstützer war Alexander Schelepin (1918–1994), der in der kommunistischen Jugendorganisation Komsomol Karriere gemacht hatte und 1958 bis 1961 KGB-Chef war. Er war ein Protegé von Chruschtschow, beteiligte sich später aber an dem erfolgreichen Putsch gegen ihn – einigen Hinweisen zufolge in der Hoffnung, seine Nachfolge antreten zu können. Doch er hatte sich verrechnet; er blieb zwar noch eine Zeitlang Politbüromitglied, wurde aber nach und nach aus der Führung verdrängt. Unter seiner Ägide wurde das nationalistische Element im Parteiapparat stärker und erhielt größeren Spielraum, alles aber innerhalb gewisser Grenzen; bestimmte ungeschriebene Regeln mussten beachtet werden. Ein anderer Beschützer der Patrioten war Sergei Pawlow (1929–1995), in den 1960er Jahren Erster Sekretär des Komsomol.

Die ungeschriebenen Regeln zu verletzen, indem man nicht wenigstens Lippenbekenntnisse zur Parteiideologie abgab oder ihr gar offen widersprach, konnte gefährlich sein. Einige Nationalisten, die sich nicht an die Sprachregelung gehalten hatten – wie W. Ossipow und A. M. Iwanow-Skuratow –, landeten im Gulag. Aber die Zahl dieser nationalistischen Abweichler war sehr klein, verglichen mit der Gruppe derjenigen, die mehr demokratische Rechte gefordert hatten. Andere führende Beschützer der Nationalisten waren J. S. Melentjew, ebenfalls aus der Führungsriege des Komsomol, und vor allem mehrere hochrangige Repräsentanten der Kommunistischen Partei der Russischen Föderativen Sowjetrepublik.

Während die »russische Partei« unter Breschnew fast völlige Narrenfreiheit genoss, da sich der Parteichef nicht für Ideologie interessierte, war ihr Handlungsspielraum unter Andropow, der solche ultranationalistischen Abweichungen nicht mochte, eingeschränkt. Aber Andropows Amtszeit war kurz und der Rückschlag nur vorübergehend. In der Spätphase des Sowjetregimes gab es mehrere Anzeichen für ein Erstarken des Nationalismus, wie etwa das Auftreten der Dorfschriftsteller, der Potschweniki (abgeleitet von *potschna*, Erdboden). Die Ursprünge dieser Schriftstellergruppe lagen in den 1960er Jahren, vielleicht noch früher. Man könnte in diesem Zusammenhang Michail Scholochow erwähnen, aber er hielt sich weitgehend von den Aktivitäten von Moskauer Gruppen fern und wurde mit zunehmendem

Alter immer mehr zu einer Art Primadonna. Sein Roman *Der stille Don* war ein herausragendes Werk, das wenig mit der offiziellen Parteidoktrin des sozialistischen Realismus zu tun hatte. Tatsächlich war es allem, was er später schrieb, derart überlegen, dass (wahrscheinlich ungerechtfertigte) Zweifel an seiner (alleinigen) Urheberschaft laut wurden. Er war ein wahrer Konservativer, der die städtischen Schriftsteller verabscheute und sich demonstrativ vom urbanen Leben und allem, wofür die Stadt stand, fernhielt.

Leonid Leonow (1899–1994), ein anderer bedeutender russischer Schriftsteller, war ein ähnlicher Fall. Zählte er in den 1920er und 1930er Jahren noch zu den großen Autoren seiner Zeit, waren seine letzten Romane, wie *Piramida* (an dem er über vierzig Jahre gearbeitet hatte), zum Nachteil der literarischen Qualität mit mystischem Nationalismus und Religiosität getränkt und wurden kaum gelesen. In der Phase von Glasnost schloss er sich dem Lager der rechtsextremen Autoren an und protestierte gegen die Demokratisierung des Landes und andere Neuerungen, die seinen Überzeugungen widersprachen. Es war ein trauriger Fall des Niedergangs eines bedeutenden Schriftstellers, aber er zeigt, dass die »russische Partei« keine kleine, isolierte Splittergruppe war, sondern von Schriftstellern unterstützt wurde, die einst als Repräsentanten des kommunistischen Systems betrachtet worden waren.

Die eigentlichen Potschweniki betraten in den 1960er Jahren die Bühne. Zu ihnen gehörten echte schriftstellerische Talente wie Wassili Schukschin, Wassili Below und Walentin Rasputin. Schukschin, der vielleicht Begabteste von ihnen, starb jung. Er hatte Bücher geschrieben und Filme gedreht. Below war alles andere als ein politischer Dissident, doch da sein Gegenstand das Dorfleben war, konnte er seine Überzeugung nicht verheimlichen, dass die Kollektivierung der Landwirtschaft ein großer Fehler und sogar eine Tragödie war, weil sie zur Abwanderung in die Städte führte. In Belows Augen war das Stadtleben unmoralisch (wofür er zum Teil den Westen verantwortlich machte). Nach seiner Ansicht waren die wahren Werte Russlands im Dorf

beheimatet, doch das Dorfleben war in der Sowjetzeit degene-
riert. Below neigte dazu, das vorrevolutionäre dörfliche Dasein
zu idealisieren. Er hatte es nie kennengelernt, aber diese Ver-
herrlichung war wahrscheinlich eine unvermeidliche Folge seiner Ablehnung des Stadtlebens. Ironischerweise verbrachte er,
nachdem er zu einer politischen Figur im Schriftstellerverband
und in anderen Organisationen geworden war, den größten Teil
seiner Zeit in Moskau.

Below, der 2012 gestorben ist, stammte aus dem Altai, Schukschin aus der Region um Wologda im Norden, Rasputin aus
Sibirien, wo er auch den größten Teil seines Lebens gewohnt
hat, zuletzt in Irkutsk. Wie die anderen Dorfschriftsteller hat er
sich für viele ökologische Anliegen eingesetzt, wie den Kampf
gegen die Umleitung sibirischer Flüsse und für den Schutz des
Baikalsees. Im Zuge der Perestroika wurde er zum am stärksten
politisierten Vertreter der Dorfliteratur und äußerte sich auch
später in offenen Briefen an das russische Volk und seine Führer
zu aktuellen Ereignissen, einschließlich der Affäre um die Band
Pussy Riot. Er wurde zu einem der leidenschaftlichsten Kämpfer gegen liberale und demokratische Neuerungen und identifizierte sich mit der Politik der Zaren sowie der Kommandeure
der antikommunistischen »weißen« Armeen im Bürgerkrieg.
Sein Lieblingsmotto war Pjotr Stolypins an die Reformer und
Revolutionäre seiner Zeit gerichtete Feststellung: »Sie brauchen
große Aufstände, wir brauchen ein großes Russland.« Kritiker
warfen Rasputin extremen Antimodernismus vor; er idealisiere
das vorrevolutionäre Dorfleben und sei deshalb hoffnungslos
unrealistisch. Es trifft zu, dass sich Rasputin aufgrund seiner politischen Einstellung in viele Widersprüche verwickelt hat; so ist
er schließlich dazu gelangt, Stalin zu rühmen, der immerhin für
die Kollektivierung mitverantwortlich gewesen war. Doch der
Vorwurf, das dörfliche Zusammenleben zu beschönigen, ist zumindest übertrieben. Seine eindrucksvolle Erzählung *Der Brand*
etwa steht keineswegs in der Tradition von romantischer Ver-
klärung und »Blut und Boden«-Ideologien, sondern beschreibt
die Alkoholexzesse und Plünderungen, denen sich die Einwoh-

ner einer in Brand geratenen Kleinstadt hingeben, anstatt das Feuer zu bekämpfen. Am Ende entschließt sich der Erzähler, ein örtlicher Polizist, der alle Hoffnung auf ein Leben in seinem Geburtsort verloren hat, seine Heimat zu verlassen.

Schließlich ist als Teil der »russischen Partei« die Bewegung zum Erhalt von Kulturdenkmälern zu nennen. Solche Gruppen, die teilweise eine beachtliche Mitgliederzahl erreicht haben, bildeten sich zuerst in Moskau, später auch anderswo. Die Historiker sind sich über ihre Bedeutung uneins. Die Gruppen enthielten sich politischer Äußerungen, doch die meisten wurden zweifelsohne von Anfang an von Nationalisten dominiert. Die 1965 gegründete Hauptgruppe feierte 1980 den sechshundertsten Jahrestag der Schlacht auf dem Kulikowo Pole, in der damals Dmitri Donskoi die Tataren besiegt hatte, aber es fanden auch Versammlungen statt, die Lenins Kampf gegen Trotzki gewidmet waren und nichts mit dem Schutz von Denkmälern zu tun hatten, sondern Gelegenheit boten, über Trotzkis vermeintliche Beziehung zur zionistischen Bewegung zu sprechen. Da ihnen der Zionismus im Grunde egal war, muss das eigentliche Motiv Antisemitismus gewesen sein. Bei anderen Anlässen wurden Gruppenfahrten in die Gegend westlich von Moskau veranstaltet, wo 1941 Kämpfe stattgefunden hatten.

Im Rückblick hat es den Anschein, als hätte die »russische Partei« keine großen Fortschritte gemacht. An ihren Versammlungen nehmen immer dieselben Leute teil, und ihre Botschaft hat die breite Öffentlichkeit nicht erreicht. Gleichwohl waren einige Publikationsorgane fest in ihrer Hand, vor allem die Monatsschriften *Nasch Sowremennik* und *Molodaja Gwardija*. Letztere neigte mehr Stalin und dem Stalinismus zu, während Erstere den russischen Nationalismus insgesamt präsentierte. Damit ließen sich zwar keine Millionen erreichen, sicherlich aber Hunderttausende. Die ideologischen Unterschiede verschwanden nicht; der Antisemitismus war nützlich, aber er allein schuf noch keinen Patriotismus, reichte nicht aus, um eine »russische Idee« hervorzubringen. Ob man Kommunist war oder glaubte, dass sich das kommunistische System als jüdisches, ausländisches Produkt für Russland nicht eignete, ob man Stalin bewunderte oder verabscheute, es gab tiefe Meinungsverschiedenheiten, aber sie schienen nicht unüberbrückbar zu sein. Anatoli Iwanow, der Herausgeber der *Molodaja Gwardija*, betrieb antireligiöse Propaganda, während *Nasch Sowremennik* nicht nur das Organ der Dorfschriftsteller war, sondern auch, freilich nur vorsichtig, für eine Annäherung an die orthodoxe Kirche eintrat und im Grunde antikommunistisch war, auch wenn man das nur zwischen den Zeilen lesen konnte. Selbst so unverfängliche Ereignisse wie die Schlacht auf dem Kulikowo Pole konnten Kontroversen auslösen, denn die Eurasianer wollten mit Russlands asiatischen Nachbarn, die sie hochschätzten, zusammenarbeiten und keinen Streit mit ihnen.

In gewissem Maß konnten die Differenzen unter den Teppich gekehrt werden, beispielsweise indem man Stalin zu einem russischen Nationalisten machte, der auch gar kein richtiger Marxist gewesen sei (was zumindest teilweise zutraf). Dieser Trend zur Einigkeit unter den russischen Nationalisten blieb auch in der Glasnostperiode bestehen und verstärkte sich sogar. Die Differenzen zwischen (ehemaligen) Kommunisten und Rechtsextremen verschwanden weitgehend, und häufig konnte man anhand der Äußerungen eines Autors nicht mehr mit Sicherheit sagen, welchem Lager er angehörte.

In der Endphase von Glasnost konnte die »russische Partei« offen hervortreten. Die Sowjetunion und ihr Reich zerfielen. Was die »Erwerber russischer Lande« in Jahrhunderten gewonnen hatten, zerfiel binnen weniger Monate. Die Staatsstreiche und andere Versuche, die neue Regierung zu stürzen, schlugen auf klägliche Weise fehl. Aber gerade durch diese enttäuschenden Ereignisse erhielt die »russische Partei« neuen Auftrieb, da die Überzeugung wuchs, dass das Land vor dem Ruin bewahrt werden müsse. Und dafür gab es nur einen Weg: das Reich zu retten und wiederherzustellen, indem man sich so viel wie möglich von ihm zurückholte. Denn als kleines, unbedeutendes Land, so glaubte man, könnte Russland nicht überleben, sondern nur als Großmacht mit einer großen Mission.

Die Wiederentdeckung Iwan Iljins

»Eine Elite ohne Ideologie ist eine Gefahr«, schrieb Alexei Podbereskin, wie schon erwähnt, in der ersten Ausgabe des Jahres
2014 der rechtsextremen Zeitschrift *Sawtra*. Diese Aussage ist
zu bezweifeln. Die Katastrophen der russischen Geschichte waren mindestens so oft auf ein Übermaß wie auf einen Mangel an
Ideologie zurückzuführen. Dass Podbereskin bei einer der Präsidentschaftswahlen nicht allzu gut abschnitt – er kam auf nur
0,1 Prozent der Stimmen –, lag wahrscheinlich daran, dass er zu
viele Ideen auf einmal vertrat. Er stand für eine Mischung aus
radikalem Nationalismus, orthodoxem Christentum und post-
stalinistischen Ansichten. Da andere Parteien mehr oder weniger die gleiche Mixtur anboten, hatte das Wahlvolk die Qual der
Wahl. Podbereskin war Berater des Vorsitzenden der Kommunistischen Partei, selbst aber kein Parteimitglied, und die Wäh-
ler konnten sich vermutlich nicht darüber klarwerden, ob sie es
nun mit einem konservativen Revolutionär oder einem revolu-
tionären Konservativen oder beidem oder keinem von beidem
zu tun hatten.

Zweifellos zutreffend ist, dass sich die meisten russischen Parteien bis in jüngste Zeit alle Optionen offenhielten. Das ideologische Potpourri ist derart bunt, dass für jeden etwas dabei ist.
Seit kurzem sucht man jedoch verstärkt nach etwas Konkrete-
rem und Handgreiflicherem. 2013 ließ Putin an alle Gouverneure und hohen Politiker drei Bücher als Weihnachtslektüre
verteilen: Berdjajews *Filosofija nerawenstwa* (Philosophie der Un-
gleichheiten), Iljins *Naschi Sadatschi* (Unsere Aufgaben) und So-
lowjows *Die Rechtfertigung des Guten*. Das war schwere Kost;
eine solche Lektüre dürfte wohl kaum jemals von Politikern und
Staatsbeamten in einem anderen Land verlangt worden sein.
Alle drei Autoren waren Theologen beziehungsweise Religionsphilosophen, doch die von Putin verschickten Bücher handelten
vorrangig nicht von Gott oder dem Teufel.

Solowjow, ein Schriftsteller des späten 19. Jahrhunderts, der sich mit vielen Themen beschäftigte, hatte großen Einfluss sowohl auf seine Zeitgenossen (wie etwa Dostojewski) als auch auf die nachfolgenden Generationen, vor allem aber auf seinen Neffen, den Dichter Alexander Blok, der mit seinem Gedicht über den »Panmongolismus« als Urahn des Eurasianismus betrachtet werden kann. Solowjow war jedoch alles andere als begeistert von dem, was er als Osten des Xerxes betrachtete. Er war ein religiöser Denker, vertrat allerdings einen ökumenischen Ansatz, setzte sich für die Versöhnung zwischen Ostkirche und katholischer Kirche ein. Damit machte er sich in orthodoxen Kreisen ebenso unbeliebt wie mit der Ansicht, dass der Antisemitismus der orthodoxen Kirche eine Schande sei.

Nikolai Berdjajew stammte aus einer Adelsfamilie, aus der viele Militärs hervorgegangen waren. Er gehörte der Generation nach Solowjow an und starb kurz nach dem Zweiten Weltkrieg im Pariser Exil. Er war hochgebildet und im Westen zweifellos der bekannteste religiöse Denker Russlands. Obwohl ohne jede akademische Qualifikation, wurde er im vorrevolutionären Russland zum Professor ernannt, ein beispielloser Vorgang, und hatte in der russischen Geistesgeschichte nur wenige seinesgleichen. 1922 befand er sich unter den Passagieren des sogenannten Philosophenschiffs, mit dem Lenin 160 ausgewiesene russische Intellektuelle nach Deutschland bringen ließ.

In dem von Putin verschickten Buch beschäftigte sich Berdjajew jedoch weder mit christlicher Ethik noch mit göttlicher Wahrheit und Offenbarung, sondern verteidigte die ökonomische Ungleichheit, womit er eine Art Vorläufer der amerikanischen Schriftstellerin und Philosophin Ayn Rand wurde. Das ist aus mehreren Gründen überraschend. In seiner Jugend war Berdjajew ein Linker und wurde sogar für mehrere Jahre verbannt, außerdem muss er als Theologe die Bibelstellen Timotheus 6,10 über die Habsucht und Markus 10,25 über den Reichen, das Kamel und die Wahrscheinlichkeit, dass sie durch ein Nadelöhr passen, gekannt haben. John Rawls' Theorie der Gerechtigkeit war zu Berdjajews Zeit noch nicht veröffentlicht, aber er dürfte gewusst haben, dass zu viel Ungleichheit, so schlecht ein Übermaß an Gleichheit sein mochte, schädlich ist. Umgekehrt muss Putin wissen, dass die allgemeine Tendenz auf der Welt in Richtung exzessiver Ungleichheit zeigt. Wenn Berdjajew Ungleichheit befürwortete, dann, weil nach seiner Ansicht zu viel Gleichheit die politische Freiheit einschränken oder sogar negieren würde. Auf Putins Agenda steht die Freiheit dagegen nicht sehr weit oben.

Putin dürfte auch wissen, dass die ökonomische Ungleichheit in Russland größer ist als in allen anderen Industrie- und Schwellenländern. Rund 110 russische Bürger besitzen laut einigen Quellen 35 Prozent des Haushaltsvermögens des Landes. Dies ist nicht nur zu einem großen politischen Problem geworden, sondern auch zu einem ernsten ökonomischen Thema. Dass der Reichtum in derart wenigen Händen konzentriert ist, stellt ein reales Hindernis für das Wirtschaftswachstum dar, da er nur eine begrenzte Nachfrage erzeugt. Unter diesen Umständen müsste der politische und ökonomische gesunde Menschenverstand eine Strategie empfehlen, die zu einer breiteren Verteilung der Vermögen führt. Berdjajew dagegen erklärt den großen Reichtum Amerikas in seinem Buch mit der Ungleichheit von Eigentum und Einkommen.

Am beunruhigendsten ist Putins dritte ideologische Empfehlung – Iwan Iljin. Putin und seine Mitstreiter sind überzeugt, dass die lange Suche nach einer neuen Doktrin endlich ein Ende gefunden hat. In Gestalt von Iljin glauben sie den Propheten gefunden zu haben, von dem sie ihre neue Ideologie entlehnen können.

Unter den russischen Emigranten der 1920er und 1930er Jahre war Iljin eine bekannte Figur. Danach wurde er jedoch vergessen und erst jüngst wiederentdeckt. Seine Bücher wurden neu aufgelegt, und Putin und seine Umgebung zitieren ihn regelmäßig in ihren Reden und Artikeln, was den Minister für Regionalentwicklung zu der Feststellung veranlasste: »Die Nachfrage nach seinen Ideen ist heute in Russland so groß, dass man manchmal das Gefühl hat, Iwan Iljin sei unser Zeitgenosse.«

1883 in Moskau, einen Steinwurf vom Kreml entfernt, in eine

Oberschichtfamilie hineingeboren, deren männliche Mitglieder
meist in der Armee dienten, studierte Iljin in Russland und
Deutschland – seine Mutter war deutscher Herkunft – Jurisprudenz und schrieb über Hegel, Fichte und Rechtsphilosophie. In
späteren Jahren beschäftigte er sich mit religiösen Themen und
gehörte 1922 wie Berdjajew zu den Passagieren des »Philosophenschiffs«. Er ließ sich in Berlin nieder, wo er am Russischen
Wissenschaftsinstitut arbeitete, vorwiegend als politischer Redner und Schriftsteller, und widmete sich ganz dem Kampf gegen
den Bolschewismus, der in seinen Augen die größte Gefahr für
die Menschheit darstellte. So gab er eine Aufsatzsammlung über
die Verbrechen der Bolschewiken mit dem Titel *Welt vor dem
Abgrund* heraus, die in mehrere Sprachen übersetzt und viel gelesen wurde. Er bekam jedoch Schwierigkeiten mit der Gestapo,
verlor im Juli 1934 seine Anstellung und musste einsehen, dass er
als Autor und Redner nicht mehr gefragt war. Dass die Nationalsozialisten für seine Entlassung sorgten, ist allgemein bekannt;
seltener wird erwähnt, dass seine Arbeitsstelle zu Goebbels' Pro-
pagandaministerium gehört hatte. Iljin ging mit Hilfe des Komponisten Sergei Rachmaninoff in die Schweiz, wo er bis zu
seinem Tod im Jahr 1954 lebte. Putin veranlasste 2006 die Über-
führung seiner sterblichen Überreste nach Moskau, wo sie auf
dem Friedhof des Donskoi-Klosters bestattet wurden. Außerdem sind in den letzten beiden Jahrzehnten fast dreißig seiner
Bücher in Russland wiederaufgelegt worden. Iljin gehört zu
den wenigen Denkern, die Putin in seinen Reden als Präsident
zitiert hat, in den Reden zur Lage der Nation von 2005 und 2006
ebenso wie in seiner Rede im Staatsrat im folgenden Jahr. 2009
legte Putin an seinem Grab Blumen nieder.

Was finden der russische Präsident und andere Angehörige
der Führungsschicht an Iljins Schriften so anziehend? Welche
Ideen hat er zum Wiederaufbau des postkommunistischen Russland beizutragen? In seiner Generation russischer Emigranten
war er einer der zwei Religionsphilosophen, die sich weit mehr
als andere Gedanken über die Zukunft Russlands machten. Der
andere, Georgi Fedotow, war Humanist und Demokrat, wäh-

rend Iljin nie einen Hehl daraus machte, dass er für die Monarchie und eine autokratische (aber nicht totalitäre) Diktatur eintrat. Nach dem Zweiten Weltkrieg veröffentlichte Fedotow einen Aufsatz, in dem er darlegte, dass das zaristische Russland in keiner Hinsicht als Modell eines postkommunistischen Russland dienen könne (*Nowy Schurnal* 21). Daraufhin forderte Iljin ihn auf, doch für die Parteizeitungen *Prawda* und die *Iswestija* zu schreiben (*O russkom Nationalisme*). Fedotow fragte sich, woran Russland nach dem Untergang des Bolschewismus und dem Ende von Revolution und Gegenrevolution glauben würde. An die russische Nation, lautete seine Antwort. Aber auf welche Weise? Von heute aus gesehen, wäre die Antwort: auf Iwan Iljins Weise.

Iljin sah für das postkommunistische Russland eine starke Zentralmacht und nur wenige Rechte für nichtrussische Regionen wie die Ukraine und den Kaukasus vor – dies dürfte zu seiner Beliebtheit bei der heutigen russischen Führung beigetragen haben. Aber wie gelangten Iljins Ideen nach Russland, nachdem er dort so lange vergessen gewesen war? Mit seinen Ansichten übte er starken Einfluss auf eine Organisation der jüngeren Emigrantengeneration aus, den NTS (Narodno Trudowoi Sojus, Bund der russischen Solidaristen), von dessen Mitgliedern einige nach dem Ende des Kommunismus nach Russland zurückgekehrt waren. Sie könnten seine Botschaft nach Moskau gebracht haben; wahrscheinlicher ist jedoch, dass Alexander Solschenizyn oder der Filmemacher Nikita Michalkow der Überbringer war. Letzterer, Regisseur von Filmen wie *Die Sonne, die uns täuscht* (1994) und *Der Barbier von Sibirien* (1998), war ein strammer Rechter. Sein Vater war der Dichter der Nationalhymne, die 1944 an die Stelle der *Internationale* getreten war, 2001 hat er den Text für die russische Hymne umgedichtet.

»Der Herr hat Iljin die Sehergabe gegeben«, meinte der bereits zitierte Minister für Regionalentwicklung, womit er die Überzeugung ausdrückte, dass ebenso wie Iljins Prophezeiung über den Zerfall der Sowjetunion auch seine Voraussage über Versuche, nach deren Ende die russische Souveränität zu untergraben, eintreffen würde. Aber nicht alle von Iljins Prophezeiungen haben sich bewahrheitet. Tatsächlich lag er mit einigen auf geradezu peinliche Weise daneben. »Was hat er getan?«, fragte er 1933 in Bezug auf Hitler. »Er hat den Prozess der Bolschewisierung Deutschlands gestoppt und Europa damit einen enormen Dienst erwiesen.« Dass Hitler durch die Entfachung des Zweiten Weltkriegs dem Bolschewismus das Tor nach Europa öffnen würde, sah Iljin nicht voraus.

»Europa versteht die nationalsozialistische Bewegung nicht«, schrieb Iljin. »Es versteht sie nicht und hat Angst vor ihr, und je mehr Angst es hat, desto weniger versteht es sie. Und je weniger es sie versteht, desto mehr neigt es dazu, all den abträglichen Gerüchten, all den Schreckensgeschichten von ›Augenzeugen‹, all den furchterregenden Voraussagen Glauben zu schenken. Radikale Linke in buchstäblich allen europäischen Ländern schaffen eine Atmosphäre voller Übelwollen und Hass. Leider lässt sich auch unsere russische [Emigranten-]Presse nach und nach davon anstecken. Die (jüdisch-liberalen) Gefühle werden immer mehr zu Kategorien von Gut und Böse.« Er verstehe zwar die Gefühle der deutschen Juden, fügte Iljin hinzu, lehne es aber kategorisch ab, die Nationalsozialisten und die jüngsten Ereignisse in Deutschland von ihrem Standpunkt aus zu beurteilen. Von liberalen demokratischen Ideen hypnotisiert, sei Europa blind für die bolschewistische Gefahr. Mussolini habe die Bedrohung erkannt, und jetzt auch Hitler.

»Bis zum heutigen Tag hat die Öffentlichkeit nicht begriffen, dass Nationalsozialismus keineswegs radikaler Rassismus bedeutet, der die Gesetze missachtet«, versicherte Iljin. »Der Geist des Nationalsozialismus führt nicht zum Rassismus.« Er führe nicht zur Negation, sondern schaffe eine positive, kreative Stimmung, um die Aufgaben zu meistern, vor denen alle Völker stünden. Gegen die russischen Emigranten und Mussolini würden dieselben Verleumdungen vorgebracht. Kurz gesagt, Iljin war kein Nationalsozialist, aber ein starker Sympathisant, der das Wesen der NS-Bewegung von Grund auf falsch einschätzte. Sein politisches Urteil war schlicht töricht. Hitlers Rassismus entging ihm

völlig oder kümmerte ihn nicht, ebenso wie dessen Feindseligkeit gegenüber Russland und die Tatsache, dass er Russen für
»Untermenschen« hielt. Er erkannte nicht, dass der Nationalsozialismus auf einen Krieg gegen die Sowjetunion zusteuerte
und dass seine Motive keineswegs in erster Linie ideologischer
Art waren. Iljin war bereit, alle Antikommunisten in die Arme zu
schließen. Für Hitler war der Kommunismus indes keine derart
große Bedrohung; seine Propaganda war in dieser Hinsicht absichtlich irreführend. In gewissem Maß bewunderte er Stalin
sogar. Aber er wollte Osteuropa und Russland besetzen und aus-
beuten.

Iljin griff die »jüdisch-bürgerliche Presse« der Weimarer Republik – wie das *Berliner Tageblatt*, die *Vossische Zeitung* und die
Frankfurter Zeitung – leidenschaftlich an. Er warf ihr vor, sowjet-
freundlich zu sein und nie die Wahrheit über Russland zu sagen.
Tatsächlich berichteten diese Zeitungen mitunter unkritisch,
aber ihre Halb- und Unwahrheiten waren lässliche Sünden verglichen mit Iljins krassen Fehlurteilen und seinem Fanatismus.

Was lässt sich zu Iljins Verteidigung anführen? Nicht viel, außer vielleicht, dass er die zitierten Sätze (und andere, ähnliche
Äußerungen) kurz nach dem Machtantritt der Nationalsozialisten formuliert hat. Dennoch bleibt die Tatsache, dass er, obwohl
selbst Monarchist, den Nationalsozialismus als positives Phänomen betrachtete, das mit einigen Änderungen und Anpassungen
als Modell für das künftige Russland dienen könnte.

Änderte er seine Ansichten nach dem Krieg? Ja, aber nicht
sehr. Er zog es vor, sich über den Faschismus im Allgemeinen zu
äußern, nicht über den Nationalsozialismus im Besonderen.
Seine Haltung legte er 1948 in einem Aufsatz dar, der in der
Biblioteka dumajuschewo o Russii erschien. So kurz nach dem
Krieg war eigentlich Vorsicht geboten, doch Iljin wäre nicht
Iljin gewesen, wenn er ein Blatt vor den Mund genommen hätte.
Der Faschismus, erklärte er, sei angesichts des linken Chaos und
Totalitarismus in Europa unvermeidbar gewesen. Wie bei einer
Diktatur im antiken Rom hätten sich in einer Notfallsituation
die gesunden Kräfte Geltung verschafft. Dies sei nach dem

Ersten Weltkrieg überall in Europa geschehen, und es werde in Zukunft wieder geschehen. Der Faschismus habe insofern recht gehabt, als er begründete soziale und politische Reformen anstrebte und auf patriotischen Gefühlen beruhte, ohne die kein Volk überleben könne. Allerdings habe er einige fatale Fehler begangen, die ihn zu Fall gebracht hätten. Iljin zählt sechs Fehler auf, entscheidend ist für ihn jedoch der erste, aus dem alle anderen folgten: Der Faschismus sei nicht religiös gewesen und habe dem Christentum sogar feindselig gegenübergestanden. Er habe den rechten Totalitarismus hervorgebracht, und das Monopol einer einzigen Partei habe zu Sittenverfall und Korruption geführt. Außerdem sei er chauvinistisch geworden und habe dem Cäsarismus gehuldigt.

Für Iljin war der Mangel an Religiosität der entscheidende Faktor. Aber nicht jeder Faschismus war antireligiös; nur das NS-Regime in Deutschland mischte sich in Kirchenangelegenheiten ein und verfolgte gelegentlich Geistliche. In Italien und anderen faschistischen Bewegungen gab es nichts dergleichen. In manchen Fällen kam es sogar zu einer recht engen Kollaboration zwischen Staat und Kirche. Nach Iljins Ansicht waren all diese Abirrungen, Übertreibungen und Fehler unnötig. Mussolini habe begriffen, dass er die Kirche brauchte, während Hitler mit seinem vulgären Atheismus nicht erkannt habe, dass er in die Fußstapfen des Antichristen trat. Genauso wenig sei es notwendig gewesen, ein Parteienmonopol zu errichten.

Der Cäsarismus, womit Iljin wahrscheinlich das Führerprinzip beziehungsweise die Verehrung des Duce meinte, sei das Gegenteil des Monarchismus und führe unvermeidlich zum Despotismus, zur Negierung der Freiheit und zu Terrorismus. Er sei unmoralisch, grausam und demagogisch, verachte die Menschen und missachte das Gesetz und die Individualrechte. Franco und Salazar hätten dies begriffen und würden sich nicht als Faschisten verstehen. Der Faschismus müsse notwendigerweise keine *folie des grandeurs* und kein Übermaß an Stolz und Überlegenheitsgefühl hervorrufen, das tendenziell zu seiner Isolierung und seinem Untergang führe.

Iljin drückte die Hoffnung aus, dass die russischen Faschisten aus den Fehlern ihrer Vorgänger lernen und sie nicht wiederholen würden, da sie andernfalls der patriotischen Sache großen Schaden zufügen würden. Sogar noch nach dem Zweiten Weltkrieg fiel es Iljin schwer, zwischen Fehlern und Verbrechen zu unterscheiden, obwohl ihm diese Differenzierung als Jurist eigentlich hätte klar sein müssen. In mancher Hinsicht hatten sich seine Ansichten jedoch verändert. Die Monarchie, die er vor dem Krieg gepredigt hatte, war nicht von der konstitutionellen Art gewesen, wie sie beispielsweise in Großbritannien, Schweden und den Niederlanden existiert, sondern kam einer autoritären Diktatur gleich. Er war zwar nie Faschist, hatte sich in der Zwischenkriegszeit aber in diese Richtung bewegt. Er hatte, als er sich Mitte der 1920er Jahre in Italien aufhielt, mit Mussolini sympathisiert, aber damals waren solche Sympathien weit verbreitet, und das nicht nur in rechten Kreisen; auch H. G. Wells und George Bernard Shaw etwa gehörten in diese Gruppe. Nach 1945 wurden Iljins Auffassungen über die Monarchie vager. Während er das Attribut »autoritär« beibehielt, ließ er den in Verruf geratenen Begriff der Diktatur fallen. Da er eine demokratische Ordnung jedoch weiterhin ablehnte, stellt sich die Frage, welches politische System er sich für Russland vorstellte.

Iljins Ansichten über die Sozial- und Wirtschaftspolitik sind nie ganz klar geworden; es war nicht wirklich sein Gebiet. Er war ein Solidarist eigener Art, aber was bedeutete eigentlich »Solidarismus«? Der Begriff bezeichnete in verschiedenen Ländern zu verschiedenen Zeiten unterschiedliche Dinge. Zuerst verwendet wurde er in Frankreich; seinen bekanntesten Verfechter fand er in dem österreichischen Nationalökonomen und Soziologen Othmar Spann, aber auch in anderen Ländern hatte er Anhänger, insbesondere bei linken Katholiken. Im russischen Kontext war er die Ideologie der Emigrantenvereinigung NTS, die sich nach dem Zweiten Weltkrieg Iljin als ihren Hauptideologen erkor.

Der Solidarismus richtete sich gegen die Anomie, den Zusammenbruch des gesellschaftlichen Zusammenhalts und der sozialen Bande. Den Sozialismus lehnte er ebenso ab wie den freien Markt. Aus Sicht des Solidarismus war eine oberste Macht nötig, um den Markt und diejenigen, die von ihm profitierten, zu kontrollieren. Man konnte nicht darauf vertrauen, dass der Markt alle Probleme löste, schon gar nicht die entscheidenden.

Der Faschismus spielte mit dem Solidarismus – etwa, wenn er von einer Volksgemeinschaft sprach –, übernahm ihn aber nie ganz. Spann hatte gehofft, die neuen Herrscher in Deutschland würden nach 1933 seine Ideen aufgreifen, aber die Nationalsozialisten taten nichts dergleichen. Stattdessen verhafteten sie ihn 1938 und entfernten ihn von der Wiener Universität. Die Solidaristen waren sowohl gegen den traditionellen Sozialismus als auch gegen den Laissez-faire-Kapitalismus. Das kapitalistische System sollte bestehen bleiben, solange es die benötigten Güter bereitstellte, jedoch nur unter Aufsicht und Kontrolle. Bei aller Verschwommenheit der solidaristischen Lehre galt der Grundsatz, dass nicht die Wirtschaft, sondern der Staat das Sagen haben sollte.

Die Vagheit auf diesem Gebiet verhinderte indes nicht, dass Iljins Ansehen in Russland zunahm. Er wurde zu *der* großen Autorität, auf die man sich öfter als auf jede andere berief, egal, bei welchem Thema. Unnötig zu sagen, dass gelegentlich auch Kritik und Widerspruch geäußert wurden. Klerikern missfiel, dass Iljin ständig über Gott geschrieben und geredet hatte, aber selten über die Kirche. Außerdem hatte er gern deutsche Philosophen zitiert, aber nur selten Kirchenautoritäten. Berdjajew und andere hatten in den 1920er und 1930er Jahren bemängelt, dass Iljins Weltsicht nicht wirklich christlich war, und schon gar nicht orthodox. Er benutze das Christentum, um seine politischen Argumente zu untermauern, von deren ausschließlicher Richtigkeit er überzeugt war.

Die schwersten Angriffe auf Iljin kamen jedoch von den radikalsten Vertretern der russischen Emigrantengemeinde, in der sich zu jedem extremen oder militanten Standpunkt stets ein noch radikalerer fand. Einer der rechten Kritiker war Ostrezow, ein emigrierter Experte auf dem Gebiet der *Schidomasonstwo* –

der vermeintlichen jüdisch-freimaurerischen Verschwörung. Er sprach Iljin ab, ein Monarchist und Christ zu sein. Vielmehr sei er ein Agent der Juden und Freimaurer. Der Beweis liege auf der Hand: Wäre er ein wahrer Feind der Bolschewiken gewesen, wäre er nicht auf dem »Philosophenschiff« ausgewiesen, sondern nach Sibirien verbannt oder erschossen worden. Außerdem habe er in Berlin derselben philosophischen Gesellschaft angehört wie Berdjajew – der den russischen Rechtsradikalen noch verdächtiger war als Iljin – und Semjon Frank, ein konvertierter Jude. Müsse man noch mehr sagen? Diese Gesellschaft habe ihren Sitz in einem Gebäude, das der Loge B'nai B'rith gehöre, die es emigrierten Intellektuellen am Beginn ihres Aufenthalts zur Verfügung stelle. Man wisse zwar nicht, ob Iljin jemals dieses Haus in der Kleiststraße in Berlin aufgesucht habe, aber eine solche Verkettung der Umstände sei wohl kein Zufall.

Die Angriffe Ostrezows und ähnlicher Spinner schaden Iljins Autorität im heutigen Russland auf keine Weise. Sie zeigen aber noch einmal, dass der Verfolgungswahn bei zeitgenössischen russischen Autoren nicht wie ein Blitz aus heiterem Himmel kam, sondern schon ihre Vorgänger befallen hatte. Unmöglich zu sagen, wie ausgeprägt und wie weit verbreitet diese Störung mittlerweile ist.

Geschichtsbilder und Erinnerungspolitik

»Geliebter Stalin«?

Russische Meinungsumfrage 2012 über große historische Gestalten

Lenin:	37 Prozent
Marx:	4 Prozent
Peter der Große:	37 Prozent
Puschkin:	29 Prozent
Stalin:	49 Prozent

Russische Meinungsumfrage 2013
Zustimmung zu der Aussage: »Stalin war ein weiser Führer, der der Sowjetunion Macht und Wohlstand gebracht hat.«

völlig zustimmend:	14,8 Prozent
überwiegend zustimmend:	32,0 Prozent

Über sechzig Jahre nach Stalins Tod hat Russland immer noch die Hinterlassenschaft seiner Herrschaft zu bewältigen. Mitte der 1950er Jahre, zur Zeit des 20. Parteitags der KPdSU, auf dem Chruschtschow seine berühmte Rede hielt, dachten viele, man sei in dieses Stadium der Bewältigung eingetreten oder werde es auf jeden Fall bald erreichen. Sie irrten sich: Heute kann man in einer 2006 in Moskau erschienenen Stalin-Enzyklopädie lesen, dass es zwar keinen stichhaltigen Beweis gebe, es aber durchaus sein könne, dass Chruschtschow Stalin ermordet habe, ob nun allein oder zusammen mit Berija oder irgendeinem anderen Politbüromitglied – außer Molotow vielleicht – oder einem Verwandten. Anstatt Stalin seine vielen Säuberungen vorzuwerfen, wird bedauert, dass er nicht vorsichtig genug gewesen sei, seine Ermordung zu verhindern, denn mit mehr Vorsicht wäre er in der Lage gewesen, die großen Reformen zu verwirklichen, die er im Sinn gehabt habe.

Warum sollte dieses Thema heute, über sechzig Jahre nach Stalins Tod, noch von Bedeutung sein? Die Sowjetunion existiert nicht mehr, ebenso wie die Kommunistische Partei, an deren Spitze Stalin so viele Jahre gestanden hatte. Die Nationalhymne, in der er mit der Feststellung »nas wyrastil Stalin« (uns erzog Stalin) namentlich erwähnt wurde, ist ausgewechselt worden, und dennoch geht die Debatte weiter. Der große Säuberer Stalin ist selbst gesäubert und wieder eingesetzt worden, und dies gleich mehrmals. Gegenwärtig wird wieder über die Wiedereinsetzung diskutiert. Die Debatte findet kein Ende, weil ein großer Führer in entscheidendem Maß den Charakter eines Landes prägt, und solange diese Kontinuität nicht gebrochen ist, wird die Auseinandersetzung weitergehen.

Sieht man einmal von Hitler ab (der immerhin der wirkungsvollere Redner war), wird man in neuerer Zeit kaum einen politischen Führer eines großen Landes finden, der weniger für seine Rolle geeignet war als Stalin. Er war unansehnlich, besaß weder Charme noch Charisma, war nicht besonders intelligent und verfügte über keine große Voraussicht. Die großen Unternehmungen, die er vorantrieb, schlugen zumeist fehl, die einen noch zu Lebzeiten, andere erst nach dem Tod, und die erfolgreichen verdankten ihr Gelingen dem Fachwissen anderer. Trotzdem wurde dieser Mann in einem privaten Brief, der nicht für die Augen anderer gedacht war, wie folgt beschrieben:

»Stalin scheint der größte Mensch unserer Zeit zu sein. In der Geschichte der Menschheit findet man kein ähnliches Beispiel für die Größe eines Menschen, für die Tiefe der Beliebtheit, für Verehrung und Liebe. Wir sollten stolz darauf sein, dass wir seine Zeitgenossen und Mitarbeiter sind, wie gering auch unser Anteil an seinen Handlungen ist. Wie oft vergessen wir – und das trifft besonders auf die junge Generation zu –, dass wir dieselbe Luft atmen wie er, dass wir unter demselben Himmel leben. Wie oft rufen die Menschen: ›Geliebter Stalin‹, und wenden sich dann ihren eigenen Angelegenheiten zu und verhalten sich bei der Arbeit oder in ihren Beziehungen zu anderen erbärmlich. Gleichzeitig mit Stalin zu leben verlangt von seinen Zeitgenossen grenzenlose Reinheit und Hingabe, Glauben und Willenskraft, Moral und gesellschaftlichen Heldenmut.«

Dieser Brief wurde aus Anlass von Stalins siebzigstem Geburtstag im Jahr 1949 von einem bekannten Volksliederdichter geschrieben, der unter anderem die Verse des bereits erwähnten Liedes *Schiroka strana moja rodnaja* mit dem Refrain »es gibt kein andres Land auf Erden, wo so frei das Herz dem Menschen schlägt« verfasst hatte. Er muss gewusst haben, dass es buchstäblich in jeder Familie in seinem Bekanntenkreis Opfer der »Repressionen« gegeben hatte (um den in späteren Jahren benutzten Euphemismus zu verwenden) und dass er einem der größten Massenmörder und Lügner in der modernen Geschichte huldigte. Dennoch spricht er von grenzenloser Reinheit, Moral und Heldenmut.

Wie ist diese Glaubensbereitschaft zu deuten? Viele Erklärungsversuche wurden unternommen – es wurde auf den allgemeinen Zeitgeist verwiesen, auf die große Begeisterung, die Rückständigkeit des Landes, die Naivität der Enthusiasten, die von außen drohenden Gefahren und so weiter. Aber wie konnte der Kult fortbestehen, nachdem die Wahrheit über Stalin bekannt geworden war, zuerst in kleinem Maße während Chruschtschows Tauwetterperiode und dann in weit größerem Umfang im Zuge von Gorbatschows Glasnost? Insbesondere letztere Phase ermöglichte es integren Zeitzeugen wie General Dmitri Wolkogonow, eingehend über Stalin und seine Ära zu forschen. Zudem stieg die Zahl der biographischen und autobiographischen Darstellungen sowie der Romane, Spielfilme und Dokumentarfilme über die Stalin-Zeit steil an. Viele Opfer Stalins wurden rehabilitiert. Warum also ist es immer noch so schwer und häufig unmöglich, die Wahrheit über Stalin zu sagen?

Im Januar 1989 wurde die der historischen Aufarbeitung und

Bildung gewidmete Organisation Memorial gegründet, die unter anderem Quellenmaterial über Opfer des Stalinismus sammelt. Auf ihre Initiative hin wurde 1991 ein Gesetz für die Rehabilitierung der Opfer verabschiedet. Doch finanzielle Unterstützung erhielt Memorial vor allem aus dem Ausland.

In der Beurteilung der Stalin-Zeit herrscht keineswegs Einigkeit. Die einen verteidigen den Stalinismus aus ideologischen Gründen, andere haben von der stalinistischen Politik profitiert. Setzten sich anfangs vorwiegend kommunistische Betonköpfe für Stalins guten Ruf ein, gesellten sich binnen weniger Jahre Gruppen und Einzelpersonen zu ihnen, die ursprünglich keine Anhänger gewesen waren. Dies gilt hauptsächlich für russische Nationalisten. Da sie den Marxismus-Leninismus verschmähten, standen sie auch Stalin zunächst ablehnend gegenüber. Aber im Lauf der Zeit veränderte sich ihre Perspektive grundlegend. Unter Stalin war die Sowjetunion zu einer Supermacht geworden, worauf viele russische Patrioten überaus stolz waren. Aus nationalistischem Blickwinkel gesehen, ging es letztlich nur darum. Die marxistisch-leninistische Lehre war ein vorübergehendes Phänomen, und den »proletarischen Internationalismus« hatte man rasch aufgegeben und vergessen, während der Supermachtstatus ein Grund war, stolz zu sein. Sein Verlust stellte eine große Tragödie dar. Aus Sicht der russischen Nationalisten besteht die große Herausforderung und Mission darin, diesen Status wiederzuerlangen. Stalin war zwar kein ethnischer Russe, aber zu einer Art Ehrenrusse geworden, der sich mit dem Land identifiziert und alles getan hatte, um es zu stärken. Dies hatte er in einer Rede am Ende des Zweiten Weltkriegs unterstrichen.

Nur wenige russische Nationalisten werden sämtliche Taten Stalins gutheißen. Letztlich aber überwogen die guten Dinge die Misserfolge und Fehler bei weitem. Es sei eine schwierige Zeit gewesen, und Stalin habe eben das sprichwörtliche Omelette nicht machen können, ohne Eier zu zerschlagen. Angesichts der damaligen Umstände sei es historisch falsch, seine Misserfolge hervorzuheben, wie es die Antistalinisten täten. Stalin sei ein unabdingbarer Bestandteil der russischen Geschichte.

Was waren Stalins große Erfolge? Vor allem natürlich, dass das Land unter seiner Herrschaft erheblich expandierte und an Einfluss gewann. Ferner wird ihm zugutegehalten, dass er eine große, mächtige, moderne Industrie aufbaute und die Landwirtschaft effektiver gestaltete. Unter seiner Führung seien die nationalsozialistischen Invasoren besiegt worden, seiner eisernen Faust sei es zu verdanken, dass die vielen Verschwörungen gegen die Sowjetunion scheiterten.

Gewisse Leistungen Stalins werden nicht mehr erwähnt, wie seine Rolle in der Oktoberrevolution, deren Sieg nicht nur Lenin, sondern auch ihm zu verdanken war. Heute hätten die meisten Russen es lieber, wenn es keine Revolution gegeben hätte. Auch darauf, dass er Trotzki half, die Roten im Bürgerkrieg zum Sieg zu führen, ist man nicht besonders stolz. Die meisten Russen glauben, dass es ihnen ohne Revolution und Bürgerkrieg heute besser ginge.

Was ist mit den anderen Leistungen? Was die Expansion betrifft, war das zaristische Russland deutlich erfolgreicher, immerhin hatten Finnland und ein großer Teil Polens zum Russischen Reich gehört. Und die großen Fortschritte in Industrie und Landwirtschaft? In der Stalin-Ära und noch lange danach hinkte die Sowjetunion den hochentwickelten Ländern hinterher, und jeder Fortschritt wurde mit enormem Leid erkauft. Als Stratege hatte sich Stalin zu Beginn des Zweiten Weltkriegs disqualifiziert, indem er die von vielen Seiten eintreffenden Warnungen vor einem deutschen Angriff ignorierte. Obwohl er sonst niemandem traute, war er sicher, dass Hitler nicht angreifen würde. Die Verluste waren riesig, sowohl was die Zahl der gefallenen und in Kriegsgefangenschaft geratenen Soldaten als auch die materiellen Schäden betraf. Dass die Sowjetunion im weiteren Kriegsverlauf erfolgreich war, lag vor allem daran, dass Stalin sich weniger in die Arbeit der Marschälle und Generale einmischte. Die Sowjetunion und »General Frost« rangen das nationalsozialistische Deutschland ebenso nieder wie Russland einst das napoleonische Frankreich. Damals wurde der Zar allerdings nicht als größter Feldherr aller Zeiten gefeiert. Stalins

Leistungen forderten einen enormen Preis, wenn man bedenkt, wie viele Menschen getötet oder in den Gulag geschickt wurden. Das politische System, das sich herausgebildet hatte, war eine brutale Diktatur, die zum einen auf primitiver, verlogener Propaganda und grausamer Repression und zum anderen auf einem beispiellosen Personenkult beruhte, der häufig lächerlich wirken musste, wenn Stalin als größtes Genie, größter Heiliger und größter Held aller Zeiten verherrlicht wurde.

Ein Beispiel unter vielen ist ein Artikel, in dem es um Stalins Rolle für die Kunst geht. In dem Artikel wird ein Gemälde besprochen, für das Fjodor Schurpin 1948 den Stalinpreis erhalten hat. Auf dem Bild ist der Generalissimus an einem sonnigen Morgen vor den weiten Feldern einer Kolchose und einer in der Ferne verschwindenden Starkstromleitung zu sehen. Er trägt eine weiße Tunika, einen Regenmantel über dem Arm, sein Gesicht und sein Oberkörper sind vom Sonnenschein überflutet. Das Ganze erinnert an ein Gedicht, das der Volksdichter Dschambul Dschabajew auf Stalin geschrieben hat:

»Oh, Stalin, der Sonnenschein im Frühling bist du. Er geht zuversichtlich dem neuen Morgen entgegen. Das Bild des Genossen Stalin ist der Triumphmarsch des Kommunismus, das Symbol der Tapferkeit, das Symbol des Kommunismus, das Symbol des Ruhms des Sowjetvolks. Es verlangt neue Heldentaten zum Nutzen unsres großen Vaterlandes. In diesem Bild sind die Züge verewigt eines weisen, majestätischen und gleichzeitig erstaunlich bescheidenen und anspruchslosen Mannes, der unser geliebter Führer ist ...«

Aus den Akten weiß man, dass Stalin ein einziges Mal in seinem Leben ein Dorf besucht hat, und das war vor der Kollektivierung. Doch Dschabajews Erguss entsprach dem Stil der Zeit, der den Kinderbuchautor Michail Prischwin veranlasste, in sein Tagebuch zu schreiben: »Die *Prawda* ist der größte Lügner, den die Welt jemals gekannt hat.« Prischwin war kein Politologe und nicht einmal besonders an Politik interessiert, aber er kannte den Unterschied zwischen Wahrheit und Lüge. Und er wusste, dass die *Prawda* das Sprachrohr ihres Herrn war.

Aber das von Stalin errichtete Haus hielt nicht lange stand. Nach seinem Tod brach es in sich zusammen. Dies sei nicht seine Schuld, sagen seine Verteidiger, sondern die seiner unfähigen und verräterischen Nachfolger. Dagegen ist einzuwenden, dass Stalin selbst diese Nachfolger ausgewählt und ausgebildet hatte. Von welcher Seite man es auch betrachtet, Stalin wird die Verantwortung nicht los.

Die Wiedererweckung des Stalinkults begann nur wenige Jahre nach dem Untergang der Sowjetunion. Wirklich in Schwung kam sie durch Artikel und Bücher von Juri Schukow, der für die *Komsomolskaja Prawda* schrieb, und Wadim Koschinow, der in *Nasch Sowremennik* und *Molodaja Gwardija* veröffentlichte (etwa über »Stalin als Schreckgespenst«), den Zeitschriften der »russischen Partei«, die schon in den 1980er Jahren eine gewisse Freiheit genossen, obwohl KGB-Chef Andropow nicht viel von ihnen hielt. Laut Koschinow sei Stalin ein russischer Nationalist gewesen, auch wenn er sich selbst als treuen Marxisten-Leninisten gesehen habe. Zudem sei der Stalinismus kein spezifisch russisches Phänomen gewesen, denn »starke globale Kräfte verwandelten Stalin in einen allmächtigen Führer«. Mit anderen Worten, für den Kult waren Ausländer verantwortlich. Die Diktatur lag gewissermaßen in der Luft (Hitlers Herrschaft in Deutschland, Mussolinis in Italien). Manche russische Rechte gingen noch weiter. Nach ihrer Ansicht hätte Stalin zu Recht das Ziel verfolgt, die Partei von »Internationalisten« zu säubern.

Schließlich gibt es noch die Protagonisten der antisemitischen Erklärung, die (wie die Nationalsozialisten) der Auffassung sind, Stalin sei lediglich eine Marionette in den Händen der wirklichen Strippenzieher, der Trotzkis und Kaganowitschs, gewesen (was die Nationalsozialisten nicht davon abhielt, die Sowjetunion anzugreifen).

In den 1990er Jahren ging die Rehabilitierung Stalins weiter, wenn auch in zurückhaltender Form. Im folgenden Jahrzehnt dann rückte sie stärker ins Rampenlicht. Der neue Kremlherr fand, dass die »Verteufelung Stalins« zu weit gegangen sei. Memorial verlor jegliche Unterstützung. Stattdessen wurde die Organisation zum Ziel von polizeilichen Durchsuchungen, bei denen PC-Festplatten beschlagnahmt wurden. (Ein örtliches Gericht gab daraufhin ein seltenes Beispiel unabhängiger Rechtsprechung, indem es befand, dass bei den Durchsuchungen Rechtsnormen verletzt worden seien und die Festplatten zurückgegeben werden müssten.) In mehreren Städten wurden wieder Stalinstatuen aufgestellt. Von einigen Ausnahmen abgesehen, wurden Autoren mit Büchern über die Repressionszeit nicht veröffentlicht. Die wichtigste Ausnahme war Alexander Solschenizyn, dessen nationalistische Einstellung kaum bezweifelt werden konnte. In einem Interview fragte Putin: »Was ist der wesentliche Unterschied zwischen Cromwell und Stalin? Können Sie mir das sagen?«, um sich selbst zu antworten: »Es gibt keinen Unterschied.« Er hätte wissen müssen, dass durchaus gewisse Unterschiede vorhanden sind. Zwar ist das, was Cromwell in Irland getan hat, von manchen Historikern als Völkermord eingestuft worden. Aber es geschah vor mehreren Jahrhunderten, in einer Zeit mit anderen humanitären Maßstäben als heute. Zudem war da noch der kleine Punkt der Loyalität, auf die Putin angeblich stets so großen Wert legt: Loyalität beispielsweise gegenüber Kollegen. Auf Stalins Befehl wurden 20 000 von Putins Vorgängern beim NKWD beziehungsweise KGB ermordet. Zählt das nicht? Stattdessen wurde öffentlich darüber diskutiert, ob Stalin im Moskauer U-Bahnhof Kurskaja durch eine Inschrift und ein Denkmal geehrt werden sollte. Gleichzeitig zeigten Meinungsumfragen, dass fast die Hälfte der Bevölkerung Stalin und seine Politik positiv beurteilte.

Gewiss hat Putin ein-, zweimal gesagt, dass Stalin (und mit ihm die ganze Ära) umstritten und nicht alle seine Taten bewunderungswürdig seien. Medwedew sprach sogar von Totalitarismus und geschlossener Gesellschaft, die den Fortschritt unmöglich gemacht hätten. Außerdem räumte er ein, dass in der Stalin-Zeit ein beträchtlicher Teil der Bevölkerung weder lesen noch schreiben konnte, und deutete damit an, dass zumindest einige der damaligen politischen Konzepte heute nicht mehr wünschenswert seien. Im Allgemeinen aber wurde der Anti-Antistalinismus Jahr für Jahr lauter, ausgefeilter und offizieller. Im Juni 2007 forderte Putin auf einer Konferenz von Geschichtslehrern, neue Lehrbücher zu erarbeiten, in denen Stalin als zwar grausamer, aber erfolgreicher, rational handelnder Führer dargestellt werden sollte, der den Terror als Entwicklungsinstrument anwendete. Das Ziel bestehe darin, den jungen Menschen Stolz auf ihr Heimatland zu ermöglichen. Im Vergleich mit den amerikanischen Bombenabwürfen auf Hiroshima und Nagasaki würden Stalins Säuberungen verblassen.

Zwei Jahre später gab das Bildungsministerium bekannt, dass Solschenizyns *Archipel Gulag* fortan zur Pflichtlektüre an russischen Oberschulen gehörte. Ansonsten konnten die Lehrer aus einer Liste von vierzig Büchern über die Stalin-Zeit auswählen, welche die Schüler lesen sollten.

Nach mehreren Meinungsumfragen nahm die Zahl der Menschen zu, die dachten, die Debatte über Stalin und seine historische Rolle sei hauptsächlich für Intellektuelle und Historiker von Interesse. Was Publikationen betraf, waren die anti-anti-stalinistischen Schriften eindeutig in der Mehrheit. Für die Regierung stand das Ziel, Stolz aufs Vaterland zu erzeugen, im Vordergrund, und dafür wäre eine eindeutig antistalinistische Linie ungeeignet gewesen.

Es entstand der Eindruck, dass unter Putin eine stete Restalinisierung in Gang gekommen war. In einer Vielzahl neuer Bücher wurde behauptet, Stalins Säuberungen und die meisten der »sogenannten« stalinistischen Exzesse seien gerechtfertigt gewesen, viele führende Militärs hätten sich in den 1930er Jahren tatsächlich gegen Stalin verschworen, und auch die meisten damaligen politischen Führer hätten ihn betrogen, indem sie mit ausländischen imperialistischen Geheimdiensten zusammenarbeiteten, vielleicht sogar mit der Gestapo. Ohne Stalins entschlossenes Handeln im Jahr 1937 wäre die Sowjetunion im Krieg besiegt worden. In manchen Büchern wurde auch die

These verbreitet, die sogenannten Säuberungen, die massenhaften Verhaftungen und Erschießungen, seien nicht von Stalin initiiert worden, sondern von seinen Gegnern. Für die Antisemiten unter diesen Autoren waren dies die Juden; schließlich hatten die Säuberungen nach deren Entfernung aus dem NKWD/KGB aufgehört.

Stalin war paranoid, und seine Paranoia wirkte ansteckend. Mit der neuen Bücherflut sollte jedoch die Berechtigung seiner Phantasien nachgewiesen werden. Stalin war überzeugt, dass diejenigen, mit denen er es im Politbüro und im Sicherheitsapparat zu tun hatte, bestenfalls einfältige und vertrauensselige Leute waren, die nicht begriffen, dass die Welt voller Feinde war und das Land ohne einen Führer wie ihn verloren wäre. Er hielt sich für unersetzbar. Den Höhepunkt erreichte seine Paranoia, als er sich in den letzten ein, zwei Jahren seines Lebens von einer »Ärzteverschwörung« bedroht wähnte. Die Ärzte, die führende Politiker und Militärs behandelten, so glaubte er, hätten systematisch versucht, ihre Patienten umzubringen. Von Schdanow bis Scherbakow war anscheinend niemand im Kreml eines natürlichen Todes gestorben. Die meisten dieser Ärzte waren zufälligerweise Juden, und Stalin wollte offenbar die meisten russischen Juden verhaften und in einen entlegenen Teil der Sowjetunion deportieren lassen.

Die Grundtendenz der neuen Welle apologetischer Literatur bestand – bei allen Nuancen – darin, sämtliche Handlungen Stalins zu rechtfertigen. Manche der Autoren waren Berufsskeptiker, die so gut wie alles anzweifelten oder ablehnten, was von anderen wissenschaftlich festgestellt worden war, einschließlich der Relativitätstheorie oder der Tatsache, dass Raumfahrer auf dem Mond gelandet waren. Andere, haupt- oder nebenberufliche Historiker, bemühten sich, anspruchsvollere Thesen vorzulegen (wie die Modernisierungstheorie), um Stalins Massenmorde zu rechtfertigen. Einige behaupteten, die Ermordung polnischer Offiziere bei Katyn sei doch nicht das Werk der Sowjets, sondern der Nationalsozialisten gewesen, obwohl über jeden Zweifel hinaus nachgewiesen worden war, dass die Deutschen dieses Verbrechen ausnahmsweise nicht begangen hatten.

Es war natürlich ein großer Unterschied, ob diese Bücher über die »großen Rätsel von 1937« die privaten Phantasien sensationshungriger Autoren waren, die ihre Leser schockieren wollten, oder ob sie von Fälschern oder Konfabulatoren stammten, ehrlich überzeugten Leuten, die ihre Phantasien für die einzig zutreffende Version hielten, oder ob ihre Autoren rechtgläubige Stalinisten waren, die ihre Phantasien zur offiziellen Parteilinie der kommenden Jahre machen wollten.

Bei den Stalin-Apologeten finden sich alle diese Motive wieder, häufig in bunter Mischung. Dass es solche Apologeten gibt, überrascht nicht. Schon immer haben selbst die abstrusesten Annahmen und Theorien Widerhall gefunden. So hatte schon bald nach Napoleons Tod die These, der Kaiser habe nie gelebt, nicht wenige Anhänger. Es finden sich immer einige, die gegen den Strom schwimmen wollen, und je mehr emotionale und politische Motive beteiligt sind, desto größer ist die Versuchung.

Die entscheidende Frage war, ob die Führung die »Erkenntnisse« dieser Autoren als Grundlage einer neuen Linie akzeptieren würde. Aber eine klare Antwort blieb aus. Die Führung stellte klar, wo ihre Sympathien lagen, brachte es aber nicht über sich, der stalinistischen Geschichtsversion ihren offiziellen Segen zu geben.

Im Lauf der Zeit wird die Bedeutung des Stalinproblems von Generation zu Generation nachlassen. Schon heute ist die Frage für die Jüngeren nur noch von geringem Interesse, und für ihre Nachkommen wird sie ungefähr so viel politische Dringlichkeit besitzen wie der Krieg gegen Napoleon. Gleichwohl bleibt es ein Grund zur Sorge, denn Stalin ist nun einmal ein Teil der russischen Geschichte, und wenn die in Russland Regierenden der Meinung sind, dass der Nationalstolz über die Wahrheit siegen soll, dann wirft das in der Tat beunruhigende Fragen über das Wesen dieser Gesellschaft auf. Die Geschichte aller Nationen, insbesondere was ihre Anfänge betrifft, ist in Mythen gehüllt, aber es ist ein Unterschied, ob man annimmt, Romulus und

Remus hätten tatsächlich gelebt, oder ob man die Verbrechen eines besonders bösartigen Diktators und der von ihm geschaffenen Gesellschaft wissentlich verschleiert. Was soll man von Leuten halten, die den Unterschied zwischen Wahrheit und Unwahrheit, zwischen einem Ungeheuer und einem Heiligen nicht zu erkennen vermögen?

Der Niedergang des Byzantischen Reichs und der Aufstieg eines »dritten Imperiums«

Den Stalinismus in die neue Doktrin der russischen Gesellschaft zu integrieren, ist ein schwieriges Unterfangen. Der Umgang mit Stalin und seiner Politik wirft nicht nur das allgemeine Problem der Wahrhaftigkeit in der Geschichte auf, sondern auch die Frage, welchen Teil dieses Erbes das neue Russland hervorheben und zu seiner Grundlage machen möchte. Ein anderes vieldiskutiertes Thema ist Byzanz und insbesondere dessen Ende.

Welche Ursachen hatte der Untergang des Byzantinischen Reichs? Warum diese Frage so wichtig sein soll, leuchtet nicht unmittelbar ein. Nach Ansicht der Denkschule des Eurasianismus etwa hatte das byzantinische Erbe weit weniger Auswirkungen auf Russland als dasjenige der Mongolen und Tataren. Auf jeden Fall bestehen Reiche nicht ewig, und als das römische Imperium im 5. Jahrhundert unterging, hätte niemand geglaubt, dass Ostrom noch weitere tausend Jahre existieren würde. Deshalb könnte mit gleicher, wenn nicht größerer Berechtigung gefragt werden, warum es so lange bestand.

Im Januar 2008 zeigte der wichtigste russische Fernsehsender einen Dokumentarfilm mit dem Titel *Gibel Imperii* (Untergang eines Imperiums). Gedreht hatte ihn Archimandrit Tichon. Der 1958 in Moskau geborene Tichon ist Abt des ebendort gelegenen Sretenski-Klosters. Gerüchten zufolge soll er Putins *du-*

chownik (geistlicher Ratgeber) sein, obwohl er im Interview keinen Kommentar dazu abgeben will. Er hat Putin auf mehreren Auslandsreisen begleitet. Außerdem ist er Autor eines Buchs, von dem in Russland mehr Exemplare verkauft wurden (1,1 Millionen) als von jedem anderen Buch.

Tichon ist gelernter Filmemacher und Absolvent einer der führenden Schulen auf diesem Gebiet. Über die Umstände seiner religiösen Erweckung und seines Entschlusses, Mönch zu werden, schreibt er in seiner Autobiographie. Er habe einer Gruppe von Studenten angehört, die mit der geistigen Armut und der mangelnden Anziehungskraft der kommunistischen Ideologie unzufrieden gewesen seien und deshalb spiritualistische Experimente mit einem Ouija-Brett unternommen hätten. So versuchten sie in einer Séance, Kontakt mit Nikolai Gogol aufzunehmen, nachdem sie bereits mit Napoleon und Stalin in Verbindung getreten waren. Gogol (oder sein Geist) sei tatsächlich erschienen, habe die Studenten wütend zurechtgewiesen und ihnen geraten, so bald wie möglich Gift zu schlucken. Am nächsten Tag suchten die verängstigten Studenten einen Priester auf, der erklärte, sie seien offenbar einem Schwindler zum Opfer gefallen. Wenn sie wirklich an Religion interessiert seien, sollten sie sich auch ernsthaft damit beschäftigen. Dies tat Tichon dann auch – mit den bekannten Folgen.

Sein Film beginnt mit einem Päan auf Byzanz. Es habe länger als jedes andere Imperium bestanden, heißt es in Tichons Loblied. Die Jurisprudenz des Byzantinischen Reichs sei überragend gewesen, es habe die erste Universität besessen. Ingenieurskunst und Architektur seien konkurrenzlos gewesen, das Finanzsystem großartig. Das Reich habe sich von Gibraltar bis zum Euphrat erstreckt. Der Reichtum seiner Hauptstadt sei unermesslich gewesen, ihre Schönheit und Eleganz habe die europäischen Barbaren als Besucher in Erstaunen versetzt. Zur selben Zeit hätten grobe, ungebildete und primitive Skandinavier, Engländer, Franzosen und Deutsche nur eines im Sinn gehabt: Raub und Mord. Durch den Diebstahl und die Plünderung der Schätze Konstantinopels seien die europäischen Banken groß geworden, die das monströse moderne Leihsystem eingeführt hätten, das berüchtigte, auf Profitgier beruhende kapitalistische System. Das erste bedeutende jüdische Kapital sei durch die Spekulation mit byzantinischen Reliquien angehäuft worden. Der barbarische Westen sei erst zum zivilisierten Westen geworden, nachdem er das Byzantinische Reich übernommen, bestohlen, zerstört und geschluckt habe. Als Hauptschuldigen in dieser Periode machte Tichon Venedig aus, das »New York der damaligen Zeit«.

Doch das sei nur der Anfang gewesen, erklärte Tichon. Byzanz habe die Kontrolle über seinen Handel und seine Finanzen an seine »Freunde« aus dem Westen abgegeben, und der Westen habe die Byzantiner durch Lug und Trug verleitet, allen möglichen westlichen Handelsorganisationen beizutreten. Byzantinisches Kapital sei in den Westen abgeflossen, byzantinische Kaufleute seien bankrottgegangen oder hätten sich in die Abhängigkeit vom Westen begeben. Als man erkannte, was vor sich ging, sei es zu spät gewesen. Aber nicht ganz, denn Byzanz habe sich binnen sechzig Jahren wieder erholt. Allerdings nicht vollständig, denn der Kaiser, der die Entwicklung umgekehrt habe, sei ermordet worden, und Byzanz wurde zum »bösen Imperium«. Im Lauf der Zeit sei dieses Bild von Byzanz immer wieder aus den ideologischen Arsenalen des Westens hervorgeholt worden.

Durch den verderblichen Kontakt zum Westen seien überdies Oligarchen und die Korruption nach Byzanz gekommen. Kulturelle Beziehungen hätten eine fünfte Kolonne des Westens geschaffen. Junge Leute hätten im Ausland studiert – mit vorhersehbaren Folgen. All dies sei zu Beginn jener Epoche geschehen, die von Historikern Renaissance genannt werde – und von Tichon als uneingeschränktes Übel betrachtet wird. Als erste Schicht habe sich die Intelligenz dem ausländischen Einfluss ergeben und weltweit ein »nationalistisches, hellenistisches, griechisches, heidnisches Ideal« geschaffen. So sei die Geschichte bis zum bitteren Ende weitergegangen: »Die Elite opferte um praktischer Vorteile willen höhere Ideale. Eine große Nation verlor ihre Seele. Sie hatte der Welt grandiose Beispiele geistiger Höhenflüge gegeben, doch jetzt herrschten nur noch grenzenloser Zank und Zynismus.« Nach der Beschreibung des Todeskampfs von Byzanz gelangt der Film zu dem Schluss: »Der rachsüchtige Hass des Westens auf Byzanz und seine Erben wirkt bis heute fort, ohne die erschreckende, aber unbezweifelbare Tatsache zu erkennen, dass wir Gefahr laufen, nicht nur die Geschichte lange vergangener Zeiten nicht zu begreifen, sondern auch die Geschichte des 20. und sogar des 21. Jahrhunderts.«

Gibel Imperii wurde im ersten Programm des russischen Staatsfernsehens mehrmals wiederholt und ein Vierteljahr lang breit diskutiert. Das Urteil der meisten, aber nicht aller Historiker fiel negativ aus, doch alle stimmten darin überein, dass der Film nicht Byzanz, sondern das gegenwärtige Russland zum Gegenstand hat. Auch die politischen Kommentatoren und Literaturkritiker waren geteilter Meinung; eine Mehrheit lehnte Tichons Positionen ab.

Dass ein solcher Film vom wichtigsten russischen Fernsehsender gezeigt wurde, lässt freilich darauf schließen, dass ein beträchtlicher Teil der russischen Öffentlichkeit tatsächlich glaubt, der Westen lehne Russland und alles, wofür es steht, ab und diese Ablehnung sei so tief verwurzelt, dass Russland nichts tun könne, um sie zu überwinden. Dem Westen wird die Absicht unterstellt, Russland vernichten zu wollen; angeblich warte er nur auf eine Gelegenheit, den ewigen Feind auszuschalten. Und wenn dies so ist, hat die russische Führung dann nicht die Pflicht, dem Feind eine solche Gelegenheit niemals zu bieten?

Letztlich also ging es nicht um den tatsächlichen historischen Gehalt eines Dokumentarfilms. Es gab diverse ähnliche Medienereignisse mit unterschiedlichem Anspruchsniveau. Sie reichten von der Bemerkung des Moskauer Nachrichtensprechers Dmitri Kisseljow, Russland könne die Vereinigten Staaten immer noch in eine radioaktive Wüste verwandeln, bis zu Romanbestsellern wie Michail Jurews *Tretja imperija* (Das dritte Imperium).

Jurew, ein bekannter Unternehmer, der auch schon Duma-

abgeordneter war, hat mit *Tretja imperija* eine 620 Seiten dicke
Science-Fiction-Geschichte mit dem Untertitel »Russland, wie
es sein soll« über einen jungen brasilianischen Soziologen geschrieben, der in nicht allzu ferner Zukunft Russland besucht,
das inzwischen Europa geschluckt hat, während China über einen großen Teil der übrigen Welt herrscht. Nachdem sich herausgestellt hat, dass amerikanische Spezialeinheiten für sämtliche Terroranschläge in Russland verantwortlich sind, übt der
Kreml Vergeltung, mit 2500 Opfern in Chicago und noch mehr
in Ohio, was in der Heimat ein enormes positives Echo findet:
»Das Triumphgefühl in der Bevölkerung war grenzenlos.«

Doch damit nicht genug. Nach einigen Warnungen schießt
Russland mehrere Atomraketen auf die Wüsten von Nevada,
Utah und Neumexiko, die man aus »humanitären Gründen« als
Ziele ausgesucht hat, weil sie kaum besiedelt sind. Amerika muss
für den weiteren Besitz von Alaska eine Entschädigung von einer
Billion Dollar zahlen. (Einer späteren, 2014 erschienenen Ro-
manfassung zufolge hatte der Verräter Chruschtschow Alaska
den Vereinigten Staaten 1957 zum Geschenk gemacht.) Schon
zuvor, im Jahr 2014, war Russland aus allen internationalen Organisationen ausgetreten und hatte sämtliche internationalen
Verträge aufgekündigt. Die Ukraine gibt es nicht mehr, auch
nicht innerhalb Russlands, da die Ukrainer allesamt Russen geworden sind. Das Parlament hat man abgeschafft, weil es nicht
mehr gebraucht wird. Die Bevölkerung ist in drei Klassen einge-
teilt: die Geistlichkeit, eine Art Adel (nach dem Vorbild der *Op-
ritschniki* Iwans des Schrecklichen) und den Rest. Das Mindestal-
ter für den Militärdienst ist auf 15 Jahre herabgesetzt worden, und
regiert wird das Land selbstverständlich von einem Imperator.

Man könnte nicht ganz ohne Grund einwenden, solche Phan-
tasiegeschichten seien einer ernsthaften Erwähnung nicht wert.
Tichons Dokumentarfilm, zum Beispiel, erhielt nicht den Segen
des Moskauer Patriarchen, und auch andere kirchliche Würdenträger ließen verlauten, Tichons Ansichten seien seine Pri-
vatangelegenheit und entsprächen nicht den Auffassungen der
orthodoxen Kirche.

Jurews Roman hatte ein überraschendes reales Nachspiel. Angesichts der beunruhigenden Szenarien, die der Autor durchgespielt hat, hätte man erwartet, dass er in seinem weit vom Moskauer Zentrum entfernt gelegenen Haus einen unterirdischen Atombunker baut oder sich auf eine Südseeinsel zurückzieht. Doch nichts dergleichen geschah; stattdessen verlegte er seinen Wohnsitz in die Vereinigten Staaten. Seine Begründung, dort könne man besser Geschäfte machen, mag zutreffen, doch sie wirft ein bezeichnendes Licht sowohl auf den geistigen Zustand mancher Schriftsteller und Verleger in der russischen Hauptstadt als auch auf die Echtheit und Tiefe ihrer patriotischen Gefühle. Wenn dies so ist, warum sollte man dann den Dokumentarfilm eines bloßen Archimandriten – der in der Kirchenhierarchie nicht sehr hoch steht – ernst nehmen? Putin ist immerhin für seinen Pragmatismus bekannt; weder er noch seine Kollegen werden sich in ihren politischen Entscheidungen von utopischen oder dystopischen Phantasien leiten lassen.

2008 oder 2007, als die beiden hier besprochenen Werke veröffentlicht wurden, mag dieses Argument überzeugend gewesen sein. Doch seither hat es leider etwas an Kraft verloren.

VIELVÖLKERSTAAT: ETHNISCHE
UND RELIGÖSE FRAGEN

Einwanderung

Die Bevölkerung Russlands schrumpft. Derzeit liegt sie bei rund 140 Millionen Menschen. Dass die Zahl noch nicht deutlich kleiner ist, ist der Einwanderung zu verdanken. Der Zuzug von außen wird wahrscheinlich auch in Zukunft dafür sorgen, dass der Rückgang nicht zu rapide ausfällt. Die Geschichte der Einwanderung nach Russland begann im 18. Jahrhundert, als Katharina die Große, selbst eine in Stettin geborene deutsche Prinzessin, Siedler vor allem aus Südwestdeutschland ins Land holte; die größte Gruppe unter ihnen bildeten die später so genannten Wolgadeutschen. 1763 wurde eine Einwanderungsbehörde geschaffen, wahrscheinlich die erste der Welt. In jüngerer Zeit kommen die Einwanderer aus anderen Regionen, vor allem aus den ehemals zur Sowjetunion gehörenden zentralasiatischen Republiken und aus dem Kaukasus. Ihre Zahl ist unbekannt; Schätzungen zufolge sollen 3,6 bis 12 Millionen Menschen ins Land gekommen sein, die rund 8 Prozent des russischen Bruttonationaleinkommens aufbringen. Laut Weltbank sind in Russland rund 12 Millionen ausländische Arbeiter beschäftigt, davon nur etwa eine Million legal. Die russischen Behörden nennen dagegen eine Zahl von nur fünf Millionen. Wenn Russland viele von ihnen ausweisen und seine Tore in Zukunft verschließen würde, wäre es nicht nur ein schwerer Schlag für die russische Wirtschaft, es würde sich auch negativ auf die demographische Struktur auswirken. Deshalb hat Putin Maßnahmen zur drastischen Verringerung der Zahl ausländischer Arbeiter zurückgewiesen.

In einem Land, das nicht gerade dafür bekannt ist, Fremde mit

offenen Armen zu empfangen, muss die Anwesenheit derart vieler Zuwanderer Spannungen hervorrufen. In manchen russischen Städten soll die Verbrechensrate in den letzten Jahren um
40 Prozent gestiegen sein, und die vielen Tausend Moskauer,
die sich im Oktober 2013 in der Umgebung des Marktes von
Birjuljowo im Süden der Hauptstadt an einem mittelgroßen Pogrom gegen »Menschen kaukasischen Aussehens« beteiligten,
hätte man mit nüchternen Zahlen über deren Anteil am Bruttonationaleinkommen kaum beeindrucken können. Ihr Slogan
lautete »Russland den Russen«, und dies ist, trotz aller ökonomischen Sachzwänge, auch die Politik der Regierung.

Putin hat sich in einer Reihe von Artikeln und Reden mit dem
Thema von »gesetzestreuen Einwanderern mit wünschenswer-
ten Eigenschaften« auseinandergesetzt und sich stets für die
Assimilation der Einwanderer ausgesprochen. Nach seiner An-
sicht ist das multikulturelle Projekt der Integration gescheitert.
Multikulturalismus habe zur Bildung geschlossener nationaler
und religiöser Gemeinden geführt, die sich nicht nur der Assi-
milation verweigern, sondern überhaupt jeglicher Anpassung.
Putin zeigte sich erstaunt darüber, dass im Westen in ganzen
Stadtvierteln und sogar Städten, in denen Generationen von
Einwanderern von Sozialhilfe leben, nicht einmal die Sprache
des Aufnahmelandes gesprochen wird.

Ein solches Gesellschaftsmodell kann aus Putins Sicht nur
eine Folge haben: Fremdenfeindlichkeit auf Seiten der einheimischen Bevölkerung, die verständlicherweise ihre Interessen,
Arbeitsstellen und Sozialleistungen vor den ausländischen Konkurrenten schützen wolle. Das historische Russland sei weder
ein ethnischer Staat noch ein Schmelztiegel wie die USA gewesen, wo letztlich jeder ein Einwanderer sei. Russland habe sich
über Jahrhunderte hinweg als Vielvölkerstaat mit Hunderten
von Volksgruppen entwickelt, die sich durch Familie, Freundschaft und Arbeit aufeinander eingestellt und Verständnis füreinander gewonnen hätten und zu einer Einheit zusammenge-
wachsen seien. An dieser Stelle zitierte Putin Iwan Iljin, dessen
Gedanken aus der ersten Hälfte des 20. Jahrhunderts, wie ge-

schildert, in letzter Zeit zu einem wichtigen ideologischen Leitfaden der russischen Führung geworden sind. Den Kern sowie das verbindende Element für Russlands Zukunft bildeten das russische Volk und die russische Kultur, die es vereine. Es gebe eine russische kulturelle Dominanz, die nicht nur von ethnischen Russen, sondern von allen Verfechtern dieser Identität, ungeachtet ihrer Nationalität, getragen werde. Dies sei der kulturelle Code, der gefördert, gestärkt und geschützt werden sollte, hauptsächlich durch Bildung. Auch auf den amerikanischen (westlichen) kulturellen Kanon ging Putin ein, auf die hundert Bücher, die jeder Student, der etwas auf sich hält, gelesen haben sollte, und regte an, für Russland ein ähnliches Projekt zu starten: »Wir brauchen eine nationale politische Strategie, die auf zivilem Patriotismus beruht. Wer in unserem Land lebt, muss seinen Glauben und seine Volkszugehörigkeit nicht vergessen, aber vor allem anderen sollte er ein Bürger Russlands und stolz darauf sein. Niemand hat das Recht, ethnische oder religiöse Überlegungen über die Gesetze des Staats zu stellen.«

Dies ist in groben Zügen Putins Vision der Integration, auf der Russland in Zukunft aufgebaut sein soll. Eine Voraussetzung dafür sind starke Institutionen. Es war, wie Kommentatoren anmerkten, ein Fanfarenstoß, der nicht nur die Dominanz der russischen Kultur verkündete, sondern auch den Patriotismus und einen starken Staat. Gleichzeitig wurde aber auch vor Chauvinismus und anderen Übertreibungen gewarnt.

Putins Bemerkungen über die Mängel und Schwierigkeiten des Multikulturalismus sind kaum zu widerlegen. Die jüngsten Erfolge der einwandererfeindlichen Bewegungen in Großbritannien, Frankreich und anderen europäischen Ländern sind dafür ein deutlicher Beleg. Genauso wenig kann es Zweifel an der Größe der russischen Kultur geben. Die Probleme tauchen auf, sobald man aus dem Reich des Wünschenswerten in die Realität wechselt. Ethnische und religiöse Gruppen dürften, aus welchen Gründen auch immer, ihre eigenen Traditionen und Bräuche, ihre eigene Kultur und Lebensart der Mehrheitskultur vorziehen. Sie werden die Assimilation möglicherweise nur bis zu einem gewissen Punkt akzeptieren. Vielleicht würden sie ein Commonwealth, einen lockeren Staatenbund, einem starken Staat, wie Putin ihn sich vorstellt, vorziehen. Putin hat den Stolz beschworen, aber nicht alles, was in der russischen Geschichte geschehen ist, dürfte, vorsichtig ausgedrückt, Russen und Nichtrussen gleichermaßen stolz machen. Die Erfahrungen in den siebzig Jahren der Existenz der Sowjetunion waren in dieser Hinsicht nicht gerade positiv. Im selben Augenblick, als der starke Staat zusammenbrach, fiel die Union auseinander. Kurz, abweichende Interessen und Ambitionen werden vor zentripetalen Anliegen zurücktreten müssen; zu deren Durchsetzung wird man Zwang ausüben müssen, und die Frage ist, wie viel davon mit demokratischen Normen vereinbar sein wird. Dies ist vielleicht am deutlichsten zu sehen, wenn man die Stellung der muslimischen Minderheit in Russland betrachtet.

Der Islam in Russland

Der Islam ist Russlands Schicksal – meint jedenfalls Alexei Malaschenko, ein führender russischer Experte auf dem Gebiet. Er äußerte diese Einschätzung während der Kämpfe im Kaukasus. In manchen Teilen des Kaukasus wird immer noch gekämpft, und daran wird sich in absehbarer Zukunft wohl auch nichts ändern, auch wenn die Intensität abnehmen dürfte. Inzwischen sind die Probleme in Tschetschenien und sogar Dagestan durch Ereignisse in anderen Regionen in den Hintergrund gedrängt worden. Gleichwohl bleibt der Islam ein Thema von herausragender Bedeutung.

Russlands Bekanntschaft mit dem Islam reicht viele Jahrhunderte zurück; in manchen Landesteilen ging sie derjenigen mit dem Christentum voraus. Lange Zeit befand sich ein großer Teil des Landes unter tatarischer Herrschaft. Trotz dieses Zusammenlebens wurden die Muslime im Allgemeinen als Fremde betrachtet. Im Lauf der Zeit jedoch sind Tataren zu einem vertrauten Anblick geworden; immerhin sind in Moskau viele Hausmeister tatarischer Herkunft. Und wer wäre nicht fasziniert von dem Aussehen und der Stimme der Opernsängerin Aida Garifullina, einer geborenen Kasachin. Eine Generation früher war Muslim Magomajew (1942–2008) einer der beliebtesten Tenöre der Sowjetunion.

Die Muslime an der mittleren Wolga, in Kasan und Umgebung, waren ein glänzendes Beispiel für ein friedliches Zusammenleben. Diese Region war nicht wirklich unterdrückt, das Durchschnittseinkommen, insbesondere aus der Arbeit in der Erdöl- und Erdgasindustrie, ermöglichte einen Lebensstandard, der höher war als in vielen anderen Teilen Russlands. Dennoch blieb die Einstellung der Russen zu Muslimen aus anderen Landesteilen, insbesondere für solche aus dem Kaukasus, negativ.

Was die Außenbeziehungen anging, waren die muslimischen Länder nach dem Zerfall des Osmanischen Reichs für Russland kaum noch interessant. Diese Länder – die Türkei, der Iran und die arabischen Staaten – wurden weder als bedrohlich eingestuft, noch betrachtete man sie als potentielle Verbündete gegen den Westen. Aus Moskauer Sicht waren die Erfahrungen, die man seit dem Zweiten Weltkrieg gemacht hatte, nicht sehr vielversprechend. Es gab die Bewegung des Panturanismus mit der Idee eines gemeinsamen Urspungs etwa der Türken, Ungarn, Finnen, Esten, Mongolen oder Mandschuren, und auch die Iraner versuchten in Zentralasien einen Fuß in die Tür zu bekommen, aber beide waren nicht sehr erfolgreich und wurden daher nicht als gefährlich angesehen. Dies änderte sich etwas, als die russischen Sicherheitsdienste auf die Aktivitäten radikaler Prediger aus arabischen Ländern, die in Russland für gewöhnlich Wahhabiten genannt wurden, aufmerksam wurden. Sie waren vor allem in Zentralasien tätig und erreichten dort einen Anstieg extremistischer (und terroristischer) Aktivitäten in muslimischen Gemeinden. Aber solche Erkenntnisse wurden der breiten Öffentlichkeit nur selten bekannt. Etwas mehr Wirkung hatten Schriften, die sich mit der zunehmenden Bedeutung des Islams in Europa und Russland infolge des demographischen Wachstums der islamischen Gemeinden beschäftigten. In einem vielgelesenen Roman von Elena Tschudinowa aus dem Jahr 2005 mit dem Titel *Metschet Parischskoi Bogomateri, 2048 god* (Moschee Notre Dame im Jahr 2048) wird die Situation in Frankreich nach einer Machtübernahme durch die Muslime beschrieben; er beginnt mit einer öffentlichen Steinigung am Arc de Triomphe. Unter den nichtfiktionalen Schriften sei hier die 2005 erschienene Studie *Islamisatsija Rossii* von Juri Golubtschikow und Ruben Mnatsakanian erwähnt, die mit vier möglichen Zukunftsszenarien endet, die allesamt nicht sehr erfreulich sind.

In Russland leben heute rund 20 Millionen Muslime. Eine genaue Zahl gibt es wegen der Millionen von zumeist illegalen »Gastarbeitern« aus den zentralasiatischen Republiken nicht. Die muslimischen Gemeinden sind in drei Regionen konzentriert: im Kaukasus, in Moskau und an der mittleren Wolga.

Die Eroberung des Kaukasus nahm viele Jahre in Anspruch und inspirierte zwei Generationen russischer Schriftsteller, von Puschkin und Lermontow bis zu Tolstoi. Lermontow bezeichnete einen anderen Offizier als *gorez*, Hinterwäldler, was zu einem Duell führte, bei dem Lermontow getötet wurde. Alexander Gribojedow, einer der führenden Schriftsteller seiner Zeit, wurde als Diplomat nach Persien gesandt und in Teheran von einem fanatischen Mob getötet. Slawophile wie Alexei Chomjakow schrieben gelegentlich über den Islam, aber sie wussten nicht viel über diese Religion, und so waren viele ihrer Aussagen reine Spekulation. Akademische Institutionen für das Studium des Islams – mit dem Zentrum in Kasan – wurden erst gegen Ende des 19. Jahrhunderts gegründet.

Auf lokaler Ebene schwelte der Widerstand gegen die russische Herrschaft weiter, aber er wurde von den Zentralbehörden unterdrückt. Beispiele sind der zentralasiatische Aufstand von 1916, als ein Drittel der kirgisischen Bevölkerung nach China floh, sowie der sieben Jahre dauernde Kampf der Basmatschi nach der Machtübernahme der Bolschewiken. In den 1930er Jahren gewannen westliche Beobachter den Eindruck, dass die

Sowjetregierung, trotz all ihrer sonstigen Mängel, die »nationale Frage«, wie man sie inzwischen nannte, erfolgreich gelöst hatte. Dies sollte sich jedoch als Irrtum herausstellen, als sich die zentralasiatischen und kaukasischen Republiken während des Zusammenbruchs der Sowjetunion für die Unabhängigkeit entschieden. Auch die kleineren autonomen Republiken innerhalb Russlands hätten die Unabhängigkeit vorgezogen, aber sie waren zu klein und zu arm, um als eigenständige Staatswesen überleben zu können. Tschetschenien wurde in zwei langwierigen Kriegen niedergeworfen, und in Dagestan wurde ein prekärer Modus Vivendi erreicht.

Dass in Tschetschenien der Kadyrow-Klan an der Macht blieb, hatte jedoch seinen Preis. Anstelle der russischen Gesetze wurde die Scharia eingeführt, das kleine Land mit nur 1,3 Millionen Einwohnern wurde zu einer der repressivsten Regionen der Welt. Solange Tschetschenien die russische Oberhoheit anerkannte, war die Regierung in Moskau bereit, die weitgehende Islamisierung ebenso hinzunehmen wie den Exodus des größten Teils der russischstämmigen Bevölkerung. In Dagestan mit seinen 2,2 Millionen Einwohnern war die Lage ähnlich, nur dass sie dort nicht in einen offenen Krieg umschlug. Gewalttätigkeiten gehörten hier zwar zum Alltag, blieben aber auf einem niedrigeren Niveau. In den Augen der radikalen islamischen Opposition waren die herrschenden Klans in beiden Republiken trotz der Islamisierung »Verräter«. Doch die Extremisten waren besiegt und nicht mehr zu größeren militärischen oder terroristischen Operationen fähig. 2009 erklärte der Kreml den Antiterrorkampf in Tschetschenien offiziell für beendet; fünf Jahre später wurde in Moskau ein Ministerium für kaukasische Angelegenheiten geschaffen.

Es bleibt abzuwarten, ob denjenigen, die in Tschetschenien und Dagestan die Moskauer Interessen vertreten, zu trauen ist. Ihr Verlangen nach mehr Handlungsfreiheit, wenn nicht gar der Unabhängigkeit, ist zweifellos nicht schwächer geworden. Doch solange die Zentralregierung stark ist, haben sie kaum eine Chance, Moskau größere Zugeständnisse abzuringen. Sollte sich der Griff lockern, könnte man jedoch nicht unbedingt auf ihre Loyalität zählen. Schon heute wird aus Dagestan und in geringerem Maß aus Tschetschenien über Kontakte zwischen den prorussischen Behörden und der radikaleren Opposition berichtet. Moskaus Mann in Dagestan, Ramasan Abdulatipow, verfolgt mit einigem Erfolg eine harte, aggressive Linie. Dennoch fallen jeden Monat fünfzig bis sechzig Menschen Terroranschlägen zum Opfer. Ob Präsident Abdulatipow langfristig erfolgreich sein wird, lässt sich nicht voraussagen. Wie stets unter solchen Umständen hängt viel vom Vorhandensein oder Fehlen einiger fähiger, loyaler Führer ab. Ein weiterer Faktor ist Moskaus Bereitschaft, Dagestan, das in großem Umfang von Hilfe von außen abhängt, in erheblichem Ausmaß finanziell zu unterstützen. In einer Zeit wirtschaftlicher Stagnation gibt es in Moskau erheblichen Widerstand gegen solche Finanzspritzen, denn sie machen Einschnitte an anderer Stelle nötig.

Wie groß ist der Einfluss der Islamisten, die für die Abtrennung von Russland und, wenn nötig, ein gewaltsames Vorgehen eintreten? Laut der einzigen zuverlässigen Information ist er im Kaukasus weit größer als in anderen muslimischen Zentren. Aber selbst für den Kaukasus sind die Belege derart widersprüchlich, dass sie keinen eindeutigen Schluss zulassen. Sie reichen von der Versicherung, es gebe keine Radikalen, bis zu der Behauptung, alle seien Radikale. In Dagestan gingen die Kommunisten aus mehreren Wahlen als Sieger hervor, was kaum die tatsächliche Stimmung widerspiegeln dürfte. Wenn die Wahlen korrekt verliefen, hatte ihr Ergebnis wahrscheinlich nichts mit politischen und ideologischen Fragen zu tun, sondern mit der Persönlichkeit der zur Wahl stehenden Kandidaten, die offenbar einflussreichen Klans angehörten und die Partei als Plattform benutzten, um sich größeren Handlungsspielraum zu verschaffen.

Die irreführende Bezeichnung radikaler Islamisten als »Wahhabiten« wurde bereits erwähnt. Die Wahhabiten waren im 18. Jahrhundert eine vor allem auf der arabischen Halbinsel einflussreiche radikale Sekte, die heute als Organisation nicht mehr existiert. Lange Zeit war der Sufismus die stärkste islamische Strömung im Kaukasus, und mancherorts ist er es heute noch. Radikale Aktionen wurden von der salafistischen Bewegung ausgeführt, nicht von irgendeiner politischen oder religiösen Partei oder der Hizb ut-Tahrir (und weniger im Kaukasus als in Zentralasien). Die Hizb ut-Tahrir ist eine 1953 in Jerusalem gegründete Organisation, die in manchen Ländern, wie Großbritannien, eine Rolle spielt, in anderen aber kaum vorhanden ist. Sie fordert die Abschaffung der heutigen Grenzen zwischen islamischen Staaten und die Bildung eines gemeinsamen Staats, des Kalifats. Im Allgemeinen scheint ein guter Teil der radikalen Aktivitäten jedoch von der Zusammensetzung und von den Interessen lokaler Klans abzuhängen.

Der religiös-politische Aufschwung des Islams und seiner radikalen Spielarten traf mit der Ausbreitung einer radikalnationalistischen Stimmung in der russischen Bevölkerung zusammen. Dies musste natürlich zu Spannungen führen, nicht zuletzt aufgrund des Zustroms muslimischer Arbeiter in russische Städte. Die Zahl der muslimischen Einwohner Moskaus wird auf ein bis zwei Millionen geschätzt, womit es die europäische Stadt mit der größten islamischen Gemeinde ist. Sie leben in unzureichenden Wohnverhältnissen und kommen auch nicht in den Genuss grundlegender Dienste. Ihnen stehen nur wenige Moscheen zur Verfügung. Angesichts der Ablehnung, die Moscheen hervorrufen, hat der Moskauer Oberbürgermeister erklärt, dass die Stadt keine weiteren Gebetshäuser genehmigen werde. Beten die Menschen jedoch auf der Straße, wirft man ihnen vor, sie würden die öffentliche Ordnung stören und Verkehrschaos verursachen. Es überrascht beinahe, dass nicht mehr Aufruhr entstanden ist. Die paradoxe Situation ist aus Sicht der Regierung jedoch höchst unerwünscht.

Während die Sicherheitsdienste über subversive separatistische Aktivitäten unter den Zuwanderern besorgt waren und die Polizei die Aufrechterhaltung von Recht und Ordnung im Blick hatte, war das Außenministerium bemüht, den negativen Eindruck zu zerstreuen, den die antiislamische Stimmung in der

muslimischen Welt hervorrief. Auf Initiative des damaligen Au-
ßenministers Primakow – der Arabistik studiert hatte – wurde
zur Schadensbegrenzung eine hochrangige Konferenz veranstaltet. Russlands Ruf in der muslimischen Welt war bereits
durch den Afghanistankrieg und die beiden Tschetschenien-
kriege beschädigt, und das Außenministerium warnte nun davor,
dass eine weitere Zunahme der Islamophobie dem Ansehen den
Todesstoß versetzen würde. Die Hauptsorge war natürlich, dass
Russland politische Chancen in der islamischen Welt entgehen
könnten. Doch Russland wurde 2001 durch die amerikanische
Intervention in Afghanistan gerettet. Da man sich selbst aus dem
Land zurückgezogen hatte, war Russland kein unmittelbarer
Gegner mehr.

Die muslimische Welt hat das Schicksal und die Aktivitäten
der russischen Muslime kaum zur Kenntnis genommen. Das lag
zweifellos vor allem daran, dass sie außerhalb Russlands kaum in
Erscheinung traten. Obwohl die Hadsch, die Pilgerreise nach
Mekka, auf verschiedene Weise gefördert wird, erfüllen nur wenige Russen, was eigentlich ein religiöses Gebot darstellt. Nach
Aussagen russischer Muslime würden weit mehr von ihnen nach
Mekka reisen, wenn die saudischen Behörden die Zahl der zu-
gelassenen Pilger aus Russland nicht auf 20 000 begrenzt hätte.
Außerdem ist beklagt worden, dass sich unter denjenigen, die
nach Mekka reisen, zu viele Vertreter der Sicherheitsdienste be-
fänden, die militante Islamisten im Auge behalten sollten. Ande-
rerseits hat sich die internationale Organisation für Islamische
Zusammenarbeit verschiedentlich mit Anklagen und Kritik an
Russland zurückgehalten, und sie hat sich stets geweigert,
»Itschkerija«, die politische Organisation der tschetschenischen
Rebellen, in ihre Reihen aufzunehmen. Das Wohlwollen der
russischen Regierung war wichtiger als die Solidarität mit den
Glaubensgenossen.

In den 1990er Jahren bildete sich so etwas wie eine Regie-
rungsstrategie gegenüber dem russischen Islam heraus. Im Wesentlichen gewann Pragmatismus die Oberhand. Die russische
Rechte, insbesondere die extreme (Prochanow, Schirinowksi

und andere wie Sjuganow), erinnert ihre Landsleute regelmäßig daran, dass die muslimischen Länder, vor allem die arabischen, ihre natürlichen Verbündeten gegen den Westen seien. Dmitri Rogosin, damals Chef der rechtsextremen Partei Rodina, vertrat sogar eine Zeitlang eine Idee, die ursprünglich von der Organisation der Muslime an der unteren Wolga aufgebracht worden war: Einer der Stellvertreter des Präsidenten solle stets ein Muslim sein. Aber diese (manchmal mit »antizionistischen« Argumenten untermauerte) Beschwichtigungspolitik kollidierte notwendigerweise mit der Stimmung auf der Straße und wurde deshalb fallengelassen. Zudem waren die Rechten nicht bereit, im Gegenzug für die Unterstützung der muslimischen Länder den Kaukasus aufzugeben oder ähnlich weitreichende Zugeständnisse zu machen. Ab und zu wurde daran erinnert, dass die arabischen Länder von Russland massive Wirtschaftshilfe erhalten hätten (von Waffenlieferungen ganz zu schweigen), aber dass nur selten eine Gegenleistung erbracht worden sei. Gelegentlich wurde vorgeschlagen, Russland solle als Vermittler zwischen der muslimischen Welt und dem Westen agieren, aber solche Vorhaben sind stets an den Realitäten im Nahen Osten wie dem syrischen Bürgerkrieg zerschellt.

In der muslimischen Welt gibt es ein tiefverwurzeltes Misstrauen gegenüber Russland, so wie Russland umgekehrt überzeugt ist, dass es niemandem vertrauen könne außer den eigenen Waffen. Zudem waren sich die Experten in Moskau in Bezug auf den Nahen Osten nicht einig: Die einen begrüßten den Arabischen Frühling, die anderen verurteilten ihn als CIA-Komplott. Vertreter von Hamas und anderen Palästinenserorganisationen kamen von ihren diversen Besuchen in Moskau regelmäßig ohne greifbare Ergebnisse zurück. Die einzige Erkenntnis solcher Begegnungen bestand darin, dass sich die muslimischen Länder der offenen Unterstützung ihrer Glaubensbrüder in Russland zu deren Enttäuschung enthielten. Ein typisches Beispiel war der weithin ausgebliebene Beistand gegenüber den Krimtataren, als diese nach der russischen Besetzung der Krim im Jahr 2014 unter Druck gerieten. Die Krimtataren hatten schon unter Stalin

zu leiden gehabt, und die Muslime in anderen Landesteilen sind
besorgt über ihre Zukunft.

Um auf die spezifischen Probleme der muslimischen Enkla-
ven im Nordkaukasus zurückzukommen, so sollte neben den
bereits genannten Gebieten auch Inguschetien mit einer halben
Million Einwohnern erwähnt werden. Obwohl eine große Krise
vermieden werden konnte und Terrorangriffe ihre Wirkung
verfehlten, bleibt die Gefahr für die Erdöl- und Erdgaspipelines
vom Kaspischen Meer nach Europa bestehen.

Russische Experten und Politiker scheinen sich der Gefahren
im Kaukasus und anderen Landesteilen bewusst zu sein. Dass der
islamische Separatismus als große Bedrohung betrachtet wird,
geht aus Lehrbüchern hervor, die an der Hochschule der Sicherheitsdienste verwendet werden, wie *Put woinow Allacha. Islam i
politika Rossii* von Igor Schurawljow, Sergei Melkow und Leonid
Scherschnew. Die Autoren hegen keine Sympathie für die Regionen, in denen die Scharia eingeführt und allgemein eine islamistische Richtung eingeschlagen wurde. Aber sie haben auch
keine Vorschläge, wie man dieser Herausforderung entgegen-
treten soll, außer der Empfehlung, dass Russland nicht im Westen, sondern im Osten Anregung und Führung suchen solle.
Dort werde es den »Weg der Rettung« finden – »ex oriente lux«.

Ein anderes Beispiel für die auf diesem Gebiet herrschende
Verwirrung ist das Phänomen des Moskauer Dichters Gaidar
Dschemal. Der Endsechziger hat viel über die Psychiatrie geschrieben und ist Vorsitzender des Islamischen Komitees Russlands. Mitgliederzahl und Einnahmequellen dieser Organisation sind unbekannt, aber sie wird regelmäßig in den Medien
erwähnt. Ihr Vorsitzender ist russisch-aserbaidschanischer Herkunft und hat im Lauf seines Lebens den Marxismus-Leninismus, den Antisemitismus (Pamjat) sowie verschiedene andere
Ideologien vertreten. Nach seiner Ansicht kann Weltpolitik
(»Mondialisierung«) nur vor dem Hintergrund des Konflikts
zwischen den beiden führenden Supereliten verstanden werden – derjenigen, die von der britischen Aristokratie angeführt
wird, und der amerikanischen. Die Anschläge des 11. September

2001 seien eine gegen die Vereinigten Staaten und die islamische Welt gerichtete grandiose Provokation der einen Superelite gewesen. Osama bin Laden und die Taliban seien Kreaturen der CIA und des Zionismus in Zusammenarbeit mit dem KGB gewesen, die den Supereliten dazu gedient hätten, ihre Dominanz über den Planeten zu sichern. Liebhaber von Verschwörungstheorien werden sofort erkennen, woher diese Phantasien stammen; der frühe Dugin ist unverkennbar.

Dschemal hat in ihrer gemeinsamen Pamjat-Zeit eng mit Dugin zusammengearbeitet. Dugin hat sich anschließend den respektableren Gebieten der Geopolitik und des Eurasianismus zugewandt, während Dschemal sich weiterhin in verschiedenen islamischen Komitees engagierte. Unmöglich zu sagen, ob irgendjemand den Unsinn wirklich glaubt, wie viel davon Entertainment ist und wie viel absichtliche oder unabsichtliche Vernebelung und was eher für den Export als für das Inland bestimmt ist. Auf jeden Fall ist es typisch für den in diesen Kreisen vorherrschenden Geisteszustand.

Die Autoren des erwähnten (vor zehn Jahren erschienenen) Lehrbuchs schlugen, da Russland nicht stark genug sei, um den amerikanischen und europäischen Einfluss abzuwehren, ein Bündnis mit China, Indien und dem Iran vor, das sie mit dem aus den Ländernamen gebildeten Akronym RIKI bezeichneten. Obwohl sie sich ansonsten nicht gerade durch Humor hervortaten, merkten sie an, dass sie sich des Anklangs an den heldenhaften Mungo Rikki-Tikki-Tavi aus Rudyard Kiplings *Dschungelbuch* bewusst seien. Die erwähnten Länder hätten sich in der Vergangenheit anständig verhalten und die Schwäche Russlands nach dem Zusammenbruch der Sowjetunion nicht ausgenutzt.

Während die Spannungen im Kaukasus anhielten, war es ein großer Trost, dass es in Tatarstan und Baschkortostan ruhig blieb. Die Medien berichteten, dass die Bevölkerung dieser Republiken von dem Erdöl- und Erdgasboom profitiere und das traditionelle islamische Establishment dort eine starke Stellung einnähme. Gewiss seien ein paar radikale Prediger aus Saudi-

Arabien, Kuwait und Katar eingereist, aber die große Mehrheit der Bevölkerung habe nicht den Wunsch, unter »mittelalterlichen Bedingungen« zu leben, wie sie von einigen hitzköpfigen neuen Geistlichen aus dem Ausland, die keine Ahnung von den örtlichen Verhältnissen hätten, gepredigt würden.

Die Lage schien unter Kontrolle zu sein, bis plötzlich am 19. Juli 2012 in Kasan ein Anschlag auf das Auto von Ildus Faisow, dem Obermufti der Region, verübt wurde. Er überlebte verletzt, während einer seiner Assistenten ums Leben kam. Es folgten intensive Ermittlungen und Diskussionen. Das Bild, das sich ergab, war weniger tröstlich als frühere Berichte. Als örtliche Parlamentsabgeordnete einige Wochen später mit Artem Chochorin, dem Innenminister von Tatarstan, zusammentrafen, stellte dieser fest, dass man sich in der Region seit 13 Jahren praktisch in einem unerklärten Krieg befinde. In dieser Zeit war Tatarstan systematisch von Predigern aus arabischen Ländern unterwandert worden, von denen einige Ausländer waren, andere aber Einheimische, die in Mekka und Medina studiert hatten, also mit salafistischen Lehren indoktriniert worden waren. Darüber hinaus hatte sich die Zusammensetzung der Gemeinde, die an Freitagen und Feiertagen in die Moscheen ging, verändert; mindestens die Hälfte waren Zugezogene aus Zentralasien, die an ihren Heimatorten durch Salafisten einer Gehirnwäsche unterzogen worden waren. Ähnliches war auch andernorts in Russland geschehen, etwa im Gebiet von Stawropol, wo Muslime heute mehr als ein Viertel der Bevölkerung stellen, und sogar im Südural und in Westsibirien, das einigen Berichten zufolge zu einem der Hauptziele der Salafisten geworden ist. Auch der Präsident des bisher relativ ruhigen Baschkortostan (des früheren Baschkirien) klagte jetzt, dass der religiöse Fanatismus zu einer politischen Gefahr geworden sei. Das Problem war nicht, dass die traditionelle Führung diese Entwicklungen nicht wahrgenommen hätte, sondern, im Gegenteil, dass sie die Radikalen gefördert hatte. Wäre das Attentat auf Faisow erfolgreich gewesen, wäre ein führender salafistischer Prediger sein Nachfolger geworden.

Kurz nach dem Attentat verließ Ramil Junussow, der Leiter der größten Moschee von Kasan (und ganz Osteuropas), seinen Posten und begab sich nach London, um seine Englischkenntnisse zu verbessern, wie sein Sprecher erklärte. Er ist bisher noch nicht wieder zurückgekehrt. Obwohl niemand ihm eine direkte Beteiligung an dem Anschlag vorgeworfen hat, ergibt sich doch das folgende Bild: Er war der führende religiöse/ideologische Opponent des Muftis, hatte mehrere Jahre in Medina studiert und galt als charismatischer Prediger, der zudem mit dem religiösen Establishment auf gutem Fuß stand. Allgemein waren die jüngeren, in Saudi-Arabien ausgebildeten Prediger beliebter als die etablierten Geistlichen, die von den säkularen Autoritäten und den russischen Sicherheitsdiensten unterstützt wurden.

Wenn der Vorfall in Kasan eine Ausnahme mit rein lokalen Ursachen gewesen wäre, hätte er keine breitere politische Aufmerksamkeit erregt. Aber er war nicht untypisch. Um noch einmal Alexei Malaschenko zu zitieren: »In einigen zuvor ruhigen Gebieten Russlands wird die muslimische Bevölkerung radikal und sogar extremistisch. Schon vor dem Mordanschlag auf den Mufti gab es – zum Teil erfolgreiche – Angriffe auf als gemäßigt geltende Prediger, wie al-Tirqawi, einen geistigen Führer einer Sufi-Tariqa [Sufi-Sekte]. Manche Beobachter betrachten die gegenwärtige Lage als Anfang der Kaukasuierung der Wolga-Region.«

Der Einfluss der Salafisten wird zwar gelegentlich übertrieben; etablierte Prediger neigen dazu, jeden Opponenten, gleich welcher Richtung, als Salafisten zu verunglimpfen. Aber es kann nicht bezweifelt werden, dass das Problem dringlicher wird. Außerdem ist es nicht mehr auf einige wenige Zentren beschränkt, sondern hat sich auf die meisten Orte mit muslimischer Bevölkerung ausgedehnt.

Was können die Behörden tun, um den Einfluss der Extremisten zu begrenzen? Sie könnten, anstelle der Traditionalisten, populärere Vertreter des Islams unterstützen, insbesondere solche mit Einfluss auf die Jugend, die *gama'at*. Es ist jedoch zweifelhaft, dass diese Prediger in einer Zeit, in der in den russischen

Gemeinden eine nationalistische Radikalisierung stattfindet, kooperieren werden. Darüber hinaus ist die Gefahr, sich bei Nachbarländern anzustecken, gewachsen. Kasachstan zum Beispiel geht es zwar wirtschaftlich wesentlich besser als den benachbarten muslimischen Republiken, aber das hat auch dort die Ausbreitung von islamischem Extremismus und Terrorismus nicht verhindert. Im Dezember 2012 erklärte die kasachische Regierung erstmals, dass die *Jund al-Khilafa* (Kalifatsarmee) eine Bedrohung der nationalen Sicherheit darstelle. Darauf folgten mehrere Selbstmordanschläge. Einige der Terroristen stammten aus dem Kaukasus, andere waren in Afghanistan ausgebildet worden. Doch laut Angaben der kasachischen Polizei gab es auch im Land selbst terroristische Trainingszentren. Da Kasachstan als Mitglied der Shanghaier Organisation für Zusammenarbeit (SOZ), die über ein eigenes regionales Antiterrornetzwerk verfügt, im Notfall mit chinesischer und russischer Hilfe rechnen kann, sollte die Gefahr allerdings nicht überbewertet werden. Andererseits leben heute Tausende von kasachischen »Gastarbeitern« und noch mehr aus den Nachbarrepubliken in Russland. Würden radikale Strömungen unter ihnen an Einfluss gewinnen, hätte das unmittelbare Auswirkungen.

Panikmacherische Szenarien, nach denen Russland binnen einer Generation zu einem muslimischen Land werden könnte, sind übertrieben. Aber es braucht nicht viel politischen Scharfsinn, um vorauszusagen, dass schon lange, bevor der muslimische Bevölkerungsanteil 51 Prozent erreicht hat, gravierende Probleme auftauchen werden. Putins Bevölkerungspolitik und das Schlagwort »Russland den Russen« lassen sich nicht miteinander vereinbaren, und es bleibt fraglich, ob Russland fähig sein wird, eine erfolgreiche Integrationspolitik zu betreiben. Die Gesetzgebung der letzten Jahre lässt den autonomen Republiken im Land nicht allzu viel Autonomie; im Gegenteil, ihre Spielräume sind heute stärker eingeschränkt als in der Vergangenheit.

Darüber hinaus macht nicht nur der Mob auf der Straße, der in den Ruf »Russland den Russen« einfällt, Putin das Leben schwer. Auch die russisch-orthodoxe Kirche missbilligt eine Politik, die sie als Beschwichtigung des Islams betrachtet. Sie will ihre alt-neue Stellung als Staatskirche behalten. Zudem lehnt die öffentliche Meinung die Regierungspolitik mehrheitlich ab. Die Aufrufe zum Dialog zwischen den Religionen sind bloße Augenwischerei.

Um sich alle Optionen offenzuhalten, bezieht Russland außenpolitisch gegenüber dem Islam und Islamismus nicht eindeutig Stellung. Da Amerika immer noch als *die* große Bedrohung wahrgenommen wird, ist anzunehmen, dass islamistische anti-amerikanische Aktivitäten begrüßt werden, und häufig ist dies auch der Fall. Aber nach dem Rückzug der USA und der NATO dürfte gerade Afghanistan wieder ein Problem werden, denn Russland dient Dschihad-Kämpfern als Basis für ihre Aktivitäten in Zentralasien, es liegt schließlich viel näher als Amerika. Dennoch wird die russische Strategie immer noch vom Schatten der USA beherrscht, und man ist weiterhin überzeugt davon, dass für Russland schlecht ist, was für Amerika gut ist. Es könnte dauern, bis das Land seine Besessenheit von der westlichen Gefahr überwindet. Es ist lange Zeit Russlands Schicksal gewesen, Bedrohungen und Feinde am falschen Ort zu suchen und die wirklichen Gefahren zu übersehen. Eine solche Neigung hat tiefe Wurzeln und wird wahrscheinlich nicht so bald verschwinden.

Opposition und autoritäre Herrschaft

Die Grenzen der Opposition

Die postsowjetischen Regierungen waren von Anfang an mit innerem Widerstand konfrontiert. In der ersten Zeit lag dies vor allem an den Verfassungsänderungen und der Gegenwehr der Kommunistischen Partei, die ihre führende Rolle im politischen Leben des Landes nicht aufgeben mochte. Später wurde diese Frage geklärt und das Land, zumindest soweit es seine Gesetze betraf, demokratisiert.

Mit Putins Machtantritt setzte sich ein gegenläufiger Trend durch. Die Russen verlangten weniger nach Freiheit und Demokratie als nach Stabilität und Ordnung. Schrittweise wurden gerade erst erreichte Liberalisierungen wieder eingeschränkt oder in der Praxis ignoriert. Man behauptete weithin, die westlichen Demokratieformen seien für Russland nicht geeignet, schon gar nicht unter den gegenwärtigen Umständen. Die Frage, ob es eine Form der Demokratie gab, die für Russland geeignet sein könnte – und wenn ja, welche –, ließ man offen. Die bloßen Worte »Demokratie« und »demokratisch« erhielten einen negativen Unterton. Diese ablehnende Einstellung ist geblieben. Laut einer Meinungsumfrage aus dem Jahr 2000 bevorzugten 75 Prozent der Russen eine klare Ordnung und Stabilität, während sich nur 13 Prozent für die Demokratie aussprachen. Im April 2014 lauten die entsprechenden Zahlen nach einer Erhebung des Allrussischen Meinungsforschungszentrums, WZIOM, 72 und 16 Prozent. Welche Chancen hat eine Opposition in einer solchen Stimmungslage?

Die Einschränkungen der politischen Freiheiten lösten Demonstrationen aus, die wiederum zu weiteren Restriktionen

führten. Die Opposition machte sich durch Proteste gegen
Wahlergebnisse bemerkbar, die ihrer Meinung nach gefälscht
worden waren. Außerdem veranstaltete sie Friedensmärsche
und ähnliche Kundgebungen. Anfangs standen Dissidenten aus
der späten Sowjetzeit an der Spitze dieser Veranstaltungen,
doch nach und nach trat eine neue Generation in den Vordergrund, junge Leute wie Alexei Nawalny und Sergei Udalzow,
Ersterer eher nach rechts, Letzterer eher nach links orientiert.
Aber auch diese Zuordnungen änderten ihre Bedeutung und besaßen nicht mehr die überragende Wichtigkeit von einst. Die
Forderungen der Linken hatten kaum noch etwas mit dem Marxismus-Leninismus zu tun, sie äußerten ihren Patriotismus mindestens so lautstark wie alle anderen. Die Hauptthemen waren
jetzt die Korruption und die fehlende politische Freiheit. Der
ehemalige Ministerpräsident Wladimir Ryschkow führte an,
dass die Regierung seit Jahren keine neue Partei mehr zugelassen habe. Und Nawalny behauptete, die Staatspartei Einiges
Russland sei eine »Partei von Gaunern und Dieben«. Der cha-
rismatische junge Rechtsanwalt Nawalny betrachtet sich selbst,
einem Interview mit Boris Akunin, dem meistgelesenen russischen Thrillerautor, zufolge, als nationalistischen Demokraten
(oder umgekehrt). Außerdem erschien er als Redner auf Treffen
von rechtsextremen Organisationen.

Man nahm damals an, dass Nawalny nur ein paar tausend treue
Anhänger hatte, und war deshalb überrascht, als in den Moskauer Bürgermeisterwahlen im September 2013 Hunderttausende für ihn votierten und er damit auf 27 Prozent der Stimmen
kam. Er war als Gegenkandidat zum Amtsinhaber Sobjanin an-
getreten, ohne finanzkräftige Spender oder eine mächtige Organisation im Hintergrund, aber als bekannter Blogger. Wieso
konnten er und andere Oppositionelle die Regierungskandida-
ten trotzdem nicht aus dem Feld schlagen?

Wie gewöhnlich gibt es mehr als einen Grund. Buchstäblich
alle, die gegenwärtig in der russischen Politik aktiv sind, stimmen darin überein, dass eine Veränderung nicht über Wahlen
zu erreichen ist. Würde ein Oppositionskandidat gewinnen,

würde er, da ist man überzeugt, vermutlich verhaftet werden, sei
es nun wegen Unterschlagung, Vergewaltigung, Massenmord,
Verkehrsdelikten oder Steuerhinterziehung. Auch könnte er
ums Leben kommen. Udalzow und Nawalny sind, wie auch andere führende Oppositionelle, wiederholt verhaftet worden.

Ein zweiter Grund ist die Zersplitterung der Opposition in
zahllose Gruppierungen, die offenkundig unfähig sind, ihre
Kräfte zu vereinen. Udalzow steht ideologisch den Kommunisten nahe und fungierte zeitweise als Sjuganows Bürochef. In
einem Interview mit der bekannten Journalistin Jewgenija Albaz
hat er allerdings jüngst erklärt, dass er den KP-Chef nicht als
nächsten Präsidenten wolle. Seine Bedenken sind durchaus berechtigt, Putin besitzt weiterhin das Vertrauen großer Teile der
Bevölkerung. Die Opposition wird hauptsächlich von der Intelligenzija und Teilen der Mittelschicht unterstützt. Nawalnys und
Udalzows Anhänger mögen von deren persönlicher Integrität
überzeugt sein, doch der starke Nationalismus des Ersteren und
die Nähe des Letzteren zu den Kommunisten sind nicht gerade
vertrauenerweckend.

Was die Medien anbelangt, besitzt die Regierung buchstäblich ein Monopol. Offiziell wurde die Zensur 1990 unter Gorbatschow abgeschafft, aber die Selbstzensur ist weiterhin verbreitet. Die großen Fernsehsender befinden sich allesamt im Besitz
entweder von Oligarchen wie Usmanow und Abramowitsch oder
von Unternehmen wie Gazprom, die eng mit der Regierung zusammenarbeiten. Nur wenige Fernseh- und Radiosender, wie
Echo Moskwy und Doschd, sind noch unabhängig. Unbequeme
Journalisten werden bedroht, physisch attackiert und manchmal
sogar ermordet, wie vor einigen Jahren Anna Politkowskaja und
Paul Klebnikov.

Sind die russischen Medien heute freier oder unfreier als in der
Zarenzeit? Es gibt interessante Ähnlichkeiten: Vor 1917 konnten die Schriften von Karl Marx in Russland auf Englisch und
Deutsch bestellt werden, aber nicht auf Russisch. Heutzutage
kann in der *Moscow Times* manches erscheinen, was die russischsprachigen Medien niemals drucken würden. Im zaristischen

Russland gab es für Bücher oberhalb eines bestimmten Umfangs keine Zensur, und auch heute können bestimmte Themen in umfangreichen russischen Büchern behandelt werden, aber nicht im Radio oder Fernsehen. Wie im Westen finden Bücher auch in Russland keine breite Leserschaft mehr; die meisten Menschen beziehen ihre Informationen aus dem Fernsehen.

Aus Sicht des Staats gibt es jedoch ein ebenso großes wie unerwünschtes Loch: das Internet, aus dem sich viele Russen ihre Informationen über in- und ausländische Ereignisse besorgen. Deshalb versucht die Regierung schon seit geraumer Zeit, ein Gesetz durchzubringen, das dieses Loch nach dem Vorbild anderer autoritärer Regime durch die Schaffung eines »nationalen Internets« schließt. Man könnte dies als bedeutenden Schritt auf dem Weg von einem autoritären zu einem totalitären Regime bezeichnen. Freilich ist der russische Staat auch ohne ausdrückliche Zensur in der Lage, störende Internetseiten zu schließen. So wurde 2014 der Gründer und Chef von Vkontakte (heute vk.com), der größten russischen Social-Network-Seite, gezwungen, das Land zu verlassen. Unter derartigen Umständen besitzen Regierung und Staatspartei buchstäblich das Informationsmonopol.

Im Gegensatz zu seiner Partei hielt sich Putins persönliche Popularität auf konstant hohem Niveau. Von Zustimmungsquoten, wie sie der russische Präsident erreicht, können westliche Politiker nur träumen. Während die Opposition zu den Demonstrationen gegen den Wahlbetrug von 2011 und 2012 problemlos Hunderttausende Menschen mobilisiert hatte, so für den »Marsch der Millionen« im Mai 2012, und viele Millionen sich Videos von diesen Ereignissen angeschaut hatten, konnten Anfang 2014 mit Mühe gerade einmal 30 000 Menschen zur Teilnahme an einem Friedensmarsch in Moskau bewegt werden. Solange Putin die patriotisch-nationalistische Karte ausspielen kann, sind die Erfolgsaussichten der demokratischen Opposition gering bis nicht vorhanden.

Die russische Parteiengeschichte ist ausgesprochen kurz: Abgesehen von den wenigen Jahren zwischen der Revolution von

1905 und 1917 gibt es nämlich keine. 1905 wurde die Konstitutionell-Demokratische Partei (Kadetten) gegründet, im selben Jahr der rechts von ihr stehende Bund des 17. Oktober (Oktobristen). Die Sozialdemokratische Partei, die sich in Menschewiken und Bolschewiken aufspaltete, agierte im Untergrund, ebenso wie die Sozialrevolutionäre und rechte und rechtsextreme Gruppen. In den »bürgerlichen Parteien« fanden sich Notabeln zusammen, oder sie stützten sich auf eine lokale Machtbasis (den *semstwo* als lokale Selbstverwaltungseinheit). Nach dem Zerfall der Sowjetunion waren in der Duma zwar mehrere Parteien vertreten, aber es war nicht klar, wer hinter ihnen stand, wer sie leitete und finanzierte und wessen Interessen sie vertraten. In Ost-Berlin und anderen osteuropäischen Hauptstädten hatte es sogar unter dem kommunistischen Regime sogenannte Parteien gegeben, aber sie waren keine echten unabhängigen politischen Vereinigungen, sondern Gruppen von »Nicht-Parteibolschewiken«, denen die Kommunisten, aus welchen Gründen auch immer, weiterzubestehen erlaubten.

Aber war es nicht möglich, dass sich diese Pseudoparteien in einer Krisenzeit plötzlich in unabhängige Organisationen mit eigenem Willen und eigener Politik verwandelten? Und hätten die Schirinowskis und Sjuganows nicht darauf spekulieren können, dass eine solche Situation eines Tages eintreten würde? Das war zwar unwahrscheinlich, aber nicht unmöglich.

Angesichts der Entwicklungen drängt sich die Frage auf, ob sich künftig in Russland ein faschistisches System herausbilden könnte. Manche Beobachter haben dies nicht nur bejaht, sondern sind sogar noch weitergegangen und haben erklärt, Russland habe diese Stufe bereits erreicht. Doch solche Behauptungen halten, so nachvollziehbar sie aus emotional-psychologischer Sicht sind, einer strengen Analyse nicht stand. Auch sind sie für das Verständnis der Dynamik der gegenwärtigen russischen Politik nicht von Nutzen. Boris Nemzow, ein führender Vertreter der Demokraten und einstiger stellvertretender Ministerpräsident, hat erklärt, Russland sei im Frühjahr 2014 zu einer Diktatur geworden. Für diese Auffassung lassen sich starke Gründe

anführen, dennoch ist einem bei solch einer kategorischen Feststellung nicht ganz wohl. Denn Russland war auch vorher schon
kein freies Land, und es ist seither, obwohl der Trend unüber-
sehbar ist, noch keine totale Diktatur.

Es ist schwierig genug, einen gemeinsamen Nenner für jene
politischen Regime im Europa des 20. Jahrhunderts zu finden,
die gemeinhin als »faschistisch« bezeichnet werden. Das nationalsozialistische Deutschland war nicht »faschistisch«, und das
faschistische Italien war nicht »nationalsozialistisch«. Noch
schwieriger gestaltet sich die Suche nach einem gemeinsamen
Nenner, wenn man die kleineren Länder in die Betrachtung ein-
bezieht. Zum Teil liegt dies am Zeitfaktor – die faschistische Ära
war teilweise sehr kurz, der Zweite Weltkrieg brach nur sechs
Jahre nach dem Machtantritt der Nationalsozialisten aus. Schon
der Begriff des Faschismus ist für die Analyse und das Verständnis nur von begrenztem Wert. So haben sich die faschistischen
oder para- und quasifaschistischen Regime und Bewegungen
durchaus unterschiedlich entwickelt. Die einen hatten ihren Ursprung in religiösen Bewegungen (Belgien, Rumänien), während
andere überhaupt nicht religiös waren. Es gab offensichtliche
Unterschiede zwischen großen und kleinen faschistischen Ländern; die großen neigten zu Expansion und militärischer Aggres-
sion, während die kleinen aus naheliegenden Gründen nicht
dazu tendierten, obwohl sie militaristisch inspiriert gewesen sein
mögen.

Gewisse Elemente waren ihnen gemeinsam, und wenn einige
oder sogar viele fehlten, waren Zweifel daran angebracht, dass
sie wirklich faschistisch waren. Zu diesen Elementen zählen das
Vorhandensein eines Führers und eines Personenkults sowie die
Existenz einer alleinherrschenden Partei mit einem Monopol
auf dem Gebiet von Politik und Ideologie. Wenn keine solche
Staatspartei vorhanden war oder es mehr als eine Partei und
Ideologie gab, war das betreffende Regime sehr wahrscheinlich
eine militärische oder populistische rechte Diktatur, aber nicht
notwendigerweise von faschistischer Art.

In Russland ist in den letzten Jahren zweifellos ein beginnender Personenkult zu beobachten (mehr darüber kann man dem von Helena Goscilo herausgegebenen Band *Putin as Celebrity and Cultural Icon* entnehmen), obwohl er im Vergleich zum Stalinkult recht bescheiden ausfällt. Es liegt vermutlich an der Intensität des Stalinkults und seinen häufig aberwitzigen Überspitzungen, dass der Putinkult nur halbherzig betrieben wird. Von Zeit zu Zeit wurde der Versuch unternommen, Putin als »Landesvater« zu präsentieren, aber er ist keine Vaterfigur, womit diese Versuche zum Scheitern verurteilt waren. Putins öffentliche Person ist die eines Patrioten und Silowik, aber ihr fehlen andere Eigenschaften, die nach allgemeinem Verständnis einen großen Führer ausmachen. Da ist das starke Macho-Element, das er mit Mussolini gemein hat. Allerdings zeigte sich Letzterer selten mit freiem Oberkörper – seine Lieblingssportart war das Reiten –, während der russische Präsident regelmäßig seinen wohlgeformten Körper zur Schau stellt. Unter den NS-Führern in Deutschland wäre dies nicht comme il faut gewesen. Weder Hitler noch Göring oder Goebbels hatten eine Figur, die man mit Stolz vorzeigt. Von Friedrich Ebert, dem sozialdemokratischen Reichspräsidenten der Weimarer Zeit, drang eine Photographie, die ihn im Badeanzug präsentierte, an die Öffentlichkeit, was ihm erheblich geschadet hat. SED-Chef Walter Ulbricht war Gymnastikfan, erschien in der Öffentlichkeit aber stets voll bekleidet.

Die Staatspartei

Die heutigen russischen Führer haben in ihrer Jugend gelernt, dass man eine Partei als Transmissionsriemen braucht, um das Land zu regieren. Solange es Wahlen und andere Zutaten eines demokratischen Regimes gab, war eine Partei nötig, um die Massen zu mobilisieren und die Propaganda zu verbreiten. Gorbatschow in den letzten Jahren seiner Amtszeit und Jelzin hatten ohne eine Partei regiert, woraus ihnen eine ganze Reihe von

Problemen erwachsen war. Denn sie brauchten Unterstützung – Geld und Aktivisten für alle möglichen Aufgaben. Sie wollten nicht zu sehr von den Oligarchen und den lokalen Gouverneuren abhängig werden, auch wenn Letztere, die zuvor vor Ort gewählt worden waren, jetzt vom Kreml ernannt wurden.

In der letzten Phase der Jelzin-Ära taten sich verschiedene kremlfreundliche Gruppen zusammen und gründeten in Vorbereitung auf die Dumawahl von 1999 die heutige Staatspartei Einiges Russland. Sie bezeichnete sich als antifaschistische, zentristische Partei, die sowohl rechten als auch linken Extremismus ablehnt. Putin war zeitweise ihr Vorsitzender, trat später aber aus ihr aus. Einiges Russland war in Dumawahlen mit einem Stimmenanteil zwischen 49 und 72 Prozent stets die stärkste Partei. Insbesondere 2007/08, als der Wirtschaftsaufschwung seinen Höhepunkt erreichte, fand sie viel Zustimmung. Regelmäßig wurde sie der Wahlfälschung und anderer Unregelmäßigkeiten bezichtigt, aber anschließende Untersuchungen erbrachten nie Beweise. Dass die Wahlen nicht frei und unbehindert sein können, ist angesichts des staatlichen Beinahemonopols in den Massenmedien allerdings offensichtlich.

Verlief schon die Bildung einer Staatspartei nicht ganz reibungslos, so erwies sich der Aufbau einer landesweiten Jugendorganisation als noch schwieriger. Er dauerte lange, und im Ergebnis war Naschi keine besonders dynamische Kraft. Gegründet wurde die Organisation 2005 in Konkurrenz zu den »orangenen Revolutionen« in einigen ehemaligen Sowjetrepubliken. Doch sie zog nur wenige Mitglieder an; Gerüchten zufolge hatte man die Mitglieder unter Fußballfans rekrutiert, die nur zu Demonstrationen auftauchten, wenn sie dafür bezahlt wurden. Ihrem Programm nach war Naschi wie Einiges Russland gegen rechten und linken Extremismus sowie gegen Faschismus, aber auch gegen Exzesse antipatriotischer Oligarchen. Die Organisation war Surkows Werk, dem stellvertretenden Leiter der russischen Präsidialverwaltung. Er bewies jedoch bei dieser Aufgabe nicht allzu viel Organisationstalent, und Naschi trat kaum jemals in Erscheinung. Der Organisation fehlten alle wesentlichen Zutaten einer attraktiven Jugendbewegung, vor allem Enthusiasmus. Wahrscheinlich waren nicht alle ihre Mitglieder Gauner und Diebe, wie Nawalny in Bezug auf die Mutterpartei behauptet hat, aber politisch war sie eher nutzlos.

Wer sollte mangels einer Partei, die gemäß der alten Verfassung als führende Kraft hätte auftreten können, stattdessen als Transmissionsriemen dienen? Ein einfacher Verein von Putin-Bewunderern reichte nicht aus, und selbst für diesen Zweck wäre eine funktionierende Organisation nötig gewesen. Man brauchte mehr als ein Netzwerk: eine Gruppe von Gleichgesinnten mit gemeinsamen Interessen. In gewissem Ausmaß kamen die Mitarbeiter des KGB, der inzwischen als FSB firmierte, in Frage. Im »vertikalen« Regierungssystem konnten sie Polizei und Justiz Anweisungen geben, Medien bedrohen oder aufkaufen, Arbeitsbündnisse mit Personen in Schlüsselpositionen im Staatsapparat eingehen oder sogar eigene Leute in solche Stellungen bringen. Etwas Wesentliches fehlte gleichwohl noch immer.

Historiker politischer Bewegungen im Allgemeinen und des Faschismus im Besonderen haben nach gemeinsamen Elementen gesucht, nach einem »faschistischen Minimum«, und haben dabei zwischen zehn und 14 Aspekte hervorgehoben. Eine an der Macht befindliche faschistische Bewegung wird nie von einem Komitee geleitet, sondern besitzt immer einen Führer. Es gibt nur eine einzige Staatspartei. Ferner haben diese Regime sowohl auf dem Gebiet der Propaganda als auch auf dem der politischen Gewalt wenigstens ein Beinahemonopol. Und es gibt im Faschismus keine unabhängige Justiz. Andererseits bestanden zwischen diesen Regimen gewisse Unterschiede. Die russische Regierungsform war insofern einzigartig, als sie aus der Transformation eines kommunistischen Systems in eine völlig neue Ordnung hervorgegangen war.

Dass es nach einer Zeit der ideologischen Übersättigung keine offizielle Ideologie mehr gibt, ist eine faszinierende Tatsache. Aber es ist fraglich, ob und wie lange dieser Zustand anhält. In der Geschichte gibt es Zeiten, in denen das Fehlen einer Doktrin oder eines Glaubenssystems zumindest vorübergehend toleriert werden kann, während dies in anderen undenkbar ist. Sogar in der Geschichte von Diktaturen gibt es Phasen, in denen ein Minimum an Repression für den Machterhalt ausreicht, während in anderen ein erhebliches Maß an Unterdrückung nötig ist (oder für nötig gehalten wird). Wenn die Furcht vor dem Chaos in der Bevölkerung groß ist, werden die Mächtigen nicht ständig beweisen müssen, dass eine starke Hand gebraucht wird. Das Gleiche gilt, wenn die Diktatur noch nicht lange besteht oder in jüngster Vergangenheit ihre Effizienz beweisen konnte.

Um noch einmal zur Ausgangsfrage dieses Kapitels zurückzukehren: Welche Erfolgsaussichten hat die Opposition im gegenwärtigen politischen System Russlands? Es scheint gewisse Gesetzmäßigkeiten zu geben (auch wenn ich diesen Begriff in Ermangelung eines anderen unter Vorbehalt verwende): Ist ein Regime oder Herrscher lange an der Macht, setzt eine gewisse Routine ein, die den Wunsch nach Veränderung stärker werden lässt, es sei denn, das Regime ist in allem, was es tat, eminent erfolgreich gewesen. Aber auch wenn dies nicht der Fall ist, befindet sich die herrschende Partei nur dann ernsthaft in Gefahr, wenn die Opposition einig und entschlossen ist. Wahrscheinlicher ist jedoch, dass die Staatspartei nur dann wirklich bedroht ist, wenn ihre eigene Machtbasis gespalten wird. Moderne politische Polizeien haben sich mit Hilfe neuester Technologien als überaus effektiv erwiesen. Wenn sie nicht ernsthaft zerstritten sind oder in anderer Weise untergraben werden, sind die Machthaber enorm im Vorteil. Trotzdem gibt es auf diesem Gebiet keine Gesetzmäßigkeiten und Gewissheiten, sondern allenfalls Wahrscheinlichkeiten.

Widerstand gegen das Putin-Regime kommt heute vorwiegend vom rechtsextremen Flügel. Die Schwäche der demokratischen Opposition ist zweifellos mit dem zunehmend repressiven Vorgehen der Regierung, aber auch mit der Zustimmung zur Aneignung der Krim sowie der starken Unterstützung der ukrainischen Separatisten zu erklären. Tatsächlich hat sie aber auch, wie der Petersburger Professor Wladimir Gelman in einem interessanten Aufsatz in *Ponars/Eurasia* festgestellt hat, au-

ßer der Forderung nach Putins Rücktritt und der Verunglimpfung seiner Anhänger als »Diebe« kaum politische Alternativen
anzubieten. Zurzeit scheint die Mehrheit mit der autoritären
Herrschaft zufrieden zu sein. Alles andere trifft kaum auf Widerhall. Das Putin-Regime beruht weitgehend auf seiner zentralen Machtbasis, während die regionalen Interessen ignoriert
werden. Es könnte sein, dass eine Bewegung, die diese regionalen Interessen verträte, bessere Chancen hätte, aber eine solche
Opposition ist noch nicht aufgetaucht.

Russische Aussenpolitik

Russland und der Westen

Lange Zeit haben sich sowohl die Politiker als auch die Bevölkerung Russlands vorwiegend mit innenpolitischen Fragen beschäftigt. Anders hätte es auch nicht sein können. Ohne ein Minimum an innerer Stabilität, ohne Klarheit darüber, wer das Land führt, ohne eine wenigstens in gewissem Umfang funktionierende Wirtschaft war Russland kein normaler Staat, der seine Interessen durchsetzen konnte. Gorbatschow und Jelzin haben zwar mit anderen Mächten verhandelt, aber ihre Hauptaufgabe sahen sie nicht ohne Grund darin, den entstandenen Schaden im Inneren in Grenzen zu halten. Die Wirtschaft war zusammengebrochen, das Land brauchte dringend ausländische Hilfe. Eine wirkliche Besserung trat freilich erst unter Putins Präsidentschaft ein. Putin sorgte für das nötige Minimum an Stabilität, doch dies allein hätte noch nicht genügt. Was hinzukam, war die wachsende weltweite Nachfrage nach Erdöl und Erdgas. Infolgedessen stand Russland binnen weniger Jahre weit besser da als bisher. Wäre anstelle von Gorbatschow und Jelzin ein anderer Hüter des alten Regimes an die Macht gekommen – was durchaus möglich gewesen wäre –, dürfte er ebenso von dieser Wende zum Besseren profitiert haben wie Putin. Dann hätte man 2005 die Weisheit der Kommunistischen Partei und ihrer Führer gepriesen, die diese Schicksalswende herbeigeführt hatten. Die Sowjetunion wäre trotzdem zusammengebrochen, weil das System im Kern verdorben war, aber es wäre möglicherweise zwei oder drei Jahrzehnte später geschehen, in einer Welt, die sich erheblich von jener des Jahres 1991 unterschieden hätte.

Die Ereignisse in der Sowjetunion wurden sowohl im Westen wie im Osten weithin falsch eingeschätzt, was zum Teil sicherlich daran lag, dass sie so unerwartet kamen. In Washington und den europäischen Hauptstädten war man über das Ende des Kalten Krieges erleichtert, und auch wenn man es nicht als Ende der Geschichte betrachtete, sah man doch eine neue friedvolle Ära heraufdämmern. Da sich Russland nunmehr auf dem Weg in die Demokratie befand, hielt man die Kriegsgefahr für gebannt; die Militärhaushalte konnten drastisch gekürzt werden, und die westlichen Länder konnten ihre Anstrengungen und Ressourcen langfristig auf innere Fragen konzentrieren, die sie aufgrund der lästigen und unnötigen internationalen Spannungen so lange vernachlässigt hatten. Die meisten verfolgten die Ereignisse in der Sowjetunion zwar mit Wohlwollen, aber stetig nachlassendem Interesse. Manche westliche Beobachter erwarteten, dass Russlands Weg zu Freiheit und Demokratie lang und steinig sein würde, doch dies war keineswegs die vorherrschende Ansicht. Selbst im Rückblick fällt es schwer, diesen ungerechtfertigten Optimismus nachzuvollziehen. Bedenkt man die Geschichte Russlands und seine damalige Situation, wurzelte er in reinem Wunschdenken. Nur sehr wenige dachten darüber nach, dass der Versuch unternommen werden könnte, das Verlorene zurückzugewinnen.

Man hätte an den Präzedenzfall Deutschland nach dem Ersten Weltkrieg denken sollen. Auch hätte man, als neue Spannungen entstanden, erkennen müssen, dass nicht allein die Vorlieben Putins und des KGB der Grund dafür waren, sondern auch die Tatsache, dass eine Mehrheit der Russen nicht nur ein gutes Leben führen (was sich von selbst verstand), sondern auch Teil einer Großmacht, möglichst einer Supermacht, sein wollte. Es wäre falsch, den russischen Führern vorzuwerfen, sie würden mit ihren wahren Absichten hinterm Berg halten. Sogar Gorbatschow und Jelzin haben beklagt, dass man vom Westen, insbesondere von den Vereinigten Staaten, mehr erwartet und für die sowjetischen Konzessionen in den 1990er Jahren keine Gegenleistung erhalten habe. Stattdessen hatte der Westen

Schritte unternommen, wie die Osterweiterung der NATO, die der Kreml als Provokation betrachtete.

Manche dieser Klagen waren unrealistisch und schwer nachzuvollziehen, beispielsweise jene, die sich auf verteidigungsstrategische Maßnahmen der Vereinigten Staaten bezogen, wie die Einrichtung von Radarstationen und anderen Komponenten des Raketenschutzes in Osteuropa, die sich nicht gegen Russland, sondern gegen die iranische Bedrohung richteten. Aber der Westen versäumte es, die an Paranoia grenzenden traditionellen russischen Ängste und Befürchtungen ins Kalkül zu ziehen. Es trifft nicht zu, dass die russischen Führer ihren Standpunkt nicht klar zum Ausdruck gebracht hätten. Am klarsten hat dies Putin in seinen Reden getan. Trotz alledem lauteten bis etwa 2003 die Schlüsselworte in Bezug auf die amerikanisch-russischen Beziehungen Freundschaft, Zusammenarbeit, Engagement, Freiheitsagenda, Gleichgewicht, Bilateralität, Pragmatik und so weiter.

Die Menschen in Russland erwarteten Hilfe vom Westen, obwohl nicht ganz klar war, in welcher Weise er hätte helfen können, außer mit der dringend benötigten Unterstützung der Weltbank. Aber sie hegten auch einen anfangs noch schwachen, aber stetig wachsenden Argwohn, dass der Westen aus der Schwäche ihres Landes seinen Nutzen ziehe. Manche behaupteten darüber hinaus, der Zerfall der Sowjetunion sei das Werk des westlichen Imperialismus und allein dessen Schuld. Die Sapadophobie, die Angst vor dem Westen, griff rapide um sich. Es gab die tiefsitzende Überzeugung, dass jede Initiative, die gut für den Westen war, für Russland tendenziell schädlich und deshalb prinzipiell abzulehnen oder wenigstens mit größter Vorsicht aufzunehmen war. Die radikale Rechte forderte wie etwa Alexander Prochanow, einer ihrer wichtigsten Vertreter, ein Wiederaufleben des Kalten Krieges.

In dieser Phase wurden die Vereinigten Staaten gelegentlich immer noch als »strategischer Partner« bezeichnet. Häufiger nannten russische Führer allerdings die anderen BRICS-Staaten (Brasilien, Indien, China und Südafrika) als neue Lieblingsverbündete. Dies nahm man im Westen jedoch nicht allzu ernst, da die BRICS-Staaten weder politisch noch wirtschaftlich viel gemein hatten und die anderen vier aus dieser Gruppe kein großes Interesse an einer engen Zusammenarbeit mit Russland bezeigten. Außerdem hatten sie teilweise schwere innenpolitische und wirtschaftliche Probleme zu bewältigen.

Eine knappe und klare Darstellung der russischen Haltung formulierte Putin im Februar 2007 in einer von ihm selbst als polemisch bezeichneten Rede auf der Münchner Sicherheitskonferenz. Es war ein massiver Angriff auf die Unipolarität, das heißt die Stellung der Vereinigten Staaten als einziger Supermacht. Unter dem Vorwand, die Demokratie zu verbreiten, so Putins Vorwurf, setzten die Vereinigten Staaten überall auf der Welt militärische Mittel ein und gefährdeten so den Weltfrieden.

Manche westliche Politiker waren entsetzt über den scharfen Ton. Stattdessen hätten sie Putin dafür dankbar sein sollen, dass er für Klarheit gesorgt hatte. Ihnen hätte bewusst sein müssen, dass Putin, wie es die deutsche Bundeskanzlerin Angela Merkel während der Ukrainekrise in einem Gespräch mit US-Präsident Barack Obama ausdrückte, in einem anderen Universum lebte. Das traf zu, aber Merkel und Obama irrten sich insofern, als sie annahmen, dass ihr Universum die Norm und Putins die veraltete Ausnahme sei. Genauso falsch lagen sie mit der Ansicht, dass Russland aufgrund seiner demographischen und sonstigen Schwäche nicht mehr wichtig sei. Auf lange Sicht mag dies richtig sein, aber in den nächsten ein, zwei Jahrzehnten ist es angesichts der Schwäche Europas und des offensichtlichen Wunschs der Vereinigten Staaten, nach den Erfahrungen in Afghanistan und im Irak ihr Engagement in Weltangelegenheiten einzuschränken, grundfalsch.

Putin hatte deutlich genug gewarnt. Warum investierten die Europäer nicht mehr in die russische Wirtschaft? Putin hätte den Chinesen, die sich nach einem forschenden Blick auf die ökonomische Lage bei dem Nachbarn gegen Investitionen entschieden, einen noch größeren Vorwurf machen können, doch das ging nicht. Stattdessen rügte er die »kolonialistische Haltung« des Westens. Die Verärgerung, der er auch bei anderen Anlässen Luft machte, war nicht nur seine eigene. Hinter ihm standen die veröffentlichte Meinung und die Mehrheit der Bevölkerung. Diese Stimmung fand ihren Ausdruck in einer Reihe politischer Dokumente wie dem »Neuen Konzept der russischen Außenpolitik« von 2013 und dem OBORONY-Plan, der 2010 verabschiedeten neuen Militärdoktrin. Im Westen wurden diese Dokumente kaum beachtet, weil man annahm, dass bedeutende Kursänderungen in der russischen Politik wohl kaum in allen Einzelheiten in amtlichen Dokumenten wie diesen offengelegt würden.

Aber diesmal war der Kreml ziemlich offenherzig. Er unterstrich die internationale Machtverlagerung von West nach Ost, von Europa in die asiatisch-pazifische Region. War in früheren Dokumenten dieser Art aus den Jahren 2005/06 noch von der Notwendigkeit gesprochen worden, die Überreste der Mentalität aus der Zeit des Kalten Krieges auszumerzen, war davon jetzt nicht mehr die Rede, ebenso wenig wie von der bisher erwogenen Möglichkeit der Interaktion mit der NATO. Stattdessen erhielt die Notwendigkeit, engere Beziehungen zu China und Indien aufzubauen, hohe Priorität. Neue Probleme und Chancen waren aufgetaucht, wie die Nutzung von Arktis und Antarktis. Im Gegensatz zu isolationistischen Tendenzen in der amerikanischen und europäischen Außenpolitik gab es in der sowjetischen Außenpolitik keinerlei Anzeichen dafür, auch wenn viele im Westen sie zu entdecken glaubten. Im Gegenteil, seit Russland stärker geworden war, konnte es in verschiedener Hinsicht die Initiative ergreifen.

Unnötig zu sagen, dass die außenpolitischen Entscheidungsträger in Russland nicht alle Probleme in der Öffentlichkeit diskutierten. Wenigstens einigen von ihnen muss aber klar gewesen sein, dass das Eurasien-Konzept von Grund auf dubios und voller Phrasen war (»windy«, wie ein britischer Diplomat es ausdrückte). Die asiatischen Länder warteten nicht mit angehaltenem Atem darauf, dass sich Russland als asiatische Macht etablierte. Sie betrachteten Russland als größtenteils europäisches Land.

Darüber hinaus war die Verlagerung der Weltpolitik in Richtung Osten aus russischer Sicht eine zwiespältige Angelegenheit. Wenn Russland nicht mit größter Vorsicht vorging, würde es sich möglicherweise als Juniorpartner Chinas wiederfinden. In seiner Wut auf den Westen war Russland stark versucht, diese Gefahr zu ignorieren. Es war die alte Geschichte von russischen politischen Entscheidungsträgern, die Bedrohungen entdecken, die es nicht gibt oder die keine große Bedeutung haben. Vielleicht ist es unvermeidlich, aber braucht Russland erst die Erfahrung als Juniorpartner, um sich von Vorurteilen aus der Vergangenheit zu befreien?

Angenommen, das eurasische Konzept hätte wenigstens eine schwache geopolitische Grundlage (um den überanstrengten Begriff dieses eine Mal zu verwenden), was ließe sich dann über die Orientierung auf die BRICS-Staaten sagen? In einem russischen Konzeptpapier über die Zugehörigkeit der Russischen Föderation zu den BRICS-Staaten wurde auf vielen Seiten dargelegt, welch große Vorteile die strategischen Ziele eines solchen Bündnisses hätten, wie sehr man die allgemein anerkannten Grundsätze und Normen des Völkerrechts unterstütze und dass die Russische Föderation danach strebe, die BRICS-Staaten im Weltsystem als neues Modell der internationalen Beziehungen zu etablieren, das die alten Trennlinien zwischen Ost und West sowie Nord und Süd überbrücke. Erklärungen dieser Art zeigten zumindest, dass russische Diplomaten das politische Kauderwelsch der Vereinten Nationen beherrschten. Aber was hatten sie mit den Realitäten der Weltpolitik zu tun? Welchen strategischen Nutzen könnte Russland aus einer engen Zusammenarbeit mit Brasilien und Südafrika ziehen?

Eine Realität der Weltpolitik war die Verschlechterung des Verhältnisses zu den Vereinigten Staaten. Die Ukraine, die schon vor der Krimkrise von 2014 ein ständiger Zankapfel gewesen war, Georgien, Syrien, Litwinenkos Ermordung in Großbritannien, das Schicksal adoptierter russischer Kinder in den

Vereinigten Staaten, die iranische Atombombe, der Überläufer-
status, den Moskau Edward Snowden gewährte, jenes amerikanischen »Whistleblowers«, dem Putin persönlich versichert
hatte, dass es eine solche Praxis – das Abhören der eigenen
Staatsbürger – in Russland nicht gebe: All diese und andere Irritationen belasteten die Beziehungen zwischen den beiden Ländern.

US-Präsident Obama, immer noch verhalten optimistisch,
sprach von einem Neuanfang der Beziehungen und versicherte
dem russischen Präsidenten Medwedew, dass er, sollte er wiedergewählt werden, in der Lage sein werde, sich mit mehr Energie der Verbesserung der beiderseitigen Beziehungen zu widmen. Die Russen versuchten den Amerikanern zu erklären, dass
sich ihr Konzept der »souveränen Demokratie« – mit der Betonung auf »souverän« und nicht auf »Demokratie« – vom Demo-
kratiemodell des Westens und insbesondere Amerikas unterschied. In Washington und anderen westlichen Hauptstädten
brauchte man sehr lange, um dies zu begreifen. Vielleicht konnte
man es erst akzeptieren, als man es als Gegengewicht zu der ständigen antiamerikanischen Propaganda der russischen Medien
brauchte.

Warum ging die Beziehung zwischen Russland und dem Westen in die Brüche? Eine Erklärung, die Maxim Bratersky in einem 2014 veröffentlichten Artikel angeboten hat, ist interessant
und scheint, wenigstens auf den ersten Blick, plausibel. (Maxim
Bratersky, »Transformation of Russia's Foreign Policy«) Auf
jeden Fall gibt sie einen Hinweis auf die Ideen, die der gegenwärtig und wahrscheinlich auch in den kommenden Jahren be-
triebenen russischen Außenpolitik zugrunde liegen.

Zusammengefasst sagt Bratersky Folgendes: Die Präsidentschaftswahl von 2012 war »eine Wasserscheide in den Beziehungen zwischen Russland und der übrigen Welt« gewesen. Die
Absicht, »sich in westliche Strukturen einzufügen, wurde durch
ein Konzept ersetzt, das Russlands Unabhängigkeit bewahrt und
eine Hinwendung zu Partnern im Osten und Süden vorsieht.
Das Ziel, die nationale Wirtschaft im Weltmarkt aufgehen zu

lassen, wurde zugunsten der Reindustrialisierung des Landes, der Schaffung der Grundlagen für dessen wirtschaftliche Unabhängigkeit und des Aufbaus einer eigenen Wirtschaftsgemeinschaft aufgegeben. Indem man die Strategie der Kompromisse gegenüber dem Westen aufgab, rückte das Ziel einer Umstrukturierung des Weltsystems in Zusammenarbeit mit nichtwestlichen Ländern in den Vordergrund. So soll eine Ordnung geschaffen werden, in der Russland eine führende Rolle spielt. An die Stelle der naiven liberalen Vorstellungen der 1990er Jahre traten jene von Realismus und Staatlichkeit. Das ideologische Vakuum in der russischen Außenpolitik wurde mit der Idee gefüllt, die russische Welt zu vereinen und dem Schutz der traditionellen christlichen Werte Vorrang einzuräumen.« Diese Entwicklung sei mehr oder weniger unvermeidlich gewesen, so Bratersky, weil der Westen Russland lediglich als Verlierer des Kalten Krieges angesehen und von Anfang an eine antirussische Politik betrieben habe. Man habe Russland in »eine ökonomische Halbkolonie, die technologisch und finanziell vom Westen abhängig ist«, verwandeln wollen. In den 2000er Jahren sei eine derartige Behandlung aus russischer Sicht nicht mehr angemessen gewesen, es habe den Gedanken eines »großen Handels« ins Spiel gebracht, einschließlich der Visafreiheit im Verkehr zwischen Russland und der EU. Mitte des Jahrzehnts habe die EU jedoch begonnen, die Investitionsmöglichkeiten russischen Kapitals in Europa einzuschränken.

Im Jahr 2008 hätten sich laut Bratersky im Zuge des »georgisch-russischen Konflikts wegen Südossetien, der von atlantischen Initiativen zur Integration Georgiens und der Ukraine in die NATO provoziert wurde, ... die Gegensätze zwischen dem Westen, insbesondere den Vereinigten Staaten, und Russland zugespitzt. 2009, nach dem G20-Gipfel in London, ist Russland zu dem Schluss gelangt, dass das bestehende, vom Westen kontrollierte finanzielle und monetäre System seinen Interessen widerspricht. Endgültig fallengelassen wurde der Gedanke der Integration in den Westen, als dieser 2013/14 wegen der Olympischen Winterspiele in Sotschi, der Syrienkrise und der in der

Ukraine ausgebrochenen akuten Krise einen Informationskrieg begann.«

So weit die wichtigsten Aussagen. Braterskys Text wirft viele Fragen auf: Vorurteilslose Leser könnten beispielsweise wissen wollen, inwiefern Russland in den beiden Kriegen, in die es im letzten Jahrzehnt verwickelt war, christliche Werte verteidigte. Auch über den »Informationskrieg« gegen die Winterspiele in Sotschi könnten sie mehr erfahren wollen. Ferner stellt sich die Frage, ob die »Vereinigung der russischen Welt« nicht ein anderer Ausdruck für Imperialismus sein könnte. Solche Nachfragen verhelfen freilich nicht zu einem besseren Verständnis der Doktrin, die der russischen Außenpolitik zugrunde liegt.

Interessanter ist dagegen die Chronologie, die hier geschildert wird. Während Bratersky in seinem Artikel von einem grundlegenden Kurswechsel im Jahr 2009 oder spätestens 2014 spricht, deutet der 1994 erschienene Artikel »A New Russian Imperialism« des Historikers Juri Afanassjew auf einen anderen zeitlichen Ablauf. Er beruht auf der offiziellen »russischen Militärdoktrin« von 1993 (die wie erwähnt 2010 durch eine neue abgelöst wurde). Als Grundprinzipien dieser Doktrin werden unter anderem ein starkes Russland als beste Schutzgarantie für das gesamte Territorium der ehemaligen Sowjetunion, die Schutzpflicht gegenüber Russen im nahen Ausland, die Abwehr der Expansion der NATO sowie die Verteidigung der russischen Interessen im In- und Ausland genannt.

Diese Auffassung sei, so Afanassjew, wohlbegründet, sorge allerdings für Unruhe. Sie besage, dass sich die russischen Interessen nicht nur auf das gesamte Territorium der ehemaligen Sowjetunion richteten, sondern auch auf das frühere »sozialistische Lager«, auch wenn die betreffenden Länder glaubten, sich von der Moskauer Kontrolle befreit zu haben, und nicht den Wunsch hätten, sich ihr wieder unterzuordnen. Im Folgenden kommt Afanassjew auf den Kaukasus, die Schwarzmeerregion, Transnistrien und andere Gebiete zu sprechen, wo man eine militärische Intervention Russlands und/oder finanziellen und politischen Druck von Seiten des großen Nachbarn erwarten könnte.

In den 1990er Jahren stand Russland mehr als einmal am Rande des Ruins und konnte seine Ziele nicht angemessen verfolgen. Afanassjew äußert die Vermutung, dass eine aggressivere Politik wenigstens teilweise auch auf den Wunsch der Regierung zurückzuführen sei, »der Opposition die patriotische Kriegsflagge zu entwinden«, sowie auf »die Absicht des Kremls, mehr auf die Stimmen aus dem russischen Hinterland zu hören«. Dies bezog sich auf das Gefühl »des Verlusts einstiger Größe« und den daraus erwachsenden Minderwertigkeitskomplex. Die Stimmen aus dem »Hinterland« sind diejenigen eines Landes, »das sich gedemütigt und gekränkt fühlt, jetzt, wo man nicht mehr wie früher auf es hört«.

Kurz, zwischen 2009 und 2014 fand kein dramatischer Wandel statt; lediglich die Umstände, unter denen Russland seine schon früher formulierten außenpolitischen Ziele verfolgen konnte, änderten sich. Diese Stellungnahmen sind deshalb interessant, weil sie vorausschauend waren, aber auch, weil sie für die Frage, ob der Westen durch eine andere Politik die gegenwärtigen und künftigen Spannungen mit Russland hätte vermeiden können, relevant sind. Man könnte der Frage zustimmen, allerdings hätte der Westen dann auch gegen die Wünsche der Regionen und Republiken, die kein Teil der Sowjetunion sein wollten, handeln müssen. Und warum hätte er dies tun sollen, zumal das Resultat nicht sicher gewesen wäre? Aufgrund ihres tiefen Misstrauens hätten zumindest die russischen »Ultras« westliche Gunstbezeigungen grundsätzlich verdächtig gefunden.

Die Beziehung zu Europa

Während sich die russisch-amerikanischen Beziehungen nach 2006 verschlechterten und 2014 infolge der Krim-Ukraine-Krise einen neuen Tiefpunkt erreichten, litten auch die Beziehungen zur Europäischen Union. Im Gegensatz zu Amerika hing Europa jedoch stark von russischen Energielieferungen ab, weshalb sich eine allzu schroffe Verschlechterung verbot. Allerdings hätte eine Unterbrechung der Öl- und Gaslieferungen gleichzeitig die russischen Einnahmen verringert und den Westen veranlasst, sich auf lange Sicht unabhängiger von russischem Erdöl und Erdgas zu machen.

Die europäischen Investitionen in Russland blieben weit hinter den russischen Erwartungen zurück, zum einen, weil Zweifel an der Stabilität der russischen Wirtschaft bestanden, zum anderen aufgrund politischer Unsicherheiten. Es kam regelmäßig zu Irritationen. Die Russen waren unglücklich über die Situation im Kosovo, die Briten beklagten sich über die Moskauer Weigerung, eine Person auszuliefern, die im Verdacht stand, an der Ermordung des KGB-Überläufers Litwinenko beteiligt gewesen zu sein. Russland setzte große Hoffnungen auf die Beziehung zu Deutschland, das in der Vergangenheit bei vielen Gelegenheiten sein Partner gewesen war. Was im Zweiten Weltkrieg geschehen war, spielte keine große Rolle mehr. Putin hatte gute Erinnerungen an seine Jahre als KGB-Mann in Sachsen. Der ehemalige Bundeskanzler Gerhard Schröder wurde Mitarbeiter von Gazprom. Als er noch Kanzler gewesen war, hatte Schröder Putin als »lupenreinen Demokraten« bezeichnet, was dem derart Gepriesenen etwas peinlich gewesen sein dürfte, immerhin hatte er sich bemüht, klarzustellen, dass er kein Demokrat im westlichen Sinn sei, sondern ein »souveräner« Demokrat. Es gibt keinen Grund, an Schröders Versicherung zu zweifeln, dass er und Putin gute Freunde seien. Aber kann man ausschließen, dass nicht seine Tätigkeit für ein russisches Unternehmen einen gewissen Einfluss auf sein Urteil hat?

Die Interessenlage in Bezug auf Russland war nicht identisch mit der amerikanischen. Von der Abhängigkeit von russischen Energielieferungen einmal abgesehen (sie decken immerhin ein Drittel des europäischen Gesamtbedarfs), unterhielt Europa traditionell enge Handelsbeziehungen zu Russland. Daher war es nicht überraschend, dass sich die europäischen Länder von manchen amerikanischen Schritten, die sie zu hart und aggressiv fanden, distanzierten. Die Verhängung von Sanktionen im Zuge der Krim-Ukraine-Krise war nur ein Beispiel dafür. Andererseits bestand innerhalb Europas keine Einmütigkeit: Die näher an Russland gelegenen Länder, wie die baltischen Staaten, waren direkt russischem Druck ausgesetzt und hatten daher ein größeres Schutzbedürfnis. Zugleich wollte sich kein europäisches Land ganz von der amerikanischen Außenpolitik absetzen (dies galt allerdings nicht für außereuropäische Fragen; so hatte Bundeskanzler Schröder den Amerikanern im Irak die Gefolgschaft verweigert). Russland versuchte die Differenzen zwischen der EU und Amerika so gut wie möglich auszunutzen, hatte damit aber nur mäßigen Erfolg. Denn so wie die Russen ein tiefes Misstrauen gegenüber der Außenwelt hegten, waren den Europäern die russischen Absichten nicht geheuer. Der Argwohn wuchs, wann immer Russland provokativ auftrat, und sei es mit einer relativ unwichtigen Aktion wie einem Cyberangriff gegen Estland. Russland hingegen betrachtete Europa als einen im Niedergang befindlichen Kontinent, der aufgrund seiner ökonomischen Bedeutung freilich noch nicht ganz abgeschrieben werden konnte. Besondere Bedenken hatte Moskau gegen Pläne für eine größere innereuropäischen Integration, ob es sich nun um die Schaffung einer europäischen Armee, einer gemeinsamen Außen- oder Energiepolitik handelte. Ein vereinigtes Europa würde ein stärkeres Europa sein, und dies war das Letzte, was Russland wollte – auch wenn ein vereinigtes Europa von Amerika unabhängiger sein könnte, als es heute ist. Ein geteiltes Europa war ein schwächeres Europa, das Russland viele Gelegenheiten eröffnete, die einzelnen Länder gegeneinander auszuspielen.

Vor der Krise von 2014 hatte die EU mehrfach versucht, Russland enger an sich zu binden. Am ehrgeizigsten war Silvio Berlusconis Plan gewesen, den großen Nachbarn zum Vollmitglied der Europäischen Union zu machen. Der italienische Ministerpräsident hatte geglaubt, eine enge persönliche Beziehung zu Putin aufgebaut zu haben, doch seine ständigen Probleme mit den heimischen Gesetzen verhinderten, dass Berlusconi sein

Projekt weiterverfolgen konnte. Bescheidenere Vorhaben ziel-
ten auf eine Europäische Nachbarschaftspolitik (ENP) oder einen gemeinsamen Wirtschaftsraum. Russland mochte solche
Projekte nicht; ihm wäre es lieber gewesen, wenn sich Europa
dem eigenen Lieblingsvorhaben angeschlossen hätte, der Eurasischen Union. Hieran hatten die Europäer aber wenig Interesse.

Daneben kümmerte sich Russland um mehrere potentielle
trojanische Pferde in den Reihen der EU, vor allem Ungarn, wo
eine antidemokratische Politik zur offiziellen Staatsdoktrin geworden war, und Griechenland, das dem neuen Russland zwar
ideologisch nicht besonders nahesteht, aber vor dem Hintergrund seiner schwachen Wirtschaft und der enormen innenpolitischen Probleme fast verzweifelt nach Freunden und Sympathisanten sucht. Vor allem betrifft dies aber Bulgarien, wo sich
2013/14 eine durch und durch korrupte prorussische Regie-
rungskoalition aus ehemals linken und rechtsextremen Parteien
unter Plamen Orescharski über ein Jahr lang an der Macht halten konnte. Russlands Suche nach Verbündeten ist verständlich,
ebenso wie der Umstand, dass es bei der Auswahl nicht zimper-
lich sein kann. Dennoch ist bemerkenswert, dass sich dabei eine
Riege aus den unangenehmsten Kräften in Europa gebildet hat.

Russland und die europäischen Rechtsradikalen

Es scheint ein langer Weg zu sein vom Klassenkampf zum Solidarismus, vom historischen und dialektischen Materialismus zu
einer idealistischen Philosophie, vom militanten Atheismus zur
orthodoxen Kirche, vom proletarischen Internationalismus zu
Nationalismus und Chauvinismus. Aber wie Russland gezeigt
hat, ist eine solche Wegstrecke durchaus zu bewältigen, und das
sogar in kurzer Zeit.

Einst gab es eine Kommunistische Internationale, und Mos-

238 RUSSISCHE AUSSENPOLITIK

kau konnte mit der Sympathie und Unterstützung der europäischen Linksradikalen rechnen. Doch diese Zeit ist wohl vorüber, und wenn Russland Verbündete in Europa haben will, muss es sie in einer anderen Ecke suchen. Sergei Baburin, Dumapräsident, Rechtsprofessor und ein führender russischer Rechtsradikaler, hat es in einem Interview, das in dem Internetportal *Swobodnaja Pressa* unter dem Titel »Unsere fünfte Kolonne in Europa« erschienen ist, treffend, wenn auch etwas grob ausgedrückt: Russland habe in Europa einen starken potentiellen Verbündeten, nämlich die extreme Rechte. An die Stelle des alten Slogans »Arbeiter aller Länder, vereinigt euch!« sei der Ruf »Nationalisten aller Länder, vereinigt euch!« getreten (»Chauvinisten aller Länder« wäre genauer gewesen). Die europäische Rechte sei antiamerikanisch, antieuropäisch, gegen die NATO, und Russland könne auf ihre Unterstützung zählen.

Auf diesen Gedanken waren führende russische Politiker schon früher gekommen, als die russische Politik sowohl ideologisch als auch in der Praxis immer nationalistischer wurde. Die europäische Linke, insbesondere Kommunisten und Ex-Kommunisten, erkannte dies nur langsam. Manche hielten unverdrossen an der Vorstellung fest, dass Moskau das Bollwerk des menschlichen Fortschritts sozialistischer Prägung sei. Die Frage nach den Gründen ist nicht leicht zu beantworten. Zum Teil lag es wahrscheinlich an schlichter Ignoranz gegenüber den Veränderungen in Russland, zum Teil dürfte die Weigerung, die Realitäten wahrzunehmen, aber auch psychologisch begründet sein.

Schon lange vor dem Baburin-Interview waren führende europäische Rechtsextreme in die russische Hauptstadt eingeladen worden. Da die Anhängerschaft dieser Politiker und Ideologen, von denen einige dem Neofaschismus recht nahestanden, vor allem infolge der wachsenden Abneigung gegen Brüssel wuchs, gewannen die europäischen Ultranationalisten an politischer Bedeutung. Laut einem 2014 veröffentlichten Bericht eines europäischen Forschungsinstituts bilden sie, mit dem französischen Front National an der Spitze, im EU-Parlament einen gewichtigen prorussischen Block, der den bislang marginalen russlandfreundlichen Stimmen mehr Gehör verschafft. Putins europäische Fans fühlen sich, einem französischen Rechten zufolge, besonders von dessen Religiosität sowie seinem Image als Kritiker dekadenter westlicher Erscheinungen wie der Homosexualität und natürlich als führender Antiamerikaner angezogen. Zu diesem Block gehören die ungarische Jobbik Magyarországért Mozgalom (Bewegung für ein besseres Ungarn), die britische United Kingdom Independence Party (UKIP), die österreichischen, belgischen und bulgarischen (Ataka) Rechtsradikalen sowie einige andere Gruppierungen.

Russland und die europäische Rechte haben gewiss gemeinsame Feinde. Aber wie weit reichen die gemeinsamen Werte und Überzeugungen? Dieses neu entstehende Bündnis als reine Zweckbeziehung abzutun, wäre sicherlich vorschnell. Russland hat sich nach rechts bewegt, zu einem signifikanten Teil sogar sehr weit. Da der herkömmliche Konservatismus in der modernen Welt nicht mehr verfängt, braucht er eine gehörige Dosis Populismus, was ihn recht nah an den Faschismus heranrücken dürfte. Aber wird eine solche Bewegung auf Dauer ohne eine Staatspartei, einen Führer und Führerkult, eine massive Propagandamaschine und Repressionen auskommen können? Möglich wäre es, aber nur, wenn sie sehr erfolgreich und populär wird, doch das ist auf lange Sicht eher ungewiss. Der historische Faschismus mag tot sein, sein Wiederaufleben könnte in neuen Formen geschehen, mit anderen, den nationalen Traditionen und Umständen angepassten Techniken, Namen und Symbolen.

Ein Bündnis zwischen Russland und der europäischen Rechten ist keineswegs ohne Beispiel. Es war ein Jahrhundert lang, vom Wiener Kongress (1814/15) bis zur Russischen Revolution, Bestandteil der europäischen Politik. Die Verbindung der Sowjetunion zur europäischen radikalen Linken war von weit kürzerer Dauer.

Russland war stets auf der Suche nach Freunden und Einflussagenten in Europa, hauptsächlich um dort sein Ansehen aufzubessern. Zu Beginn des 19. Jahrhunderts war die Aussicht aus Moskauer Perspektive vielversprechend: Russland hatte Napo-

leon besiegt, und die antinapoleonischen Kräfte, die Nationalisten und Patrioten – insbesondere die deutschen, wie Stein, Har-
denberg, Yorck, Gneisenau, Arndt – kannten Russland oder
hatten mit Russen zusammengearbeitet. Aber bald darauf entstand eine Gegenbewegung. Russland stand für Unterdrückung
und erreichte in einer Reihe von Konferenzen ein Verbot der
Redefreiheit. Für die Öffentlichkeit, insbesondere die demokratische, war Russland der Feind par excellence.

Der russische Außenminister Alexander Gortschakow verfolgte in der zweiten Hälfte des 19. Jahrhunderts im großen
Ganzen einen prodeutschen Kurs, so wie Bismarck einen prorussischen. Aber große Teile der Öffentlichkeit lehnten den Zarismus erbittert ab. Freunde fand Russland allein unter Rechten.
Admiral Paul von Hintze schrieb wenige Jahre vor Ausbruch des
Ersten Weltkriegs an Wilhelm II., dass es ein gemeinsames Interesse mit Russland an der Niederhaltung der Polen und der
Juden gebe.

Besonders deutlich kam diese politische Linie gegen Ende des
19. Jahrhunderts durch die Bildung der antideutschen Triple
Entente mit Frankreich, Großbritannien und Russland zum
Ausdruck. Hauptaufgabe der russischen Diplomaten und der
Ochrana-Agenten war es, bei den Verbündeten ein wenigstens
etwas russlandfreundlicheres Klima zu schaffen. Russland besaß
einige begabte Agenten, wie Olga Nowikow in London und
mehrere Damen in Paris, von denen manche aus Überzeugung
handelten, andere wegen der guten Bezahlung. Die französische
Presse, von den führenden Tageszeitungen bis zu Zeitschriften
wie der *Revue Diplomatique* und der *Revue des deux mondes*, erhielten beträchtliche Zuwendungen. Alexander Benckendorff, der
russische Botschafter in London, schickte dem russischen Außenministerium eine Liste der Zeitungen, mit denen er Verbindung aufgenommen hatte. Es war eine beeindruckende Aufstel-
lung, und die Zeitungen spielten, aus welchen Gründen auch
immer, die Bedeutung der russischen Revolution von 1905 sowie
der Pogrome und anderer unangenehmer Ereignisse herunter.
In Deutschland waren die Konservativen in ihrer Haltung zu

Russland gespalten: Die erzkonservative *Kreuzzeitung* war russlandfreundlich, doch nach Bismarcks Rücktritt mehrten sich auch Stimmen, die einen Präventivkrieg forderten. Nach Einschätzung mancher ist die heutige Situation nicht viel anders, außer dass finanzielle Zuwendungen heute nicht von Botschaften oder Geheimagenten kommen, sondern von Unternehmen und Kanzleien.

Der kleine Bruder? Russland und China

Die russisch-chinesischen Beziehungen sind sowohl kurz- wie auch langfristig eines der wichtigsten Felder der russischen Außenpolitik. Im Verlauf der letzten zwanzig Jahre hat sich das Verhältnis erheblich verbessert. Die meisten unmittelbaren Konfliktursachen, wie die Grenzstreitigkeiten, sind ausgeräumt. Eine Wiederholung der Ereignisse von 1969, als beide Länder am Ussuri und anderswo einen Grenzkrieg ausfochten, ist heute undenkbar. Gleichwohl besteht noch eine beträchtliche Differenz zwischen der blumigen Partnerschaftsrhetorik und der begrenzten realen Zusammenarbeit. Es gibt gemeinsame Interessen auf dem Gebiet der Energieversorgung, mit Russland als Erdöl- und Erdgaslieferant. Doch diese Interessen werden selten koordiniert verfolgt. Dies widerspräche sowohl der russischen als auch der chinesischen außenpolitischen Tradition, die stärker von Misstrauen als von Goodwill geprägt ist. In breiterer Perspektive gesehen, braucht China Russland weniger als Russland China. Das Machtgleichgewicht zwischen den beiden Ländern hat sich grundlegend verschoben und wird sich weiter verschieben. Vor fünfzig Jahren konnte es keinen Zweifel daran geben, wer von den beiden stärker war. Heute hat China eine rund zehnmal größere Bevölkerung als Russland, und der Abstand wird weiter wachsen, da China die Ein-Kind-Politik praktisch aufgegeben hat. Der Unterschied der Bruttonationaleinkommen tritt immer deutlicher zutage, die Veränderungen gehen schneller vonstatten, als den meisten klar ist. 1993 waren die Wirtschaftsleistungen beider Länder ungefähr auf gleichem Niveau. Heute ist die chinesische Wirtschaft viermal so groß wie die russische. Das russische BNE beträgt gegenwärtig zwei Billionen Dollar, das chinesische mehr als acht Billionen, und der Unterschied wächst von Tag zu Tag.

Vor zehn Jahren war Russland für China wichtig, weil es hochentwickelte konventionelle Waffen liefern konnte und auf dem Gebiet der Raketenabwehr kooperierte. Heute stellt China das meiste selbst her. Bei dieser Entwicklung könnte aber auch die russische Furcht, dass China militärisch zu stark werden könnte, eine Rolle gespielt haben. Sie hatte jedenfalls zur Folge, dass die russischen Waffenlieferungen nach Indien erheblich ausgeweitet wurden, was vor dem Hintergrund chinesisch-indischer Spannungen zu Problemen führen kann.

Nach zehnjährigen Verhandlungen wurde im Mai 2014 ein Abkommen über russische Erdöl- und Erdgaslieferungen nach China unterzeichnet. Dies war für beide Länder ein bedeutender Schritt, für Russland, weil es seine Abhängigkeit vom europäischen Markt verringern konnte, für China, weil es seinen ständig wachsenden Energiebedarf decken muss. Angesichts jüngster und künftiger Durchbrüche auf dem Gebiet der Schiefergasproduktion – China verfügt wahrscheinlich über die größten Reserven der Welt – sollte die Bedeutung solcher Verabredungen jedoch nicht überschätzt werden. Mit der Ausweitung der Zusammenarbeit und der Vereinbarung neuer gemeinsamer Projekte, wie der Erschließung von Ölfeldern auf Sachalin, sind die politischen Konsequenzen paradoxerweise umso größer, je ehrfurchtgebietender die chinesische Präsenz im russischen Fernen Osten und in Sibirien wird, trifft diese Entwicklung doch in eine Zeit, in der die Frage, ob Russland in der Lage sein wird, seine Territorien in Asien (auf die ich weiter unten zurückkommen werde) zu halten, immer mehr in den Vordergrund rückt. Ebenso paradox ist, dass mit dem amerikanischen Rückzug aus Zentralasien und der Schwächung der europäischen Stellung in der Welt Konflikte zwischen Russland und China wahrscheinlicher werden. In der Vergangenheit beruhte die Zusammenarbeit zwischen beiden Ländern weitgehend auf der Wahrnehmung einer gemeinsamen westlichen Bedrohung (durch Amerika). Mit der Abnahme dieser Bedrohung schrumpft diese Basis der Kooperation beider Länder.

Das Hauptgewicht der russischen Politik in Asien liegt, insbesondere in Bezug auf China, auf den Wirtschaftsbeziehungen. Die russischen Exporte nach China, Japan und Südkorea haben einen Wert von 150 Milliarden Dollar, und man rechnet mit einer weiteren Steigerung. Damit diese eintritt, braucht Russland jedoch beträchtliche Investitionen in seine Infrastruktur, hauptsächlich ins Transportwesen. China wird in dieser Hinsicht helfen, aber nur in bestimmtem Ausmaß. Es hat mit harten Bandagen verhandelt, als es um die Festlegung der Erdöl- und Erdgaspreise in dem Abkommen von 2014 ging, und an dieser harten Haltung wird sich auch in Zukunft nichts ändern.

2014 zeigten sich chinesische Kommentatoren überrascht über das mangelnde russische Interesse an chinesischen Investitionen in der Grenzregion – an einer Grenze, von der sie manchmal sagen, dass es sie in der Realität nicht mehr gibt. Während die Chinesen sich für Investitionen in Unternehmen im eigentlichen Russland kaum erwärmen können, sind sie zu einem Engagement an der asiatischen Grenze bereit, stoßen aber regelmäßig auf Behinderungen und Widerstand durch die russische Bürokratie. Für die Chinesen mag es keine Angelegenheit von überragender Bedeutung sein, dennoch scheinen sie über die russische Politik verärgert zu sein.

Das Konfliktpotential ist erheblich. Auf lange Sicht wird der chinesische Bevölkerungsdruck im Fernen Osten weiter wachsen, so dass manche einen Zusammenbruch Chinas befürchten, auch wenn das wohl eher unwahrscheinlich ist. Selbst im Fall einer Schwächung Chinas wird der Bevölkerungsdruck, mit dem Russland konfrontiert sein wird, nicht verschwinden, und es fällt schwer, sich vorzustellen, wie Russland ihn verhindern könnte.

Seit den 1990er Jahren bot der Vertrag von Shanghai Russ-
land, China und einigen anderen Ländern einen Rahmen für die
Zusammenarbeit. Jährliche Treffen und vertrauensbildende
Maßnahmen folgten. Schließlich wurde 2001 ein dauerhafterer
Mechanismus eingeführt, der nicht nur für Sicherheitsfragen
gedacht war. In der Realität blieb jedoch die Sicherheit das
Hauptthema, einschließlich von Anti-Terror-Maßnahmen, die
den zentralasiatischen Staaten Schutz vor »farbigen Revolutionen« wie derjenigen in der Ukraine und Protesten wie auf dem
Tiananmen-Platz boten. In anderer Hinsicht ist der Vertrag von
Shanghai nicht wirklich auf die Probe gestellt worden. Es ist viel
von einer umfassenden strategischen Partnerschaft und ähnlichen Dingen die Rede gewesen, aber passiert ist wenig. Russland
und China haben gemeinsame Interessen, etwa wenn eine ernste
terroristische Bedrohung auftauchen würde. Gleichzeitig sind
sie in dieser Region aber auch ökonomische und politische Rivalen, die um Erdölfelder und politischen Einfluss streiten.

Das Verhältnis zwischen China und Russland ähnelt immer mehr dem zweier Brüder, mit China als dem älteren. Auf
einer kürzlich abgehaltenen internationalen Konferenz bezeichnete ein asiatischer Gelehrter Russland als jüngste, aber auch
schwächste Macht auf dem Kontinent. Doch Russland will ein
Partner sein – und kein Bruder und schon gar kein jüngerer.
Solange man Amerika jedoch als Hauptbedrohung betrachtet,
wird es kaum gelingen, aus dieser Rolle herauszukommen. Es ist
der Preis, den Moskau wird zahlen müssen, sofern es sich nicht
zu einer grundlegenden Neuorientierung entschließt, worauf
zurzeit nichts hindeutet.

Verlustschmerz: Russland und die ehemaligen Sowjetrepubliken

Russlands Beziehungen zu den Republiken, die sich Anfang der 1990er Jahre abgespalten haben, sind ein Thema, das von den Medien ausführlich behandelt wurde und das daher hier nicht eingehend dargelegt werden muss. Die Überzeugung russischer nationalistischer Ideologen, dass ihr Land nur als Großmacht existieren könne, ist tief verwurzelt und reicht lange zurück. Warum diese Überzeugung vorhanden ist, lässt sich schwer sagen; andere Länder haben auch ihre Kolonialreiche verloren und Verlustschmerz gespürt, sind aber nicht in ihren Grundfesten erschüttert worden. In Russlands Fall war es jedoch mehr als ein Kolonialreich: Viele der verlorenen Gebiete wurden als Bestandteile des eigentlichen Russland betrachtet, wie etwa die Ukraine; immerhin war die Kiewer Rus die Wiege der russischen Nation. Außerdem befanden sich Millionen Russen plötzlich außerhalb der Grenzen.

Sicher, das russische Reich hatte nicht seit Jahrtausenden existiert, wie viele Russen glaubten. Viele Erwerbungen waren relativ jungen Datums: Die Krim kam 1783 unter Katharina der Großen zu Russland, Georgien 1810, Aserbaidschan 1813. Die Eroberung des Nordkaukasus dauerte noch länger. Die Einheimischen fanden in Imam Schamil einen fähigen Guerilla-Kriegsherrn, und die Kämpfe dauerten zwei Jahrzehnte. Moldawien wechselte ständig den Besitzer und wurde zahllose Male geteilt; zum Teil des russischen Reichs wurde es ebenfalls erst im 19. Jahrhundert. In den baltischen Ländern bildeten Deutschsprachige seit Jahrhunderten die Bevölkerungsmehrheit, und zwischen den beiden Weltkriegen waren Litauen, Lettland und Estland kurzzeitig unabhängig. Heute leben dort Hunderttausende von Russen beziehungsweise Kinder und Enkel von Russen, die erst nach dem Zweiten Weltkrieg unter sowjetischer Herrschaft zugezogen sind. Die Erkundung Sibiriens begann im 16. Jahrhundert, aber es war bis ins 19. Jahrhundert nur wenig besiedelt. Wladiwostok wurde in den 1860er Jahren von einem Leutnant und 28 Matrosen gegründet, und selbst damals bestand die Einwohnerschaft zur Hälfte aus Nichtrussen. Nowosibirsk, die mit anderthalb Millionen Einwohnern größte Stadt jenseits des Urals, ist nur knapp über hundert Jahre alt. Die nächstgroße Stadt, Irkutsk, wurde früher gegründet, nämlich schon im 18. Jahrhundert.

Zentralasien wurde im 18. und 19. Jahrhundert ein Teil Russlands. Die russischen Eroberer trugen Namen wie von Kaufmann, Steller, Przewalski, Martens und Mannerheim, was darauf hindeutet, dass sie keine Nachfahren von Rjurik, dem legendären Gründer der Kiewer Rus, waren. Ihre Botschaft an die russische Öffentlichkeit lautete, dass sich die Bevölkerung von Turkestan, wie man es damals nannte, danach verzehrte, zu Russland zu gehören. Dem pflichteten freilich nicht alle bei. Alexander Blok stellte in einem berühmten Gedicht über die Skythen fest: »Ihr seid Millionen. Wir sind Schatten, Schatten, Schatten.« Russen siedelten sich in Zentralasien an, allerdings beschränkte sich dies auf Nordkasachstan und die Großstädte.

Doch wie jung die Erwerbungen auch waren, im 19. Jahrhundert war Russland zu einem Imperium geworden, und dessen Verlust am Ende des 20. Jahrhunderts war ein schwerer Schlag. Es hätte allen klar sein müssen, dass es Versuche geben würde, die verlorene Größe so weit wie möglich zurückzugewinnen. Doch warum konnte Russland den Verlust seines Reichs nicht akzeptieren, wie Großbritannien und Frankreich es getan hatten? Weil es eben nicht Großbritannien oder Frankreich war. Es hing, um es zu wiederholen, der Überzeugung an, dass es nur als Großmacht überleben könnte.

Russland marschierte 2008 in Georgien ein, gewann 2014 die Krim zurück und ergriff in der Ostukraine und anderswo die Initiative. Die zentralasiatischen Republiken waren durchaus bereit, normale und sogar enge Beziehungen zu Russland aufzubauen, vorausgesetzt, Moskau mischte sich nicht ungefragt in ihre inneren Angelegenheiten ein. In Bezug auf Zentralasien mag Moskau ein solcher Modus Vivendi genügen. Es handelt sich um arme Länder, die mit Ausnahme Kasachstans kaum Aussichten auf eine Verbesserung ihrer Situation haben. Eine direkte Herrschaft Russlands würde zu einem Konflikt mit China führen, innere Unruhen auslösen und vor allem Russland zu massiven Investitionen in diesen Gebieten verpflichten, ohne mit einem raschen Ertrag rechnen zu können.

Großbritannien und Frankreich hatten im 20. Jahrhundert erkannt, dass der Besitz eines Kolonialreichs aus ökonomischer Sicht nur wenige Vorteile, aber viele Kosten mit sich bringt. Die Sowjetunion machte in den 1970er und 1980er Jahren ähnliche Erfahrungen. Selbst unter Breschnew wurden immer wieder Klagen laut, dass die zentralasiatischen Republiken ständig Finanzhilfen benötigten. Das neue Russland muss für Tschetschenien und Dagestan einen hohen Preis zahlen, und nach der Rückgewinnung der Krim wurden augenblicklich Finanzhilfen gefordert. Kurz, Imperien zahlen sich nicht mehr aus.

Warum betrieb der Kreml ausgerechnet in einer Zeit, in der er mit ernsten Problemen konfrontiert war, eine Expansionspolitik? Als außenstehender Beobachter konnte man den Eindruck gewinnen, dass sich die Führung in Moskau der Gefahr, Sibirien und den russischen Fernen Osten aufgrund des Machtgefälles zu China zu verlieren, nicht oder nur halb bewusst war. Manche Russen sahen sie durchaus. 2001 hatte der freimütige russische Finanzminister Alexei Kudrin von der dringlichen Notwendigkeit massiver Anstrengungen zur Verbesserung der Lage in diesen Gebieten gesprochen. Andernfalls würden China und andere asiatische Länder sie überrollen. Medwedew erklärte als Präsident in einer Rede in Kamtschatka, dass sich der russische Ferne Osten, sollte man keine deutlichen Fortschritte bei der Entwicklung der dortigen Wirtschaft machen, in eine bloße Rohstoffbasis für höher entwickelte asiatische Länder verwandeln würde. Wenn man die ökonomischen Anstrengungen nicht verstärke, könnte Russland ihn ganz verlieren. Andere führende Politiker äußerten sich ähnlich, und auch Putin versprach nachdrücklich Unterstützung. Geschehen ist jedoch wenig: Die Einwanderung von Chinesen, legal wie illegal, ging weiter; die rus-

sischen Behörden hielten drastische Gegenmaßnahmen vielleicht
aus politischen Gründen nicht für opportun. Sibirien und der
Ferne Osten gerieten in immer größere Abhängigkeit von chinesischen Dienstleistungen, Einfuhren, Gütern und Arbeits-
kräften. Es entstand so etwas wie eine sibirische Unabhängigkeits-
bewegung, und gelegentlich sollen an sibirischen Hauswänden
moskaufeindliche Graffiti zu sehen sein.

Der Kreml machte zwei Zugeständnisse: Einwohnern Sibiriens wurde gestattet, in ihren Ausweisen, anstelle von »russisch«,
»sibirisch« als Nationalität anzugeben, und Putin ernannte im
Mai 2014 General Nikolai Rogoschkin zu seinem Vertreter in
Sibirien. Aber Rogoschkin, so loyal und fähig er auch sein mag,
ist Fachmann auf dem Gebiet der inneren Sicherheit, und nicht
auf dem der Wirtschaftsentwicklung. Er besitzt weder die Erfahrung noch die Finanzmittel, um die Wirtschaft Sibiriens
voranzubringen. Und da Putins Aufmerksamkeit von den Nach-
wirkungen der Ukraine-Krim-Krise in Anspruch genommen
wird, ist diese Ernennung kaum geeignet, Russlands Probleme
in Asien zu lösen. Im August 2014 wurden Versammlungen von
Bürgern, die als sibirische Separatisten galten, verboten, obwohl
sie nur recht gemäßigte Forderungen vorbrachten.

Anatoli Antonow, ein Demograph an der Moskauer Universität, hat im selben Monat, als Putin seinen neuen Vertreter in
Sibirien ernannte, eine Reihe von demographischen Projektionen veröffentlicht. Danach würden im sibirischen Teil Russlands in 25 Jahren nur noch rund 20 Millionen Menschen leben,
die nur zum Teil russischer Herkunft wären. Heute schätzt man
die Zahl der Einwohner Sibiriens und des Fernen Ostens auf
rund 40 Millionen. In diese amtliche Schätzung ist jedoch das für
gewöhnlich nicht zu Asien gerechnete Uralgebiet mit mehreren
Großstädten mit mehr als einer Million Einwohnern einbezogen. Deshalb ist eine Zahl von 32 bis 35 Millionen Einwohnern
realistischer. Darüber hinaus ziehen viele Menschen wegen des
rauen Klimas und anderer Gründe aus Sibirien fort. Antonow,
das sei am Rande erwähnt, gehört zum nationalistischen, nicht
zum liberalen oppositionellen Lager. Wird Russland angesichts

dieser Entwicklungen das riesige Gebiet zwischen dem Ural und der Halbinsel Sachalin halten können? Und was könnte die russische Regierung tun, um den Negativtrend umzukehren?

Würden gegenwärtig außerhalb Russlands lebende Russen in ihr »Heimatland« ziehen, würde diese Zuwanderung den Prozess wohl ein wenig verlangsamen. Sie würde das allgemeine Bild verändern, aber nicht die Situation im asiatischen Teil Russlands. Putins Bemühen, Nichtrussen anzuziehen, hauptsächlich vermutlich aus den zentralasiatischen Republiken, könnte ein weiterer Schritt in diese Richtung sein. Aber diese Politik beruht auf der Annahme, dass diese Menschen integrationswillig sind, was nicht als selbstverständlich vorausgesetzt werden kann. Antonow glaubt, dass in zehn bis 15 Jahren eine Regierung an die Macht kommen könnte, die begreift, dass das Schicksal des Staats von der Demographie abhängt. Eine solche Regierung würde größere Familien propagieren. Dafür wäre es nötig, das Einkommen von Männern so weit anzuheben, dass die Familien ein auskömmliches Leben führen können. Außerdem würde diese Politik eine Verzehnfachung der Gesundheitsausgaben sowie Familienanreize auf europäischem Niveau erfordern. Allerdings ist nicht sicher, dass die Mittel für solch eine Politik vorhanden sein werden. Und gleichzeitig zeigt die historische Erfahrung, dass eine Erhöhung des Lebensstandards nicht zu einem Anstieg der Geburtenrate führt. Zumeist tritt das Gegenteil ein.

Die Diskussion demographischer Fragen gehört auf den ersten Blick nicht in eine außenpolitische Analyse. Es ist jedoch damit zu rechnen, dass Überlegungen dieser Art eine direkte, entscheidende Auswirkung auf die Politik Russlands gegenüber seinem nahen Ausland haben werden.

Das russische Erdöl

Der Energiesektor ist der Schlüssel zur russischen Innen- und Außenpolitik. Außerdem ist er der am besten bekannte, von Spezialisten und Nichtspezialisten gleichermaßen eingehend analysierte und dokumentierte Aspekt der Situation in Russland. Deshalb ist es auch nicht nötig, ihn hier ausführlicher zu behandeln. Der Anteil von Erdöl und Erdgas am Nationaleinkommen ist in den letzten hundert Jahren von 7 auf 50 Prozent gestiegen. Diese beiden Rohstoffe sind Russlands einzige bedeutende außenpolitische Waffe. Die Zustimmung der Öffentlichkeit zur Regierung, die Stabilität im Land, das Wohlergehen der Bevölkerung, die Verteidigungsausgaben: Dies alles und mehr hängt davon ab.

Wenn dies so ist, wie ist es dann zu erklären, dass die Sowjetunion trotzdem zusammenbrach? Zum großen Teil damit, dass die weltweite Nachfrage nach Erdöl und Erdgas damals geringer und der Ölpreis weit niedriger war als in den letzten Jahren. Durch den Preisanstieg konnte der Öl- und Gasexport zu einer wichtigen politischen Waffe werden. Wenn Weißrussland nur einen Bruchteil des Preises zahlen muss, der von der Ukraine verlangt wird, dann hat das keine ökonomischen Gründe. In den 1970er Jahren mussten die russischen Satellitenstaaten in Osteuropa deutlich weniger zahlen als Länder, die nicht dem RGW angehörten. Die Sowjetunion befand sich in der glücklichen Lage, relativ kostengünstig Erdöl fördern zu können, doch im Lauf der Zeit wurde die Förderung teurer, und die Preise für ausländische Abnehmer, auch für politische Verbündete, stiegen, was im Ausland für Unmut sorgte.

In unserem Zusammenhang interessiert weder die Geschichte von Gazprom, einem der mächtigsten internationalen Konzerne mit rund 400 000 Mitarbeitern (ohne die Lobbyisten), noch das Tauziehen um die verschiedenen Pipelines. Auch die anderen faszinierenden Entwicklungen auf diesem Gebiet sind hier nicht das Thema. Allein die Geschichte des ehemaligen deutschen Bundeskanzlers Gerhard Schröder, zum Beispiel, dürfte eines Tages Material für mehr als ein Buch oder eine Fernsehdokumentation liefern. Unser Augenmerk beschränkt sich auf mögliche politische Auswirkungen. Leider sind die Entwicklungen auf dem Energiesektor weitgehend unvorhersehbar, abgesehen von der offensichtlichen Feststellung, dass sie sowohl für die Produzenten als auch für die Verbraucher große Bedeutung haben werden.

Die Europäische Union ist bisher unfähig gewesen, sich auf eine gemeinsame Energiepolitik zu verständigen, und da die zentrifugalen Kräfte in der EU stärker werden, ist es unwahrscheinlich, dass sich daran bald etwas ändert. Russland kann natürlich nur bis zu einer gewissen Grenze Druck androhen oder ausüben. Wenn die Erdöl- und Erdgaspreise übermäßig steigen, werden sich die Verbraucher nach Alternativen umschauen. Russland hat durchaus ein Interesse daran, dass Europa prosperiert, würde doch ein Abschwung der europäischen Wirtschaft einen Rückgang der Nachfrage nach Erdöl und Erdgas bewirken.

Wie schätzt Russland seine Aussichten ein? Die russische Führung hat stets betont, dass sie bereit sei, mit allen Ländern Geschäfte zu machen, und dass ihr Hauptinteresse darin bestehe, die Stabilität zu erhalten. Politische Erwägungen sollten die grundlegenden ökonomischen Interessen nicht behindern. Dies ist eine vernünftige Einstellung, aber in der Realität gewinnen politische Erwägungen häufig dann doch die Oberhand. Wird sich daran in Zukunft etwas ändern?

Laut einem Bericht des Internationalen Energieforums von 2014 rechnen russische Experten mit einer wachsenden Nachfrage aus der asiatisch-pazifischen Region. Im Übrigen erwarten sie infolge politischer Einmischung in die Energiewirtschaft eine volatile Situation. Hinzu kommen die weitreichenden Auswirkungen der Schieferöl- und Schiefergasgewinnung, durch die Amerika von einem Importeur zu einem Exporteur von Energie geworden ist. Russischen Experten zufolge werden alternative Energieträger in den nächsten zehn Jahren auch die

Situation außerhalb Amerikas deutlich verändern. Wie tief diese Veränderung gehen wird, kann niemand genau voraussagen.

Ein spezifisch russisches Problem ist der massive Bedarf an ausländischen Investitionen, die internationale Unternehmen aus politischen und ökonomischen Gründen aber nur widerstrebend angehen. Darüber hinaus nimmt man weithin an, dass die Aussichten des Erdgasexports aus Russland vielversprechender sind als diejenigen des Erdölexports.

Putin hatte das Glück, zu einem Zeitpunkt an die Macht zu kommen, als die Nachfrage nach Engergieträgern stieg. Die Erkenntnis der überragenden Bedeutung des Erdöl- und Erdgasexports für das Überleben seines Regimes veranlasste ihn, diesen Wirtschaftssektor erneut zu verstaatlichen. Daran dürfte sich in Zukunft kaum etwas ändern. Doch über diese eher offensichtlichen Voraussagen werden auch die kühnsten Experten nicht hinauszugehen wagen.

Quo vadis, Rossija?

Szenarien

Quo vadis, Rossija, oder in Kirchenslawisch: *Kamo grjadeschi?* Die Frage wird häufig gestellt, und fast ebenso häufig wird eine Diskussion dieses Themas die berühmte Schlussszene von Gogols *Toten Seelen* mit dem dahinrasenden Dreigespann zum Ausgangspunkt nehmen. Aber passt das noch auf die heutige Situation? In Gogols Roman heißt es:

> »Und jagst du nicht auch, Russland, wie ein flinkes, unerreichbares Dreigespann dahin? Es dampft der Weg hinter dir, es krachen die Brücken, alles bleibt hinter dir zurück. Es bleibt der Zuschauer von diesem göttlichen Wunder überrascht stehen: Ist es kein vom Himmel gefallener Blitz? Was bedeutet diese Schauder erregende Bewegung? Was für eine geheime Kraft ist diesen nie gesehenen Rossen gegeben?«

Es ist ein wundervoller Schluss eines großen Romans, der das schnell wie ein Vogel dahinfliegende Dreigespann mit dem ehrfurchtgebietenden Fortschritt vergleicht. Als Beschreibung des heutigen Russland ist es freilich etwas extravagant. Wo sind die dampfenden Wege, die über Brücken donnernden Räder? Fliegen die Oligarchen und Silowiki wirklich dahin »durch die Luft, von einem Gotte begeistert«? Überholt Russland, wie uns gesagt wird, tatsächlich die ganze Welt? Zwingt das Dreigespann alle Völker und Reiche, ihm auszuweichen? Vor allem aber: »Russland, wohin jagst du, gib Antwort? Es erwidert nichts.«
    Auch sollte man das Tempo der Kutsche nicht allzu hoch einschätzen. Vergangene Versuche, die künftige Entwicklung Russ-

lands vorauszusagen, haben vor allem eines gezeigt: wie schwierig ein solches Unterfangen ist. Zwei Beispiele sollen hier
genügen. Das erste Projekt, die von mir herausgegebene Aufsatzsammlung *Soviet Union 2000*, wurde 1990 veröffentlicht, als
die Sowjetunion noch existierte. Zu den Aussichten auf politische Veränderungen heißt es in dem Buch:

>Der Stil der russischen Politik ist seit Jahrhunderten autoritär
gewesen, und autoritär war auch zu einem großen Teil die
Mentalität sowohl der Herrscher als auch der Beherrschten.
Dies könnte sich ändern, aber nur als Resultat einer Kulturrevolution, die breite Bevölkerungsschichten mitreißt. Solche
Revolutionen hat es gegeben, aber es hat stets lange gedauert,
bis sie sich voll entfaltet haben. Einen Herrscher durch einen
anderen zu ersetzen, ist leicht. Unendlich viel schwerer ist es,
die Mentalität der Unfreiheit auszulöschen und einen Geist
von ziviler Verantwortlichkeit, Initiative, Toleranz und Kompromissbereitschaft zu injizieren. Diese zivilen Werte rangier-
ten auf der zaristischen wie der bolschewistischen Agenda nie
sehr weit oben. Der Übergang von einem totalitären Regime
zu einem demokratischen System, und sei es auch nur in eine
gelenkte Demokratie, ist eine Periode enormer Spannungen
und Schwierigkeiten.«

Richtig lag man damals auch mit der Einschätzung, dass eine
autoritäre Herrschaft in Russland wahrscheinlich und die Einführung einer demokratischen Ordnung eher unwahrscheinlich
sei:

>Der Wunsch nach Veränderung wird nicht zur Übernahme
westlicher liberaler Ideen und Werte führen. Der Liberalismus
hat in Russland nie tiefe Wurzeln geschlagen; sein Einfluss war
im großen Ganzen auf Teile der Intelligenzija beschränkt, und
selbst dort wurde er nur von einer Minderheit angenommen.
Heute ist man allgemein überzeugt, dass der westliche Liberalismus für westliche Gesellschaften geeignet sein mag, insbe-

sondere für kleine Länder ohne grassierende soziale und nationale Konflikte. Aber in einer Gesellschaft wie der sowjetischen gilt dies nicht, und eine solche institutionelle Veränderung wäre eine Katastrophe. Das Land hat nie den nötigen Reifegrad erreicht, noch ist es wahrscheinlich, dass es ihn in absehbarer Zukunft erreichen wird.

Einige führende Intellektuelle predigen die Vorzüge von mehr Toleranz, mehr Redefreiheit und mehr gesundem Menschenverstand anstelle von doktrinärem Fanatismus und schauen voll Neid auf die höhere politische Kultur in manchen europäischen Ländern. Selbst die größten Optimisten unter ihnen verspüren jedoch die Notwendigkeit einer starken Hand, die für lange Zeit die Kontrolle über die Reformen ausübt. Sie weisen darauf hin, dass in der russischen Geschichte jede Reform, angefangen mit der Einführung der Kartoffel, durch Befehl von oben und für gewöhnlich gegen großen Widerstand durchgeführt wurde.«

Dies hört sich aus dem Abstand von 25 Jahren wie eine recht genaue Beschreibung des Putinismus mit seiner »vertikalen« Kommandopolitik an. Nicht voraussehen konnten die Autoren damals den Zerfall der Sowjetunion und die nachfolgenden Versuche, sie wiederherzustellen, die chaotischen Zustände der Jelzin-Ära, das Auftreten der Oligarchen und Silowiki, und auch der zunehmende Einfluss der orthodoxen Kirche wurde nicht ausreichend gewürdigt. Wie der Sammelband *Soviet Union 2000* zeigt, war es weit einfacher, langfristige Trends zu prognostizieren, als kurzfristige Ereignisse vorauszusagen.

Das andere Beispiel ist eine Studie des amerikanischen Center for Strategic and International Studies (CSIS), deren Autoren den großen Vorteil hatten, dass sie sieben Jahre nach Putins Machtantritt an die Arbeit gingen, als das Land sich beruhigt hatte und ein inneres Machtgleichgewicht entstanden war. Während bei dem Buchprojekt von 1990 nicht versucht wurde, einen Konsens unter den Beiträgern zu erreichen, und einfach unterschiedliche individuelle Standpunkte präsentiert wurden, wollte das CSIS eine Übereinstimmung zustande bringen, musste jedoch feststellen, dass die Meinungsverschiedenheiten zu groß waren.

Die Studie beschrieb für einen Zehnjahreszeitraum (2007–2017) verschiedene Szenarien und lag bisher mit vielem richtig. Unterschätzt wurden allerdings die Verhärtung der Innen- und Außenpolitik, ebenso der Einfluss rechtsradikaler Ideologien. Überschätzt wurden die Auswirkungen von Faktoren wie dem hohen Bildungsstand der Bevölkerung, den es in der Vergangenheit gab, der aber aufgrund der Kürzung der staatlichen Bildungsausgaben mittlerweile gesunken ist. Auch die Diversifizierung der Wirtschaft wurde überbewertet. Zwar stimmten alle führenden Politiker darin überein, dass eine größere Vielfalt notwendig sei, aber erreicht haben sie in dieser Richtung wenig. Das in Skolkowo bei Moskau geplante Innovationszentrum geriet bald in Schwierigkeiten, vor allem aufgrund von Streitigkeiten zwischen verschiedenen Behörden, aber es wurden auch Korruptionsvorwürfe laut. Sie waren einer der Gründe für den Sturz von Putins langjährigem Stabschef Surkow.

In der CSIS-Studie heißt es: »Es ist nicht nur sehr gut möglich, sondern sogar wahrscheinlich, dass Russland 2017 die größte Wirtschaft Europas haben wird.« Aus der heutigen Perspektive scheint das nicht mehr so wahrscheinlich zu sein. Gegenwärtig rangiert Russland, was das BNE betrifft, nicht nur hinter Deutschland, sondern auch hinter Frankreich, Großbritannien und sogar Italien. Dies könnte sich ändern, jedoch nicht in naher Zukunft.

Demographie

Jede Diskussion und Spekulation über Russlands Zukunft muss mit einem Blick auf die Bevölkerungsentwicklung beginnen. Wenn man nicht weiß, wie grob auch immer, wie viele Menschen in zehn, dreißig oder fünfzig Jahren in dem hier interessierenden Gebiet leben werden, wird die Diskussion zu keinem schlüssigen Ergebnis führen, allenfalls zu mehreren möglichen Szenarien.

Schätzungen zufolge lebten im 18. Jahrhundert nach dem Tod Peters des Großen im damaligen Russland fünf bis sechs Millionen Menschen. Der erste und einzige (»kaiserliche«) Zensus wurde 1897 durchgeführt. Es war eine jahrelang vorbereitete, gründliche Erhebung, nach der das Russische Reich (ohne Finnland) 125 Millionen Einwohner hatte. 16 Millionen lebten in Städten, die übrigen, also die übergroße Mehrheit, auf dem Land. Im eigentlichen Russland lebten 67 Millionen Menschen, davon 5,7 Millionen in Sibirien. Die Zahl der russischsprachigen Einwohner betrug 55 Millionen.

Russische Nationalisten der extremen Spielart sind überzeugt, dass Russland ohne die diversen Katastrophen seit 1897 heute 600 Millionen Einwohner hätte. Tatsächlich hat das Land gegenwärtig rund 140 Millionen (143,7 laut den jüngsten amtlichen russischen Angaben, 138,9 laut CIA-Schätzung). Wie die Nationalisten auf die Zahl von 600 Millionen Einwohnern kommen, ist nicht ganz klar, aber seit der Wende zum 20. Jahrhundert hat es zweifellos mehrere große Katastrophen gegeben: die beiden Weltkriege, den Bürgerkrieg von 1918/19, die kommunistische Herrschaft (mit der durch die Kollektivierung der Landwirtschaft verursachten Hungersnot, den Massenmorden der Stalin-Zeit und dem Gulag). Aber sie sind nicht der einzige Grund für das fehlende Bevölkerungswachstum, denn in den 1990er Jahren gingen die Geburtenrate und die Bevölkerungsgröße zurück, obwohl es weder Krieg noch Bürgerkrieg, keine massenhaften Säuberungen oder sozialen Unruhen gab.

Zukunftsprojektionen sind schwierig. Sie können nie exakt sein, weil auch Faktoren eine Rolle spielen, die sich der Quantifizierung und der Vorhersage entziehen. Die Geschichte solcher Voraussagen strotzt deshalb auch von Irrtümern. Nachdem Frankreich 1871 den Krieg gegen Deutschland verloren hatte, nahm man drei Jahrzehnte lang an, dass die Franzosen aussterben würden. Ähnliche Prognosen wurden in den 1920er Jahren

gemacht, obwohl Frankreich zu den Siegern des Ersten Weltkriegs gehörte; der Blutverlust, den es im Krieg erlitten hatte,
war so furchtbar, dass diese Perspektive nahelag. 1974 prophe-
zeite der Club of Rome, eine hochgeachtete Denkfabrik, der
Welt drohe das baldige Ende durch Überbevölkerung: Die
Menschen würden sich zu schnell vermehren.

Inzwischen ist man vorsichtiger geworden. Häufig haben Pro-
gnostiker sowohl ein optimistisches als auch ein pessimistisches
und manchmal noch ein drittes, mittleres Szenario vorgelegt. In
Bezug auf Russland reichen die Voraussagen von »Der Bär stirbt
aus« bis zu »Die Lage in Russland ist nicht schlechter als in anderen Ländern«. Die optimistischeren Projektionen beruhen
auf einer Reihe von Annahmen, wie einer umfangreichen Zuwanderung von mindestens 400 000 Menschen pro Jahr, einem
verbesserten Gesundheitssystem und stärkerer Familienförde-
rung. Hinzu könnte noch die Möglichkeit kommen, dass Russland weitere Territorien mit russischsprachiger Bevölkerung,
wie die Ostukraine und Transnistrien, besetzt und annektiert –
was die Lage zumindest aus russischer Perspektive verbessern
würde, jedenfalls auf kurze Sicht.

Eine der Schlüsselzahlen in diesem Zusammenhang ist die Bevölkerungsdichte, die in Russland 8,6 Menschen pro Quadratkilometer beträgt, während sie in der Europäischen Union bei
112 und in Großbritannien bei 246 liegt. Angesichts dieser Zahl
stellt sich die Frage, ob das Land mit einer derart niedrigen
Bevölkerungsdichte in der Lage sein wird, sein gegenwärtiges
Territorium zu halten, geschweige denn Gebiete zurückzugewinnen, die nach dem Untergang der Sowjetunion verlorengegangen sind. Man könnte einwenden, dass die Bevölkerungsdichte aufgrund der klimatischen Bedingungen in Nordrussland
und Sibirien sowie im Fernen Osten nie derjenigen in Europa
gleichkommen wird. Allerdings könnte die Erderwärmung Veränderungen mit sich bringen (in diesem Fall stellt sich die Frage,
wer die Kandidaten für eine Ansiedlung in Gebieten, die bisher
als unbewohnbar gelten, sein werden). Auch die technologische
Entwicklung, wie etwa der massive Einsatz von Robotern (die

man dann freilich mit patriotischem Geist ausstatten müsste), ist nicht vorhersehbar.

Heutige Projektionen unterscheiden sich stark voneinander. Während alle darin übereinstimmen, dass seit dem Tiefpunkt in den 1990er Jahren eine gewisse Verbesserung eingetreten ist, zeigt sich keiner von ihnen mit Blick auf die Zukunft übermäßig optimistisch. Laut Nicholas Eberstadt, einem langjährigen Beobachter der demographischen Entwicklung in Russland, sind für den gegenwärtigen Geburtenüberschuss nicht die russischen, sondern ausschließlich traditionell muslimische Regionen verantwortlich. Rechnet man den Nordkaukasus nicht mit, bleibt kaum etwas von der Steigerung übrig. Auf jeden Fall liegt die Geburtenrate von 1,7 für russische Frauen immer noch um 20 Prozent unter der Reproduktionsrate: Nach den jüngsten russischen Berechnungen schrumpft die russische Bevölkerung, bei fehlender Einwanderung, weiterhin von Generation zu Generation um fast 20 Prozent. Vor hundert Jahren lag die russische Geburtenrate bei 6 bis 7, in den 1960er Jahren sank sie auf 1,9. Eberstadt zitiert zudem eine Schätzung der Weltgesundheitsorganisation, der zufolge ein 15-jähriger Russe eine geringere Lebenserwartung hat als Gleichaltrige in Mali, Afghanistan, dem Jemen und 30 anderen als »am wenigsten entwickelt« eingestuften Ländern. Die Lebenserwartung von Frauen ist mit 73 Jahren bedeutend besser, verglichen mit der männlichen von 59,8 Jahren. Nach anderen Schätzungen liegt die Lebenserwartung russischer Männer heute bei 65 und die von Frauen bei 76 Jahren. (Für Deutschland lauten die entsprechenden Zahlen 77 und 86.) Träfen die pessimistischeren Aussagen zu, würde es bedeuten, dass die Lebenserwartung russischer Männer sogar gesunken ist: 1964 betrug sie 65 Jahre. Einigkeit herrscht darüber, dass der Alkoholismus die wichtigste Ursache für die erheblich kürzere durchschnittliche Lebensspanne russischer Männer ist. Eine unter Gorbatschow begonnene Kampagne gegen den Alkoholkonsum hatte keine bleibende Wirkung. Kommentatoren merkten dazu an, dass Schweden ein ähnliches Alkoholproblem hatte, es aber durch zivilgesellschaftliches Han-

deln überwinden konnte. Warum? Weil es einen Sozial- und
Rechtsstaat gab, der den Bürgern diente, der den Einzelnen und
seine Rechte schützte, der in der Lage war, das Leben der Gesellschaft mit Hilfe von Gesetzen zu regulieren (so Nationalismus-
experte Emil Pain). Russland ist in diesen Bereichen defizitär.

Die Bevölkerungsabteilung der Vereinten Nationen nimmt
an, dass sich der Bevölkerungsschwund in Russland fortsetzen
wird. Die Gruppe der Russinnen im Alter von Anfang zwanzig
wird im nächsten Jahrzehnt infolge des Geburtenrückgangs der
1990er Jahre deutlich schrumpfen. Mit anderen Worten, selbst
eine Reproduktionsrate von 2,1 Kindern pro Frau würde nicht
genügen; es wäre eine weit höhere Zahl erforderlich.

Diese negativen Zahlen haben unmittelbare politische Folgen.
Um nur zwei zu erwähnen: Die russischen Streitkräfte werden
ein Rekrutierungsproblem bekommen, insbesondere was russischstämmigen Nachwuchs angeht, und die Zahl der Akademiker wird schrumpfen. Stellte Russland in den 1990er Jahren weltweit noch 9 Prozent der Universitätsabsolventen, so wird dieser
Anteil bis 2030 wahrscheinlich auf 3 Prozent sinken. Zu dieser
Entwicklung dürfte auch die Tatsache beitragen, dass die staatlichen Bildungsausgaben in den letzten Jahren gekürzt wurden.

Optimistischere Beobachter, wie der Journalist Mark Adoma-
nis (der auf der Grundlage der amtlichen russischen Statistiken
argumentiert), weisen darauf hin, dass man auch in Russlands
osteuropäischen Nachbarländern eine negative Bevölkerungsentwicklung zu verzeichnen habe und die Sterblichkeitsrate in
Russland zwar hoch sei, aber nicht zunehme. Tatsächlich hat sie
sich beachtlich verringert. Die »externe Sterblichkeit« (durch
Vergiftung, Suizid, Verletzungen, Mord, Verkehrsunfälle) ist
stetig zurückgegangen und liegt heute auf dem Niveau der Zeit
vor dem Zusammenbruch der Sowjetunion. Den amtlichen Ros-
stat-Zahlen zufolge wird die russische Bevölkerung nur geringfügig schrumpfen – auf 139 Millionen Menschen im Jahr 2030.
Über die ethnische Zusammensetzung der künftigen Bevölkerung gibt diese Voraussage allerdings keine Auskunft. Wie groß
wird der russische Anteil noch sein?

Ein anderer Autor, der eine gemäßigt pessimistische Ansicht vertritt, stellt fest, dass die Geburtenrate, zum Teil vielleicht aufgrund von Putins geburtenfördernder Politik (die Frauen ermuntert, mehr Kinder zu bekommen), leicht gestiegen ist und die russische Bevölkerung geringfügig zunimmt. Gleichwohl bleibt der Trend bestehen, nach dem die Zahl der 20- bis 29-jährigen Russen im Jahr 2040 halb so groß wie heute sein wird. Der hier zitierte Beobachter folgert daraus, dass der Niedergang Russlands auf lange Sicht unvermeidlich ist, aber länger dauern könnte, als von vielen erwartet.

Die Frage, ob eine geburtenfördernde Politik den Bevölkerungsschwund aufhalten kann – im Allgemeinen und besonders in Russland –, wurde bislang noch nicht abschließend diskutiert. Die historischen Belege sind nicht eindeutig: Eine Geburtenförderung gab es in Russland in den 1930er Jahren (als plötzlich ein erheblicher Geburtenrückgang eintrat) und erneut nach dem Zweiten Weltkrieg, ebenso im nationalsozialistischen Deutschland und in jüngerer Zeit in vielen europäischen Ländern, insbesondere in Skandinavien infolge der Forschungen und auf Initiative von Gunnar und Alva Myrdal.

Eine solche Politik kann verschiedene Formen annehmen, wie etwa die Erschwerung von Abtreibungen. Im Deutschland wurde 1943 diesbezüglich die Bestrafung erheblich verschärft; zwei Jahre zuvor hatte man die Produktion von Kondomen eingestellt. Verbreiteter waren indes positive Maßnahmen, wie ein Elternurlaub und finanzielle Anreize. Auch in dieser Hinsicht war das NS-Regime am radikalsten, wenn auch mehr in der Theorie als in der Praxis. Hitler und die anderen NS-Führer glaubten, der Platz der Frau sei zu Hause und ihre Aufgabe bestehe darin, Kinder zu gebären und aufzuziehen. Aber die nationalsozialistische Wirtschaftspolitik, die Wiederaufrüstung und die Kriegserfordernisse holten Millionen Frauen aus dem Haus und brachten sie in Arbeit, hauptsächlich in der Industrie. Die Ehrungen, die Frauen erhielten – das »Mutterkreuz« (nach der Geburt des dritten oder vierten Kindes) –, hatten kaum eine Wirkung, und die finanziellen Anreize waren gering.

Serafima Tschirkowa hat 2013 die russischen Verhältnisse untersucht und festgestellt, dass die neue Familienpolitik kurzfristig eine signifikante Wirkung auf die Kinderzahl hatte; die Wahrscheinlichkeit einer zweiten Geburt stieg um 2,2 Prozentpunkte. Durch die Reform der Familienpolitik von 2007 wurde das sogenannte Mutterschaftskapital eingeführt. In den skandinavischen Ländern hat man mit derartigen Maßnahmen ähnliche Erfahrungen gemacht. Dort besteht zudem die Möglichkeit, unter Erhalt des Arbeitsplatzes einen Mutterschaftsurlaub von bis zu drei Jahren zu nehmen. In Russland wird ein Mutterschaftsurlaub von zwanzig Wochen gewährt, der für gewöhnlich die letzten zehn Wochen vor und die ersten zehn Wochen nach der Geburt umfasst.

Doch Tschirkowas Erkenntnisse gelten vorläufig nur auf kurze Sicht und beziehen sich auch nur auf die Wahrscheinlichkeit eines zweiten Kindes. Mit anderen Worten, eine wie immer geartete Geburtenförderung kann den Bevölkerungsrückgang zwar verlangsamen, aber nicht aufhalten, geschweige denn die Entwicklung umkehren.

Großmachtanspruch und der Ferne Osten

Tatsächlich wird man für die meisten bevölkerungspolitischen Maßnahmen einen Preis zahlen müssen. Eine massive Einwanderung nichtethnischer Russen würde die Fremdenfeindlichkeit verstärken. Im ersten Jahrzehnt nach dem Zerfall der Sowjetunion waren die meisten Einwanderer Russischstämmige aus Ländern wie Kasachstan. Aber die meisten, die kommen wollten, sind inzwischen eingetroffen. In Zukunft werden sich überwiegend Nichtrussen auf den Weg machen. Die Zahl der illegalen Einwanderer ist unbekannt; Schätzungen variieren zwischen 10 und 20 Millionen. Dass die meisten Muslime sind, könnte die sozialen und politischen Probleme vergrößern. Dem Moskauer

Institut für Nationale Strategie zufolge wird Mitte des Jahrhunderts ein großer Anteil der Bevölkerung Russlands nichtrussischer Herkunft sein.

Die offizielle russische Einwanderungspolitik beruht auf der Annahme, dass Nichtrussen binnen relativ kurzer Zeit integriert werden. Aber die Integrationsbereitschaft kann nicht als selbstverständlich vorausgesetzt werden. Auch in anderen Weltgegenden geht Integration selten rasch und problemlos vonstatten. Häufig wird sie nur oberflächlich erreicht, etwa durch das Erlernen der Sprache des Aufnahmelandes. Russland besitzt im Gegensatz zu Australien, Kanada und den Vereinigten Staaten keine Tradition der Akzeptanz und Integration von Einwanderern. Eine solche Perspektive wäre für die russische Führung ein zusätzlicher Grund, von ethnischen Russen bewohnte Regionen der ehemaligen Sowjetunion zu annektieren.

Warum wird so viel Gewicht auf dieses Thema gelegt? Buchstäblich alle entwickelten Länder sind mit einem Bevölkerungsschwund konfrontiert, doch dies muss aus verschiedenen Gründen nicht unbedingt als Katastrophe betrachtet werden. Aber Russland ist nicht Belgien oder Bulgarien, sondern ein großes Land mit dem Ehrgeiz, eine Großmacht zu sein, ein Land, das eine Mission zu erfüllen hat. Warum kann Russland seine Bestimmung mit einer Bevölkerung von 150 Millionen Menschen erfüllen, nicht aber mit einer halb so großen Bevölkerung?

Diese Frage wird seit langem diskutiert. Aber bevor wir uns in diese stürmischen Gewässer begeben, sei noch eine andere Überlegung erwähnt. 1926 veröffentlichte der deutsche Schriftsteller Hans Grimm den Roman *Volk ohne Raum*, der sofort zum Bestseller wurde und es in den nächsten 19 Jahren blieb. Die Handlung spielt in Afrika, wo der Autor lange gelebt hatte. Er war kein Mitglied der NS-Partei, aber zutiefst davon überzeugt, dass sein Land zum Untergang verurteilt sei, weil es an Lebensraum fehle. Deshalb war der Besitz der im Ersten Weltkrieg verlorenen Kolonien in seinen Augen lebenswichtig. Hitler teilte wie die meisten Vertreter der radikalen Rechten Grimms Überzeugung, allerdings nicht mit Blick auf Afrika. Hitler glaubte nicht, dass afrikanische Kolonien Deutschlands Probleme lösen konnten. Sein Expansionsdrang richtete sich nach Osten, letztlich auf die Sowjetunion. Die nachfolgende Entwicklung hat gezeigt, dass die Besessenheit von der Idee eines »Volks ohne Raum« völlig falsch war. Deutschland geht es heute auf kleinerem Territorium besser als jemals zuvor.

Russland dagegen verfügt über ein riesiges Gebiet – in Asien. Aber es ist dünn besiedelt. Zwischen Ural und Pazifik leben nur 38 Millionen Menschen, also weniger als drei Menschen pro Quadratkilometer – weniger als in der Sahara, einer der menschenleersten Regionen der Welt. Aber selbst diese Zahlen sind, wie bereits erwähnt, irreführend, weil sie auch die Städte im Uralgebiet umfassen, die mit größerem Recht zum europäischen Russland gezählt werden müssten. Der russische Ferne Osten mit der Hauptstadt Wladiwostok hat fünf Millionen Einwohner, während in den drei chinesischen Distrikten auf der anderen Seite der russisch-chinesischen Grenze fast 100 Millionen Menschen leben.

Ein weiteres Problem, dem man bis vor kurzem wenig Aufmerksamkeit geschenkt hat, besteht darin, dass in bestimmten Gebieten jenseits des Urals die Zahl ethnischer Russen abnimmt. In den Republiken Burjatien, Altai, Sacha (Jakutien) und Tuwa beispielsweise ist die Zahl russischstämmiger Einwohner seit den 1970er Jahren stetig zurückgegangen. In manchen Gegenden sind sie heute eine Minderheit, in anderen werden sie es in der nächsten Generation sein. Dass diese demographische Entwicklung politische Folgen haben wird, versteht sich von selbst.

Wird Russland in der Lage sein, sein asiatisches Territorium zu halten? Es könnte zu einer paradoxen und aus russischer Sicht unerwarteten Situation kommen. Nach dem Rückzug der Amerikaner aus Afghanistan und teilweise auch aus dem Nahen Osten wird sich Russland in Konkurrenz mit China befinden. Der Kreml will dies zwar um fast jeden Preis vermeiden, aber es ist kaum vorstellbar, dass ihm das gelingt. Dass die USA oder andere westliche Länder nach Zentralasien oder in den Fernen Osten zurückkehren werden, ist höchst unwahrscheinlich. Das bedeutet, dass Russland, wann immer es seine Stellung in Asien stärken will, sei es durch eine gemeinsame Wohlstandssphäre mit Kasachstan oder andere derartige Projekte, tendenziell nicht den Westen, sondern China herausfordern wird. Aus dieser Perspektive betrachtet, wäre ein scharf antiwestlicher Kurs riskant. Es könnte durchaus das Ende von Russlands eurasischen Phantasien bedeuten. Aber vielleicht ist es ein unvermeidlicher Lernprozess. Der einzige Ausweg aus dieser Gefahrenzone könnte darin bestehen, dass Russland seine abgewertete Stellung als »jüngerer Bruder« annimmt und sich damit begnügt, nach China die zweite Geige zu spielen.

Wenn Russland bereit ist, sich nach Pekings Vorstellungen zu verhalten, könnte China von direkteren Interventionen im heute russischen Asien absehen. Das demographische Gleichgewicht neigt sich zu Chinas Gunsten, aber niemand will sich wirklich in Sibirien niederlassen. Die Zahl der Chinesen, die kommen, wird regelmäßig übertrieben; genaue Zahlen gibt es nicht, aber die meisten Schätzungen liegen knapp über einer halben Million. Dies könnte sich infolge der Erderwärmung ändern, höchstwahrscheinlich aber nicht in naher Zukunft; zudem sind die Folgen des Klimawandels gegenwärtig selbst für Spekulationen viel zu ungewiss.

Nach heutiger offizieller Lesart Moskaus sind angebliche chinesische Absichten in Sibirien nicht mehr als bösartige amerikanische Propaganda. Tatsächlich dürfte China kaum den Wunsch haben, direkt in die Verwaltung der unter russischer Kontrolle stehenden Gebiete in Asien einbezogen zu werden. Aber in der Zukunft wird die Situation wahrscheinlich etwas komplizierter sein. Sollte Russland wirklich glauben, die Beziehungen würden von der Tatsache unberührt bleiben, dass die chinesische Bevölkerung zehnmal größer ist als die eigene und dass beim BNE und bei der Industrieproduktion ein fast ebenso großes Missverhältnis besteht, dann wird es eine Überraschung erleben. Ein chinesischer Außenminister drückte dies bei einem Treffen mit Vertretern von Nachbarländern einmal so aus: »Sie sind klein, und wir sind groß. Sie sollten die Konsequenzen daraus akzeptieren.« Einer der Hauptvorwürfe, den Russland in den zehn Jahren nach dem Zusammenbruch der Sowjetunion Europa und den Vereinigten Staaten gemacht hat, lautete, dass man von diesen nicht gleichrangig behandelt würde. Es wird faszinierend sein zu beobachten, wie viel Gleichheit künftig in der Beziehung zwischen zwei Ländern vorhanden sein wird, die so unterschiedlich sind wie Russland und China.

Die Idee eines neuen Reichs

Die Vorstellung von einem ewigen Russland, das eine große messianische Aufgabe zu erfüllen hat, gibt es schon sehr lange. In unserem Zusammenhang ist sie von erheblicher Relevanz, da sie der gegenwärtigen russischen Politik zugrunde liegt und sie auch künftig beeinflussen wird. Sie ist in der Vergangenheit in verschiedenen Formen und unter verschiedenen Namen in Erscheinung getreten. Einerseits kann sie der Rechtfertigung einer imperialen Politik und Staatlichkeit (*gossudarstwennost*) dienen, andererseits aber auch als ein rein theologisches Konzept verstanden werden. Eine Zeitlang glaubten selbst manche Nichtkommunisten, der Bolschewismus sei die neue russische Idee, der Hauptbeitrag Russlands zur Menschheitsgeschichte. Nach dem Untergang der Sowjetunion entstand das Bedürfnis nach einer neuen Ideologie, und so stritt man sich in der Jelzin-Zeit über die Formulierung einer neuen nationalen Idee. Da ein Einvernehmen jedoch schwerer zu erzielen war als die Einigung auf eine neue Nationalhymne, gab man das Unterfangen auf – bis es unter Putin wieder aufgegriffen wurde. Selbst Tageszeitungen beteiligten sich an der Suche nach der nationalen Identität. Seither sind viele Vorschläge gemacht worden, hauptsächlich von der rechten Seite des politischen Spektrums. Aber nichts davon fand breite Zustimmung.

Auf religiös-philosophischer Ebene reichte die Suche viele

Jahrhunderte bis nach Byzanz zurück, das sich in Abgrenzung vom Katholizismus, den es als Häresie ablehnte, als einzigen legitimen Repräsentanten des Christentums betrachtete. Nach dem Untergang des Byzantinischen Reichs verstand sich Russland als einziger rechtmäßiger Erbe dieser Tradition, als »drittes Rom«, wie es ein Mönch namens Filofei von Pskow (Philotheus, 1465–1542) ausdrückte, über den ansonsten nicht viel bekannt ist. Es gab aber auch andere Prätendenten, wie die bulgarische Kirche.

Den nächsten großen Aufschwung erlebte diese Suche im 19. Jahrhundert. Was die Formulierung einer nationalen Idee anbelangt, entwickelte Bildungsminister Uwarow seine berühmte Triade von »Orthodoxie, Autokratie und Volkstum«, die er zuerst in einem 1833 an eine Reihe von Pädagogen verschickten Rundschreiben erwähnte. Dem Zaren gefiel diese Formulierung, und mehrere führende Intellektuelle, unter ihnen Tjuttschew, befürworteten sie. Sie blieb bis zur Revolution von 1917 die offizielle Parole, auch wenn das Volkstum (*narodnost*) ein recht vager Begriff war.

1888 prägte dann Wladimir Solowjow den Begriff der »russischen Idee«. Ihm ging es allerdings um spirituelle Dinge, nicht um den Aufbau eines Imperiums. Dies galt auch für Nikolai Berdjajew, den bekanntesten russischen Religionsphilosophen des 20. Jahrhunderts. Von ihm war schon die Rede. In seinem 1908 veröffentlichten Buch über die *Russische Idee* behandelte er den eschatologischen und prophetischen Charakter des russischen Denkens. Die Russen, erklärte er, seien ein »Volk des Endes«, und die russische Philosophie habe »religiösen Charakter«. Solche Gedanken waren unbrauchbar für Politiker, die etwas Ähnliches anstrebten wie Lord Milner, der in seinem »Credo«, das mit den Worten begann: »Ich bin Nationalist und kein Kosmopolit«, den britischen Imperialismus rechtfertigte.

Solowjow und Berdjajew waren Patrioten, aber niemand hat ein vernichtenderes Urteil über die Paranoia der russischen Rechten gefällt als Solowjow, das ebenso wie Berdjajews Einschätzung des Chauvinismus der radikalen Rechten als »bar-

barisch und dumm, heidnisch und unmoralisch« und »Orgie der
alten russischen Zügellosigkeit« bereits zitiert wurde. Eine
schärfere Stellungnahme kann man sich kaum denken. Dennoch
waren Solowjow und Berdjajew zwei der drei Autoren, auch das
wurde bereits erwähnt, deren Lektüre Putin hohen russischen
Beamten Weihnachten 2013 nahelegte. Er empfahl die richtigen
Autoren, aber die falschen Bücher. Was sie zu den Verrenkungen
des russischen Nationalismus zu sagen hatten, unterschlug er.
Immerhin waren sie mittlerweile zu Pfeilern der russischen
Staatsideologie geworden. Dies ist beispielsweise einem im
Mai 2014 veröffentlichten Dokument zu entnehmen, das zu einem erheblichen Teil aus Auszügen aus verschiedenen Putinre-
den besteht und Richtlinien für die staatliche Förderung einer
russischen Kultur enthält, die sich im Einklang mit dem Geist
der Putin-Ära befindet. Darin wird unter anderem erklärt, dass
Russland nicht Europa sei.

Das ist eine interessante Feststellung, auch wenn ihre Notwendigkeit nicht ganz ersichtlich ist, denn niemand hat behauptet, Russland sei Europa. In dem Papier wird ausgeführt, dass die
russische Geschichte und Kultur zwar immer von Toleranz geprägt gewesen sei, es aber Grenzen geben müsse, weil Toleranz
andernfalls als unangebrachtes und gefährliches Zugeständnis an
ausländische (feindliche) Einflüsse und als Zustimmung zu
fremdartigen Traditionen und Werten interpretiert werden
könnte. Das Ganze ist ein Frontalangriff auf alle modernisti-
schen Tendenzen in der russischen wie in der Weltkultur. Als
Beispiel eines wertlosen Künstlers wird unter anderen der Maler
Kasimir Malewitsch genannt. Ähnliche Attacken hat es schon
früher gegeben, man denke nur an die Ausstellung »Entartete
Kunst« im Juli 1937 in München. Nicht jedes moderne Kunst-
werk ist von höchstem Wert, wird die Zeiten überdauern und
stets hohe Auktionspreise erzielen. 2008 wurde Malewitschs
1916 gemaltes Bild *Suprematische Komposition* bei Sotheby's für
60 Millionen Dollar versteigert, den höchsten Preis, der jemals
für ein russisches Gemälde gezahlt wurde. Von künftigen Generationen mögen manche der heute hoch gehandelten Bilder als

überbewertet betrachtet werden. Gegenwärtig indes dürfte sich die von Malewitschs antimodernistischen Landsleuten geäußerte Zustimmung oder Ablehnung kaum auf die Auktionspreise auswirken.

Die Urheber des Papiers sind umstritten, allen voran der Historiker Wladimir Medinski, seines Zeichens Kultur- und Tourismusminister. Die Autoren berufen sich auf eine ganze Reihe russischer und westlicher Gewährsleute, wie etwa Arnold Toynbee, Samuel Huntington und den frühen Zionistenführer Max Nordau, der in den 1890er Jahren eine geistreiche, unverdientermaßen vergessene Attacke auf die moderne Kunst geschrieben hat. Sein Name und Werk sind heute nur noch wenigen Spezialisten bekannt. Daneben werden in dem Papier aber auch Autoritäten als antimodernistische Experten angeführt, die – wie I. Rossolimo und I. A. Gundarow –, wenn sie denn wirklich gelebt haben, sogar Spezialisten unbekannt sind.

Medinski wird vorgeworfen, sich des massiven Plagiats schuldig gemacht zu haben. Sollte dies zutreffen, könnten seine Verteidiger einwenden, dass derselbe Vorwurf auch gegen einige deutsche Minister erhoben worden sei. Der Unterschied ist freilich, dass eine Bestätigung dieses Vorwurfs in Deutschland Konsequenzen hat, in Russland nicht. Die Annahme von Medinskis Dissertation löste in der russischen Akademikerwelt einen erbitterten Streit aus. In seiner Studie über frühe westliche Besucher Russlands tat er all jene Zeitzeugen, die sich vor Jahrhunderten kritisch geäußert hatten, als Lügner und Russlandfeinde ab. Dieses Urteil traf unter anderen den österreichischen Diplomaten Siegmund von Herberstein (1486–1566), der etwas Russisch konnte und daher einen tieferen Einblick in das russische Leben erhielt als andere Ausländer. Sein Buch ist eine der ersten detaillierten Beschreibungen des Landes; es wurde ins Deutsche und Englische übersetzt (Herberstein hatte es in Latein verfasst) und gilt allgemein als zuverlässige Quelle. Gelegentlich ist die Überheblichkeit des kultivierten Europäers, der auf das vermeintlich primitive Russland herabblickt, zu spüren, aber da kaum zu bestreiten ist, dass Europa damals ein höheres kulturelles Niveau erreicht hatte, ist dies nicht überraschend; zudem äußert er sich nie in extremer Art. Für Medinski ist dies jedoch Russophobie par excellence, und auch andere frühe Russlandbesucher finden in den Augen des Autors wenig Gnade, wie zum Beispiel der englische Dichter, Diplomat und Reisende Giles Fletcher (1548–1611), Parlamentsmitglied und Autor von *Of the Russe Commonwealth* (1591). Über ihn urteilt Medinski: »Seine Schriften sind üble Verleumdungen des russischen Staats, seiner Herrscher und seiner Bevölkerung.« Medinski beweist freilich wenig Sorgfalt im Umgang mit den Quellen; seine Gegner bescheinigen seinen Büchern das Niveau von Erstsemesterarbeiten. Auf eine dreibändige »Zurückweisung von [negativen] Mythen über Russland« antworteten seine Kritiker ebenfalls mit einem mehrbändigen Werk. Medinskis Verteidiger betonen dagegen, dass seine Bücher unorthodox sein mögen, gleichwohl aber von seiner Liebe zu Russland zeugten, und letztendlich sei dies doch das Wichtigste.

Wieso Medinski und die kulturellen Richtlinien seines Ministeriums für Kultur und Tourismus erwähnt werden? Weil hier eine Grundhaltung aufgezeigt wird, die Russlands Herrscher in den kommenden Jahren einnehmen werden. Während eine patriotische Erziehung, die das Schwergewicht auf Errungenschaften der eigenen Geschichte legt, durchaus auch andernorts üblich ist und verständlich sein mag, ist dagegen die totale Unterdrückung negativer historischer Ereignisse und Entwicklungen gepaart mit der systematischen Verunglimpfung anderer Kulturen gefährlich. Eine solche Haltung schafft, perpetuiert und verschärft Konflikte und erschwert die Herstellung normaler Beziehungen über die Grenzen hinweg. Wenn sie nicht ausnahmslos alles Russische loben, die tiefe Spiritualität des russischen Volks, die russische Seele, die »russische Idee« und die unübersetzbare *schirokaja natura* (weite, schrankenlose Natur), gelten Ausländer als Verleumder und Feinde, die dem Land schaden wollen, und sind entsprechend zu behandeln.

Die ganze Haltung, die daraus resultierende Auflösung der Grenzlinie zwischen Propaganda und Geschichte, ist beunru-

higend. Einst hätte man Marx beschworen, doch das geht heute
nicht mehr, er hat Russland orientalischen Despotismus vorgeworfen, war also »russophob«. Sprecher des Regimes würden
diese Feindschaft allerdings gegenüber dem Westen leugnen.
Eine solche Einstellung, so würden sie betonen, sei mit der traditionellen Freundlichkeit und dem Zutrauen, das Russen Ausländern entgegenbringen würden, unvereinbar. Leider zeigen
die Tatsachen gegenwärtig in eine andere Richtung und lassen
für die künftigen Beziehungen Russlands zur Außenwelt nicht
viel Gutes ahnen.

Russophobie und Sapadophobie

Die Suche nach der Identität Russlands geht weiter, nicht auf
so hohem Abstraktionsniveau wie vor zweihundert Jahren, aber
immer noch mit großer Leidenschaft. Ihr liegt ein Glaubenssatz
zugrunde, dem zufolge alles, was in Russland schiefging und
-geht, die Schuld von Ausländern ist. Die intellektuellen Wurzeln dieser Haltung reichen weit zurück, bis zu den Auswirkungen der deutschen Romantik. Die romantische Epoche fiel mit
der napoleonischen zusammen, war also wesentlich durch den
Krieg gegen Frankreich und den Aufstieg des Nationalismus geprägt. Die deutsche Romantik stieß in Russland auf ein enormes
Echo. Kein Philosoph war beliebter als Friedrich Wilhelm Joseph Schelling, den man beinah für einen russischen Philosophen hielt, so wie Friedrich Schiller für einen russischen Dichter gehalten wurde. Schelling korrespondierte mit Tjuttschew
und Uwarow, und unter den Hörern seiner Vorlesungen befand
sich unter anderen Michail Bakunin. Schellings Interessen waren breit gefächert und reichten von der Naturphilosophie bis
zur Ästhetik. Vor allem war er mitverantwortlich für die Idee der
»Volksseele« und auch der Weltseele (*anima mundi*), die ihrer-
seits weit zurückreichende Ursprünge hatte. Sie hing mit dem
zusammen, was Schelling »Naturgeist« nannte, konnte aber

auch für die Politik nutzbar gemacht werden. In Russland führte
sie zum Messianismus und zu dem Glauben an eine offenkundige
Bestimmung. Sie verhalf den Slawophilen zu neuem Aufschwung. Der Westen (die westliche Seele), erklärte Aksakow,
sei erschöpft und im Niedergang begriffen. Das Gewissen sei
durch Gesetze, der innere Antrieb durch Vorschriften ersetzt
worden. Russlands historische Aufgabe sei es, seine Suche nach
einer nationalen Idee dort fortzusetzen, wo der Westen abgeirrt
sei. Schelling geriet bald nach seinem Tod 1854 in Vergessen-
heit und wurde erst im 20. Jahrhundert wiederentdeckt, etwa
von Martin Heidegger.

Die Desillusionierung war jedoch nicht auf die Rechte und die
Slawophilen beschränkt. Alexander Herzen war Mitte des
19. Jahrhunderts voller Bewunderung in den Westen gereist,
doch nach einigen Jahren setzte die Enttäuschung ein. Dem Revolutionär Bakunin, der als geschworener Westler in Berlin ein-
traf, erging es ähnlich. Das Erste, was er an der Wand eines Hauses sah, war ein riesiger preußischer Adler und darunter eine
Inschrift, die verkündete, dass dies der Arbeitsplatz eines Schnei-
ders sei. Sie lautete: »Unter deinen Flügeln kann ich bügeln.«
Bakunin und seine Freunde waren nicht in den Westen gekommen, um in Sicherheit bügeln zu können. Sie hassten den Pragmatismus. Von dieser Enttäuschung war es nicht mehr weit zur
Distanzierung vom Westen und zur Suche nach einer nationalen
Idee.

Zumeist vermochte sich die russische Intelligenzija nicht zu
entscheiden, ob ihr Land auf eine strahlende Zukunft oder eine
Katastrophe zusteuerte. Sie war jedoch nicht bereit, die Hoffnung ganz aufzugeben. Slawophile wie Iwan Kirejewski erklärten, dass sie Europa immer noch liebten. Aber Schelling sagte
ihnen, dass nur Russland noch in der vollen Blüte seiner Jahre
stehe. Es müsse an dem Punkt beginnen, den Europa erreicht
habe. Aber es gab schon früh düstere Vorzeichen. So dichtete
Lermontow: »Ein Jahr wird kommen, Russlands schwarzes
Jahr,/Es fällt des Zaren Krone, stürzt der Zar.«

Ähnliche Vorzeichen gab es auch in europäischen Ländern.

Wie ernst waren sie zu nehmen? Es war eine Zeit der Verwirrung, nicht nur unter Russen, sondern auch unter jenen, die Russland aus der Ferne zu verstehen versuchten. Die russische Intelligenzija fragte sich, ob sie sich weiter an Europa halten oder sich endgültig von ihm trennen sollte. Aber wie sollte sie sich von ihm lösen, wenn alle ihre Ideen aus dem Westen stammten, einschließlich der antiwestlichen? Alexander Bloks Dichtung *Die Skythen* von 1918 ist ein anderes Produkt europäischer Vorstellungskraft: »… wir haben gar nichts zu verlirn,/Auch uns ist der Verrat zugänglich! … Wir weichen …/Vor dir, Europa, reizend und vermessen …«

Bloks Freund Andrei Bely schrieb ein berühmtes Gedicht über Russland als künftigen Messias. Ob solche Überreaktion primär auf Desillusionierung oder doch womöglich eher auf ein Minderwertigkeitsgefühl zurückging, muss noch untersucht werden. Jedenfalls führte sie in die gefährlichen Extreme von Ablehnung und Argwohn. Dies wäre nicht so wichtig, wenn diese Animosität auf eine kleine Minderheit beschränkt geblieben wäre. Aber seit der Zeit der Slawophilen ist sie wohl zu einer Mehrheitshaltung geworden. Die russischen Nationalisten suchten nach der »russischen Idee«, so wie sich die deutschen Romantiker einst auf die Suche nach der blauen Blume begeben hatten. Beide Bemühungen waren erfolglos, denn es gab, außer im Reich der Mythologie, weder eine blaue Blume noch eine »russische Idee«. Aber da man Mythen wollte, versuchte man, sie künstlich zu schaffen. Gutgemachte Kunstblumen können täuschend echt aussehen, aber sie sind keine Blumen, und Gleiches gilt für die »russische Idee«. Für Berdjajews heutige Nachkommen wandelt sich die einst religiöse, metaphysische Suche in ein pragmatisches Bemühen um eine Staatsideologie, in eine Suche nach einer von der Führung für nötig befundenen Idee, um das Land zu einen und Gemeinschaftsgefühl zu erzeugen. Es geht ihnen um die Überwindung des Kosmopolitismus, und wer sich dem neuen Konsens nicht anschließt, gilt als Verräter, der eliminiert werden muss.

Laut einer Meinungsumfrage von 2008 waren rund 80 Prozent der russischen Bevölkerung nicht der Ansicht, dass Europa ein gutes Modell für Russland sei. Eine Umfrage des führenden russischen Meinungsforschungsinstitut Lewada ergab ein positiveres Resultat: Rund 60 Prozent waren gegen eine starke Hand und für die Demokratie. Aber von diesen 60 Prozent wollte die Hälfte eine Demokratie im Einklang mit den Bedürfnissen Russlands, was eher auf eine Zustimmung zum Putinismus als zur Demokratie westlichen Zuschnitts hindeutet.

Die Ergebnisse von Meinungsumfragen sind häufig widersprüchlich. 2013, sechzig Jahre nach Stalins Tod, beurteilten 60 Prozent der Befragten dessen Rolle in der Geschichte positiv und nur 32 Prozent negativ. Die Frage, ob das Ende der Massenrepression eine gute Sache sei, ergab ein anderes Bild: 55 Prozent fanden es eher gut.

Trotz aller Vorbehalte ist die Zustimmung zu einem Regiment der starken Hand in Russland jedoch unzweifelhaft so groß wie eh und je, und der Glaube an die Demokratie ist eher schwach. Unterdessen nimmt überall in dem riesigen Land der Drang nach regionaler Autonomie zu, was wegen seiner Größe aber wohl auch unvermeidlich ist. Solche Bestrebungen gibt es in Kaliningrad ebenso wie in Sibirien, in Krasnodar wie in Ingermanland und an vielen Orten dazwischen. Sie sind keinesfalls mit Separatismus gleichzusetzen, sehen sich aber mit der strikten Ablehnung des Kremls konfrontiert, der auf *derschawnost* (dem Vorrang der zentralen Staatsmacht) besteht und nicht zu Konzessionen bereit ist. Dass diese Konflikte zu Spannungen führen werden, ist leicht vorauszusagen. Die Opposition hat den Kampf gegen die Regierung verloren, weil sie zum Zeitpunkt der Rückeroberung der Krim zu wenig Patriotismus an den Tag gelegt hat. Doch die neuen, von der Forderung nach mehr regionaler Autonomie verursachten Spannungen könnten das Hauptschlachtfeld zwischen Zentralmacht und einer neuen Opposition bilden, nämlich den Vertretern starker Lokalinteressen.

Vor einigen Jahren gab der Waldai-Klub, eine Vereinigung von russischen und ausländischen Politikern, Journalisten und Wissenschaftlern, die sich jährlich zu einer Diskussion treffen, eine Untersuchung über die Entwicklung der nationalen Identität in Russland in Auftrag. Die Befragung von Männern und Frauen aus allen politischen Lagern ergab eine allgemeine Übereinstimmung in der Frage, dass eine russische Identität existiere. Aber worin besteht sie? Historisch gesehen, ist der russische Charakter freiheitsliebend und langmütig. »Wir sind offen für andere Kulturen und Religionen«, so lautet die Selbsteinschätzung laut der Studie. »Wir sind tapfer und herzlich. Wir sind protzig und begabt. Wir haben einen starken Willen und wissen, wie man siegt. Aber im Verlauf des 20. Jahrhunderts haben wir die meisten dieser Eigenschaften vergessen. Andererseits haben wir zugelassen, dass die schlechtesten Eigenschaften unseres Nationalcharakters – Faulheit, Pessimismus, Raubtierindividualismus, Verantwortungslosigkeit und völliges Misstrauen gegenüber anderen – gefördert wurden.« Die Untersuchung erwähnt auch ein »feines Gespür für Fairness, was ein umfassenderer Begriff ist als jener der Gerechtigkeit in der westlichen Welt«. Ferner wird festgestellt: »Die Werte unserer Bürger haben sich in den letzten zwanzig Jahren verändert, und zwar nicht zum Besseren.« Bei den heutigen Russen nehmen der materielle Wohlstand und der Konsum den ersten Platz ein, genauer gesagt bei 55 Prozent von ihnen, während es 1986 nur 31 Prozent waren. Dies führt aufgrund der großen Einkommensunterschiede zu einer noch größeren Fragmentierung der Gesellschaft und einer Zunahme der sozialen Spannungen.

Die Aufzählung »vergessener« russischer Charaktereigenschaften ist interessant, wirft sie doch ein Licht auf die Selbsteinschätzung der Menschen. Aber wie können sie ihre Freiheitsliebe so betonen und sie gleichzeitig doch vergessen? Anders gefragt: Welche Aussichten könnte eine Abschwächung der antiwestlichen Haltung haben, eine wenigstens teilweise Wiederbelebung der Werte von Freiheit und Humanismus, eine Wende von der Autokratie zu größerer Liberalität? So wie die Reaktionäre in Russland stets stark waren, hat auch die gegenwärtig so schwache Partei der Freiheit eine lange Tradition in der Geschichte des Landes. Grundlegende Stimmungsänderun-

gen hat es in der Vergangenheit immer wieder gegeben, und sie
können in Russland keineswegs ausgeschlossen werden, auch
wenn die Chance dafür im Augenblick gering zu sein scheint.

Die historische Erfahrung zeigt, dass solche tiefgreifenden
Veränderungen unter vielerlei Umständen stattfinden konnten,
beispielsweise nach einem verlorenen Krieg oder einer großen
Wirtschaftskrise, aber auch weil die an der Macht befindliche
Partei ihren Vertrauensvorschuss verbraucht und es versäumt
hat, ihre Versprechungen einzulösen. Es ist mit dem Auftreten
einer neuen Generation als Folge des Generationenkonflikts geschehen, manchmal auch ohne jeden besonderen Grund. Es gibt
keine umfassende Begründung, genauso wenig wie es eine er-
schöpfende Erklärung dafür gibt, dass die eine Nation in der Geschichte aufsteigt, während eine andere untergeht, dass sich die
eine von vernichtenden Rückschlägen erholt und die andere
nicht. Einige der Faktoren, die für den endgültigen Untergang
oder die plötzliche Erholung verantwortlich sind, können jedoch benannt werden.

Ökonomische Perspektiven

Es gibt zahlreiche Voraussagen für die russische Wirtschaft, und
sie kommen aus allen Richtungen. Die halboffizielle Waldai-
Gruppe kann sich vier Szenarien vorstellen: Nach einem höchst
optimistischen Szenario steigen die Einnahmen aus den Erdöl-
und Erdgasexporten auf einen Höchststand wie im Jahr 2008 –
mit einem Ölpreis von etwa 146 Dollar pro Barrel. Dies würde
die Regierung in die Lage versetzen, lange überfällige Wirtschaftsreformen durchzuführen. In diesem Fall läge das russische Wirtschaftswachstum höher als in den meisten anderen
Ländern, und das Prokopfeinkommen würde 2030 das heute in
der Schweiz vorhandene Niveau erreichen.

Nach dem zweiten, pessimistischen Szenario sinkt der Ölpreis
erheblich, was Reformen ausschlösse und zur ökonomischen

Stagnation führen würde. In diesem Fall wäre das russische Wirtschaftswachstum niedriger als anderswo und läge bei etwa 2 Prozent. Das Prokopfeinkommen wäre ungefähr dem heutigen tschechischen gleich.

Wahrscheinlicher sind den russischen Ökonomen zufolge jedoch zwei mittlere Szenarien. Das eine geht von der Annahme aus, dass der Ölpreis bei 94 Dollar pro Barrel liegt, aber weitreichende Reformen durchgeführt werden. Das andere beruht auf der Annahme, dass der Ölpreis hoch ist (etwa 140 Dollar), aber nur wenige Reformen auf lokaler Ebene stattfinden. In diesem Fall wäre ein Prokopfeinkommen wie im heutigen Frankreich zu erwarten.

Nach der sehr ungünstigen Entwicklung im Jahr 2014 verdüsterten sich allerdings die Prognosen. Der Preis von Erdgas und Erdöl fiel sehr viel stärker, als zu befürchten gewesen war. Offiziell wurde für das Jahr 2015 eine Schrumpfung der Wirtschaft um minus 5 Prozent vorhergesagt. Die Armut, besonders in den Städten, wuchs und hatte nach Ansicht russischer Wirtschaftswissenschaftler einen Anteil von bis zu 50 Prozent in Städten wie Togliatti, Astrachen und anderen.

Im Verlauf der Diskussion über die Szenarien vor dem wirtschaftlichen Einbruch 2014, die im November 2012 geführt wurde, wurden einige interessante Fakten bekannt. Soziologen berichteten, dass Menschen mit überdurchschnittlichem Einkommen ein erhebliches Verlangen nach Reformen haben. 68 Prozent von ihnen wollen allerdings auch, dass ihre Kinder wenigstens für einige Jahre im Ausland studieren und arbeiten, und 37 Prozent wollen Russland ganz verlassen. Warum? Zum Teil wegen der allgemeinen Unsicherheit über die Zukunft ihres Landes, aber hauptsächlich wohl auch, weil die Aussichten begabter junger Leute, eine passende Arbeit zu finden, schlecht sind. Die Mitglieder der Waldai-Gruppe glauben, dass sich die Existenz einer eurasischen Wirtschaftszone, einschließlich Kasachstans, positiv auf das Wirtschaftswachstum auswirken würde.

Eine andere, 2013 von der Wirtschaftsprüfungsgesellschaft Price Waterhouse veröffentlichte optimistische Prognose sieht gute Chancen dafür, dass die russische Wirtschaft bis 2030 die deutsche überholt und auf Dauer zur führenden in Europa wird. Dieses Szenario beruht allerdings auf der zugegebenermaßen utopischen Annahme, dass nicht die Politik im Allgemeinen, sondern reine Wirtschaftspolitik der ausschlaggebende Faktor für die Entwicklung der russischen Ökonomie ist.

Weniger zuversichtlich ist die Prognose des bekannten russischen Ökonomen Jewsei Gurwitsch, der glaubt, dass die große Mehrheit der Russen sowohl gut leben will als auch den Wunsch hat, dass ihr Land eine Supermacht ist. Er bezweifelt, dass gegenwärtig beide Ziele gleichzeitig angestrebt werden können. Zurzeit gibt Russland doppelt so viel (4,5 Prozent des BIP) für das Militär aus wie die NATO-Staaten, und das dafür benötigte Geld steht nur zur Verfügung, wenn der Gesundheits- und der Bildungshaushalt gekürzt werden. Ohne deutliche Steuererhöhungen (gegenwärtig liegt die maximale Steuerrate bei 13 Prozent) bedeuten höhere Militärausgaben eine geringere Lebenserwartung und weniger Bildung. Heute schon rangiert Russland laut UN-Statistik bei der Lebenserwartung auf Platz 134 von 207 Ländern – hinter Bangladesch, Guatemala, Honduras und anderen Staaten. Nach Gurwitschs Ansicht haben die westlichen Sanktionen von 2014 nur geringe unmittelbare Auswirkungen. Sie könnten allerdings die ausländischen Investitionen in Russland erheblich verringern.

Der Wunsch, Kanonen und Butter gleichzeitig zu haben, mag psychologisch verständlich sein, aber er ist ausgesprochen riskant. Der Versuch, diesen Wunsch in den vier Jahrzehnten nach 1945 zu erfüllen, endete, um Putin zu zitieren, mit der »größten geopolitischen Katastrophe des Jahrhunderts«, dem Zusammenbruch der Sowjetunion. Um ein deutliches Wachstum zu erreichen, muss Russland das Vertrauen der ausländischen Investoren zurückgewinnen. Andernfalls wird es weder Kanonen noch Butter haben und auf einem niedrigen Niveau stehenbleiben. Schon heute sind die Investitionen in Russland relativ gering; mit rund 20 Prozent des BNE sind sie niedriger als im Durchschnitt der Schwellenländer. Darüber hinaus gehen die meisten Gelder in den Energiesektor, was genau dem Modell entspricht, von dem Russland nach Ansicht aller Beobachter wegkommen sollte: der Abhängigkeit vom Rohstoffexport.

Die russische Politik, einen Teil der ehemaligen Gebiete der Sowjetunion zurückzugewinnen, stärkt die Stimmung im Land, hat allerdings auch ihren Preis. Schon vor der Eingliederung der Krim – deren Kosten sich 2014 auf sieben Milliarden Dollar beliefen – mussten für Südossetien und Abchasien sowie zur Stützung der Regime in Weißrussland und Transnistrien beträchtliche Mittel bereitgestellt werden. Die selbst ausgerufene Republik in der Ostukraine schuldet Moskau gegenwärtig vier Milliarden Dollar für unbezahlte Gaslieferungen. Auch Armenien, Kirgistan und Tadschikistan hat Russland, um den Einfluss in diesen Republiken aufrechtzuerhalten, für den Unterhalt von Militärstützpunkten und andere Zwecke erhebliche Mittel zukommen lassen. Und es ist unwahrscheinlich, dass diese Zahlungen in den nächsten Jahren geringer werden.

Genaue Zahlen für diese Ausgaben gibt es nicht. Als die Krim noch zur Ukraine gehörte, wurden rund zwei Drittel ihres Haushalts von Kiew gedeckt, so wie Russland zwei Drittel des tadschikischen Haushalts trägt. Insgesamt könnten sich solche »Reichskosten« auf jährlich 25 bis 35 Milliarden Dollar belaufen, was rund 6 Prozent des russischen Staatshaushalts wären, die Kosten von Militär und Polizei nicht mitgerechnet. Das ergibt enorme Summen, die sich wahrscheinlich noch erhöhen werden, und wenn Moskau seine Verpflichtungen nicht erfüllt oder seine Zuwendungen reduziert, wird das bei den Empfängern Enttäuschung und Groll hervorrufen. Gleichzeitig wird sich wahrscheinlich in Russland Unmut regen, denn nicht nur der Gesundheits- und der Bildungshaushalt werden in Mitleidenschaft gezogen werden, sondern auch die ursprünglich für die Modernisierung der russischen Wirtschaft bestimmten Mittel.

Im 19. Jahrhundert waren Kolonien für die Kolonialmächte eine Einkommensquelle, aber diese Zeit ist lange vorbei. Russland wird nur in der Lage sein, den Preis für sein Imperium zu zahlen, wenn seine Wirtschaft floriert. Alles hängt letztendlich von den Erdöl- und Erdgaspreisen ab. Sind sie hoch, können die Kosten aufgebracht werden. Deshalb hat Russland ein starkes Interesse daran, den Ölpreis oben zu halten, aber auch nicht zu weit, denn dies hätte zur Folge, dass sich die Europäer nach alternativen Energiequellen umsähen.

Die Höhe des Ölpreises hängt von einer Reihe nicht vorherzusehender Bedingungen ab, wie der Lage der Weltwirtschaft und der entsprechenden Nachfrage. Sie ist ferner von der politischen Situation im Nahen Osten abhängig; vom politischen Willen der EU – ob sie sich auf eine gemeinsame Energiepolitik zu einigen vermag und die Abhängigkeit von Russland und vom Nahen Osten verringern kann –; vom technischen Fortschritt – ob er die Nutzung alternativer Energiequellen verbilligt –; vom Zustand der Infrastruktur der russischen Erdöl- und Erdgaswirtschaft – ob Russland fähig sein wird, die benötigten Mengen zu tragbaren Kosten zu fördern und zu liefern.

Die wirtschaftliche Bilanz der Putin-Ära war bislang beeindruckend. Die meisten Gesellschaftsschichten haben von der Entwicklung profitiert, vor allem die Beamten (15 Millionen) und die Rentner (fast 40 Millionen), die Putin den benötigten politischen Rückhalt geben. Putins Hauptziel in Bezug auf die Wirtschaft ist Stabilität. Das ist eine vernünftige Politik, doch die guten Jahre, die die Erwartung auf noch bessere geweckt haben, könnten vorüber sein. Nach jüngsten Studien, etwa von Jekaterina Slobodnjuk, leben rund 40 Prozent der Russen in Armut, und 34 Prozent sind armutsgefährdet. Bisher hat dies noch keine politischen Auswirkungen. Putins außenpolitische Erfolge haben als Kompensation für soziale und wirtschaftliche Leiden gedient. Aber es ist mehr als zweifelhaft, dass dieser psychologische Faktor auf lange Sicht ebenso wichtig sein wird, wie er es in der jüngsten Vergangenheit gewesen ist.

Es ist unwahrscheinlich, dass die Modernisierung der russischen Wirtschaft in den kommenden Jahren bedeutende Fortschritte machen wird. Sollte der Ölpreis wieder ansteigen und die politische Schwäche Europas anhalten oder sich sogar noch vergrößern, was heute als wahrscheinlich anzusehen ist, hätte

Russland wenig zu fürchten. Aber ein schwaches Europa bedeutet auch eine schwache Wirtschaft und geringe Nachfrage. Angesichts dieser Ungewissheiten enden alle Versuche, eine Prognose aufzustellen, mit einer ganzen Reihe großer Fragezeichen.

Die junge Generation

Grundlegende politische Veränderungen sind manchmal als Folge einer Wirtschaftskrise eingetreten, ein andermal nach einem Krieg, ob er nun gewonnen oder verloren wurde. Aber sie sind auch geschehen, weil eine neue Generation die Bühne betrat. Manchmal hat dies zu gewaltsamen Umbrüchen wie durch den Faschismus oder den Kommunismus geführt. Manchmal vollziehen sich solche Veränderungen aber auch schrittweise, ohne großen Aufruhr.

Ein Beispiel dafür ist das Auftreten einer jungen Generation in Frankreich um 1900. Bis zu jener Zeit hatte dort eine pessimistische und nach dem verlorenen Krieg gegen Deutschland sogar defätistische Stimmung vorgeherrscht. Man war weithin überzeugt, dass Frankreich am Ende sei. Doch dann betraten junge Leute Bühne, die vom verbreiteten Pessimismus gelangweilt waren, sie waren sportbesessen, blickten optimistisch nach vorn und glaubten an die Zukunft ihres Landes. Sie waren nicht mehr pazifistisch oder defätistisch, sondern patriotisch und sogar militaristisch.

Unnötig zu sagen, dass der Charakter der jungen Generation von überragender Bedeutung ist, wenn man über die Zukunft Russlands nachdenkt. Dennoch wurde den jungen Russen traditionell nur wenig Aufmerksamkeit geschenkt. In den späten 1920er Jahren ging ein deutscher Student namens Klaus Mehnert in die Sowjetunion und schrieb ein Buch, das zu einer Art Klassiker wurde. Er war in Moskau geboren und sollte später ein führender deutscher Sowjetologe werden. In den ersten Jahren

nach der Revolution handelten sowjetische Romane und Erzählungen häufig von jungen Menschen, wesentlich häufiger als in
späteren Jahren und in der Glasnostzeit. An ihre Stelle sind
heute Meinungsumfragen und soziologische Untersuchungen
getreten. Schwer zu sagen, ob sie zuverlässigere Indikatoren
sind als die impressionistischen, anekdotischen Darstellungen in
der Tradition von Mehnert und der Romanciers und Liederma-
cher der 1920er und 1930er Jahre.

Die junge Generation der 1930er und in gewissem Maß auch
diejenige der 1950er und 1960er Jahre war im großen Ganzen
optimistisch. Im beliebtesten Lied jener Zeit hieß es: »Den Jungen stehen alle Wege offen.« Damals als junger Mensch optimistisch zu sein war leicht. Man besuchte Sommerlager und
wusste wenig über die Realitäten des Lebens und die Grausam-
keiten der Politik. Während die Jugend im vorangegangenen
Jahrhundert an vorderster Front gegen den Despotismus gekämpft hatte – auch in der Avantgarde der terroistischen Bewegungen –, gehörte sie nun, zumindest im ersten Jahrzehnt nach
der Revolution, zu den begeistertsten Anhängern des kommunistischen Regimes.

Was die Gegenwart betrifft, lautet das soziologische Schlüs-
selwort in Bezug auf die junge Generation Anomie. Dieser 1893
von dem Soziologen Émile Durkheim geprägte Begriff bedeutet
soziale Unordnung, Entfremdung, Ziellosigkeit und sogar Hoff-
nungslosigkeit. Er beschreibt den Zusammenbruch der sozialen
Bindungen zwischen dem Einzelnen und der Gesellschaft. Dass
viele junge Russen, wenigstens vorübergehend, im Ausland leben wollen, wurde bereits erwähnt. Das ist nicht überraschend,
denn allgemein ist das Wirtschaftsklima in den meisten europäischen Ländern besser als in Russland, und das auch trotz der
Tatsache, dass die jungen Leute im Westen wussten, dass ihre
Generation die erste seit langem sein würde, der es nicht besser
gehen würde als ihren Eltern, während die junge Generation in
Russland davon ausging, dass sie es leichter haben würde als die
Generation vor ihr.

In der ersten Zeit nach dem Untergang des Kommunismus in

der Sowjetunion herrschte großer Optimismus in Russland. Die Situation wurde manchmal mit der Lage der Israeliten nach dem Exodus aus Ägypten verglichen: Nach einigen Jahrzehnten in der Wüste würde die alte (Sklaven-)Generation verschwinden und eine neue an ihre Stelle treten, die auf dem Weg zu Freiheit und Wohlstand vorangehen würde.

Von diesem frühen Optimismus ist nicht viel geblieben. Jüngsten Untersuchungen zufolge fühlen sich junge Russen fremd, von ihren Eltern missverstanden und vor allem diskriminiert. Manche erklären, dies sei eine Folge der hohen Scheidungsrate und häuslicher Gewalt. Interessant ist auch, dass sich viele widersprüchlich äußern. Sie sehen einerseits die wirtschaftliche Zukunft ihres Landes optimistisch, schätzen andererseits aber ihre eigenen Aussichten, Karriere zu machen und ein anständiges Leben zu führen, pessimistisch ein. Sie fühlen sich, aus welchen Gründen auch immer, ausgebeutet und glauben, dass außerhalb der Hauptstadt nur schwer eine befriedigende Arbeit zu finden ist. In Moskau sind die Chancen besser, aber die Konkurrenz ist größer.

Auch die Haltung zur Politik ist widersprüchlich. Die Zustimmung zu Putin und seinem Regierungsstil ist unter Jüngeren größer als in den älteren Generationen. Aber nur 24 Prozent bekunden überhaupt Interesse an politschen Vorgängen. Rund 80 Prozent misstrauen der Regierung, den Parteien, dem Parlament und der Politik im Allgemeinen. Zum Misstrauen kommt offenbar Langeweile hinzu. Das Wissen über Politik ist begrenzt. Nach Ansicht der jungen Leute sollte Russland eine Großmacht sein, die nicht nur respektiert, sondern gefürchtet ist. Es sollte mit starker Hand regiert werden. Hauptaufgabe des Präsidenten sei es, für Ordnung im Land zu sorgen. Der beliebteste Politiker nach Putin ist Schirinowski, was ein düsteres Licht auf die politische Reife und die moralischen Werte der jungen Generation wirft. Offenbar kann sie zwischen einer Zukunftsvision und einer Zirkusnummer nicht unterscheiden.

Die angeführten Zahlen stammen aus der detailliertesten Untersuchung zum Thema, die gegenwärtig verfügbar ist, nämlich

der von der Swiss Academy for Development in Zusammenarbeit mit dem Lewada-Center 2009 veröffentlichten Studie
Youth in Russia. Portrait of a Generation in Transition von Denis
Dafflon. Die Befragungen für diese Untersuchung fanden 2008
statt. Eine jüngere, ebenfalls vom Lewada-Institut durchge-
führte Umfrage aus dem Jahr 2014 hat keine wesentlich anderen
Ergebnisse erbracht. Im Gegenteil, Putins Zustimmungsquote
ist nach den Ereignissen um die Krim und die Ukraine in der
Altersgruppe der 18- bis 24-Jährigen auf 92 Prozent gestiegen,
weiter als bei den höheren Altersgruppen. Die Machtdemon-
stration fand überwältigende Zustimmung, die Identifikation
mit der Regierungsmacht war nahezu total, ebenso wie der Hass
auf den Feind – den Westen und die ukrainischen Nationalisten.
Mehr als 70 Prozent äußerten Genugtuung darüber, dass Russland wieder zu einer Großmacht geworden sei. Auf die Frage,
was sie vorzögen, ein Russland, das als kraftvolle Nation von
anderen respektiert und gefürchtet werde, oder ein Land mit
einem hohen Lebensstandard, das nicht zu den stärksten Mächten der Welt gehöre, entschieden sich 56 Prozent für die erste
Variante. Wiederum legten die höheren Altersgruppen deutlich
weniger nationale Begeisterung an den Tag.

Andererseits offenbart die Meinungsumfrage von 2014 eine
beinah völlige Ignoranz gegenüber dem Charakter der russischen Gesellschaft und ihren Institutionen. Das Wissen der Befragten war auf die unmittelbare Umgebung begrenzt. Nach
Ansicht der großen Mehrheit gibt es einen nationalen Führer,
der über alle wichtigen politischen Fragen in Bezug auf die Gegenwart und Zukunft des Landes entscheidet. Die Bevölkerung
habe keinen Einfluss darauf, und es gebe keinen Grund, an diesem Zustand etwas zu ändern. Eine aktive Teilnahme an der
Politik ist ebenso wenig ein Thema wie die Notwendigkeit von
Reformen.

Die Meinungsumfragen klären nicht, inwieweit ihre Ergebnisse durch Propagandaeinflüsse geprägt sind und ob sie eine
dauerhafte, gleichsam als normal zu betrachtende Haltung widerspiegeln. Dennoch zeigen sie wohl, dass Putin und andere

Vertreter des Regimes in Gesprächen mit dem Westen völlig zu
Recht darauf hinweisen, dass zwischen der westlichen Demokratie und der spezifisch russischen Art der »souveränen Demokratie« grundlegende Unterschiede bestehen.

Martin Buber hat einmal gesagt, die Jugend sei die »ewige
Glückschance der Menschheit« – sofort allerdings hinzugefügt:
»die ewig von neuem vertane«. Den Umfragen zufolge bilden
Geld und Machtanbetung die neue Ideologie der Jugend. Sie
repräsentiert nicht mehr den *homo sovieticus*, vielleicht aber den
homo putinus. Was ist aus dem großen Idealismus und dem revo-
lutionären Opfergeist der Jugend des 19. Jahrhunderts geworden? Einst war man überzeugt, dass Geld nichts sei. Was zählte,
war vielmehr die grenzenlose Leidenschaft für ein Leben in
Freiheit, den Aufbau einer neuen Gesellschaft und die Schaffung eines neuen Menschen als Vorbild für die ganze Menschheit. Diese Vision war naiv und utopisch, aber selbst diejenigen,
die solchen Anschauungen fernstanden, waren beeindruckt. Der
heutige Mangel an Visionen ist verblüffend.

In den 1990er Jahren hatte es für eine Weile den Anschein, als
würden gewisse westliche Jugendkulturen in Russland Anhänger
finden – es gab Punks, Rapper, Raver, BMX-Fahrer, Haschisch-
raucher, Heavy-Metal-Anhänger, Sprayer. Doch sie waren auf
einige wenige Großstädte beschränkt, und sie hielten sich auch
nicht lange. Überall sonst herrschte die traditionelle Mischung
aus Langeweile und Patriotismus. Was die Politik betraf, war
man rechts-patriotisch gesinnt, aber ausländische Moden waren
nicht völlig verschwunden, und obwohl man die Oligarchen
hasste, maß man dem Besitz von Geld große Bedeutung bei.

Die Jugendorganisation Naschi wurde bereits erwähnt. Sie
ähnelte einer Truppe von Claqueuren. Die Regierung investierte Hunderte Millionen Dollar in die Bewegung, aber alles,
was sie dafür bekam, waren ein paar Demonstrationen vor westlichen Botschaften, welche von ein paar Karrieristen organisiert
wurden, die Naschi vermutlich zu Recht als Sprungbrett für einen Aufstieg im Regierungsapparat betrachteten. Die oppositi-
onell eingestellten jungen Leute schlossen sich Sekten an wie

Oborona (Verteidigung), Pora (Es ist Zeit), der Jungen Linken
Front oder Da (Ja). Es gab sogar eine Vorhut der linken Jugend,
die allerdings kaum linke Ideen und Werte vertrat. Solche
Gruppen gab es (und gibt es immer noch) in großer Zahl, aber
ein begeisterndes Programm besaßen sie nicht. Es waren ziel-
lose, freischwebende und für gewöhnlich kurzlebige Vereinigungen, die jedoch ein Reservoir von jungen Militanten bildeten, aus dem Demagogen hätten schöpfen können. Doch solche
Verführer tauchten nicht auf. Vergleiche mit der Hitlerjugend
und dem Komsomol waren irreführend.

Europäische Parteijugendorganisationen waren wenigstens in
ihren Anfängen Gruppierungen von Enthusiasten und sogar Fa-
natikern. Später, als die Mitgliedschaft mehr oder weniger obli-
gatorisch war, nahm deren Zahl zugegebenermaßen ab. Andere,
primär nicht politische Jugendbewegungen wie der deutsche
Wandervogel und die Jugendbünde (die etwa zwischen 1900 und
1933 existierten) waren elitär und entwickelten Subkulturen.
Was in Russland mit Naschi geschah, war wieder etwas anderes.
Jemand in der Führung der Regierungspartei Einiges Russland
kam auf den Gedanken, dass das Land (oder die herrschende
Partei) eine Jugendorganisation bräuchte. Aber niemand wusste,
wie man so etwas aufbaut.

Naschi hatte nichts Spontanes an sich. Von einem echten Bedürfnis oder Verlangen war bei den Mitgliedern keine Spur. Es
war eine künstliche Schöpfung, und den Verantwortlichen
scheint nicht bewusst gewesen zu sein, dass solche Projekte potentiell sogar gefährlich für die eigenen Interessen sind. Der bel-
gische Faschismus entstand, um nur dieses Beispiel zu nennen,
infolge der Übernahme einer konfessionellen Jugendbewegung
durch den charismatischen faschistischen Demagogen Léon
Dégrelle, der als Vorsitzender der katholischen Jugendorganisation Christus Rex beschloss, sie ihren ursprünglichen Förderern zu entwinden und in eine faschistische Partei umzuwandeln.

Naschi war hauptsächlich als Gegenkraft gegen eine »farbige
Revolution« wie diejenige in Georgien oder der Ukraine gegründet worden. Als diese Gefahr vorüberging, brauchte man

die Jugendorganisation eigentlich nicht mehr. Sie geriet in die Krise, die Regierung verlor das Interesse. Von Surkow auf seinen Posten bei Naschi berufen, scheint der ehemalige Bauunternehmer Jakemenko Anweisungen von oben befolgt und sich von seinen einstigen Förderern abgesetzt zu haben. Auf ihrem Höhepunkt hatte die Organisation über 100 000 Mitglieder, was jedoch angesichts der Größe der russischen Bevölkerung nicht sehr beeindruckend war. Ohne Regierungsunterstützung, vor allem finanzieller Art, hörte Naschi auf, ein politischer Faktor von irgendwelcher Bedeutung zu sein.

Es gibt weiterhin verschiedene Jugendorganisationen in Russland, einschließlich solcher mit ökologischem Anliegen, aber die politisch aktiven sind zumeist an den Rändern angesiedelt und folgen entweder den Kommunisten oder den Neofaschisten. Die ideologischen Differenzen zwischen beiden Extremen sind, um es zu wiederholen, nicht besonders groß. Die Kommunisten haben mit der traditionellen Linken wenig und mit Marxismus und Internationalismus gar nichts gemein. Sie haben nicht nur den Patriotismus, sondern auch den Großmachtchauvinismus übernommen und sogar um den Segen der Kirche ersucht. Der Hauptunterschied zur Rechten scheint darin zu bestehen, dass diese den Nazismus verehrt. Die Kommunisten haben sich von Hitler distanziert, während die Rechten sich nicht nur nach Belieben NS-Theorien, sondern auch NS-Symbole angeeignet haben, wenn auch nicht das Hakenkreuz, dessen Benutzung sie in Konflikt mit dem Gesetz gebracht hätte. Stattdessen verwenden sie Symbole, die dem Hakenkreuz derart ähnlich sind, dass man die Unterschiede leicht übersehen kann. Sie haben einen gemeinsamen Feind – Liberale und Demokraten, die sie »Liberasten« nennen. Nach ihrer Ansicht sind alle Schwulen Liberale und Demokraten, und umgekehrt. Kommunisten und Rechtsextreme tauchen regelmäßig zusammen auf Demonstrationen auf.

Der Einfluss der Extremisten wird häufig überschätzt, weil sie die Einzigen sind, die zu ihren Demonstrationen einige Tausend Menschen auf die Straße bringen. Man vergisst leicht, dass Tausende in einer Stadt wie Moskau mit 12 bis 14 Millionen Einwohnern nicht sehr viel sind. Durch seinen streng nationalistischen Kurs und seine Abwendung von einem Teil der Oligarchen und der Großunternehmen hat Putin den Extremisten viel Wind aus den Segeln genommen. Aber was ist, wenn die breite politische Zustimmung zum gegenwärtigen Regime schrumpft?

Putin und die Regierung sind zu dem Schluss gelangt, dass Naschi ein Reinfall war. Die Jugendorganisation war einerseits zu aufdringlich – wenn sie ausländische Botschafter und Oppositionelle belästigte –, andererseits nicht hip genug. Als die Regierung 2011 mit Demonstrationen aller möglichen Oppositionsgruppen konfrontiert war, gelang es Naschi nicht, die Jugend zu mobilisieren und eine Alternative anzubieten. Seither ist die Organisation fast völlig von der Bildfläche und aus den Schlagzeilen verschwunden.

Unter Surkow und Jakemenko hatte Naschi versucht, durch den Einsatz fortgeschrittener Techniken konformistische Jugendliche anzuziehen. Surkows Interessen waren allerdings zu hochgestochen gewesen, mit seiner Vorliebe für Allen-Ginsberg-Gedichte und den Gangsta-Rap. Er war ein kreativer Ideologe, aber in Russland wurden eher »effektive« Funktionäre gebraucht, die weniger politisiert waren und sich mit konkreteren Aktionen hervortaten. Eine solche Bewegung sollte für nichtpolitische Jugendliche attraktiv sein, die einen Traum, eine Zukunftsvision brauchten.

Naschi besteht weiter, und Berichten zufolge soll sie reorganisiert werden, doch mehr ist bislang noch nicht geschehen. Inzwischen sind verschiedene regimetreue Gruppen entstanden, die einen weniger politischen Ansatz haben als Naschi. Ihr Zweck ist nicht klar, doch anscheinend erhöht eine Mitgliedschaft in ihnen die Chancen junger Menschen, eine gute Stellung im Staatsapparat zu erhalten.

Laut Umfragen des Lewada-Centers sind 50 Prozent der Russen der Meinung, dass ihr Land eine Opposition brauche; nur 23 Prozent finden, dass es auch ohne auskäme. In der gegenwärtigen Duma gibt es allerdings keine Opposition. Die junge Ge-

neration von 2014 ist die Wählerschaft von morgen, und es fällt
schwer, in ihr den Keim einer künftigen Gegenbewegung zu
finden, aber unvorhergesehene Umstände könnten sie in diese
Richtung drängen.

Diese *molodaja gwardija* (junge Garde) von 2014/15 ist eine
merkwürdige Generation. Sie bewundert Putin, hat aber keine
Sympathien für Politiker. Die russische Jugend der Gegenwart
ist nationalistisch, aber viele junge Leute würden am liebsten ins
Ausland gehen. Es ist eine traurige Generation; die Selbst-
mordquote unter jungen Russen ist dreimal höher als in jedem
anderen europäischen Land. Vielen Berichten zufolge könnte
die tatsächliche Zahl jugendlicher Selbstmörder noch höher sein
als offiziell angegeben, da außerhalb der Großstädte anstelle von
Suizid häufig »Unfall« als Todesursache angegeben wird. Es ist
eine konformistische, zutiefst unrevolutionäre Generation. Politische Apathie ist gefährlich; sie könnte dazu führen, dass radikale Minderheiten der Mehrheit in einer Krisensituation ihre
Anschauungen aufzwingen.

Tatsächlich sind wachsende Spannungen zu beobachten. Wie
in anderen entwickelten Ländern und Gesellschaften gab es auch
in Russland in der Vergangenheit einen ungeschriebenen Ge-
sellschaftsvertrag: Eltern sorgen für ihre Kinder, und wenn sie
alt werden, sorgen die Jungen für sie. Doch jetzt gibt es weniger
junge Leute. Für die heutige Jugend wird die Last größer sein als
für ihre Eltern und Großeltern. Es ist keine ideale Generation
für die Aufgabe, ein Reich aufzubauen, wie es Putin vorschwebt,
oder auch nur dafür, irgendeine bedeutende Herausforderung
zu bewältigen, es sei denn, sie verlangt keine große Anstrengung
und Opfer. Das Hauptinteresse ist die Karriere und nicht der
Charakter des politischen Regimes oder die Frage, ob es in Russland mehr oder weniger Freiheit gibt. Aus dieser Ecke kann die
Opposition kaum mit Zulauf rechnen. Die Einstellungen mögen
sich ändern, aber es ist zu früh, um sagen zu können, in welche
Richtung.

Außenpolitische Konfliktherde

Die ersten Jahre der Putin-Ära waren der wirtschaftlichen und politischen Stabilisierung gewidmet. Als dieses Ziel erreicht war, wurde die Stärkung von Russlands außenpolitischer Stellung zur Hauptaufgabe. Russland war keine Supermacht mehr, und es hatte viel Territorium verloren. Aber angesichts einer vielversprechenden Weltlage, eines geschwächten Amerika und eines uneinigen Europa, schienen sich die Aussichten verbessert zu haben, wenigstens einen Teil dessen, was beim Untergang der Sowjetunion verlorengegangen war, wiederzuerlangen. Putins Strategie beruhte vor allem auf der Idee eines eurasischen Projekts, das jedoch die Rückgewinnung von in Europa verlorenen Positionen nicht ausschloss.

Es war eine riskante Strategie. Was die Bevölkerungsentwicklung anging, war Russlands Stellung in Asien allgemein schwach. Die Zahl der im Fernen Osten lebenden Russen ist in zwanzig Jahren um 20 Prozent gesunken. In Kasachstan lebende Russen, um nur ein Beispiel zu geben, waren nicht ins benachbarte Sibirien gezogen, sondern in den europäischen Teil Russlands. Vor allem aber könnten verstärkte russische Aktivitäten in Zentralasien zu einem Konflikt mit China führen, das ebenfalls ein wachsendes Interesse an dieser Region zeigt.

Zwischen beiden Ländern hatte es früher große Spannungen gegeben, aber nun näherte man sich, wie beschrieben, an. 1998 wurde ein Heißer Draht zwischen Peking und Moskau eingerichtet, um lokale Krisen schneller lösen zu können. In den letzten beiden Jahrzehnten wurden die Grenzgebiete entmilitarisiert und eine ganze Reihe von Abkommen geschlossen, hauptsächlich wirtschaftlicher Art – über den Energiehandel und den Bau von Pipelines für die Lieferung von Erdöl und Erdgas. In letzterer Hinsicht sind die Interessen Russlands und Chinas jedoch nicht identisch. Beide Länder wollen, dass die Erdöl- und Erdgasförderung gesteigert wird, aber Russland möchte die Kontrolle über sie bewahren und die Preise auf einem hohen Niveau halten, während China als Verbraucher niedrige Preise anstrebt. In jüngster Zeit hat China mehrere kasachische Erdölfirmen gekauft. Die zentralasiatischen Republiken, insbesondere Kasachstan und Turkmenistan, fürchten zurzeit Russland wegen der geographischen Nähe mehr als China und wollen beide Länder, wenn möglich, gegeneinander ausspielen. Russland besitzt im Gegensatz zu China in den zentralasiatischen Republiken Militärstützpunkte. Die russische Minderheit in Kasachstan wird gut behandelt, so gut, dass sie den kasachischen Präsidenten Nursultan Nasarbajew 2013 für den Friedensnobelpreis vorschlug. Unter einer anderen Führung könnte sich ihre Situation verschlechtern, aber angesichts der heiklen Lage des Landes werden wahrscheinlich auch künftige Führungen vorsichtig agieren.

Russland und China bezeichnen ihre Beziehung als »strategische Partnerschaft« – aber dieser Begriff ist auch schon auf die russisch-amerikanischen Beziehungen angewandt worden. Russland unterstützt China, wann immer die Themen Tibet und Taiwan in internationalen Gremien zur Sprache kommen, während China das russische Vorgehen im Kaukasus verteidigt. Im Rahmen der Shanghaier Organisation für Zusammenarbeit fanden gemeinsame Militärmanöver statt. Die SOZ, die sechs Vollmitglieder hat, ist zwar kein Militärbündnis, beschäftigt sich aber eingehend mit der Sicherheit in der Region, um den Gefahren von Terrorismus und Separatismus zu begegnen. Die Zusammenarbeit erstreckt sich indes nicht auf den Austausch neuester Militärtechnologie. So ist Russland nicht bereit, China die neueste Atomtechnik zu liefern.

2014 wurde nach fast zehnjährigen Verhandlungen ein russisch-chinesisches Energieabkommen unterzeichnet, das in den nächsten dreißig Jahren die Lieferung von Erdgas mit einem Schätzwert von 400 Milliarden Dollar nach China vorsieht. Moskau präsentierte es als große politische Leistung, da es die Abhängigkeit der russischen Energiewirtschaft von europäischen Abnehmern verringert. Die Meinungen darüber, wer den besseren Deal gemacht hat, gehen allerdings auseinander.

Ebenfalls im Jahr 2014 hat Russland mit Kasachstan und Weißrussland eine Eurasische Wirtschaftsunion gegründet, ein Projekt, dessen Anfänge fast zwanzig Jahre zurückreichen. Die Ansichten darüber, ob dieser gemeinsame Markt politisch oder wirtschaftlich oder überhaupt von Bedeutung ist, sind gespalten. Laut Putin besteht das langfristige Ziel darin, die Zollunion auf alle postsowjetischen Staaten, abgesehen von den baltischen Ländern, auszudehnen. Armenien und Kirgistan haben bereits ihr Interesse geäußert, der Union beizutreten; in Armenien gibt es allerdings Widerstand gegen einen solchen Schritt, da er die eigene Souveränität einschränken würde. China und andere asiatische Länder haben bisher weder Interesse an einem Beitritt bekundet noch sich gegen die Union gestellt.

Im Allgemeinen gehen Russland und China in Zentralasien vorsichtig vor, um sich nicht gegenseitig ins Gehege zu kommen. Weder Russland noch China haben bisher irgendein Interesse an der Besetzung Zentralasiens bezeigt. Russland hat sich lediglich bemüht, seine traditionell beherrschende Position in der Region aufrechtzuerhalten, und solange die eigenen ökonomischen Interessen gewahrt sind, ruft dies auf Seiten Pekings keine Gegenwehr hervor.

Dass Russland auf lange Sicht seine vorherrschende Stellung wird halten können, ist allerdings zweifelhaft. Die russischstämmige Bevölkerung im asiatischen Teil Russlands könnte sich auf weniger als 30 und im Föderationskreis Ferner Osten auf unter sechs Millionen Menschen verkleinern. Gleichzeitig wird die Bevölkerung der fünf zentralasiatischen muslimischen Republiken wahrscheinlich auf 70 bis 80 Millionen Menschen wachsen und die chinesische Bevölkerung im Grenzgebiet auf über 100 Millionen (diese Marke ist heute schon fast erreicht). Solch ein Ungleichgewicht dürfte politische Auswirkungen haben. Russland wird seine Präsenz vielleicht weiter aufrechterhalten können, aber nur als »jüngerer Bruder« Chinas. Eine solche Stellung ist es nicht gewöhnt, und es dürfte sich schwertun, sich in sie zu finden.

Welche anderen Regionen könnten in den kommenden Jahren zu Zankäpfeln werden? Die Arktis ist zum Streitgegenstand zwischen Russland und dem Westen geworden. Es gibt widerstreitende Gebietsansprüche von fünf Ländern: Kanada, Dänemark, Norwegen, den Vereinigten Staaten und Russland. Sie betreffen auch die Öffnung der Seewege, die infolge der Erderwärmung befahrbar werden. Solche Ansprüche bestehen schon seit einiger Zeit, aber sie sind aufgrund des Klimawandels und der Verschlechterung des Verhältnisses zwischen Russland und dem Westen dringlicher geworden. Die Vermutung, dass diese Region bedeutende Erdöl- und Erdgasvorkommen bietet, spielte natürlich auch eine Rolle. Sie war wahrscheinlich allzu optimistisch, wie Russland zu seinem Leidwesen bei Bohrungen in der Barentsee feststellte. Schon einmal, als man vor hundert Jahren damit rechnete, auf Spitzbergen enorme Kohlevorkommen zu finden, erwies sich diese Annahme als stark übertrieben. Zudem sind die technischen Schwierigkeiten der Erdöl- und Erdgasförderung unter den klimatischen Bedingungen dieser Region groß, und der Preis des geförderten Erdöls und Erdgases wäre dementsprechend hoch.

Russland unterhielt einst Militärstützpunkte in der Arktis, aber nach einer Vereinbarung über die Entmilitarisierung der Region wurden sie nicht mehr benutzt. 2014 gab Putin jedoch die Wiederinbetriebnahme der Stützpunkte bekannt, weil sie für den Schutz der strategischen Interessen in der Arktis notwendig seien. Daraufhin verlautbarte der NATO-Generalsekretär, dass die NATO-Mitglieder sich im Licht des russischen Vorgehens mit dieser Frage befassen würden. Den Vereinigten Staaten widerstrebt es, sich in einen Streit über die Arktis verwickeln zu lassen, doch andere NATO-Länder, die näher am Geschehen liegen, wie Norwegen und Kanada, haben sich angesichts der russischen Aufrüstung in dem Gebiet besorgt geäußert. Es könnte durchaus sein, dass die strategische Bedeutung der Region von Russland überbewertet wird, aber sobald Hoffnungen erst einmal in der Welt sind, kann man sie nur schwer wieder zurückholen.

Laut United States Geological Survey befinden sich 22 Prozent der unentdeckten Erdöl- und 30 Prozent der unentdeckten Erdgaslager der Welt in der Arktis. Die tatsächlichen Zahlen mögen größer oder kleiner sein, aber ist erst einmal ein internationales Wettrennen in Gang, fühlen sich sogar weiter entfernte Länder und Regionen wie China und die EU bemüßigt, sich an ihm zu beteiligen. Manche russischen Kommentatoren haben sogar einen Krieg um die arktischen Erdöl- und Erdgasvorkommen innerhalb der nächsten zehn Jahre vorausgesagt, was vielleicht dann doch etwas zu schwarzseherisch klingt. Das russische Bestreben, sich einen möglichst großen Anteil an den arktischen Erdöl- und Erdgasvorkommen zu sichern – beispielsweise im Ochotskischen Meer –, ist angesichts der Tatsache, dass einige Vorkommen auf dem russischen Festland zur Neige gehen, verständlich. Daher die Forderung nach einer starken russischen Militärpräsenz und Machtdemonstrationen in der Arktis, etwa von Seiten des stellvertretenden Ministerpräsidenten Dmitri Rogosin, einem der führenden Nationalisten, der erklärte: »Das ist von entscheidender Bedeutung für unsere nationalen Interessen in dieser Region. Wenn wir es nicht tun, werden wir den Kampf um Ressourcen verlieren, was bedeuten würde, dass wir auch den großen Kampf für das Recht auf Souveränität und Unabhängigkeit verlieren würden.«

Es gibt mehrere internationale Abkommen auf der Grundlage einer UN-Konvention. Aber das Seerecht ist nicht sehr genau und lässt in Bezug auf die Kontrolle über die arktische Meeresregion viele Fragen offen. Gemäß Seerecht gibt es eine Hoheitsgewässerzone von 12 Seemeilen, in der die Gesetze der Küstenstaaten gelten und diese die Nutzung beziehungsweise Förderung der Ressourcen kontrollieren. Darauf folgt eine Anschlusszone von 12 Seemeilen, für welche die Küstenstaaten Vorschriften zu Umweltverschmutzung sowie Steuern und Zölle festlegen können. Beide Zonen befinden sich einer 200 Seemeilen breiten »ausschließlichen Wirtschaftszone«, in der die Küstenstaaten die alleinige Verfügung über die belebten und unbelebten natürlichen Ressourcen haben. An dieser Wirtschaftszone entzünden sich viele Streitigkeiten. So beanspru-

chen Russland, Kanada und Dänemark (Grönland) den Lomo-
nossow-Rücken im Arktischen Ozean, der halb so groß wie
Europa ist, für sich. Ein anderer Streitgegenstand ist die Kontrolle über die Nordwestpassage.

Über manche der einst zur Sowjetunion gehörenden Territorien, deren künftiger Status umstritten ist, weiß man außerhalb
Russlands nur wenig (und innerhalb Russlands fast ebenso wenig). Dies gilt für Transnistrien (500 000 Einwohner) ebenso wie
für die beiden Kaukasusgebiete Abchasien und Südossetien. Sie
müssen hier erwähnt werden, weil die historische Erfahrung
zeigt, dass auch Probleme in sehr kleinen Territorien unter Umständen große politische Konflikte auslösen können. Neville
Chamberlain beschrieb die Tschechoslowakei in der Weltkrise
des Septembers 1938 als »kleines Land, über das wir nichts wissen«. Über die Gagausen, eine in Transnistrien lebende Minderheit, wissen selbst die Experten noch weniger, als man 1938 über
die Tschechoslowakei wusste. Selbst ihre Herkunft (aus Bulgarien oder der Steppe) ist umstritten. Gleichwohl spielen sie in
dem Konflikt und in den Gesprächen zwischen dem Kreml und
der Republik Moldau eine wichtige Rolle.

Die Republik Moldau, mit der Hauptstadt Kischinau, entstand
im Zuge des Zusammenbruchs der Sowjetunion. Sie hat eine
Fläche von 33 000 Quadratkilometern und 3,5 Millionen Einwohner. Offizielle Landessprache war Rumänisch. Aber in Moldawien lebten auch viele Russen, Ukrainer und die erwähnten
Gagausen. Die meisten Russen und Ukrainer waren in der
Sowjetzeit in das Gebiet am Ostufer des Dnjestr gezogen. Sie
bilden heute etwas mehr als die Hälfte der Bevölkerung, und die
Kommunistische Partei ist die stärkste politische Kraft geblieben. Das russisch-ukrainisch-gagausische Gebiet fühlte sich
benachteiligt. Ein Gesetz, das der Region nahezu vollständige
Autonomie gewähren sollte, wurde eingeführt, aber vom mol-
dauischen Parlament nicht bestätigt. Es kam zu bewaffneten Zu-
sammenstößen, und in zwei Abstimmungen (1991 und 2009)
sprach sich die Bevölkerung für die Abspaltung und den Anschluss an Russland aus, während sich Moldawien auf die Euro-

päische Union zubewegte. Der russische Einfluss war in Transnistrien nicht nur wirtschaftlich, sondern auch militärisch stark;
in dem abtrünnigen Gebiet wurden russische Truppen stationiert. Es hat eine eigene »Nationalhymne«; in den Schulen werden russische Lehrbücher benutzt, Zahlungsmittel ist der Rubel.
Aber Moskau hat bis jetzt nicht auf eine Angliederung an Russland gedrängt. Diese Frage wurde erst mit der Krimkrise von
2014 akut. Die Wirtschaftslage Moldawiens ist äußerst schlecht,
und diejenige Transnistriens, wo das Prokopfeinkommen
1600 Dollar im Jahr beträgt und Geldüberweisungen von im
Ausland lebenden Bürgern 38 Prozent des Staatshaushalts ausmachen, ist sogar noch schlechter.

Die Republik Abchasien (240 000 Einwohner) betrachtet sich
selbst als unabhängigen Staat und möchte unabhängig bleiben.
Sie ist von vier UN-Mitgliedern anerkannt worden – Russland,
Venezuela, Nicaragua und und dem pazifischen Inselstaat
Nauru. Abchasien hat seit dem Zerfall der Sowjetunion mehrmals gegen Georgien gekämpft, zu dem es gehörte. Auch Südossetien war ein Teil von Georgien, bis es 1990 seine Unabhängigkeit erklärte. Die Bevölkerung von Südossetien ist stetig
geschrumpft, von 110 000 im Jahr 1939 auf heute etwa 70 000.
Ursprünglich stellten Georgier rund ein Drittel der Bevölkerung, während zwei Drittel Osseten waren. Infolge der nahezu
ununterbrochenen Unruhen sind viele Osseten ins russische
Nordossetien geflohen, während viele Georgier nach Georgien
gegangen sind. Die Region besitzt keinerlei strategische Bedeutung, ist extrem arm und wirtschaftlich völlig von Russland abhängig. Die Südossetienfrage war der Anlass für den russisch-
georgischen Krieg von 2008.

Selbstverständlich geht es bei der Rückgewinnung des russischen Imperiums in der Hauptsache nicht um solche Splitterge-
biete, sondern zum einen um große Territorien wie die Ukraine
und den Kaukasus und zum anderen um den russischen Einfluss
auf die osteuropäischen Länder. Russland wird sich jeder weiteren militärischen Vernetzung dieser Länder mit dem Westen
widersetzen. Europas derzeitige Schwäche könnte Russland zu

einer Außenpolitik veranlassen, die auf eine Ausweitung seines Einflusses abzielt, auch wenn die Machtbasis einer solchen Politik eigentlich brüchig ist.

Es gibt eine Vielzahl politischer und wirtschaftlicher eurasischer Projekte, aber werden sie dem an Russland grenzenden Teil Asiens Stabilität und Wohlstand bringen? Von den fünf zentralasiatischen Republiken (Kasachstan, Kirgistan, Usbekistan, Tadschikistan und Turkmenistan) geht es zweien relativ gut, während die gegenwärtigen Bedingungen und die Zukunftsaussichten der anderen schlecht sind. Turkmenistan (fünf Millionen Einwohner) besitzt am Ostufer des Aralsees erhebliche Erdöl- und Erdgasvorkommen. Auch Kasachstan ist zu einem bedeutenden Exporteur von Erdöl, Erdgas sowie bestimmten seltenen Rohstoffen geworden und hat erhebliche Investitionen aus West und Ost angezogen. Außerdem führt eine wichtige Erdölpipeline von Kasachstan nach China. Durch den Vertrag von Shanghai scheint die Sicherheit gewährleistet zu sein. Ob er in einem Notfall tatsächlich greifen wird, bleibt jedoch eine offene Frage. Auch innere Spannungen dürfen nicht ignoriert werden.

Der tadschikische Bürgerkrieg zwischen verschiedenen Klans und ethnischen Gruppen (1992–1998) wurde außerhalb der Region kaum wahrgenommen, obwohl er über 100 000 Todesopfer forderte und mehr als eine Million Menschen zu Flüchtlingen machte. Bis heute hat die Regierung noch nicht die volle Kontrolle über das Land gewonnen. Zwischen den zentralasiatischen Republiken scheint ein regulärer Krieg höchst unwahrscheinlich zu sein, aber andere Konfliktformen – wie die Unruhen 2005 im Gebiet um Andischan in Usbekistan – sind nicht nur möglich, sondern ziemlich wahrscheinlich. Dies hängt sowohl mit der allgemeinen Missregierung als auch mit spezifischen Streitpunkten zusammen, wie der Kontrolle über den Rauschgifthandel, der in der Region einen wichtigen Teil der grauen Wirtschaft bildet. Einzelne Regierungen schließen regelmäßig die Grenzen, was für die Bevölkerung eine schwere Belastung ist, auch wenn der Schmuggel weitergeht. Zudem gibt es weit in die Vergangenheit zurückreichende Spannungen zwischen ethnischen und religiösen Gruppen. Während Regierungen wie die von Kasachstan und Usbekistan im Allgemeinen eine säkulare, nationalistische Politik betreiben, sind in vielen Regionen konservative islamische Kräfte auf dem Vormarsch, und die dadurch ausgelöste Unruhe wird das Gefühl der Instabilität weiter verstärken.

Die Aussichten der militanten islamischen Bewegung sind schwer abzuschätzen, da sie zumeist im Untergrund agiert. Wahrscheinlich werden einige der Kämpfer des Afghanistankrieges in die zentralasiatischen Republiken einsickern. Die in Zentralasien aktivste militante Bewegung ist bisher nicht die Muslimbruderschaft, sondern, wie bereits erwähnt, Hizb ut-Tahrir. Das Ziel dieser Gruppe ist die Schaffung eines allumfassenden muslimischen Staats, des Kalifats, in dem es die nach ihrer Ansicht künstlichen Grenzen der muslimischen Nationalstaaten nicht mehr geben wird. Heute ist Hizb ut-Tahrir fast überall verboten, auch in der arabischen Welt. Dennoch sollten die Chancen der Gruppe in zentralasiatischen Ländern wie Kirgistan nicht unterschätzt werden.

Im großen Ganzen haben die zentralasiatischen Republiken terroristische Gruppen bisher erfolgreich unterdrückt. Chinesische Uiguren, die Muslime sind, wurden festgenommen und an China ausgeliefert. Doch in manchen Regionen herrscht große Unzufriedenheit, und ein Zustrom von Militanten könnte die Lage verändern. Aufgrund der auch auf lokaler Ebene verbreiteten Korruption lässt sich das Wohlwollen der Behörden vielerorts kaufen. Eine solche Gemengelage könnte die Herstellung von Massenvernichtungswaffen begünstigen. Allerdings gibt es andere Regionen auf der Welt, wie Somalia und den Jemen, wo ähnliche Bedingungen herrschen und die aus logistischer Sicht Zentralasien vorzuziehen wären.

So wie in Kasachstan muss man auch in Usbekistan, wo die Situation ähnlich ist, mit einem Wiederaufleben des Terrorismus rechnen. Der Dachorganisation IBU (Islamische Bewegung von Usbekistan) ist es bisher nicht gelungen, die Regierung zu stürzen. Aber die Rückkehr usbekischer Dschihadisten von den Schlachtfeldern Afghanistans, Syriens oder des Iraks könnte für sie eine neue Chance bedeuten. Zurzeit stützt sich der usbekische Dschihadismus hauptsächlich auf die usbekische »Diaspora«, etwa im benachbarten Tadschikistan sowie in einigen arabischen Ländern und der Türkei, wo Usbeken studieren und sich radikalisieren. Manche, vielleicht sogar viele von ihnen brennen geradezu darauf, den Kampf in der Heimat fortzusetzen.

Abzuwarten bleibt auch, ob die Shanghaier Organisation für Zusammenarbeit sich dieser Bedrohung gewachsen zeigen wird. Russland hat, was die Beteiligung Kirgistans und Tadschikistans an seinem Eurasienprojekt anbelangt, nur wenig Begeisterung an den Tag gelegt. Sie wäre eher eine Belastung denn eine Bereicherung. Aus Moskauer Sicht wäre es besser, in diesen Ländern prorussische Regierungen zu installieren. Doch solche Pläne würden im Innern auf den Widerstand der Nationalisten stoßen, und Teile von Zentralasien würden trotzdem Gefahrenzonen bleiben. In mancher Hinsicht ähnelt die Situation derjenigen im Nordkaukasus, aber in Zentralasien ist sie aufgrund des raschen Bevölkerungswachstums wahrscheinlich gefährlicher.

So ist es in den letzten Jahre in diesen Regionen ziemlich ruhig gewesen, aber nur im Vergleich mit anderen islamischen Ländern. Diese Periode dürfte bald zu Ende gehen. Auf die Rückkehr der dschihadistischen Kämpfer sind die Regierungen der zentralasiatischen Republiken sowie die russischen Geheimdienste und Spezialeinheiten des russischen Militärs, so wird berichtet, in keiner Weise vorbereitet. Soweit es solche Einheiten gibt, wurden sie in der Ukraine, auf der Krim und dem Nordkaukasus eingesetzt. Waffen gibt es mehr als genug, und die Konzentration auf den amerikanischen und europäischen Hauptfeind hat dafür gesorgt, dass man den kommenden Konflikten in diesen ehemaligen sowjetischen Republiken kaum Beachtung geschenkt hat. Das könnte für Moskau noch unangenehme Folgen haben.

Nicht behandelt habe ich hier die Ukraine und Moldawien, die baltischen Republiken, Georgien und Aserbaidschan, die allesamt einst zur Sowjetunion oder zum Sowjetblock gehörten.

Moskau betrachtet sie als Teil seiner Einflusszone und will in dieser Hinsicht keine Veränderung. Dies lässt sich durch physische Präsenz oder durch eher indirekte Einflussnahmen erreichen, es ist unmöglich vorauszusehen, für welchen Weg Russland sich entscheiden wird. Gewiss ist aber, dass die betreffenden Länder (oder Regionen) größtmögliche Unabhängigkeit bewahren wollen. Ob sie in der Lage sein werden, dafür die Unterstützung anderer Mächte zu gewinnen, lässt sich nicht sagen. Möglicherweise wird sich ein heikles Arrangement herausbilden, aber vorübergehende lokale Konflikte sind vor diesem Hintergrund so gut wie sicher.

Nachwort:
Krieg oder Frieden?

An welchem Platz in der Welt sehen Russen ihr Land in 15 oder 20 Jahren? Vor ein, zwei Jahren herrschte weithin Pessimismus, doch inzwischen hat sich die Stimmung erheblich gewandelt. Die politischen Folgen der russischen Wirtschaftskrise von 2014 haben zwar einen Lernprozess ausgelöst, der aber nur langsam voranschreitet. Die Mehrzahl der Bevölkerung begreift nur allmählich, dass die westlichen Sanktionen, vor allem aber der dramatische Preisverfall bei Öl und Gas sowie der Wertverlust des Rubels die erträumte Großmachtstellung in Frage stellen. Auch ein Teil der herrschenden Schicht und der politischen Intelligenzija scheint zu glauben, dass eine aggressive Außenpolitik die wirtschaftliche Schwäche kompensieren kann. Der Glaube, dass Putin die Lage schon irgendwie meistern wird, mag stärker sein, als manche seiner Kritiker angenommen haben. Auch wenn sich Putins Prophezeiung, dass sich die Situation in zwei Jahren bessern wird, bewahrheiten sollte, zeigt die Krise doch, wie brüchig der Boden ist.

Laut einer Meinungsumfrage stellen sich die meisten Russen ihr Land als Supermacht vor. Man sieht den Westen im Rückzug begriffen und isoliert. Die lange Zeit von der EU und den USA diktierten Spielregeln sind nicht mehr dieselben. Die Ausweitung von NATO und EU an die russische Peripherie ist gestoppt. Dieser Auffassung sind auch gemäßigte russische Kommentatoren wie Sergei Karaganow, Alexander Lukin und andere. Aus ihrer Sicht ergibt sich folgendes Bild: Bis vor kurzem seien die Würde und die Interessen Russlands mit Füßen getreten worden. Besonders ärgerlich seien systematische Täuschungen,

Heucheleien und gebrochene Versprechen. Unfähig und unwillig, sich anzupassen, habe Russland den Versuch aufgegeben, ein Teil des Westens zu werden.

Gegenwärtig, so fahren diese Kommentatoren fort, verliere der Westen die Führung der Weltwirtschaft, auch sein militärischer Vorteil schwinde. Der Hauptgrund dafür sei die Weigerung des Westens, dem Kalten Krieg de facto und de jure ein Ende zu setzen. Er fahre systematisch fort, seine Einflusszone zu vergrößern und militärisch, ökonomisch und politisch zu kontrollieren. Russlands Interessen und Einwände würden ignoriert. Es werde wie ein besiegtes Land behandelt, wie Deutschland nach dem Ersten Weltkrieg. Man gebe ihm zu verstehen, dass es sich mit einem weniger bedeutenden Platz in der Welt abfinden solle. Den Russen werde versichert, die Zeit der Einflusssphären sei vorüber, aber in der übrigen Welt wisse man, dass dies nicht der Wahrheit entspricht. Es sei eine Verhöhnung und erzeuge Misstrauen. Zweck der EU-Erweiterung sei es, Russland glauben zu machen, dass der geopolitische Rückzug des Westens zum Stillstand gekommen sei. Sie solle die irreparable Krise des europäischen Integrationsprojekts verschleiern. Diese Krise sei für die politische Klasse der westlichen Länder sehr schmerzlich, da ihre Moral und politische Legitimität in Frage gestellt würden. Außerdem wolle der Westen Russlands Vorhaben, die asiatisch-europäische Wirtschaftsunion wiederzubeleben, sabotieren. Die Sprache ist nicht immer eindeutig, aber die Haltung ist es schon: »Russland mag Europa nicht, es ist kein Teil Europas, und überhaupt hat Europa ausgedient.«

Was die »heuchlerisch gebrochenen Versprechen« angeht, haben Putin und andere Vertreter Russlands später viele Male erklärt, der Westen habe Russland versichert, die NATO nicht weiter nach Osten auszudehnen, habe dieses Versprechen aber nicht gehalten. Den Dokumenten (von George Bush senior, James Baker und Helmut Kohl) ist zu entnehmen, dass Gorbatschow tatsächlich eine derartige Zusage verlangt, aber letztlich nie bekommen hat. Stattdessen wurde westliche und vor allem deutsche Wirtschaftshilfe zugesichert, um den drohenden

Staatsbankrott der Sowjetunion zu verhindern. Man könnte argumentieren, dass der Westen, vor allem angesichts der Schwäche der NATO und ihrer Unfähigkeit und ihres Unwillens, im Fall einer Bedrohung entschieden zu handeln, ein solches Versprechen hätte geben sollen. Aber dies ist nicht geschehen, und die in späteren Jahren verbreitete offizielle russische Klage über einen angeblichen Betrug beruht auf einem Missverständnis oder ist, was wahrscheinlicher ist, einfach eine verkürzte Darstellung der Tatsachen.

So oder ähnlich sehen führende russische Experten die jüngste Entwicklung. Die Klügeren unter ihnen scheinen jedoch zumindest zu spüren, dass dies nicht die ganze Geschichte ist. Sergei Karaganow beispielsweise fühlt sich nicht ganz wohl dabei. Er ist mit seiner Ansicht weit von den extremistischen Rändern entfernt. Der Niedergang des Westens wird begrüßt, doch er könnte einen Preis haben. Karaganow sieht dunkle Wolken aufziehen – ökonomische, demographische und politische. Russland stehe jetzt auf dem Höhepunkt seiner Macht; in 15 oder 20 Jahren werde es schwächer sein. Deshalb sollte es sich nach Verbündeten umschauen, aber nicht gerade in Südafrika. Vielleicht seien die Voraussagen über Chinas künftige Macht übertrieben. Vielleicht werde auch dieses Land in den kommenden Jahren vor großen Problemen stehen, die man heute noch kaum erahne. Auf jeden Fall sei Russland gut beraten, sich alle Optionen offenzuhalten, um nicht als Satellit einer künftigen Supermacht zu enden. Karaganow scheint sich dieser Offenheit *à tous azimuts*, in alle Richtungen – wie de Gaulle zu sagen pflegte –, bewusst zu sein.

Vorsichtigere, weniger triumphierend auftretende russische Kommentatoren sehen die jüngste Entwicklung wie folgt: Bis zur zweiten Hälfte der 2000er Jahre habe Russland eine Integration mit Europa zu akzeptablen Bedingungen angestrebt. Moskau habe das europäische Wesen des russischen Staats und der russischen Kultur betont und ein Konzept der Synergie von europäischer Finanzkraft und Technologie auf der einen Seite und russischen Rohstoffen und humanen Ressourcen auf der anderen Seite vorgeschlagen. Dies hätte es Europa ermöglicht, in der Weltwirtschaft wettbewerbsfähig zu werden und sich als dritte Supermacht neben China und den Vereinigten Staaten zu etablieren. Russland bemühte sich um eine gleichberechtigte Integration, und einige europäische Länder wollten auch darauf eingehen, aber die EU als Ganzes war nicht interessiert, insbesondere die neuen, von den USA unterstützten (osteuropäischen) Mitglieder nicht. Auf diese Weise sei eine historische Chance vertan worden.

Vieles an dieser Argumentation wird für westliche Beobachter neu und überraschend sein – die Betonung des europäischen Wesens des russischen Staats und der russischen Kultur, das sonst eher vehement geleugnet wird, oder die Überzeugung, dass eine mächtige westliche Propagandamaschine unablässig damit beschäftigt gewesen sei, gegen Russland zu hetzen – etwa im Kontext der Olympischen Winterspiele in Sotschi. Vor allem aber dürfte der Gedanke verblüffen, man habe eine große Gelegenheit versäumt, Russland in den Westen zu integrieren, weil seine vermeintliche Bemühung darum nicht honoriert worden sei.

So weit die Auffassung der Gemäßigten, der so genannten »Friedenspartei«. In ihren Augen ist die Eroberung der Krim ein willkommenes Fait accompli, und sie treten dafür ein, den Druck auf die Ukraine aufrechtzuerhalten. Russland solle seine Interessen hart verteidigen, wie Karaganow es ausgedrückt hat. Aber es sollte politischer und wirtschaftlicher Druck sein, nicht militärischer, der zu riskant sei und unerwünschte und sogar gefährliche Folgen haben könnte.

Waleri Gerassimow, Generalstabschef der russischen Streitkräfte, sprach Anfang 2013 in einer Rede über den sich verändernden Charakter des Krieges, der nicht mehr von Massenarmeen ausgefochten werde, sondern von kleinen Spezialeinheiten, deren Handeln von politischen und ökonomischen Maßnahmen sowie vom Cyberwar flankiert würde. Westliche Militärtheoretiker sind in jüngster Zeit zu ähnlichen Schlussfolgerungen gelangt. Es gibt in Russland eine Kriegspartei, nach deren Ansicht jetzt der richtige Zeitpunkt sei, um nicht nur dem Westen den Zusammenbruch der Sowjetunion heimzuzahlen, sondern auch einen großen Teil des alten Einflusses zurückzugewinnen. Die Risiken seien gering, die NATO uneins, die Stimmung in Amerika tendenziell isolationistisch und sogar defätistisch. Wenn Amerika, wie US-Präsident Obama 2014 erklärt habe, keine Strategie in Bezug auf Syrien habe, sei auch bei einem begrenzten russischen Gewalteinsatz in Osteuropa nicht mit einer massiven Reaktion zu rechnen. Die gegenseitig zugesicherte Vernichtung (*mutually assured destruction*, MAD) mochte im Fall eines Nuklearangriffs auf die Vereinigten Staaten weiterhin gültig sein, aber ein begrenzter atomarer Schlag gegen ein Ziel in Osteuropa würde wahrscheinlich keine amerikanische Vergeltung auslösen. Im Westen frage man sich weithin: *Mourir pour Narva?* (Narwa ist das Zentrum der russischsprachigen Minderheit in Estland, und *Mourir pour Danzig?* lautete 1938 die von dem französischen Rechtsextremen Marcel Déat gestellte Frage, ob man wirklich für Danzig sterben wolle – Déat war später ein führender Kollaborateur mit den Nationalsozialisten.) Das Ausbleiben einer westlichen Reaktion würde wahrscheinlich das Ende der NATO bedeuten und das Ansehen der Vereinigten Staaten in der Welt weiter verringern. So gesehen, würde Russland, wenn es nicht handelte, eine Chance versäumen. Es käme dem Verlust der Initiative in einem unerklärten Krieg gleich, der schon seit geraumer Zeit im Gang sei.

Welche dieser beiden Denkrichtungen wird bei Putin Gehör finden? Die Kriegspartei hat weit über das extremistische Lager von Ultranationalisten wie Prochanow und Dugin hinaus Anhänger. Die Ultras geben zu, dass sie Liberale und Demokraten nicht nur im Innern, sondern in aller Welt auslöschen wollen – ob physisch oder ideologisch, ist nicht ganz klar. Sie hoffen inständig auf eine Konfrontation mit dem Westen. Ob diese bis zu militärischen Auseinandersetzungen gehen soll, ist ebenfalls nicht eindeutig. Sie halten Brüssel für das »Zentrum des Weltfaschismus«. Das ist eine verwirrende Aussage, denn immerhin ist dem Westen ein ums andere Mal erklärt worden, nicht der

Faschismus sei der Hauptfeind (wenn er überhaupt als Feind angesehen wurde), sondern der »Atlantizismus« sowie der Liberalismus und die Demokratie westlichen Zuschnitts. Selbst ein früherer Gemäßigter wie der dem Kreml nahestehende Sergei Kurginjan findet, dass es an Hitler bis 1939 viel zu bewundern gab. Wenn dies so ist, warum dann die plötzliche Verurteilung des deutschen Diktators? Weil er eine Grenze überschritten hatte, eine rote Linie nach heutigem Sprachgebrauch, wie es auch Iwan Iljin viele Jahre vor Kurginjan festgestellt hatte.

Wurde in den 1990er Jahren tatsächlich eine große Chance vertan? Wollte Russland sich dem Westen anschließen und wurde von diesem abgewiesen? Diese Version ist nicht wirklich allgemein anerkannt. So vertrat zum Beispiel der russische Historiker Juri Afanassjew in seinem bereits zitierten Aufsatz von 1994, der auf der von ihm so genannten »Jelzindoktrin« und der offiziellen russischen Militärdoktrin von 1993 beruht, die Auffassung, dass ein starkes Russland gebraucht werde. Indem es seine legitimen Staatsinteressen schützt, würde es als Friedensstifter wirken. Russland habe das Recht, wenn nötig fest und hart aufzutreten, und sei verpflichtet, die Interessen von im nahen Ausland lebenden Russen zu verteidigen, wenn deren Rechte missachtet würden. In der Praxis bedeutet dies, dass sich die russischen Staatsinteressen auf das gesamte Gebiet der ehemaligen Sowjetunion erstrecken würden und der Versuch zu unternehmen wäre, allen Ländern des ehemaligen sozialistischen Lagers in Europa eine bestimmte Außenpolitik aufzuzwingen. Das war nichts anderes als die Wiederbelebung der Großmachtideologie (*derschawnost*). Eine solche Auffassung hätte selbst 1994 keine große Überraschung sein dürfen, und zu ihrer Verteidigung ließen sich verschiedene Gründe anführen. Aber man kann kaum behaupten, dass sie auf den Wunsch hinauslief, sich Europa anzuschließen und in ihm aufzugehen.

Im Rückblick gesehen, muss man feststellen, dass die Entwicklung mehr oder weniger Afanassjew gefolgt ist. Die nie besonders starken Liberalen sind noch schwächer geworden und haben schließlich jeden Einfluss verloren. Verändert hat sich nicht Russlands Ziel (sich Europa anzuschließen), vielmehr haben sich die Umstände geändert, unter denen es sein nationales Interesse, nämlich die einstige Position der Stärke wiederzuerlangen, verfolgen kann. 1994 war Russland schwach und brauchte westliche Hilfe, um nicht bankrottzugehen. Zwanzig Jahre später ist sowohl Amerika als auch Europa schwächer geworden, während Russlands Stellung stärker geworden ist.

Hätte es zwischen 1989 und 1991 eine reale Chance gegeben, Russland in den Westen zu integrieren, wenn dieser mehr Voraussicht, Großmut im Sieg und größere Kompromissbereitschaft bewiesen hätte? Wie stark und wie aufrichtig war der russische Wunsch, sich auf den Weg der Integration mit Europa und dem Westen zu begeben? Welche Bedingungen stellte Russland damals? Was genau war angesichts der tiefen ökonomischen und politischen Krise, in der es sich befand, unter »annehmbaren Bedingungen« und »gleichberechtigter Partnerschaft« zu verstehen?

In der alle paar Jahre vom russischen Generalstab veröffentlichten »Russischen Militärdoktrin« werden die Hauptgefahren für das Land aufgezählt. Bis vor wenigen Jahren wurden die NATO und die Vereinigten Staaten darin als »strategische Partner« bezeichnet. In der Fassung von 2014 ist dies nicht mehr der Fall. Gleichzeitig benennen Putin und andere Regierungsvertreter die NATO und die USA als Hauptgegner und stoßen kaum verhüllte Drohungen in Bezug auf das russische Nukleararsenal und eine mögliche Aufkündigung des Vertrages von 1987 aus, das heißt eines der vielversprechendsten Abkommen über die Eindämmung des nuklearen Wettrüstens. Man sollte der »Russischen Militärdoktrin«, die nie vollständig publiziert worden ist, vielleicht keine übertriebene Bedeutung beimessen. Es gibt Grund zu der Annahme, dass Russland den Vertrag von 1987 schon seit Jahren missachtet. Fakten sind wichtiger als amtliche Verlautbarungen, und Tatsache ist, dass sich die russischen Militärausgaben zwischen 2007 und 2014 verdoppelt haben, während diejenigen der NATO-Staaten auf die Hälfte geschrumpft sind.

Was waren die Hauptmotive Russlands? Darüber wird man in

den kommenden Jahren noch viel diskutieren, wenn mehr über den russischen Wunsch, sich in den Westen zu integrieren, und die westliche Reaktion darauf bekannt geworden ist. Nach den heute verfügbaren Belegen zu urteilen, entspricht die russische Behauptung einer vom Westen »versäumten Chance« nicht den Tatsachen.

Den Großmachtstatus wiederzuerlangen lag zweifellos im Interesse der russischen Nationalisten. Aber war es, da der Westen so lange als Russlands geschworener Feind gegolten hatte, nicht unvermeidlich, dass die damalige russische Strategie der Integration, auch wenn sie völlig aufrichtig war, mit gewissem Misstrauen oder wenigstens Zögern aufgenommen wurde? Russland brauchte damals Hilfe, um den totalen Zusammenbruch zu verhindern, und es versteht sich von selbst, dass der Westen helfen musste, und sei es auch nur aus Eigennutz. Aber wie weit sollte diese Hilfe gehen? Sollte sie auch westliche Hilfe bei der Wiederherstellung der alten Grenzen der Sowjetunion umfassen? Hätte sich der Westen Russlands ewige Dankbarkeit verdient, wenn er diesen Beistand geleistet hätte? Mit gleichem Recht könnte man fragen, ob Deutschland, hätte man es nicht mit dem Versailler Vertrag bestraft, einen dauerhaft demokratischen und friedlichen Weg beschritten hätte – kein Versailles, kein Hitler? Auch diese kontrafaktische Frage ist noch nicht angemessen beantwortet worden.

Manche russische Kommentatoren verspüren selbst im Augenblick von Russlands Triumph ein gewisses Unbehagen. So schreibt Karaganow:

»Heute befindet sich Russland auf dem Höhepunkt seiner Stärke. Es besteht kaum eine Chance, dass es in absehbarer Zukunft noch stärker werden könnte. Es hat den Anschein, als hätte Russland den Schwerpunkt des Wettstreits mit dem Westen absichtlich von ›Softpower‹ und der ökonomischen Sphäre auf ›Hardpower‹, politische Willenskraft und intellektuelle Fähigkeiten verlagert. Mit anderen Worten dorthin, wo Russland seine Stärken sieht.

Bisher sind damit positive Resultate erzielt worden. Aber um seine Position wenigstens mittelfristig zu festigen, muss Russland seine Wirtschafts- und Innenpolitik reformieren, seine Eliten rasch austauschen und Ziele und nationale Ideen formulieren, die von der Mehrheit der Bevölkerung geteilt werden. Russland macht sich bereit. Eine seit der Ära des Kalten Kriegs beispiellose antiwestliche Fernsehkampagne hat dazu beigetragen, die öffentliche Meinung zu formen. Die Streitkräfte sind umfassend aufgerüstet worden ... Die Zwischenresultate sind vielversprechend ...

Russland hat die Initiative ergriffen und behalten. Sein Arsenal enthält eine Vielzahl ökonomischer und politischer Instrumente, um Einfluss zu gewinnen. Wichtig ist, dass Moskau diesmal entschlossen zu sein scheint, weiterzumachen, bis es sein Ziel erreicht hat – was eine höchst riskante Strategie ist, welche die Beziehungen zum Westen für lange Zeit belasten wird. Diese Strategie wird die Position Russlands gegenüber China schwächen (sein Handlungsspielraum wird sich verkleinern), auch wenn sein moralisches Ansehen in der nichtwestlichen Welt wachsen wird. Dies wird natürlich nur der Fall sein, wenn Moskau nicht verliert.« (Sergei Karaganow, »Europe and Russia: Preventing a New Cold War«)

Das sind interessante Überlegungen, die vorausschauender sind als das meiste, was heute aus Moskau zu vernehmen ist. Abgesehen von einigen merkwürdigen Annahmen: Warum sollte Moskaus moralisches Ansehen in nichtwestlichen Ländern infolge der Ereignisse auf der Krim wachsen? Und selbst wenn es so wäre, in welcher Weise würde Russland davon profitieren? Die entscheidenden Fragen liegen auf einer anderen Ebene. Eine massive Propagandakampagne zu starten ist relativ leicht. Aber wie soll binnen kurzer Zeit eine neue Elite geschaffen werden? Hat Russland den ökonomischen Wettstreit mit dem Westen aufgegeben? Und hofft es, mittels »Hardpower« und »politischer Willenskraft« Vorteile zu erlangen? Bedeutet dies Krieg, und wenn ja, welche Art von Krieg?

Auch wenn sich Moskau in eine aggressiv nationalistische und sogar chauvinistische Richtung bewegt hat, darf man als selbstverständlich voraussetzen, dass jenseits der extremen Ränder niemand einen großen Atomkrieg will. Offenbar glauben manche in Moskau, dass es nicht zu einem Wettstreit mit China kommen wird, da China nichts will außer der Rückgewinnung Taiwans. Groß sind die Kräfte der Selbsttäuschung. Es gab eine Zeit, in der Mao laut darüber nachdachte, ob es nicht vorteilhaft wäre, wenn die beiden Supermächte Sowjetunion und Vereinigte Staaten Krieg gegeneinander führen, sich gegenseitig vernichten oder wenigstens kampfunfähig machen würden.

Wenn sich Russland heute auf dem Höhepunkt seiner Stärke befindet, sollte es nicht so viel wie möglich daraus machen? Was, wenn solch eine einzigartige Gelegenheit nicht mehr wiederkommt? Diese Chance wahrzunehmen ist freilich riskant, denn wenn sich Russland erneut überdehnt, könnte das Ergebnis ähnlich problematisch ausfallen wie in der Vergangenheit. Wäre es in der Lage, zu halten, was es unter günstigen Umständen gewonnen hat? Jeder territoriale Vorteil, den es jetzt oder in absehbarer Zukunft erlangen kann, wird die Zustimmung der Bevölkerung zur Regierung steigern. Aber wie lange? Ein Jahr oder drei oder vielleicht sogar fünf Jahre? Die russische Führung ist widerstreitenden Kräften ausgesetzt.

Russland steht vor großen inneren Problemen, von denen hier einige, aber beileibe nicht alle genannt worden sind. Schwierigkeiten kann man überwinden. Hierfür sind die historischen Beispiele Frankreichs nach 1871 und Deutschlands nach 1918 angeführt worden. Im späten Mittelalter und der frühen Neuzeit galten Schweden und Schweizer als die besten und kaltblütigsten Soldaten; heute ist dies nicht mehr so. Großbritannien war einst der Vorreiter der Industrialisierung, während China als Land bekannt war, in dem sich nie etwas änderte. Doch die Zeiten haben sich gewandelt.

Die Vereinigten Staaten und Europa durchleben eine Phase großer psychologischer Schwäche. Dem europäischen Projekt, der Einigungsbewegung, ist, salopp gesagt, der Dampf ausgegangen. Es könnte der Anfang vom Ende sein, aber auch der Erholung. Zu den russischen Schwächen gehört, freundlich ausgedrückt, der fatale Glaube an alle möglichen sonderbaren Ideen, der sich in Phänomenen wie dem Verfolgungswahn, dem Neoeurasianismus, der Neogeopolitik, der Konfabulation und der Sapadophobie sowie dem übertriebenen Glauben an eine historische Mission äußert. Darüber hinaus sind die Russen auf nahezu beispiellose Weise für Verschwörungstheorien anfällig. Obwohl es sie auch in westlichen Ländern gibt, hat man ihnen dort längst nicht den politischen Einfluss eingeräumt, wie es beispielsweise Dugin in der russischen Intelligenzija und bei politischen Entscheidungsträgern in Moskau gelungen ist. Ein gutes Beispiel aus jüngster Zeit ist ein langes Interview, das der ehemalige KGB-Chef und jetzige Vorsitzende des russischen Nationalen Sicherheitsrats Nikolai Patruschew im Oktober 2014 gegeben hat. Darin zeigte er sich überzeugt, dass Amerika Russland feindlich gegenüberstehe und dies wahrscheinlich immer tun werde. In dieser Hinsicht sei kein Wandel zu erwarten, darauf müsse sich die russische Politik einstellen.

In vielen Ländern sind zuzeiten nationalistische Gefühle hochgekocht, aber es fällt schwer, ein Beispiel für einen derart geballten Hass zu finden, wie er in den letzten Jahren in Russland zutage getreten ist. Man könnte einwenden, dass solche Anwandlungen nicht ewig dauern werden. Aber in einem Zeitalter der Massenvernichtungswaffen stellen sie doch eine ernste Gefahr dar. Die Erklärung dieser Gefahr und ihre mögliche Bekämpfung müsste die politische Analyse wohl der Psychologie überlassen. Es ist verständlich, dass hohe KGB-Offiziere an die Existenz allgegenwärtiger Feinde glauben, denn sie ist die *raison d'être* ihrer Organisation. In der Geschichte hat es Zeiten gegeben, in denen Verfolgungswahn oder ähnliche Verirrungen grassierten. Aber sie waren relativ kurz, und der Schaden, den sie anrichteten, war begrenzt. In dieser Hinsicht ist die heutige Situation beispiellos.

Vor nicht allzu langer Zeit, nach dem Ende des Kalten Krieges, glaubte man im Westen weithin, dass die Demokratie die normale Regierungsform sei und alle anderen Herrschaftsformen bedauerliche, aber vorübergehende Abweichungen darstellten. Diese Annahme hat sich als allzu optimistisch herausgestellt. Die oben angeführte autoritäre Mentalität vieler russischer Herrscher und ihrer Untertanen wird sich wahrscheinlich nur durch eine Kulturrevolution verändern lassen, die bislang noch nicht stattgefunden hat.

Russischen Demokraten bereitet dies verständlicherweise großen Kummer, aber man muss sich dieser Realität stellen, wie schmerzlich sie auch sein mag. Die Ereignisse der letzten beiden Jahrzehnte haben gezeigt, dass man in Russland das Chaos weit mehr fürchtet als eine autoritäre Herrschaft oder eine Diktatur. Solange die Hälfte der Menschen an die Größe und Güte Stalins glaubt, kann man nichts anderes erwarten. Dies mag sich eines Tages ändern, aber in der Zwischenzeit kann man nur darauf hoffen, dass sich die Situation nicht verschlechtert. Im Lauf der Jahre haben die extremen Ränder, insbesondere die Rechte, an Einfluss gewonnen, aber ein vollgültiger Faschismus ist aus einer ganzen Reihe von Gründen immer noch unwahrscheinlich. In gewissem Ausmaß wirkt die Erfahrung des Stalinismus bei vielen weiterhin abschreckend, und selbst diejenigen, die Entschuldigungen für ihn finden, wollen keine Wiederholung. Abschreckend wirkt auch die Tatsache, dass Stalin letztendlich gescheitert ist.

Aber eine Abkehr von der autoritären Herrschaft zugunsten eines demokratischeren Systems ist in naher Zukunft ebenso unwahrscheinlich. Die Sowjetunion konnte auf die (häufig begeisterte) Unterstützung von Kommunisten in aller Welt zählen. Dagegen mag ein rechtsgerichtetes Russland wie einst der Zarismus ein paar Sympathisanten im Ausland finden (oder kaufen), aber nicht mehr. Die sowjetische Doktrin beruhte auf der Annahme, dass die Weltrevolution schließlich überall siegen würde. Da es eine solche Perspektive heute nicht geben kann, stößt die russische Expansion auf natürliche Grenzen. Andererseits ist es schwer vorstellbar, dass die gegenwärtigen Führer abdanken, es sei denn, sie hätten nach ihrem Rücktritt garantiert

keine Verfolgung zu befürchten, etwa in Bezug auf die Vermögen, die sie während ihrer Herrschaft angehäuft haben.

Wie könnte man einen solchen Wandel erreichen? Schwerlich
durch freie und unbehinderte Wahlen. Schon aus diesem Grund
wäre der Übergang zu einem demokratischeren Regime schwierig. Zudem gibt es allgemeine Probleme, von denen einige oben
erwähnt worden sind, wie die traditionelle russische Furcht vor
der Freiheit. Ist der Verfolgungswahn erst einmal tief verinner-
licht, kann er sich leicht in die falsche Richtung wenden. Das
Misstrauen kann sich gegen äußere Feinde, aber auch gegen das
eigene Volk und die eigene Regierung richten. Wenn sich überall Feinde versteckt haben können, dann vielleicht auch beim
Nachbarn, und man kann niemandem mehr trauen. Die steigende Flut des russischen Nationalismus und die Verdrängung
des alten Internationalismus sind ein zweischneidiges Schwert.
Ist der chauvinistische Geist erst einmal aus der Flasche, sucht er
sich seine Ziele womöglich nicht nur im Westen, sondern auch
im Innern, etwa in Gestalt ethnischer Minderheiten oder der
Millionen von »Gastarbeitern« in Russland. »Was macht ihr
bloß mit meinen Landsleuten, die für euch arbeiten?«, fragte der
Botschafter einer zentralasiatischen Republik seine russischen
Freunde in Moskau. »Sie kommen als militante Islamisten zurück.«

Der Westen hat nur einen begrenzten Handlungsspielraum,
um freundlichere Beziehungen zu fördern. Selbst wenn seine
Haltung gegenüber Russland von bespielloser Freundlichkeit
und Hochachtung geprägt wäre und er auf sämtliche russischen
Forderungen einginge, wäre nicht sicher, dass er damit die ge-
wünschte Wirkung erzielen würde. Selbstkritik ist in Russland
schon lange außer Mode; wenn etwas schiefläuft, sind aus russischer Sicht so gut wie immer Ausländer daran schuld. Das Gefühl, in einer belagerten Festung zu leben, ist in Russland tief
verwurzelt und reicht weit in die Geschichte zurück. Denn wenn
es keine solche Festung wäre, wie sollte man dann die autoritäre
Herrschaft, die vielen der Bevölkerung auferlegten Restriktionen, die von ihr verlangten Opfer und die Mängel des Regimes

rechtfertigen? Deshalb sind die Aussichten auf eine dauerhafte Versöhnung und ein besseres Verhältnis zum Westen gegenwärtig nicht gerade rosig.

Es wird Veränderungen geben. Wann und wie sie eintreten und in welche Richtung sie gehen werden, kann heute niemand mit Sicherheit sagen. Gogols Dreigespann mit seinen klingelnden Glöckchen taucht häufig in der russischen Kultur auf und bildet einen typischen Bestandteil winterlicher Szenen. Es wird in Volksliedern ebenso besungen wie in der Hochliteratur. Aber wer war in Gogols Roman eigentlich der Passagier in der Kutsche? Tschitschikow – nicht gerade der strahlendste Held in der russischen Literatur, vielmehr ein Betrüger, die Verkörperung von *poschlost* (ein schwer aus dem Russischen zu übersetzender Ausdruck, der alles Negative beinhaltet in einem Menschen oder einer Gruppe von Menschen). Und so galoppiert Gogols Dreigespann weiter wie bisher. Der Kutscher schont die Pferde nicht, und man kann nur hoffen, dass er eine allgemeine Idee davon hat, wohin die Fahrt geht und welchen Weg er nehmen muss, ohne seine Passagiere und die übrige Menschheit in allzu große Gefahr zu bringen.

Danksagung

Ich danke David Boggis und Michael Allen sowie Susi und Irena für ihre Hilfe bei der Fertigstellung dieses Buchs. Mischa Epstein und Michael Hagemeister halfen mir dankenswerterweise, bestimmte Dinge besser zu verstehen. Selbstverständlich sind die hier geäußerten Ansichten meine eigenen. Allerdings hätte ich keinen besseren Rechercheassistenten haben können als Christopher Well. Dank auch an Joshua Klein, der mir bei der Durchsicht des Manuskriptes half.

Die russische und englische Literatur über das zeitgenössische Russland ist in den letzten Jahren stark angewachsen. Einige der wesentlichen Werke sind in der Bibliographie angeführt. Die Zahl relevanter Webseiten wächst sogar noch schneller und ist fast unüberschaubar geworden. *Johnson's Russia List* und Paul Gobles *Windows on Eurasia*, die täglich erscheinen, sind für den Einstieg ins Thema besonders hilfreich. Auch russische Webseiten, deren Zahl zu groß ist, um einzelne herauszuheben, haben sich als nützlich erwiesen.

Was die deutsche Ausgabe betrifft, so danke ich Christian Seeger vom Propyläen Verlag für die verlegerische Betreuung, Klaus-Dieter Schmidt für die exzellente Übersetzung und Malte Ritter für das sorgfältige Lektorat.

Bibliographie

Die »russische Idee«

Berdjajew, Nikolai: *Filosofija nerawenstwa. Pisma k nedrugam po sozialnoi filoso-fii*, Berlin 1923
–: *Leontiev*, London 1940
–: *Das neue Mittelalter. Betrachtungen über das Schicksal Russlands und Europas*, Darmstadt 1927
–: *Die russische Idee. Grundprobleme des russischen Denkens im 19. Jahrhundert und zu Beginn des 20. Jahrhunderts*, Sankt Augustin 1983
–: *Selbsterkenntnis. Versuch einer philosophischen Autobiographie*, Darmstadt/Genf 1953
–: *Der Sinn der Geschichte. Versuch einer Philosophie des Menschengeschickes*, Darmstadt 1925
Billington, James: *Russia in Search of Itself*, Baltimore o. D.
Brunner, Lane: *Strategies of Remembrance*, Columbus, South Carolina, 2002
Danilewski, Nikolai: *Rossija i Ewropa*, St. Petersburg 1871 (dt. in gekürzter Fassung: *Russland und Europa. Eine Ansicht der kulturellen und politischen Beziehungen der slavischen Welt zur germanisch-romanischen*, Stuttgart 1920)
Duncan, Peter: *Russian Messianism, Third Rome, Revolution, Communism and after*, London 2000
Fedotow, Georgi P.: *Sobranije sotschinenij w 12-i tomach*, 12 Bde., Moskau 1996 ff.
–: »Pewez imperii i swobody«, in: *Sovremennyje Sapiski*, 63/1937
Gogolew, Roman: *»Angelski doktor« russkoi istorii. Filosofija istorii K. N. Leont-jewa. Opyt rekonstrukcii*, Moskau 2007
Gorski, A. A., u. a.: *Rossiskaja mentalnost*, Moskau 1999
Helleman, Wendy: *The Russian Idea. In Search of a New Identity*, Bloomington 2003
Hirstein, William (Hg.): *Confabulation. Views from Neuroscience, Psychiatry, Psychology and Philosophy*, Oxford 2009
Hosking, Geoffrey/Service, Robert (Hg.): *Russian Nationalism Past and Present*, London 1998
Iljin, Iwan: *Naschi sadatschi*, Paris 1956
–: *O russkom nationalisme*, Moskau 2007 (Reprint)
–: *Über den gewaltsamen Widerstand gegen das Böse*, Berlin 1925

– (Hg.): *Welt vor dem Abgrund. Politik, Wirtschaft und Kultur im kommunistischen Staate*, Berlin 1930
Janow, Alexander: *Russkaja Idea 2000*, New York 1988
Koschinow, Wadim: *Prawda Tschernoi Sotni*, Moskau 2006
Laruelle, Marlène: *Russian Nationalism and the National Reassertion of Russia*, London 2009
MacMaster, Robert E.: *Danilevsky. A Russian Totalitarian Philosopher*, Cambridge, Massachusetts, 1967
Markowicz, Marko: *La philosophie de l'inégalité*, Paris 1978
Poltoratski, Nikolai: *Iwan Alexandrowitsch Iljin. Schisn, trudy, mirowossrenije. Sbornik statei*, Tenafly, New Jersey, 1989
Raeff, Marc (Hg.): *Russian Intellectual History*, New York 1966
Solowjew, Wladimir: *Deutsche Gesamtausgabe der Werke von Wladimir Solowjew*, 9 Bde., hg. von Wladimir Szylkarski, Freiburg/München 1953–1979
Trimondi, Victor und Victoria: *Krieg der Religionen. Politik, Glaube und Terror im Zeichen der Apokalypse*, München 2006
Walicki, Andrzej: *The Slavophile Controversy*, Oxford 1975
Weidles, Wladimir: *Russland. Weg und Abweg*, Stuttgart 1956

Russischer Messianismus

Kacis, Leonid: *Russkaya Eschatologia*, London 2000
Moltschanow, Boris: *Taina bessakonija*, 2 Bde., Charbin 1938
Sarkisyanz, Manuel: *Russland und der Messianismus des Orients*, Tübingen 1956
Zelinsky, Bodo (Hg.): *Das Böse in der russischen Kultur*, Köln 2008

Eurasianismus

Boess, Otto: *Die Lehre der Eurasier. Ein Beitrag zur russischen Ideengeschichte des 19. Jahrhunderts*, München 1961
Laruelle, Marlène: *Russian Eurasianism. An Ideology of Empire*, Washington/Baltimore 2008
–: *Le nouveau nationalisme russe*, Paris 2010
Meyer, Caspar: »Rostowtzeff and the Classical origins of Eurasianism«, in: *Anabases*, 9/2009, S. 185–197
Pirchner, Herman: *Reviving Greater Russia? The Future of Russia's Borders with Belarus, Georgia, Kazakhstan, Moldova and Ukraine*, Lanham, Maryland, 2005
Sawitski, P. N. (Hg.): *Ischod k Wostoku*, Sofia 1921
Shlapentokh, Dmitri: *Russia between East and West*, Leiden 2006
Tschaadajew, Peter: *Apologie eines Wahnsinnigen. Geschichtsphilosophische Schriften*, Leipzig 1992
Vucinich, Wayne S. (Hg.): *Russia and Asia. Essays on the Influence of Russia on the Asian Peoples*, Stanford, Kalifornien, 1972

Die Opposition

Bennetts, Marc: *Kicking the Kremlin. Russia's New Dissidents and the Battle to Topple Putin*, London 2014
Bullough, Oliver: *The Last Man in Russia. The Struggle to Save a Nation*, London 2013
Gessen, Masha: *Words Will Break Cement. The Passion of Pussy Riot*, New York 2014
Judah, Ben: *Fragile Empire. How Russia Fell in and out of Love with Vladimir Putin*, New Haven, Connecticut, 2013
Nawalny, Alexei: *Grjosa schulikow i worow*, Moskau 2012
Udaltzow, Sergei: *Putin. Wsgljad s bolotnoi ploschtschad*, Moskau 2013
Woronkow, Konstantin: *Alexei Nawalny*, Moskau 2011

Russischer Nationalismus

Dunlop, John B.: *The Faces of Contemporary Russian Nationalism*, Princeton, New Jersey, 1983
–: *The New Russian Nationalism*, New York 1985
Hehn, Victor: *De moribus Ruthenorum. Zur Charakteristik der russischen Volks-seele. Tagebuchblätter aus den Jahren* 1857–1873 [1892], hg. von Theodor Schiemann, Osnabrück 1966
Karamsin, Nikolai M.: *Geschichte des Russischen Reiches*, 11 Bde., Riga 1820–1833
Kunjajew, Stanislaw: *Moi petschalnije pobedy*, Moskau 2007
Laqueur, Walter: *Der Schoß ist fruchtbar noch. Der militante Nationalismus der russischen Rechten*, München 1993
Laruelle, Marlène: *In the Name of the Nation*, Moskau 2009
Mitrochin, Nikolai: *Russkaja Partija. Dwischenije russkich nationalistow w SSSR, 1953–1985 gody*, Moskau 2003
Yanov, Alexander: *The Russian Challenge and the Year* 2000, New York 1987

Alexander Dugin

Dugin, Alexander: *Filosofija Woiny*, Moskau 2004
–: *Konserwatiwnaja Rewoljutsija*, Moskau 1994
–: *Konspiratologija*, Moskau 1992 (2005)
–: *Mistery Ewrasii*, Moskau 1996
–: *Osnowy geopolitiki. Geopolititscheskoje buduschtscheje Russii*, Moskau 1997
–: *Projekt »Ewrasija«. Geografija – nascha sudba*, Moskau 2004

Lew Gumiljow

Gumiljow, Lew: *Drewnaja Rossija i welikaja step*, Moskau 1993
–: *Etnnogenes i biosphera*, Leningrad 1989
–: *Geografia etnosa*, Leningrad 1990
–: *Otkritije Chasarii*, Moskau 2006

Die orthodoxe Kirche

Frank, Semen L. (Hg.): *A Solovyov Anthology*, London 1950
Garrard, John und Carol: *Russian Orthodoxy Resurgent. Faith and Power in the New Russia*, Princeton, New Jersey, 2008
Hagemeister, Michael/Menzel, Birgit/Rosenthal, Bernice G. (Hg.): *The New Age of Russia. Occult and Esoteric Dimensions*, München/Berlin 2012
Marsh, Christopher (Hg.): *Burden or Blessing? Russian Orthodoxy and the Construction of Civil Society and Democracy*, Boston 2004
Sutton, Jonathan/Bercken, Wil van den (Hg.): *Orthodox Christianity and Contemporary Europe. Selected Papers of the International Conference Held at the University of Leeds, England, in June 2001*, Leuven 2003
Wostryschew, Michail: *Patriarch Nikon*, Moskau 1997

Konstantin Leontjew

Leontjew, Konstantin: *Against the Current*, New York 1969
–: *Otets Kliment Sedergolm. Jeromonach Optinoi pustyni*, Moskau 1878
–: *Wisantiism i slawjanstwo*, Moskau 1876

Die radikale Rechte

Kalaschnikow, Maxim (Wladimir Kutscherenko): *Putin's Code*, Moskau 2006
–: *Russkaja doktrina*, Moskau 2007
–: *Woina s Golemom*, Moskau 2006
Starikow, Nikolai: *Kto sastawil Gitlera napast na Stalina*, Moskau 2008
–: *Geopolitika kak eto delajetsia*, Moskau 2013
–: *Sapad protiw Rossii*, Moskau 2009

Außenpolitik und Petrostaat

Afanassjew, Juri: »A New Russian Imperialism«, in: *Perspective*, 4/3 (Februar-März 1994; http://www.bu.edu/iscip/vol4/Afanasyev.html)
Åsland, Anders/McFaul, Michael: *Revolution in Orange. The Origins of Ukraine's Democratic Breakthrough*, Washington 2006
Bratersky, Maxim: »Transformation of Russia's Foreign Policy« in: *Russia in Global Affairs*, 7. Juni 2014, http://eng.globalaffairs.ru/number/Transformation-of-Russias-Foreign-Policy-16706
Goldman, Marshall: *Das Öl-Imperium. Russlands Weg zurück zur Supermacht*, München 2009
Gustafson, Thane: *Capitalism Russian-Style*, Cambridge 1999
–: *Crisis amid Plenty. The Politics of Soviet Energy under Brezhnev and Gorbachev*, Princeton, New Jersey, 1989
–: *Wheel of Fortune. The Battle for Oil and Power in Russia*, Cambridge 2012
Högselius, Per: *Red Gas. Russia and the Origins of European Energy Dependence*, New York 2013

Karaganow, Sergei: »Europe and Russia: Preventing a New Cold War«, in: *Russia in Global Affairs*, 27. Juni 2014, http://karaganov.ru/en/publications/341

Lucas, Edward: *Der Kalte Krieg des Kreml. Wie das Putin-System Russland und den Westen bedroht*, München 2008

Roth, Jürgen: *Gazprom – das unheimliche Imperium. Wie wir Verbraucher betrogen und Staaten erpresst werden*, Frankfurt am Main 2012

Satter, David: *Darkness at Dawn. The Rise of the Russian Criminal State*, New Haven, Connecticut, 2003

Stent, Angela E.: *The Limits of Partnership. U. S.-Russian Relations in the Twenty-First Century*, New York 2014

Stern, Jonathan P.: *The Future of Russian Gas and Gazprom*, Oxford 2005

Talbott, Strobe: *The Russia Hand. A Memoir of Presidential Diplomacy*, New York 2003

Trenin, Dmitri: *Getting Russia Right*, Washington, D. C., 2007

–: *Post-Imperium. A Eurasian Story*, Washington, D. C., 2011

Die Oligarchen

Dawisha, Karen: *Putin's Kleptocracy. Who Owns Russia?*, New York 2014

Hoffman, David E.: *The Oligarchs. Wealth and Power in the New Russia*, New York 2001

Konanychin, Alexander: *Defiance. How to Succeed despite Being Hounded by the FBI, the KGB, the INS, the Department of Homeland Security, the Department of Justice, Interpol and Mafia Hit Men. A True Story*, Vienna, Virginia, 2006

Sakwa, Richard: *Putin and the Oligarch. The Khodorkovsky-Yukos Affair*, New York 2014

Tschelnokow, Alexei: »*Tschorny spisok« oligarchow. Rasoblazenije krupnesitsch sostojani Rossii*, Moskau 2011

Stalinismus und Restalinisierung

Enziklopedia Stalin (Moskau 2006)

Kolkowski, Wladimir: *1953. Likwidatsija Stalina*, Moskau 2014

Lipman, Maria/Gudkov, Lev/Baktadze, Lasha: *The Stalin Puzzle. Deciphering Post-Soviet Public Oppinion*, Washington, D. C., 2013

Minakow, Sergei: *1937. Sagowor byl!*, Moskau 2014

Romanenko, Konstantin: *Potschemu nenawidat Stalina?*, Moskau 2013

Simonija, Nodari A.: *Istoriografija Stalinisma. Sbornik statei*, Moskau 2007

Putin und Putinismus

Arutunyan, Anna: *The Putin Mystique. Inside Russia's Power Cult*, Newbold on Stour 2014

Baker, Peter/Glasser, Susan: *Kremlin Rising. Vladimir Putin's Russia and the End of Revolution*, New York 2005

Belkowski, Stanislaw: *Wladimir. Die ganze Wahrheit über Putin*, München 2014

Gessen, Masha: *Der Mann ohne Gesicht – Wladimir Putin. Eine Enthüllung*, München 2012

Geworkjan, Natalija/Kolesnikow, Andrei/Timakowa, Natalija: *Aus erster Hand. Gespräche mit Wladimir Putin*, München 2000

Harding, Luke: *Mafiastaat. Ein Reporter in Putins Russland*, Düsseldorf 2012

Hill, Fiona/Gaddy, Clifford G.: *Mr. Putin. Operative in the Kremlin*, Washington, D. C., 2012

Kungurow, Alexei: *Vertikal. Kak rabotajet systema Putina*, Moskau 2012

Laqueur, Walter (Hg.): *Soviet Union 2000. Reform or Revolution*, London 1990

Lucas, Edward: *Deception. Spies, Lies and How Russia Dupes the West*, London 2012

Muchin, Alexei: *Pokolenije 2008*, Moskau 2006

Politkowskaja, Anna: *Putins Russland*, Köln 2005

Sakwa, Richard: *Putin. Russia's Choice*, London 2007

Schewzowa, Lilja: *Putin's Russia*, Washington, D. C., 2005

Soldatov, Andrei/Borogan, Irina: *The New Nobility. The Restoration of Russia's Security State and the Enduring Legacy of the KGB*, New York 2010

Solowjow, Wladimir: *Imperija korruptsii*, Moskau 2012

Tschelnokow, Alexei: *Putinski sastoi. Nowoje politbjuro Kremlja*, Moskau 2013

Udalzow, Sergei: *Putin. Wsgljad s bolotoi ploschadi*, Moskau 2012

Russland und der Islam

Golubtschikow, Juri/Mnatsakanian, Ruben: *Islamisatsija Rossii. Trewosnyje szenarii buduschtschego*, Moskau 2005

Hahn, Gordon M.: *Russia's Islamic Threat*, New Haven, Connecticut, 2007

Malaschenko, Alexei: *Islam dlja Rossii*, Moskau 2007

Shurawljow, Igor/Melkow, Sergei/Scherschnew, Leonid: *Put woinow Allacha. Islam i politika Rossii*, Moskau 2004

Weitere Literatur

Blok, Alexander: *Die Zwölf – Die Skythen – Das Puschkinhaus. Drei letzte Poeme*, Berlin 2011

Dostojewski, Fjodor: *Rede über Puschkin am 8. Juni 1880 vor der Versammlung des Vereins »Freunde russischer Dichtung«. Mit einem Essay von Volker Braun*, Hamburg 1992

Gogol, Nikolai: *Die toten Seelen*, Zürich 1977

Herberstein, Siegmund von: *Moscouia der Hauptstat in Reissen, durch Herrn Sigmunden Freyherrn zu Herberstain, Neyperg vnd Guetenhag Obristen Erb-camrer, und obristen Erbtruckhsessen in Kärntn, Römischer zu Hungern und Beheim Khü. May. etc. Rat, und Presidenten der Niderösterreichischen Camer zusamen getragen*, Wien 1557, http://gdz.sub.uni-goettingen.de/dms/img/PPN339971460&IDDOC=123751

PERSONENREGISTER